校企“双元”合作开发教材　职业院校旅游类专业新形态活页式教材　江苏省高等学校重点教材（编号：2021-2-119）

出境旅游目的地国家概况

（汉英对照）

主　编◎顾至欣　朱　丽
副主编◎霍艳杰　许　赟　陶潇男　李屹然　唐　晨

校企双元
合作开发

OVERVIEW OF OUTBOUND TOURISM DESTINATION COUNTRIES

PREFACE 前言

一、编写背景

2019年《国家职业教育改革实施方案》发布以来，具有职业教育类型特征的《职业院校教材管理办法》《职业教育提质培优行动计划（2020—2023年）》等文件相继出台，为职业教育教材改革指明了方向，体现出三方面的特点。一是以活页式、工作手册式为特色的教材形式创新。《国家职业教育改革实施方案》提出“倡导使用新型活页式、工作手册式教材并配套开发信息化资源。”《职业院校教材管理办法》提出“倡导开发活页式、工作手册式新形态教材。”二是以生产项目、典型任务为载体的教材内容体系创新。《职业院校教材管理办法》提出专业课程教材“突出理论和实践相统一，强调实践性，注重以真实生产项目、典型工作任务、案例等为载体组织教学单元。”三是以中国思想、中国特色为根本的话语体系输出。《职业院校教材管理办法》提出教材编写应“努力构建中国特色、融通中外的概念范畴、理论范式和话语系”，《职业教育提质培优行动计划（2020—2023年）》则将“提升职业教育国际影响力”作为重点任务，希望将包括教材之内的中国职教发展成果向世界推广。为此，《出境旅游目的地国家概况》教材以立德树人为根本，强化思政元素融入，促进中西方文化交流，以境外导游工作任务为线索，开发具有丰富信息化资源的活页式双语教材，就是对以上职教政策导向的积极回应。

当前，中国已经步入大众旅游时代，旅游及相关产业增加值占GDP的比重不断提高，国内旅游和入境旅游人次稳步增长，出境旅游健康规范发展。在新冠疫情暴发之前，根据文化和旅游部《2018年文化和旅游发展统计公报》显示，当年我国出境旅游人数14972万人次，增长14.7%，超过同期国内旅游人数10.8%的增长幅度，展现了出境旅游的旺盛发展态势。虽然受到疫情的短期影响，但未来出境旅游必将恢复发展。2021年印发的《“十四五”文化和旅游发展规划》将“规范出境旅游，加强与重点目的地国家旅游交流，推动中国文化传播”作为完善现代旅游业体系的重要工程。同时，为了更好地服务于出境旅游发展，对涉外导游领队的工作也提出了更高的要求。2017 年修订的《中国公民出国旅游管理办法》指出，“旅游团队领队应当向旅游者介绍旅游目的地国家的相关法律、风俗习惯以及其他有关注意事项，并尊重旅游者的人格尊严、宗教信仰、民族风俗和生活习惯。”《“十四五”文化和旅游发展规划》则提出“提升涉外旅游接待服务水平”“提高国际传播能力，引导出境游客……传播弘扬中华文化”等要求。本教材正是顺应出境旅游快速发展，涉外旅游服务不断升级的行业发展趋势进行编写的。

二、编写思路

本教材秉持面向真实工作过程的职业教材建设理念,将教学目标融入旅游业“食、住、行、游、购、娱”六项主要服务工作之中，重构教材体系，优化教学内容，在旅游目的地国家“国情介绍”的基础上，对应设计“交通指引”“住宿安排”“旅游导览”“美食推荐”“商品导购”“文化体验”等任务模块。将旅游业实际的工作情境引入教材的编写，将出国旅游之前的行前说明会、他国机场出入境、购物场所消费、旅行商务活动等情境与工作任务相结合，帮助学生学以致用。通过活页式教材的设计，便于不同国家教学内容与不同教学模块之间的灵活组合，分别形成国别旅游体系与专题服务体系的教学结构，适应以学生为中心的职业教育项目学习、案例学习、模块化学习等个性化学习方式要求。通过双语教学资源的建设，强化旅游专业英语应用能力的培养，便于学习者在国外旅游服务场景中能够胜任工作。在同类课程中，率先开展了利用境外旅游资源开展课程思政教学的实践探索，具有一定的创新性与先进性，符合课程思政教学改革的发展要求。

三、教材特色与创新

（一）创新理论性课程项目化教材的建设方法

传统的旅游目的地国家概述类课程以多维度的知识介绍为主，理论性较强，知识点较分散，进行项目化教材编写具有难度。本教材重新梳理涉外导游工作任务，创新项目化教材编写方法，将教学目标融入“交通指引”“住宿安排”“旅游导览”“美食推荐”“商品导购”“文化体验”六大任务模块之中。在项目之后进行综合能力考核，贴合涉外旅游导览与领队服务的工作岗位需求。通过活页式教材的设计，便于不同国家教学内容与不同教学模块之间的灵活组合，教学活页按照国别分类可以形成各国旅游介绍手册，按照任务组合则可以形成美食攻略、景点介绍、交通指南等专题手册，从而充分发挥活页优势，适应以学生为中心的个性化、模块化教学要求

（二）开展符合涉外旅游服务要求的情景化、双语化教学改革

将旅游业实际的工作情境引入教材编写，将出国旅游之前的行前说明会、他国机

场出入境、购物场所消费、旅行商务活动等情境与工作任务相结合，启发学生思维，便于学生学以致用。设置“能力测试”模块，通过案例情境的引导，检验学生知识理解与技能应用的情况。开发双语教学内容，结合工作任务与服务情境，引入常用的旅游服务英语单词与例句，通过融媒体形式，在教材中植入双语信息化教学资源，从而提升学生的知识掌握水平与实际应用能力。

（三）探索依托境外旅游活动开展思政教学的创新路径

《出境旅游目的地国家概况》教材的知识与技能大多涉及国外旅游目的地的相关情况，开展课程思政教学存在一定的难度；然而，涉外旅游活动容易受到国外意识形态领域思想的不良影响，又非常有必要进行思想政治教育活动，帮助旅游者树立文化自信，增强爱国情怀。为此，课程团队通过历史回顾、现状对比等方式进行爱国主义教育，有针对性地介绍了日本岚山周恩来诗碑、马来西亚马六甲郑和庙、加拿大蒙特利尔白求恩广场、德国特里尔马克思故居等特色旅游纪念地，并深入挖掘其中的课程思政元素，从而帮助学生掌握在境外旅游活动开展思政教育工作的能力，达到构建中国特色话语体系，引导出境游客传播弘扬中华文化的目的。

本书在编写过程中得到许多旅游界专家和学者的关心以及合作企业的大力支持，参考和借鉴了许多相关著作和研究成果，在此一并表示真诚感谢！

尽管在本教材的编写过程中，我们力求反映最新的行业动态和信息，致力于特色建设，但旅游业是一个不断发展变化的行业，疏漏之处依然在所难免，恳请各相关院校的专家、读者和业内人士不吝赐教。

编者

2022 年 12 月

CONTENTS 目录

模块一　国际旅游业发展概述

模块二　亚洲旅游区

模块三　欧洲旅游区

模块四 美洲旅游区

模块五 大洋洲旅游区

模块六 非洲旅游区

模块一　国际旅游业发展概述

项目一　国际旅游业发展概述

任务一　国际旅游业发展概况

任务目标

1. 了解国际旅游业发展概况；
2. 熟悉世界主要旅游区域及其产品特色；
3. 掌握各旅游区域主要旅游资源和文化习俗。

任务分解

一、世界旅游业总体发展趋势

1. 全球出境旅游人数不断增长

1995 年以来，除了受到 2003 年“非典”事件、2008—2009 年全球金融危机的影响外，世界总体出境旅游人数持续增长，旅游业总体迅速发展。1995 年全球出境旅游人数为 6.26 亿人次，2018 年达到创纪录的 14 亿人次，较前一年增幅达到 6%，比世界旅游组织此前做出的到 2020 年全球旅游人数将达 14 亿人次的预测提前了两年，至此国际旅游人数连续八年持续增长。更为强劲的经济增长、更实惠的航空旅行、技术变革、新的商业模式、更便利的签证流程是近年来游客人数加快增长的主要因素。

但是从 2019 年年底开始，全球旅游业受新冠疫情影响。2020 年全年出境旅游人数为 2033.4 万人次，同比减少 86.9%，全球减少 10 亿人次，遭受疫情冲击的亚洲减幅最大，前往亚太地区的旅客人数大跌 84%；其次是非洲及中东地区，减幅达 75%；

欧洲旅客减少 70%，美洲游客则减少 69%。2021 年出境旅游人数仅为 2562 万人次，虽然有所恢复，但相比疫情前过亿人次的出游规模，出境旅游依然基本处于停滞状态。

2. 出境旅游支出及增长率攀升

1995 年以来，世界总体出境旅游支出从 1995 年的 4.62 千亿美元上升到 2017 年的 1.34 万亿美元，同比增长了 5%，比 2016 年增加了约 940 亿美元，旅游业成为全球第三大出口行业。除了旅游目的地赚取的 1.34 万亿美元收入外，国际客运还创造了 2400 亿美元，这使旅游出口总额增加到 1.6 万亿美元，相当于每天创造 40 亿美元，占世界旅游出口的 7%。旅游经济的强劲增长主要受全球各地旅游需求上升驱动，近年来遭受安全挑战的国家也出现了强劲复苏，新兴经济体巴西和俄罗斯旅游市场表现突出。自 2015 年开始，世界各国（地区）出境旅游支出中，中国出境旅游支出为 2922.00 亿美元，排名世界第一，大约是排名第二的美国的两倍。2019 年受新冠疫情影响，旅游消费经历了 2020 年的低谷，此后缓慢恢复。2021 年，国际旅游出口收入超 7000 亿美元，较 2019 年降幅近 59%，较 2020 年增长了 3000 亿美元，但仅为疫情前全球旅游消费水平的一半。

3. 欧洲依然是最热门的目的地

全世界出境游的主要目的地国包括法国、西班牙、美国、意大利、中国、墨西哥、英国、土耳其、德国和泰国等。2017 年，法国共接待国外游客 8690 万人次，西班牙接待约 8180 万人次。此外，意大利、英国也在全球名列前茅。可以说欧洲独特的文化成就了其旅游业的辉煌，其先进的服务理念是全球旅游业的佼佼者，全世界的游客都将欧洲视为理想的目的地。新冠疫情暴发之后，出境旅游业从停滞到缓慢恢复，由于各个国家和地区旅游政策不尽相同，复苏进程呈现缓慢和不一致的特点。与 2020 年相比，2021 年欧洲、美洲及非洲地区接待国际游客人次分别同比上涨 19%、17% 和 12%，中东地区则下降 24%，亚洲和太平洋地区接待国际游客人次下降最为剧烈，较前一年同期减少 65%。

二、世界旅游迈向“中国时代”

1. 出境旅游人数居全球首位

进入 21 世纪之后，世界旅游走向正在发生深刻变化，种种迹象表明：欧美一统天下主导世界旅游的时代已经一去不复返，目前正朝着“中国时代”的方向发展。根据国家统计局发布的数据，自 2014 年开始，中国出境旅游人数稳居世界第一位。1995—2018 年，中国出境旅游人数由 0. 05 亿人次增至 1. 62 亿人次，年均增长 17.5%。随着我国出境旅游人数居世界位次不断提升，1995 年居世界第十七位，2013 年首次跃居世界第一位，2014—2018 年稳居世界第一位。据全球商务旅游协会统计，2016 年中国超

世界旅游迈向“中国时代”

过美国成为世界上最大的商务旅游市场。2017 年中国出境人数高达 1.3 亿人次，比上年同期增长 7.0%；2018 年继续高涨，出境人数达到 1.42 亿人次，比上年同期增长 14.7%。中国已连续多年保持世界第一大出境旅游客源国地位。

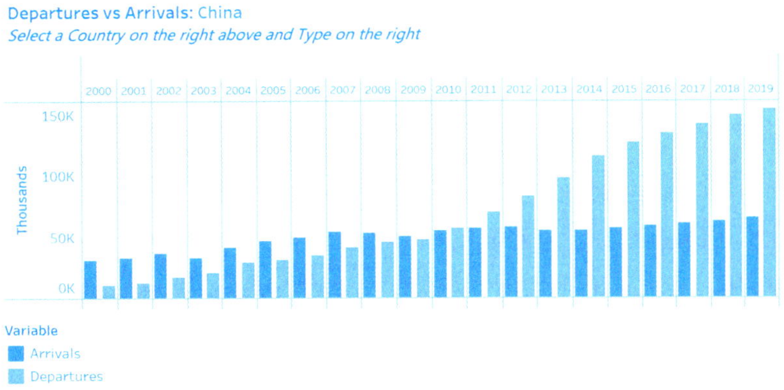

中国出入境人数变化图（数据来源：世界旅游组织）

2. 境外旅游支出占世界榜首

1995—2017 年，随着人民生活水平改善，我国出境旅游支出也大幅提高。1995 年我国出境旅游支出居世界第二十五位，2013 年居世界第二位，2014—2016 年稳居世界第一位。2017 年，我国出境旅游支出额为 2577 亿美元，比 1995 年的 37 亿美元增加了 2540 亿美元，增长 68.6 倍，居世界第一位，旅游业不仅正在成为拉动中国经济增长不可忽视的重要力量，也为全球经济增长注入了新的活力。

3. 出境需求旺盛且持续上涨

中国是世界上游客快速增加和潜在游客最多的国家。随着中国经济的持续发展，工资收入不断提高，旅游有益于健康、旅游是一种最佳休闲方式等观念深入人心以及随之而来生活方式的剧变，即旅游成为了中国人的生活时尚。加之中国人口基数大，目前人口已 14 亿，有旅游条件和旅游需求的退休人员高居世界第一，所有这些都会使中国游客在未来出现快速增长，成为世界上潜在游客最多的国家，这客观上为世界旅游“中国时代”到来奠定了坚实的出入境客源基础。

中国也是世界上最重视旅游业的国家。从 2009 年出台的《国务院关于加快发展旅游业的意见》，到 2013 年出台的第一部旅游法《中华人民共和国旅游法》，再到 2014 年颁布的《国务院关于促进旅游业改革发展的若干意见》，充分体现了中国已经将旅游业上升到战略发展高度的层面。近几年来，中国推进旅游业发展的举措不断，一方面练内功，努力打造“智慧旅游”国家，全方位推进“旅游供给侧改革”，大力促进旅游转型升级，以吸引更多的入境游客；另一方面借“一带一路”平台，系统阐述中国政府“一带一路”建设和发展旅游业的政策主张，与东盟及“一带一路”国家联手打造跨国界旅游圈，并取得相当的成效，相互间游客来往的数量，每年都以两位数增长。这些都会大大改变中国在世界旅游产业中的地位。

4. 常态化疫情防控形势下，仍受各国市场青睐

受新冠疫情影响，出境旅游业戛然而止，然而中国游客的旅游热情未减，积蓄着强烈的出游需求。部分疫情防控形势向好和疫情防控政策协调较为顺畅的出境旅游目的地有望率先恢复，而中国的人口规模和结构是出境旅游发展的长期基本面，因此多个目的地国家纷纷向中国游客抛出政策的橄榄枝，期望在疫情得到有效控制后，积极争取中国游客。

基于对中国科兴和国药疫苗的认可，多个国家欢迎已完全接种疫苗的中国客人。2021 年 11 月 30 日起入境瑞士无须核酸检测及隔离，并将大中华区定为旅游业最重要的第一类市场。澳大利亚重启国际旅游，一直将中国视为其国家最重要的国际市场之一，因此优先审批中国旅游签证申请。新加坡也变更了对华入境政策，2021 年 9 月已经允许中国游客无论是否接种疫苗都能免隔离入境。新西兰从 2022 年分三个阶段逐步开放边境，已完成中国的科兴和国药疫苗接种的旅客入境新西兰可以免除集中隔离。

中国旅游业正迎来黄金发展期，旅游大国的地位和作用受到各国重视，各方面对中国旅游业的关注与期待也在不断上升；尽管中国出境旅游市场受到新冠疫情的暂时影响，但是未来中国游客积蓄的强大旅游需求将成为全球旅游复苏的重要动力。所有这些都表明世界旅游迈向“中国时代”指日可待。

任务二　市场解读——区域市场与产品特色

任务目标

1. 了解世界主要旅游区概况；
2. 熟悉世界主要旅游区产品特色；
3. 掌握各旅游区域主要旅游资源。

任务分解

世界旅游组织成立之初把全球划分为六个旅游区，即欧洲地区、美洲地区、非洲地区、东亚及太平洋地区、南亚地区、中东地区。随着全球旅游格局的转变，近年来，世界旅游组织将东亚及太平洋地区与南亚地区合并为“亚洲及太平洋地区”，因此全世界主要旅游区域变为：非洲区、美洲区、亚洲和太平洋区、欧洲区和中东区。

欧美是现代旅游业的发源地，相关国家经济发达、交通便捷、入境手续简化，因而其在出入境旅游方面都高居世界榜首。从20世纪末开始，情况发生了很大变化。1997年，欧洲接待量占世界的份额由1960年的72.6%下降到58.9%，美洲接待量占比由1960年的24.1%下降到19.9%，东亚及太平洋地区接待量占比增至18.4%。进入21世纪之后，东亚及太平洋地区的接待量已超过美洲而跃居世界第二位。此外，世界旅游业发展的格局还朝着多元格局的方向发展，亚洲及太平洋地区、非洲地区、中东地区的份额都在不同程度地增长。

一、非洲区

1. 区域市场

非洲（Africa）位于东半球西部，欧洲以南，亚洲之西，东濒印度洋，西临大西洋，纵跨赤道南北，面积约为3020万平方公里，占全球总陆地面积的20.4%，是世界第二大洲，同时也是人口第二大洲。非洲大陆平均海拔为650米，高原面积广阔，海拔在500~1000米的高原占非洲面积的60%以上，海拔低于200米的平原多分布在沿海地带，不足非洲面积的10%。非洲是世界文明的发源地之一，公元前4000年便有文字记载。该地区拥有丰富的历史文化遗迹、迷人的自然风光和奇异的野生动植物资源，使非洲有“世界自然资源博览会”之称，旅游业的发展具有很大的潜力。但由于非洲大多数国家经济比较落后，旅游设施不完善，加之一些社会不安因素的存在，影响了旅游业的发展。受经济发展的制约，该区旅游业起步晚，基础差，发展缓慢。2017年，北非的强劲复苏推动了非洲整体市场的业绩。国际游客数量增加了9%，达到6300万，占世界份额的5%；旅游外汇收入增加了8%，达到370亿美元，由于空中交通的改善，塞舌尔群岛、佛得角和留尼汪岛入境人数呈现两位数增长。2019年，非洲旅游从业人员占该地区就业总人口的6.5%，旅游业占国内生产总值总量的6.9%。但是，新冠疫情给非洲旅游产业带来了不小的冲击。受疫情不确定性和市场信心低迷影响，2020年赴非洲的国际游客较2019年同期减少了81%。

2. 产品特色

（1）自然风景资源多种多样

非洲自然环境复杂多样，动植物资源丰富，构成了多姿多彩的自然风景旅游资源。在东非高原，当落日黄昏笼罩四野的时候，在远方乞力马扎罗山耀眼的金晖之下，以“非洲五大兽”为主的野生动物追逐奔腾。在内陆非洲，辽阔无垠的稀树草原与无边无际的半荒漠大戈壁，呈东西向的带状分布，一直伸到撒哈拉沙漠与克拉哈里沙漠深处。非洲以野生动物品种及数量繁多而闻名，拥有哺乳动物1100多种，鸟类500多种，鱼类3000多种，都极富有观赏价值，是世界上天然动物园数量最多、面积最大的大洲。其中肯尼亚的察沃国家公园中巨象成群、猛狮出没；赞比亚卡福埃国家公园则以丰富的鸟类和稀有红毛羚羊引人入胜；南非和博茨瓦纳的卡拉哈里羚羊国家公园极具特点，天然动物园观光的奇特性、惊险性和趣味性，对喜欢冒险、猎奇和寻求刺激的旅游者有着巨大的吸引力。

（2）众多名胜古迹历史悠久

非洲是世界古代文明的摇篮和人类的发祥地之一，有着璀璨的古代文化和在历史长河中形成的众多名胜古迹。东非地区的古人类遗址，埃及金字塔、亚历山大的庞贝柱，底比斯古城遗址及其神庙、地上陵寝，突尼斯的迦太基遗迹，津巴布韦的石头城遗址，埃塞俄比亚的拉利贝拉岩洞教堂，摩洛哥非斯的卡拉维因清真寺，南非的旺德韦克山洞，以及塞内加尔、肯尼亚等国的奴隶堡，大都是被列入世界文化和自然遗产名录而加以重点保护的名胜古迹。

（3）地域风土人情独一无二

非洲人口众多，民族部落构成复杂，区域差异显著，各地区、各民族受历史、文化、宗教和传统习惯等方面影响，形成了绚丽多彩的民俗风情。贝宁维冈的水上村庄等富有特色的民居建筑，马赛族等的奇特服饰，形形色色的婚姻习俗，不同宗教信仰的宗教节日庆典，古老的酋长制遗风，高昂激越的音乐，粗犷刚健的舞蹈，扣人心弦的体育竞技，制作精巧的手工艺品等，都吸引着异国他乡的游人。

二、美洲区

1. 区域市场

亚美利加洲（Americas），简称美洲，位于西半球，太平洋东岸、大西洋西岸，以巴拿马运河为界分为北亚美利加洲（North America）和南亚美利加洲（South America），面积达 4206.8 万平方公里，拥有大约 9.5 亿居民，占到了人类总数的 13.5%。是唯一一个整体在西半球的大洲。本区域面积大，地形复杂，旅游资源享誉全球，包括自然景观丰富的科迪勒拉山系、世界最大的淡水湖群五大湖、世界最高的瀑布安赫尔瀑布等。广袤的土地、漫长的海岸线、良好的生态环境等吸引了众多的游客，生态和探险等旅游项目独具特色。2017 年前往美洲的游客增加了 4%，达到 2.09 亿人次，占世界份额的 16%；收入增加有所放缓，较上年增长仅 1%，达到 3260 亿美元，占世界旅游总收入的 24%。旅游业不仅是该地区经济增长的先锋，还改善了人们的生活条件，促进了文化多元化发展。该地区中北美洲的美国、加拿大等国家旅游业较为发达，加勒比海区域旅游发展速度较快，旅游业对各国国内生产总值的贡献较大。联合国拉美和加勒比经济委员会估算了拉美地区在 2020—2023 年因新冠疫情所受的冲击，损失高达 530 亿 ~724 亿美元，而包括墨西哥在内的中美洲地区损失将达到 691 亿 ~892 亿美元。2020 年疫情使美国旅游业收入减少 5190 亿美元，整体经济损失 1.2 万亿美元。

2. 产品特色

美洲由于地域辽阔，自然条件和人文条件的地区差异很大，其旅游资源的地域特征十分明显。美洲东部是久经侵蚀的山地和高原，巴西高原是世界上面积最大的高原；西部为年轻的高峻山地，属美洲科迪勒拉山系，阿空加瓜山海拔 6962 米，是全洲最高点。山脉逼近海岸，沿海平原狭窄；东西部之间是广阔平原，北美中部大平原和亚马孙平原都是世界上著名的平原。主要河流有亚马孙河、密西西比河等；北美洲还有世界最大淡水湖群——五大湖，其重要特点是多大湖和巨大水系。

（1）水系繁多的北美洲

北美洲以成因多样的大淡水湖著称于世。著名的五大湖旅游区——苏必利尔湖、密歇根湖、休伦湖、伊利湖和安大略湖，面积约 24. 5 万平方千米，是世界最大的淡水湖群，有“美洲大陆地中海”之称。伊利湖和安大略湖间的尼亚加拉河上坐落着世界著名的尼亚加拉大瀑布。举世闻名的密西西比河及众多的急流、瀑布也是重要的旅游点。科罗拉多河流经科罗拉多高原时，向下深切，形成长 1600 千米的峡谷，是世界级的旅游胜地。

（2）海滨胜地之南美洲

南美洲旅游以海滨度假旅游而著称，而其中以巴西最为突出。巴西是世界上最大的热带国家，8000 公里的海岸线上分布着众多风景绚丽的海滩。该国充分发挥多姿多彩的热带风光、独具风韵的人文景观优势，发展海滨度假旅游。此外，南美洲著名的滨海城市还包括巴西的里约热内卢、圣保罗，阿根廷的布宜诺斯艾利斯、乌斯怀亚，智利的圣地亚哥，秘鲁的利马，厄瓜多尔的基多等城市，它们都是世界著名的旅游城市。

三、 亚洲及太平洋地区

1. 区域市场

本区域包括东亚、东南亚、中亚、南亚、大洋洲的所有国家。亚洲及太平洋地区是世界上人口最多的地区，有 40 多亿居民，约占世界总人口的 56%。该区域具有优越的自然环境和丰富的旅游资源、独特的河湖水体景观和生物景观、多样的社会文化以及多彩的人文景观。亚太地区各国经济的多样性和互补性促进了旅游业的蓬勃发展，已是最富有潜力的旅游客源地。该地区是世界上访问量仅次于欧洲的第二大地区，也是世界上发展速度最快的旅游市场。自 1990 年以来，亚太地区的国际游客人数稳步增长。2002 年，它超越美洲，游客接待量跃居世界第二位。2017 年，亚太地区的入境旅游人数上涨 6%，高达 3.23 亿人次，占全世界 23% 的份额，体现了区域内强劲的旅游需求。新兴经济体市场的购买力不断增强，空中互联互通不断增强，旅行费用更加低廉，签证手续更加便利，这些因素继续推动着区域内旅游业的发展。其中，东亚是亚太最大的次区域，许多旅游目的地都实现了强劲增长，东南亚在亚太地区所有次区域中发展最快，2017 年新增 900 万国际游客，其中越南入境人数增长最快；南亚则在印度的强劲表现推动下发展；大洋洲的需求主要来自东北亚市场、美国和英国需求的上涨。受新冠疫情影响，2020 年亚太地区外国游客数量下降幅度最大，达到 82%；2021 年下降了 94%，亚洲 15 个主要经济体 2021 年损失了 1.7 万亿美元，约为国内生产总值的 5.7%。

2. 产品特色

（1）亚洲：壮美的山水风光与悠久的历史文化相映生辉

亚洲文化多样、地大物博、山河秀美，旅游资源极其丰富。亚洲有数量众多的世界自然和文化遗产，有激荡人心的平原、江海、沙漠和高山，有丰富多元的特色民族文化，有数之不尽的精彩文化活动，也有千百年来形成的丝绸之路、茶叶之路和香料之路。亚洲是世界文明的发源地，人类最早的定居地之一。在漫长的历史长河中，作为世界文明的重要发祥地，四大古文明有三个在亚洲，所有的古代宗教都起源于亚洲文明，所有的现代文字都起源于亚洲，其悠久的历史、灿烂的文化孕育了绚丽多姿的人文旅游资源。亚洲的黄河和长江流域、印度河和恒河流域、幼发拉底河和底格里斯河流域以及东南亚等地区孕育了众多古老文明，彼此交相辉映、相得益彰，为人类发展做出了重要贡献。

（2）太平洋地区：多姿多彩的海滨风光与色彩斑斓的文化大熔炉

太平洋地区拥有包括澳大利亚与新西兰在内的 25000 多个海岛，拥有世界七大自然奇观之一的大堡礁，世界唯一地跨赤道且横过国际日期变更线的岛国基里巴斯，让人心旷神怡的黄金海岸，独特的汤加喷潮洞等海岛或海滨旅游资源。大自然也造就了独特的珍禽异兽和稀有物种，如考拉、袋鼠、琴鸟、鸭嘴兽、几维鸟等都是太平洋地区所独有的。太平洋地区的历史可追溯至 4 万年以前，土著居民的祖先最早来自东南亚，美拉尼西亚人、密克罗尼西亚人和波利尼西亚人等土著族群各有各的语言与习俗，瓦努阿图洛伊玛塔酋长领地、巴布亚新几内亚库克早期农业遗址等都已成为世界文化遗产。16 世纪欧洲人开始登岛，澳大利亚和新西兰则主要是欧洲移民的后裔。种族的多样性，形成不同的音乐、舞蹈、美食、服饰、绘画、雕刻等，异彩纷呈，独具特色。

四、欧洲区

1. 区域市场

本区域位于亚欧大陆西部，包括整个欧洲范围，地形以平原为主，是世界平均海拔最低的一个大洲，是近代旅游业的发源地，经济基础雄厚，交通、通信发达。该地区资源丰富，古建筑和博物馆众多，尤其是城堡、宫殿和教堂堪称欧洲的“三绝”，是世界人文景观中的一朵奇葩，吸引了众多的旅游者。旅游业是欧洲支柱产业之一。虽然受到新冠疫情的严重影响，2019 年欧洲仍接待国际旅客 7.45 亿人次，约占全球的一半。欧盟经济的 10.3% 来自旅游业，旅游业容纳就业人数达 2700 多万，约占欧盟就业总人数的 11.7%。自新冠疫情暴发以来，欧洲旅游业每个月损失高达 10 亿欧元。2020 年 1—2 月仅中国至欧洲航班预订量就减少了 36.7%。

2. 产品特色

（1）旅游资源禀赋优势明显

欧洲地区是世界上旅游业最发达的地区，旅游业发达的国家很多，主要因为欧洲独特的地理位置，奠定了良好的自然资源基础，孕育了多个文化各异的欧洲种族人群；欧洲人旅游意识萌发早，旅游业开发历史悠久，因此促成了欧洲在全球不可取代的吸引力。

自然资源种类丰富。湖泊、海滨、山脉散落在欧洲境内，成就了无数世外桃源般的欧洲小镇和享誉世界的旅游品牌。北欧的芬兰境内有大大小小 5000 多个湖泊，因此有千湖之国的美称。被称为“旅游王国”的西班牙有 3000 多公里蜿蜒曲折的海岸线，遍布着许多天然的海滨浴场，其中有闻名遐迩的三大海滨旅游区；与其相邻的葡萄牙位于欧洲大陆最西端，南部阿尔加威省的大西洋海滨及里斯本西南的亚速尔群岛和马德拉群岛是著名的海滨避暑度假胜地；阿尔卑斯山为滑雪运动提供了天然场地，让瑞士雪山跨越时空为北京冬奥呐喊助威；北极圈内的极光让瑞典、芬兰在严寒中依然成为人们心中的幸福之地。

人文历史资源荟萃。教堂、桥梁、宫殿、城堡，欧洲就像是一座大型的露天建筑博物馆；音乐、绘画、雕塑，欧洲的历史就是一部鸿篇巨制的艺术史，无数艺术家在欧洲这块宝地上留下了他们的足迹，成就了一个又一个世界文化遗产。比利时虽国土面积不大，但各种特色的旅游景点遍布全国，首都布鲁塞尔有闻名于世的滑铁卢古战场；卢森堡被称为“千堡之国”，全国城堡林立，首都卢森堡市就是一座最大的古堡；“考古”是到希腊旅游的重要内容，古代城邦留下的神庙，让人驻足追忆逝去的繁华；意大利的艺术之旅可以让游客沉浸式接触世界名作；“风车王国”荷兰由风车、木屐、郁金香串起如织美景，带给人们无数的梦幻与想象。

（2）区域内产品异质化发展

欧洲境内资源丰富、国家众多，从境内良性竞争的角度而言，异质化发展是各国旅游可持续发展的前提。因此，多个国家打造出独特的旅游品牌，一方面突出自己的优势，另一方面避免与邻国的强项竞争；这样不仅促成了欧洲遍地的旅游目的地各自的发展，还推动了欧洲全域旅游的同步发展。

长线产品主题明确。欧洲境内旅游长线产品往往偏重主题打造，常见的主题包括：乐享名都、世外桃源、蔚蓝海岸、俄北探秘、世遗之旅、白屋小岛、爱琴海三岛、悠游西南欧、隐世湖光、英国修学团、地中海邮轮、金色俄罗斯等。比如“乐享名都”囊括法国、意大利、瑞士的著名城市：巴黎、罗马、伯尔尼；“研学游”包括英国剑桥、德国海德堡；“海滨胜地”包括西班牙巴塞罗那；“小岛迷踪”包含了希腊众多岛屿。

一地深度产品丰富。欧洲境内一地深度游产品则多偏重挖掘资源，常见的包括法国南部爱情之旅、佛罗伦萨艺术之旅、奥地利世界名乐之旅；希腊小岛探寻欧洲起源、寻踪罗马帝国盛世辉煌的余辉、把心留在德国大学城海德堡；圣诞老人村寻觅极光。这些城市往往有名人、建筑、博物馆、美食等多种旅游资源，可以深度拓展旅游六要素，加深旅游者旅游体验，延长其在目的地停留的时间。

（3）旅游公共设施服务发达

欧洲的旅游业发展早、历史久，接待能力强，因此在旅游公共设施和服务的建设中走在全球前列。

重视旅游硬件的设施建设。欧洲发达的城市建设在吸引旅游者方面增色不少，包括地铁、卫生间、休憩场所和城市公园，硬件设施的打造提升了旅游满意度和吸引力。

打造境内便利的交通管网。欧洲境内旅游交通十分发达，机场数量多且设施齐全，多数候机楼内各种各样的免税店、酒吧、餐厅、邮局和退税处一应俱全。欧洲之星列车贯通欧洲境内众多小城镇，丰富了旅游产品的组织。

创新开展旅游纪念品设计。创新开发旅游商品，以一流的特色化旅游商品吸引游客，使旅游购物比重有大的增长。以意大利威尼斯面具、荷兰郁金香、法国埃菲尔铁塔等为代表的特色旅游纪念品是当地旅游收入的重要组成部分。

加强旅游市场规范化管理。重视旅游购物市场秩序，打击各种侵害游客购物消费权益的不法行为，精心营造公平、有序、丰富、舒适的旅游购物大环境。

五、中东区

1. 区域市场

本区域包括西亚所有国家和埃及。中东地区素有世界石油宝库之称，也是世界三大宗教发源地，是世界上著名的“三洲五海之地”，人文和自然旅游资源极其丰富，形成了发展旅游业的便利条件。但由于战争和政治动荡，该地区的旅游业发展速度还有待提升。2017 年中东入境旅游业出现了复苏迹象，国际游客数量达到 5800 万人次，较上年上涨 5%，占全世界国际游客人数的 4%；国际旅游收入增加了 13%，高达 680 亿美元，占世界份额的 5%。受新冠疫情影响，2020 年前 8 个月入境中东地区的游客数量下降了 69%。随着多国旅行限制的逐步解除，中东地区旅游业正从低谷缓慢爬坡，显现逐步恢复势头。

2. 产品特色

（1）文化遗产丰富

中东地区拥有丰富而独特的人文资源和自然资源。从古老的“3S”(Sea——大海，Sun——阳光，Sand——沙滩）到风靡全球的“3N”(Nature——自然，Native——本土，Nostalgic——怀旧）旅游资源，都可以在中东地区找到典型的代表。在《世界遗产名录》中，中东地区拥有 99 项世界遗产，其文化遗产数量之巨、种类之多在世界上并不多见。再加上近年来，阿联酋、卡塔尔、巴林等国家培育和发展起来的会展旅游、体育旅游等新型旅游产业，赋予了中东地区发展旅游业得天独厚的资源条件。埃及孟菲斯的金字塔、底比斯古城及其墓地、耶路撒冷旧城及其城墙，阿曼巴赫莱要塞，巴特·库特姆和艾因考古遗址；还有与印度建筑、中国建筑并称东方三大建筑体系的阿拉伯古建筑，如麦加的禁寺、麦地那的先知寺、大马士革的倭马亚清真寺等，对旅游者具有极大的吸引力。

（2）地理位置优越

中东由于邻近世界最大的旅游客源地欧洲，优越的交通地理位置为发展旅游业提供了丰富的客源，也奠定了旅游业发展的市场基础。同时，中东石油生产国在经济方面的高收入、生活方面的高消费也推动中东出境旅游的迅猛发展，出国旅游、度假、购物一直是中东旅游者的主要消费方式，旅游消费层次普遍较高。同时，人均收入较高的中东客源也是世界旅游市场竞相角逐的重要客源。

（3）旅游产品多样

中东各国在巩固传统的文化旅游和观光旅游等项目的基础上，积极开发新的休闲度假旅游项目。阿联酋在高科技和资本的推动下，建成了世界一流的旅游、购物、度假、会展和娱乐设施，吸引着全世界的高端旅游客源；迪拜依靠集高尔夫球运动、商务旅游和购物旅游于一体的综合性旅游产品，吸引了不少远东地区的旅游者。科威特则推出体育旅游、海上帆船航行、油田和炼油厂参观等多样化旅游产品，以重振本国的旅游形象。约旦医疗保健旅游，长期以来是国家外汇收入的重要来源，该国近年投资数十亿美元支持医疗旅游发展。地中海沿岸国家作为中东旅游业发展的重点地区，已经形成了以休闲度假为主的新兴旅游目的地。

项目二 我国出境旅游业发展概述

任务一 历程梳理——出境旅游业发展情况概述

任务目标

1. 了解我国出境旅游业的发展历程及特点；
2. 能够熟悉我国公民出境游的变迁。

任务分解

一、我国出境游发展概况

《中国旅游统计年鉴》对于出境旅游的定义为：指中国（大陆）居民因公或因私出境前往其他国家，中国香港特别行政区、澳门特别行政区和台湾地区进行的观光、度假、探亲访友、就医疗病、购物、参加会议或从事经济、文化、体育、宗教等活动。从 1983 年到 2022 年，在 40 年的发展历程中，中国出境旅游发生了翻天覆地的变化。在这 40 年的发展历程中，出境游呈现里程碑式的跨越发展，提升了我国在全球旅游业中的重要地位。

1. 政策引导下的逐步发展

发展初期，国家对出境旅游进行政策性限制，因此有关出境旅游统计资料出现较晚。1949 年中华人民共和国成立以来，出境只是政府部门的公务。直到 1983 年，国家才正式批准普通公民可以自费出国，但仅限于有海外亲属的人。1993 年，国家统计局才开始统计国内居民出境人数。随后，中国出境旅游人数逐年增加，出境旅游产业不断发展壮大。

2. 出游人数持续稳步增长

1994 年，我国公民因私出境人次为 164.23 万；到 2002 年逾千万大关，增长 512%；2010 年，我国公民因私出境达到 5150.79 万人次，比上年增长 22.0%。2014 年我国公民因私出境人数达到 1 亿人次。2019 年年底受新冠疫情暴发影响，我国出境旅游戛然而止，此前我国公民因私出境人数还一直是持续稳步增长，达到 1.62 亿人次，是 1994 年的 98.7 倍。从整体来看，我国出境旅游市场稳步扩大，国民出境旅游需求旺盛；扩大原因是多方面的，但最根本的是由于经济的快速增长、出境旅游政策的放宽和人们出境旅游愿望的加强，同时还归功于交通网络的日渐发达、国民假期数量的增加和带薪假期政策的实施。

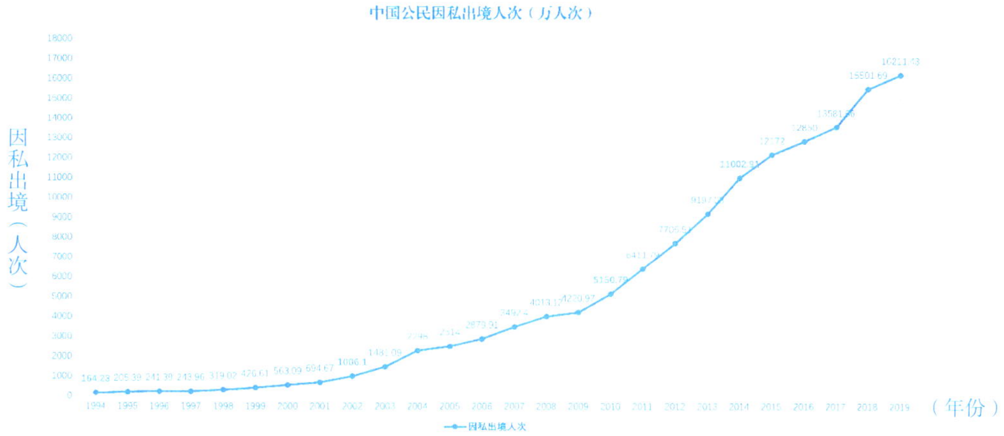

中国公民因私出境人次（数据来源：《中国统计年鉴》）

二、中国公民出境游发展历史

纵观发展历程，中国公民出境旅游发展，从活动形式来看，大体上是沿着“港澳游”“边境游”和“出国旅游”的顺序逐渐发展起来的；从活动目的来看，从探亲访友、商贸活动，逐步发展到观光和度假；从国家政策和管理的角度来看，经历了试验、放松到逐渐放开的过程。其发展历程大致可以分为 4 个阶段：

1. 尝试探索阶段（1983—1997 年）

一方面，为了满足国民的探亲需要，国务院先后批准中国大陆居民赴港澳地区和新马泰菲四国探亲访友；另一方面，为了方便中国与友好邻国边境城市开展互访活动，原国家旅游局和对外经济贸易部先后批准辽宁省丹东市等边境地区居民到邻国边境城市进行短期旅游活动。因此，该阶段的中国出境旅游市场以探亲游和边境游为主，市场规模较小。

2. 适度发展阶段（1998—2005 年）

1997 年《中国公民自费出国旅游暂行办法》的颁布标志着中国真正意义的出境旅游市场正式形成。政府部门在严格管制的条件下主动引导出境旅游市场，确立了“有组织、有计划、有控制”的发展原则和“适度发展出境旅游”的总方针。随着中国陆续与各旅游目的地国家签署 ADS（Approved Destination Status）协定，出境旅游规模迅速扩大，中国出境游客数量从 1997 年的 532 万人次增至 2005 年的 3103 万人次，年均增幅高达 24.6%。

3. 规范发展阶段（2006—2009 年）

随着中国出境旅游市场的快速发展，出境旅游市场的行政垄断导致供需矛盾突出、市场竞争无序、产品质量低下、旅行社违规操作严重等问题。相关管理部门意识到出境旅游的产业供给与国民的实际旅游需求之间的矛盾，故将出境旅游发展战略调整为“规范发展出境旅游”，注重对出境旅游市场加强管理、提升品质，并逐渐淡化政府部门对出境旅游市场的限制和管控，并于2009年出台《旅行社条例》和《旅行社条例实施细则》，取消了我国旅行社的分类，仅以业务范围划分旅行社，鼓励旅行社在规范、有序的运营中开展出境旅游业务。

4. 有序发展阶段（2010年至今）

随着中国经济实力的增强和国民生活水平的提高，旅游业服务国家战略的功能发生转变，政府部门扭转了出境旅游服务于经济的狭隘观点，强调出境旅游的综合效应，并将出境旅游发展战略进一步调整为“有序发展出境旅游”，更加注重为国民出境旅游活动提供方便、维护出境旅游者在境外的相关权益。在收入增长和旅游消费升级推动，以及签证、航班等便利因素影响下，我国出境旅游热度持续攀升，中国一跃成为全球最大出境游客源国。在过去的十年中，中国出境市场持续保持两位数，甚至20%以上的增长。出境旅游已经从少数人的享受进入了大众的日常生活。2018年，我国出境旅游进入了“消费升级”阶段，旅游者增加支出购买更优质的旅游产品，从观光旅游转向深度体验享受海外目的地生活环境和服务。

任务二　现状剖析——出境旅游业发展特点分析

任务目标

1. 了解我国出境旅游业市场概况；
2. 能够熟悉我国公民出境游的特征。

任务分解

一、出境旅游消费持续性走高

2016年，中国出境旅游市场达到1.22亿人次，出境旅游花费1098亿美元，同比分别增长4.3%和5.07%。2017年，中国公民出境旅游超过1.3亿人次，花费达1152.9亿美元。花费5000元至2万元之间的游客约占75%。2018年国人促成1200亿美元的境外消费，人均单次境外旅游消费达到800美元。随着国民收入平稳增长，消费能力逐渐提高，我国游客愿意花费更多成本在高品质的出境旅游上。

二、旅游代际差异特征较明显

2018年，“90后”首超“70后”加入旅游主力军团，寻求个性化的年轻人带来了新的旅游市场特征，推动私家团、定制游、向导的翻倍增长，“90 后”开始超越“70 后”成为出游主力军，占比达到 18%。与其财富、体力相匹配，“80 后”依然是出境游的中坚力量，其占比达到 29%，“00 后”以 13% 的占比位居第四。年轻群体特别是“90 后”“00 后”推崇“说走就走”的旅行理念，倾向在网上选择自由行产品，喜好自由组合航班、酒店获得优惠价格，预订周期越来越短。“找个当地向导带着玩”成为新潮流，2018 年携程海外向导服务的订单增长超过 2 倍。

三、出行形式传统与创新并存

出境游，跟团还是自由行？携程出境游数据显示，报名跟团游与自由行的人数各占一半，在三四线城市，游客依然更热衷跟团游。以携程组织的出境游客为例，家庭亲子游、老年群体还是以跟团游为主。半自助、私家团产品因为省心省力、自由度大，获得青年人的青睐。2018 年报名出境私家团的游客同比增长翻两番。除了跟团游和自由行以外，定制旅行、通过旅游平台预订当地向导成为中国游客新选择，报名当地向导的游客同比增长超过 200%。

四、文旅融合型资源受游客追捧

随着中国游客的不断成长，其文化需求不断提高，2018 年博物馆旅游开始走红。根据携程全球门票数据统计，卢浮宫、大都会艺术博物馆、中途岛号航空母舰博物馆、新加坡国家博物馆、普拉多博物馆、奥赛博物馆、加州科学博物馆等文博场馆备受中国游客青睐，其中票价均在 160 元以内，性价比非常高。

五、安全问题日益受游客重视

旅行保险观念日益普及加上近来旅游风险事件多发，游客对旅游安全的关注显著增强。从实际出险概率来看，境外游风险整体大于境内游，尤其是一些长线旅行目的地（如美国、加拿大、新西兰等国）以及海岛国家，在旅途中生病、受伤、难预防的恶劣天气、涉水活动风险、交通风险、野外和空中项目风险、盗抢风险等风险不断，旅游意外险已成为出境游客重点考虑的内容。携程数据显示，2018 年出境游旅游意外险投保的游客人数的比例，比 2017 年增加近 20%。

任务三 未来展望——出境旅游业发展趋势预测

任务目标

1. 了解我国公民出境游需求变化；

2. 能够熟悉我国公民出境游消费特征；

3. 掌握新冠疫情对我国出境旅游业的影响。

中国出境游
未来展望

任务分解

中国国民人均可支配收入 2018 年年底已达到近 4 万元，人均 GDP 超过 1 万美元的省、市、自治区达到 11 个；由于签证政策的便利、交通网络的发达、中文标识、中式服务和支付方式的推广，国民出游的便利程度大大增强，促进了出境旅游业发展。

一、旅游理念的变化：从欣赏风景到体验生活

1. 体验当地美好生活成为重要吸引力

中国公民出行不再仅仅满足于传统的观光线路和景点，转而对当地人的生活习俗和文化等产生了浓厚的兴趣，因此体验当地美好生活、放松休闲成为引领未来旅游的趋势。体验生活需要的是深度、个性的旅游产品，因此定制旅游将进入市场成熟期。

2. 目的地资源的唯一性影响出游决策

中国游客在选择目的地时，不再单纯考虑地理距离的“近”或“远”，而是更加关注目的地是否“好玩”，是否具有“唯一性”，是否有无可替代的“稀缺性”。

3. 家庭小包团的高价带来优质体验感

随着游客对旅游品质追求的不断提高，低品质的跟团游产品正在被逐步淘汰。后疫情时代，定制小包团尽管价格较高，但会给游客带来更强烈的安全感和更优质的体验感，私家团游客的数量未来也会激增。小包团多受亲子、情侣和带爸妈出游群体的偏爱，能够满足游客对私密性、灵活性、深度化的要求，满足重体验的个性化需求。

二、回归理性的消费：从奢侈到日常家居用品

1. 中国游客境外消费选择更趋理性

中国已连续多年保持世界第一大出境旅游客源国地位，中国游客出境消费正变得越来越趋于理性，尽管购物仍然是花费最高的项目，但比重正在降低。2018 年，中国游客的购物支出占旅游总预算的比例为 32%，较 2016 年的 41% 下降近 10 个百分点。只有不到一半的受访者认为购物是其出国旅游的重要原因。中国游客在目的地期间用于餐饮、住宿和文化娱乐消费的比重逐步增长，而炫耀消费、冲动消费或委托代购所支撑的购物支出正在降低。

2. 购物从奢侈品转向日常家居用品

随着中国人旅游次数的增加和消费经验的成熟，人们不会一见到比国内便宜的奢侈品牌就冲动购买，而是会根据自己的日常需要和合理预算再做购买决策。日本一直

是中国游客出境游的热门目的地。形容在日扫货的“爆买”一词获得过日本 2015 年流行语大奖。然而近年来，中国游客在日本“爆买”趋势减弱，购物呈现多样化。中国游客购买奢侈品的人数和总数逐渐减少，而能够让生活品质提升的家居用品、日常药妆成为游客采购的重点对象。

三、品质意识的觉醒：从低端便宜到高端悦己

1. 游客愿意为舒适和品质买单

消费升级是出境游的主旋律。从伴游方式来看，亲子家庭和情侣更青睐选择当地参团。三成游客选择高端品质游，单人参团最高花费 96 万元，消费升级是新跟团游的一大重要特征。随着中国游客消费水平的提升，他们在选择产品时更青睐舒适度高、服务好、体验感佳的产品，并不再一味地盯着低价团，这体现在中国游客对于产品品质要求的提升。

2. 高端品质的住宿受青睐

出境游产品在产品标准上不断升级。比如，携程设定了新的跟团游新钻级标准，以五钻产品为例，要求产品包含五星豪华型并且 4.5 钻及以上的酒店、酒店用户点评要达 4.0 分，以保证用户的旅游体验。而选择携程 4、5 钻级跟团游产品的用户比例高达 83%，选择 3 钻的比例却不到 20%。

3. 需求碎片化多样化发展

随着出境深度游需求的快速增长，游客对于目的地的食、住、行、游、购、娱等要素的消费需求越来越碎片化、多样化，整合目的地碎片化元素的服务应运而生，将继续为业者提供良好的机遇；同时，小众目的地以及热门目的地的多样化元素将是未来出境游消费新热点。

四、新冠疫情的影响：从价格主导到安全优先

从 2020 年 1 月 24 日开始，我国的出境旅游供给和需求两侧、产业和市场两侧都出现断崖式下降。2020 年 2 月我国出境旅游人次从 1 月份的上千万人次骤降至不足 60 万人次。2020 年我国全年出境旅游人数为 2033.4 万人次，同比减少 86.9%，中国出境旅游市场依然基本处于停滞状态。

1. 安全成为出境决策主导

然而中国游客出境旅游的意愿依然强烈，且呈现出从价格主导到安全优先的变化趋势。出境旅游成行的前提为疫情受到充分控制，游客更倾向于避免选择拥挤的旅游目的地。安全成为出境旅游未来复苏的最重要基础和前提。尽管疫情持续重创出境旅游，并且压制市场的复苏，但对出境旅游的信心和希望一直都在。

2. 旅行模式发生重大变化

后疫情时代带来旅游产品、出行模式、目的地选择的变革。如有机会出境旅游，选择“全家出游”和“部分家人出游”的潜在游客最多，选择“与陌生人出游”的人

数较少，出行模式发生重大变化，团队规模日益变小，小包团、家庭团将成为主要模式。近程、周边和可控成为出境游客选择目的地的重要因素，中国澳门、中国香港和亚洲近程目的地将由此获得更明确的发展机会，因此周边国家更可能成为未来中国游客青睐的对象。

总体而言，对目的地经济社会贡献良多的中国出境游市场日益受到重视，加上宏观经济、基础设施、市场政策等发展环境持续完善，中国公民出境旅游需求将进一步释放。随着中国旅游市场发展的成熟，中国游客出境旅游需求多样化趋势将更加明显，出境旅游的品质也将得到质的飞跃。尽管新冠疫情暂时让中国游客停住了出境的脚步，但是目前中国游客的需求依然旺盛，疫情管控的力度和安全将成为疫情后中国游客选择目的地的重要因素。

模块二　亚洲旅游区

项目三　日本（Japan）旅行项目

任务一　国情介绍

任务情境

当你作为领队带领团队前往日本旅游之前，需要对日本的自然地理、历史发展与社会经济等国情概况进行全面的了解。在出境旅游初期，应对旅游者进行日本基本国情的介绍，帮助旅游者对旅游目的地建立初步印象。

任务目标

1. 了解日本的自然地理特征、简要历史、人口民族情况、政治经济特点，熟悉日本主要的国家标志；

2. 能够简明扼要地对旅游者介绍日本的国家概况；

3. 熟悉日本礼仪风俗情况，并在文化交流过程中对旅游者进行提醒。

任务分解

一、地理纵览

1. 地理概况

日本位于欧亚大陆以东、太平洋（the Pacific）西部，由数千个岛屿组成，国土被海包围。西面的日本海对岸是俄罗斯、朝鲜及韩国，西南面的东海面向中国，南面面向菲律宾海的美属北马里亚纳群岛。日本地处亚欧大陆板块、北美洲板块、太平洋板块及菲律宾板块四个板块的交界处，位于环太平洋火山地震带上，地震、火山活动频繁，温泉遍布全岛。

日本领土由北海道（Hokkaido）、本州（Honshu）、四国（Shikoku）、九州（Kyushu）四个大岛及 6800 多个小岛组成，总面积 37.8 万平方公里。日本是多山的岛国，山地呈脊状分布于日本的中央，占总面积的 71%，大多数山为火山，森林覆盖率高达 67%。富士山（Mt. Fuji）是日本的最高峰，海拔 3776 米，被日本人尊称为圣岳。

2. 气候特征

日本属温带海洋性季风气候（Temperate Oceanic Monsoon Climate），终年温和湿润。6 月多梅雨，夏秋季多台风，南北温差显著。大部分地区属于温带气候，位于南部的冲绳（Okinawa）则属于亚热带，而北部的北海道却属于亚寒带；1 月平均气温北部 -6℃，南部 16℃；7 月北部 17℃，南部 28℃。日本是世界上降水量较多的地区，包括了日本海地区冬季的降雪，6 月、7 月间连绵不断的梅雨，以及夏秋季登陆的台风。

二、历史回眸

1. 简史

日本国，古称“大和”，古代中国称日本为“倭”。4 世纪中叶，日本出现统一的大和国。5 世纪初，大和国势力曾扩大到朝鲜半岛南部。645 年发生大化革新，仿照唐朝律令制度，建立起天皇为君主的中央集权国家体制。12 世纪末进入由武士阶层掌握实权的军事封建国家，史称“幕府”时期。1868 年，革新派实行“明治维新”，废除封建割据的幕藩体制，建立统一的中央集权国家，恢复天皇统治。明治维新后，日本资本主义发展迅速，逐步走上侵略扩张的道路。1894 年，发动甲午战争；1904 年挑起日俄战争；1910 年侵吞朝鲜；1931 年入侵中国。日本在第二次世界大战中战败，1945 年 8 月 15 日宣布无条件投降。1947 年 5 月实施新宪法，由绝对天皇制国家变为以天皇为国家象征的议会内阁制国家。

2. 人口民族

目前日本人口约 12562 万（2021 年 3 月）。主要民族为大和族，北海道地区约有 1.6 万阿伊努族（Ainu）人。通用日语。主要宗教为神道教和佛教。

三、社会概述

1. 政治体制

日本实行君主立宪制（Constitutional Monarchy）。实行立法、司法、行政三权分立（Separation of Powers）。天皇为国家象征，无权参与国政。国会（Congress）是最高权力和唯一立法机关，分众、参两院。内阁（Cabinet）为最高行政机关，对国会负责，首相（Prime Minister）由国会选举产生，由天皇任命。

2. 国家标志

国旗：国旗呈长方形，长与宽比为 3∶2。旗面为白色，正中有一轮红日。白色衬底象征着纯洁，红日居中象征着忠诚。传说日本是太阳神所创造，天皇是太阳神之子，太阳旗来源于此。

国徽：国徽是日本皇家徽记。在日本，由于法律并没有确立正式的国徽，因此习惯上，皇室家徽“十六瓣八重表菊纹”被作为日本代表性的国家徽章。

3. 经济产业

日本是世界第三大经济体。2020 年国内生产总值（GDP）约 551.1 万亿日元，实际增长率为 –4.8%。外贸在国民经济中占重要地位，有贸易关系的国家（地区）数约 200 个。2020 年日本进出口总额约为 136.1 万亿日元，其中出口约 68.4 万亿日元，进口约 67.7 万亿日元。

日本自然资源匮乏并极端依赖进口，发达的制造业是国民经济的支柱。科研、航天、制造业、教育水平均居世界前列。此外，以动漫（Animation）、游戏产业为首的文化产业和发达的旅游业也是其重要象征。

四、礼仪风俗

1. 国民性格

历史上，日本从未受到过外族征服，也没有外族大规模的迁入，因此形成了独特的自身亲和感与凝聚力，思想方法、生活习惯、风土人情都大致相同。日本被称作沉默的民族，在许多社交场合，总是给人慎重、彬彬有礼，但木讷、寡言的印象。日本人擅长学习模仿，体现了强烈的务实精神。日本人非常重视家族整体的利益，处处在行动中与其他成员保持统一。具有强烈的集团归属感，崇尚集体主义精神。

2. 交往礼仪

见面多以鞠躬（Bow）为礼。比较熟悉的人见面鞠躬以二三秒为宜；如果遇见好友，腰弯时间稍长些；在遇见社会地位较高的人时，要等对方抬头以后才把头抬起来，有时候甚至要鞠躬几次。社会交往中常将一些小礼物送人，过于贵重的礼物会给对方带来压力，所以喜欢选择小巧但又精致的东西作为礼物。

注意穿着打扮，平时穿着大方整洁。在正式场合一般穿礼服，男子大多穿成套的深色西服。在天气炎热的时候，不随便脱衣服，如果需要脱衣服，要先征得主人的同意。

知识链接

日本人家拜访礼仪

在去日本朋友家拜访前，一定要约定好拜访的具体时间。最好事先准备一些礼物，比如小点心之类的。进门前先按电铃通报姓名，在被邀请进屋后要主动脱衣脱帽，穿上备用的拖鞋，并把带来的礼品送给主人。在日本朋友家做客，一般停留一个小时就可以离开了，停留太久可能会引起反感。在拜访结束后，要感谢对方热情的招待。下次见面时，还要再次感谢，以示自己没有忘记先前的招待。

3. 风俗禁忌

日本人不喜欢紫色，认为这是悲伤的色调，最忌绿色，认为是不祥之兆；忌“9”“4”等数字，因为日语里“9”的读音和“苦”一样。“4”的发音和“死”相同，所以在安排食宿时，要避开 4 层楼、4 号房间、4 号餐桌等。

在日本，茶叶一般用于丧事，所以，在与庆祝相关的场合送茶叶都不合适。梳子在日语发音是“苦”和“死”，显得不吉利。送手帕意味着要与对方绝交，鞋子、袜子有将对方“踩在脚下”的含意，也不宜赠送。

日本人忌讳赠送或摆设荷花；在探望病人时忌用山茶花、仙客来及淡黄色和白色的花。因为山茶花凋谢时整个花头落地，不吉利；仙客来花在日语中读音与“死”发音类同。他们对菊花或装饰菊花图案的东西有戒心，因为它是皇室标志，一般不敢接受这种礼遇。

核心词汇

序号	中文	英文对照
1	太平洋	the Pacific
2	北马里亚纳群岛	the Northern Marianas Islands
3	北海道	Hokkaido
4	本州	Honshu
5	四国	Shikoku
6	九州	Kyushu
7	富士山	Mt. Fuji
8	温带海洋性季风气候	Temperate Oceanic Monsoon Climate
9	冲绳	Okinawa
10	阿伊努族	Ainu
11	君主立宪制	Constitutional Monarchy
12	立法	The Legislative Branch
13	司法	The Judicial Branch
14	行政	The Executive Branch
15	三权分立	Separation of Powers

（续表）

序号	中文	英文对照
16	国会	Congress
17	内阁	Cabinet
18	首相	Prime Minister
19	制造业	Manufacturing Industry
20	动漫	Animation
21	集体主义	Collectivism
22	鞠躬	Bow
23	菊花	Chrysanthemum

实用表达

1. The uniqueness of the Japanese character is the result of two seemingly contradictory forces: the strength of traditions, and the selective receptivity to foreign achievements and inventions.

日本人性格的独特性是两种看似矛盾的力量的结果，一方面是传统的力量，另一方面是对外国成就和发明的选择性接受。

2. Besides being a source of entertainment, Japanese animation is also a shaping force of our daily lives.

除了为人们提供娱乐消遣，日本动漫还能影响我们的日常生活。

任务二　交通指引

任务情境

日本交通服务很周到，但交通系统复杂，交通服务多样化，在日本自由行或带领自由行团队的话，需要熟悉日本的交通情况。为此，领队应了解日本外部交通与区域交通情况，能够在出入境、城际交通等项目上进行准确的交通指引。同时，也需要了解日本的特色交通项目，便于进行旅游推介。

任务目标

1. 了解到达日本的方式，能够引导旅游者通过机场海关，顺利入境；
2. 了解日本城际交通的基本情况；
3. 了解具有地域特色的旅游交通方式。

任务分解

一、到达日本

中国各大城市都开通了日本直航航班，东京主要停靠在成田国际机场（Narita International Airport），关西国际机场（Kansai International Airport）则是前往京都、大阪、神户等城市的门户，名古屋（Nagoya）周边的中部机场经常有往来北京、上海等地的特价机票。如果想前往九州、冲绳或者北海道地区，可以直飞福冈机场（Fukuoka Airport）、那霸国际机场（Naha Airport）和新千岁机场（New Chitose Airport）。

知识链接

成田国际机场

成田国际机场是日本最大的国际航空港。机场与东京市中心相距遥远，即使乘坐最快的交通工具到市中心也要1小时左右。机场设施完备，有丰富的免税店和餐饮店，也可以入住按小时计费的快捷酒店。JR成田特快车N' EX是到市中心最快速的电车。机场巴士在机场1楼乘坐，有直接前往迪士尼度假区、横滨和东京各郊区卫星城的线路。机场1层可以打车，但需要额外支付深夜费和高速公路费。

二、入境流程

1. 填写入境卡。可以在飞机上填，也可以在海关那里填。

2. 入境检查。外国人和日本人是分开窗口进行办理的，一定要按导引员的指导按顺序排队进行。把护照和入境卡交给海关审核官，录指纹和拍照。

3. 取行李。注意看指示牌，会显示你的航班号所对应的行李转盘（Luggage Carousel）号码。

4. 填写《携带品申报单》。主要审查是否携带违禁品和大量现金。

5. 出关。会有工作人员收取《携带品申报单》，可能会要求开箱。

知识链接

日本入境违禁品清单

①华盛顿条约中所规定的物品：毛片、皮革制品、象牙制品等为限制对象。

②假冒商品。在未知情况下将假冒商品携带出入境，被海关查出，物品将会被罚收。

③食品、植物、肉制品（火腿、香肠等，鱼肉制品除外）。

④水果、植物、花卉种子。

三、城际交通

日本城际交通（Inter-city Transportation）最方便的工具莫过于电车（Tram）系统，包括JR国铁和各种私铁。JR网络覆盖率最高，分属东日本、西日本、东海道、九州、四国、北海道六个公司管理，著名的新干线列车（Shinkansen）是速度最快的城际列车。各种私铁则更多起到对JR的补充，以沟通区域城市间的交通为主，比JR更为方便实惠。如果想节约旅行经费，又不怕辛苦，可以考虑搭乘夜行巴士穿行在本州岛城市之间。福冈、大阪、名古屋、东京和青森之间开通了数班列车，一般夕发朝至，座位可以放平休息，价格比新干线便宜一半左右。

知识链接

日本铁路周游券JR PASS

JR公司发行的乘车券，分为7日、14日、21日三种时长，普通席和软席两种车厢。周游券只有非常驻日本的游客才可以购买，需要在日本境外指定的代理处提前购买，在日本入境后兑换成实体PASS。手持JR PASS，可以乘坐日本境内的一切新干线、特急和普通JR班次，也可以免费预定座位。JR PASS价格比较贵，最便宜的成人7日普通席票需要约1500元人民币。

四、特色交通

嵯峨野观光小火车（Sagano Romantic Train）：岚山（Arashiyama）地区非常受欢迎的体验项目，乘坐复古列车，全程25分钟可以饱览岚山、嵯峨野和保津峡美景。观光铁路分为上、下行，首末站是龟冈站和嵯峨野站，比较常见的选择是先坐JR线从市区到达龟冈站，之后乘坐小火车在岚山站下车，再游览岚山。

嵯峨野观光小火车

东京水上巴士（Tokyo Cruise Himiko）：乘坐东京水上巴士不仅能欣赏到东京港、彩虹桥、东京晴空塔（Tokyo Skytree）等美景，在周六晚上还有夜间路线，可以尽情欣赏东京夜景。

核心词汇

序号	中文	英文对照
1	成田国际机场	Narita International Airport
2	关西国际机场	Kansai International Airport
3	名古屋	Nagoya
4	福冈机场	Fukuoka Airport
5	那霸国际机场	Naha Airport
6	新千岁机场	New Chitose Airport
7	行李转盘	Luggage Carousel
8	城际交通	Inter-city Transportation
9	电车	Tram
10	新干线列车	Shinkansen
11	关西	Kansai
12	岚山	Arashiyama
13	嵯峨野	Sagano
14	东京晴空塔	Tokyo Skytree

实用表达

1. Japan has one of the most convenient and intricate rail service in the world—meaning there are a vast number of different train lines. This could leave you wondering which rail pass you should choose, which IC card to buy, or even what alternatives there are for getting yourself around.

日本是全世界铁路交通最方便也最复杂的国家之一，这意味着有大量的铁路线路供游客选择，但是也会让游客烦恼选择哪一趟列车，买哪一种 IC 卡。

2. The Tokyo Skytree is a television broadcasting tower and landmark of Tokyo. With a height of 634 meters, it is the tallest structure in Japan and the second tallest in the world at the time of its completion.

东京晴空塔是一座电视广播塔，也是东京的地标。它的高度为 634 米，是日本最高的建筑，建成时是世界第二高的建筑。

任务三　住宿安排

任务情境

良好的住宿休息环境是展现旅游品质的重要特征；同时，具有异国特色的住宿安排也能为旅程加分不少。很多人去日本想要体验民宿，融入当地生活，但是也有人喜欢带有日式风情的酒店。因此，如何给游客安排优良的住宿环境，是领队应具备的技能。

日本系列微课——住宿安排

任务目标

1. 了解具有日本特色的住宿场所，并能够根据游客需要进行推荐；
2. 熟悉日本旅游住宿方面的注意事项，并能够清晰地向游客说明。

任务分解

一、特色住宿

胶囊旅馆（Capsule Inn）：充分体现日本节约资源与空间创意的便捷式旅馆，价格便宜。胶囊旅馆设有一排小型单人床，配有基本住宿设施，适合过夜。旅馆内有独立的行李存放处（Luggage Depository）和分性别公共浴室（Public Bath）。

日式旅馆（Japanese Inn）：传统的日本家庭经营的住宿设施，规模不大。大多数日式旅馆有公共浴池，是具有日本传统特色的洗浴方式。住宿费用一般包括午晚餐，想体验最具本土气息的和食料理的话千万不能错过。

宿坊（Sukubou）：寺庙专为云游僧侣和教众提供休息暂住的地方。如今，这些寺庙正在为更多朝圣的游人敞开大门。目前，日本大约 300 处寺院将空闲房间作为民宿，旅游者可以暂别现代生活的繁杂，在寺庙内坐禅、抄经、茹素，以便重获内心之平静。

二、住宿提醒

住宿预定（Reservation）：除了全球通用的酒店预定平台外，日本小众旅馆还只能在网站或发邮件预定，还有日本人都会使用的订房平台“jalan”。而寺庙民宿订房平台为“寺泊テラハク Terahaku”。

房价收费（Room Rate）：日本民宿房间超过一定人数后，会被加收额外费用。日本房东喜欢设置 2~3 人内为基本价，超过了会加收费用。日本酒店基本没有收取押金的要求。

住宿礼仪（Etiquette）：入住日本民宿应注意卫生，临走时不能将垃圾乱放，甚至污损墙面，否则将可能被收取清洁费。旅馆客人应把鞋脱在进门处或客房门前，在旅馆内进出一律穿拖鞋。而在房间内起居一般赤脚，并且请避免在榻榻米上拖拉行李。进入酒店走廊区域要轻声细语，尤其是木质建筑的日式旅馆，隔音效果一般。最忌讳在阳台上高声打电话，在屋里开派对高歌。

核心词汇

序号	中文	英文对照
1	胶囊旅馆	Capsule Inn
2	行李存放处	Luggage Depository
3	公共浴室	Public Bath
4	宿坊	Sukubou

实用表达

1. Ryokan are traditional Japanese-style inns with Japanese-style rooms. A stay at a ryokan typically includes dinner and breakfast and is recommended to all travelers to Japan as it gives you the opportunity to experience a traditional Japanese lifestyle.

日式旅馆是传统日本风格的旅馆，房间为日式布置，通常提供晚餐和早餐。非常值得游客尝试，可以体验传统日本生活。

2. Mainly targeting those who are in need of nothing but a bed，capsule inns accommodate their guests in small capsules. A television，a shared bathroom and coin lockers are usually provided.

胶囊旅馆旨在满足仅需地方可住的游客需求，面积不大，因此称之为“胶囊旅馆”，一般配有一台电视机、公共浴室和付费储物柜。

任务四 旅游导览

任务情境

漫天的樱花雪，四季变幻的美景与浓郁的东瀛风情，古典与时尚、历史与现代在日本交会共生，呈现迷人的景象，一直是各路旅行爱好者的热门目的地。作为领队，应当熟悉日本的主要旅游城市与著名旅游景点，以便于在旅行过程中，适时进行旅游导览与讲解。

任务目标

1. 熟悉日本旅游的特色资源与主要旅游城市；

2. 熟悉东京、京都、北海道、富士山等地的旅游资源，并能够对知名景点进行简要讲解。

任务分解

一、东京（Tokyo）导览

东京是日本首都，位于日本关东平原中部，是日本政治、经济、文化、交通中心，拥有丰富的观光景点，是具有魅力的城市。这里既有可以欣赏的现代建筑，又有能领略自然景观的旅游胜地，也有至今还保留着江户时代民宅风情的地域。

日本皇宫 (Imperial Palace of Japan)：皇居是天皇起居之地，占地 23000 平方米。正殿是宫殿的中心，皇室活动和外交礼仪都在正殿的“松之阁”举行，长和殿是天皇接受群众朝贺的地方，丰明殿内有大宴会场，常御殿为内宫。此外，宫内还有花阴亭、观瀑亭、霜锦亭、茶室、皇灵殿、宝殿、旧御府图书馆等。皇居大部分不对公众开放，只有东御苑开放给游客参观。

日本皇宫

浅草寺（Sensoji Temple）：位于东京都台东区，是日本现存的具有“江户风格”的民众游乐之地。其是东京最古老的寺庙。寺门“风雷神门”，是日本和浅草地区的象征。浅草寺院内的五重塔等著名建筑物和史迹、观赏景点数不胜数。

新宿御苑（Shinjukugyoen）：东京最大的日式庭园和法式庭园相结合的公园，横跨东京都新宿区与涩谷区，面积约 58 公顷。该处在江户时代为内藤家的宅地，其后成为宫内厅管理的庭园。

东京晴空塔

东京晴空塔（Tokyo Skytree）：东京最新地标，在东京林立的建筑物中以 634 米高度脱颖而出。电梯只需 50 秒即可到达 350 米的高处，若想欣赏更高处的景色，可以前往 450 米高的瞭望回廊，全天随时都能欣赏到壮美的景色。

二、京都（Kyoto）导览

京都位于日本西部，是大阪都市圈的重要城市。从 794 年桓武天皇迁都平安京到 1868 年东京奠都为止，京都都是日本的首都。长年的历史积淀使其拥有丰富的历史文化，以神社、佛阁等历史建筑物为代表，受到文化旅游者的青睐。

清水寺

清水寺（Pure Water Temple）：京都最古老的寺院，与金阁寺（Golden Pavilion）、二条城（Nijo Castle）并称为京都三大名胜，1994 年被列入世界文化遗产。春季时樱花烂漫，是京都的赏樱名所，秋季时红枫飒爽，又是赏枫胜地。清水舞台下的音羽瀑布（Otowa Waterfall），其三个源流分别代表着健康、学业和姻缘，很多人在此排队接水饮用、祈福。

伏见稻荷大社（Fushimi Inari Shrine）：日本约有 1/3 的神社属于稻荷神社，伏见稻荷大社是稻荷神社的总本社，地位崇高、历史悠久。社内供奉着保佑商业繁荣、财运亨通、五谷昌盛的稻荷大神，香客众多。入口处矗立着大鸟居，后面是神社的主殿及其他建筑物，尤以“千本鸟居”最为著名。

岚山（Arashiyama）：岚山不仅有丰富的人文景点，还有四季变换的自然风光与复古小火车。岚山集中了许多古刹和神社，天龙寺（Tenryu-ji Temple）更是世界遗产级别的古迹，野宫神社（Nonomiya Shrine）与大河内山庄之间是著名的竹林小径。作为赏樱赏枫的胜地，岚山春、秋两季吸引了大量游人。

金阁寺（Golden Pavilion）：建于 1379 年，原为足利义满将军的山庄，后改为禅寺“菩提所”。金阁寺是三层的楼阁，第一层为法水院；第二层为潮音洞，供奉着观音；第三层是正方形的佛堂，供奉着三尊佛像，这座高调华丽的禅寺，与前方的镜湖池交相辉映，成为京都最经典的画面之一。

金阁寺

三、北海道（Hokkaido）导览

北海道是日本除了本州以外最大的岛，札幌是北海道的行政中心。北海道以其迷人的雪景闻名于世，冬天是游览北海道的较佳季节。

小樽运河（Otaru Canal）：小樽是北海道的标志性景观，因电影《情书》而闻名，尤其以冬季景色最为别致。运河开通之初用来装卸货物，现在运河沿岸被改造成了各类工艺品商店。煤油路灯、复古的砖石仓库都彰显出这座城市的文艺气质。

函馆山（Mount Hakodate）：函馆山位于札幌西部山地，与中国香港维多利亚港、意大利那不勒斯并誉为世界三大夜景。上山途中的各条坂道和两侧的洋楼是函馆最有代表性的风景，山顶则是观赏夜景的最佳地点。

札幌雪祭（Sapporo Snow Festival）：以札幌市内的大通公园为首展开的札幌雪祭是北海道最大型的活动。每年 2 月上旬举办的冰雪祭典，观赏薄野会场的冰雕作品、Tsudome 会场的冰雪滑梯等，可以尽情体验北海道冰雪世界的活动。

四、富士山（Mount Fuji）导览

富士山矗立在东京西部，是世界上最大的活火山之一，也是日本的象征。厢根是最理想的观看富士山的地方，天气晴朗时，从很远的地方就能看到富士山。这座日本最高山峰（海拔 3775.63 米）上覆盖着皑皑白雪，就像明信片上的风景画一样迷人。攀登富士山也是个不错的选择，还可以到富士北部山麓上的富士五湖（山中湖、河口湖、西湖、精进湖和本栖湖）进行游览。

富士山

河口湖（Lake Kawaguchiko）：河口湖海拔 830 米，面积 5.7 平方公里，富士五湖中的第二大湖。湖中最有名的鹈岛，是五湖中唯一的岛屿，岛上有神社，专门保佑孕妇安产。作为富士山的拍摄点，在可以这里拍摄到湖水中的富士山倒影，到了樱花时节，可以以樱花作为前景，拍摄河口湖与富士山，景色迷人壮观。

浅间大社（Sengen Shrine）：699 年，建于富士山二合目的最古老的浅间大社，是浅间神社总本社、富士山信仰的中心。神社内共植有樱花树 500 余棵，是春天盛开樱花的地方。神社内设有观景台，是观看富士山的最佳角度。

知识链接

富士山情结

“富士”有“火神”之意，自 781 年有文字记录以来，富士山总共喷发了 18 次。对富士山的敬畏和欣赏，促成了日本民族难以割舍的“富士情怀”，日本建有 1300 多座浅间神社，祭祀代表富士山的“浅间大神”。富士山有着深厚的民间文化底蕴。在日本各地，有很多富士特色的地名，如富士见町、富士见台、富士见坂等，与富士山相关的绘画与诗歌作品不可枚举。

核心词汇

序号	中文	英文对照
1	樱花	Sakura
2	关东平原	Kanto Plain

（续表）

序号	中文	英文对照
3	江户时代	Edo Period
4	日本皇宫	Imperial Palace of Japan
5	德川家康	Tokugawa Ieyasu
6	浅草寺	Sensoji Temple
7	新宿御苑	Shinjukugyoen
8	新宿	Shinjuku
9	涩谷	Shibuya
10	清水寺	Kiyomizudera / Pure Water Temple
11	金阁寺	Kinkakuji / Golden Pavilion
12	二条城	Nijo Castle
13	世界文化遗产	World Cultural Heritage
14	音羽瀑布	Otowa Waterfall
15	伏见稻荷大社	Fushimi Inari Shrine
16	天龙寺	Tenryu-ji Temple
17	野宫神社	Nonomiya Shrine
18	小樽	Otaru
19	函馆山	Mount Hakodate
20	札幌雪祭	Sapporo Snow Festival
21	河口湖	Lake Kawaguchiko
22	浅间大社	Sengen Shrine

实用表达

1. Hokkaido is the second largest and northernmost of Japan's four main islands. Its weather is harsh in winter with lots of snowfall, below zero temperatures and frozen seas, while in summer it does not get as hot and humid as in the other parts of the country.

北海道位于日本最北端，在日本四大岛中位列第二。北海道冬天天气恶劣，大雪纷飞，气温均在零下，而夏天非常宜人。

2. Kyoto served as Japan's capital and the emperor's residence from 794 until 1868. It is one of the country's ten largest cities with a population of 1.5 million people and a modern face.

从 794 年到 1868 年，京都一直都是日本的首都和皇家府邸。现在人口约为 150 万，为日本十大现代城市之一。

任务五　美食推荐

任务情境

民以食为天，品尝美食也是旅游活动的重要组成部分。日本对菜肴搭配有着很高的要求，对食物形状、排列、颜色也都有细致的考虑。因此，领队有必要了解日本的特色美食，并在旅游活动过程中恰当地进行安排，有针对性地予以推荐。

任务目标

1. 了解日本美食，能够简单地讲解日本美食的特色；
2. 熟悉日本著名的美食街区与场所；
3. 了解日本的饮食习俗与其中的礼仪禁忌。

任务分解

一、特色美食

日本饮食讲求多样，主食、副食、配菜、水果、甜品俱全，量少质高。清淡少油是其典型特征。日本料理季节性强，海产品和新鲜蔬菜随着时令季节而变化。

寿司（Sushi）：寿司主要原料为日本粳米，用它煮出的饭不仅弹性好，有嚼头，且具有较大的黏性。包卷寿司外皮的原料，以优质的海苔、紫菜、海带、蛋皮、豆腐皮、春卷皮、大白菜等为常见。寿司馅料有海鱼、蟹肉、贝类、淡水鱼、煎蛋和时令鲜蔬等。

刺身（Sashimi）：也称生鱼片，一般都是用新鲜海鱼、海贝制作，蘸以酱油、山葵泥等，是日本菜中最清淡的菜式。吃生鱼片要以绿色芥末（Wasabi）和酱油作佐料，芥末和酱油注意不要混在一起，才能感受到生鱼片的原汁原味。

寿司

刺身

拉面（Japanese Ramen）：日本拉面从汤底来讲，分为“料汤拉面”和“汤汁拉面”。所谓“料汤拉面”，指的是调味料制作的汤底，包括最具代表性的北海道札幌拉面“味噌（Miso）拉面”，以及以“酱油拉面”为特色的东京拉面。“汤汁拉面”的汤底主要是“猪骨浓汤”和“鱼汤”，其特点是色如白玉，鲜而不腻。“猪骨汤拉面”的代表是九州地区的博多拉面和熊本拉面。

乌冬面（Udon Noodles）：乌冬面口感偏软，是将盐和水混入面粉中制作成的白色粗面。冬天加入热汤、夏天则放凉食用。乌冬面反式脂肪酸为零，并且含有高质量的碳水化合物。通过配合不同的佐料、汤料、调味料可以尝到不同口味。

天妇罗（Tempura）：用面粉、鸡蛋与水和成浆，将新鲜的鱼虾和时令蔬菜裹上浆放入油锅炸成金黄色。吃时蘸酱油和萝卜泥调成的汁，鲜嫩美味，香而不腻。天妇罗是油炸食品的总称，有蔬菜天妇罗、海鲜天妇罗、什锦天妇罗等种类。

二、美食地标

大阪道顿堀美食街（Daotonhori Food Street）：位于大阪心斋桥（Osaka Shinsaibashi）附近，是大阪美食的代表地点，号称“日本第一美食街”，以章鱼烧、大阪烧、寿司、炸串、巨蟹、河豚料理最为出名，拥有蟹道乐、本家章鱼烧、一兰拉面、河豚料理、今井、千房等人气餐厅。

京都拉面小路 (Kyoto Ramen Path)：位于京都站大楼 10 楼，拉面小路以町屋为原型设计，充满京都传统风情，汇集了八方的明星拉面店，从浓厚的九州博多拉面到纯正的札幌味噌拉面，无论何种形状的面条、何种口味的汤底，都能在这里品尝到。

三、饮食习俗

日本料理是用眼睛“品尝”的饭菜，非常讲究装盘，根据饭菜种类选择不同的器皿，往往一餐要用上 20 多个大小、形状、颜色和质地不同的器皿。日本饭菜不仅重视味道，而且注重色泽，各种鲜花、时令蔬菜的茎叶等也常用作装饰。

日式餐馆为榻榻米式（Tatami Floor），四周有鲜花、盆景、名画等装饰，上菜方式是前一道料理用完后，再上后一道料理，适合谈生意和正式邀请客人。而非正式的餐馆则比较随便，可以随意添加酒菜。

日本人讲究用餐礼节，喜欢安静用餐。不把饭、菜、酒等洒到外面弄脏桌子，鱼刺、骨头等也要不显眼地剩在食具里。不管家里还是餐馆里，坐位都有等级，一般听从主人的安排就行。在日本应注意用筷的方式，不要用筷子夹菜给别人，或用筷子指向其他的东西或人，也不能把筷子垂直插在米饭里。

日本没有单独给小费的习惯，如果需要支付服务费的餐厅，会直接将服务费算入账单总额，无须另外给服务员个人小费。

核心词汇

序号	中文	英文对照
1	寿司	Sushi
2	刺身	Sashimi
3	芥末	Mustard / Wasabi
4	日本拉面	Japanese Ramen
5	札幌	Sapporo
6	味噌	Miso
7	乌冬面	Udon Noodles
8	天妇罗	Tempura
9	大阪	Osaka
10	心斋桥	Shinsaibashi
11	榻榻米	Matting / Tatami Floor

实用表达

1. Japanese cuisine offers an abundance of gastronomical delights with a boundless variety of regional and seasonal dishes.

日本料理提供了丰富的美食，来自不同地区，季节性明显。

2. Ramen is a noodle soup dish that was originally imported from China and has become one of the most popular dishes in Japan in recent decades. Ramen are inexpensive and widely available, two factors that also make them an ideal option for budget travelers.

拉面是一种从中国传入日本的面食，近年来成为日本最受欢迎的美食。拉面价格经济，随处可见，因此成为预算紧张的游客的首选。

3. Sushi is the most famous Japanese dish outside of Japan, and one of the most popular dishes among the Japanese. In Japan, sushi is usually enjoyed on special occasions, such as a celebration.

作为日本美食，寿司在国际上声名远播，也深受日本国人的欢迎。在日本常常在特殊场合如庆典中食用寿司。

任务六 商品导购

任务情境

从世界名牌到平价小商品，从高楼林立的百货中心到露天商业街，琳琅满目、种类齐全的日本商品绝对不会辜负你的购物热情。作为领队，应当熟悉日本的特色旅游商品与知名商业街区，以便于在旅行过程中，引导游客购买合适的商品。

任务目标

1. 熟悉我国旅游者所喜爱购买的日本旅游商品与旅游纪念品，并能够进行简要的讲解；

2. 熟悉日本主要城市的知名商业街区，能够引导旅游者购物。

任务分解

一、特色商品与纪念品

护肤品（Skin Care）：日本的护肤品和化妆品（Cosmetics）产业世界一流。和欧美品牌相比，日系护肤品普遍效果更温和，适合亚洲人肤质，彩妆的工艺更细腻，价格选择更加宽泛。日本美妆分为两类，一种是药店可以购买的药妆类，另一种是在大型百货销售的专柜类。

电子产品（Electronics）：因为汇率（Exchange Rate）差，购买电子产品是不少赴日旅客的重要目标。同时，日本有不少相机（Camera）发烧友，一些国内不好找的机型和配件在日本应有尽有，二手相机市场中还能找到不少古董机以及物美价廉的好货。爱美的女性也不要错过琳琅满目的美容小家电。

和扇（Folding Fans）：日本扇图样及颜色非常繁多，表达出各种性格和故事情节，颇受游客喜爱，而更多的游人选择买回家摆放在家中，展览收藏，更多的商家会配送一款扇架来方便展示。

护身符（Amulet）：护身符也叫作御守，在日本寺庙里都可以求到御守，保佑的用途也比较广泛，可以赠送亲朋好友御守来表达自己美好的祝愿。

二、特色购物街区

东京银座（The Ginza）：日本东京中央区的主要商业区，象征着日本的繁荣，以高级购物商店闻名。这里汇聚着世界名牌商品，巨型商场林立，时尚、个性的服饰随处可见。象征日本自然、历史、现代的三大景点（富士山、京都、银座）之一的银座，与巴黎香榭丽舍大道（Champs – Elysees Avenue）、纽约第五大道（Fifth Avenue）并列为世界三大繁华中心。

大阪心斋桥（Shinsaibashi）：大阪最大的购物区，是以带有拱廊设施的心斋桥商店街为中心发展起来的。这里大型百货店、百年老铺、面向平民的各种小店铺鳞次栉比。石板铺就的人行道、英国风格的路灯和成排建筑物，格调高雅，被人称为欧洲村。

三、消费提醒

退税（Tax Refund）：持短期签证的旅行者可以就非本土消耗的商品进行现金退税。免税服务的店铺会标示“Tax Free（免税）”标志，大型商场一般可以办理退税。食品、药类、化妆品类等消耗型商品，一次同一店铺，不含税价格超过 5000 日元的，服装、鞋包、配饰、电器、工艺品等非消耗商品的，一次不含税购买价格超过 10000 日元，即可以享受免税政策。免税购买商品是不应该在境内拆封使用的，请保留好相关收据（Receipt）。

还价（Bargain）：在日本通常没有砍价还价的习惯。在古董市场（Antique Market）等特殊地点，或家电量贩店进行大金额购物等情况下，有时候可以砍价。

减价季节 (Big Sale)：日本在 1 月和 7 月举办大规模的促销活动（Promotion）。大减价活动为期约一个月，价格会逐渐降低。如果想买到人气商品的话最好趁早，但如果想购买超值商品，建议您稍晚再去。

核心词汇

序号	中文	英文对照
1	护肤品	Skin Care
2	化妆品	Cosmetics
3	汇率	Exchange Rate
4	电子产品	Electronics
5	相机	Camera
6	和扇	Folding Fans
7	御守	Amulet
8	银座	The Ginza
9	香榭丽舍大道	Champs – Elysees Avenue
10	第五大道	Fifth Avenue
11	退税	Tax Refund
12	收据	Receipt

（续表）

序号	中文	英文对照
13	还价	Bargain
14	古董市场	Antique Market
15	促销活动	Promotion
16	大减价	Big Sale

实用表达

1. Ginza features high end department stores，boutiques，art galleries and designer brand stores. Nearly every leading Japanese and international brand of fashion and cosmetics company has a presence here，as well as major electronics brands such as Sony and Apple.

银座以高档百货商店、精品店、画廊、设计师品牌店闻名于世。全世界几乎每个高端时尚和化妆品品牌均跻身在此，此外还有著名的电子产品品牌，比如索尼和苹果。

2. Akihabara is home to many electronics retailers as well as hundreds of small discount electronics shops that are jammed along the district's streets and back alleys. Akihabara is also the center of Japan's burgeoning otaku culture with dozens of shops devoted to anime，manga，collectibles and games.

在秋叶原街道两侧和小巷子里集聚了众多电子产品的零售和成百上千的折扣店。这里还是日本蓬勃发展的御宅文化中心，动漫、漫画、收藏品和游戏店数不胜数。

任务七　文化体验

任务情境

在文旅融合发展的时代背景之下，旅游者越来越重视旅游活动的文化内涵与旅游过程中的休闲活动。因此，领队有必要了解日本特色的文化娱乐项目以及节庆活动，从而帮助旅游者增强文化体验，在节庆与娱乐活动中得到休闲放松。

任务目标

1. 了解日本传统技艺与休闲活动，能够进行简单的讲解；
2. 了解日本的节庆文化及相关的旅游活动，并能够引导游客参与。

任务分解

一、休闲活动

茶道（Tea Ceremony）：独特的饮茶仪式和社会礼仪。茶道最早于中国唐朝贞观年间传到日本。日本茶道将日常生活行为与宗教（Religion）、哲学（Philosophy）、伦理（Ethics）和美学（Aesthetics）熔为一炉，成为综合性的文化艺术活动。它不仅仅是物质享受，而且通过茶会，学习茶礼，陶冶性情，培养人的审美观和道德观念。

茶道

花道（Ikebana）：一种在室内再现野外盛开鲜花的技法。因展示的规则和方法有所不同，分成 20 多种流派，日本国内也有许多花道学校。另外，在宾馆、百货商店等各种场所，可以欣赏到装饰优美的插花表演。

能剧（Noh）：日本的传统戏剧，也是世界上现存最古老的戏剧之一。能剧源于古代舞蹈戏剧形式和 12 世纪日本的神社（Shrine）、寺院举行的各种节庆戏剧。"能"是具有才能的意义。演员通过面部表情和形体动作来表现故事。

文乐（Bunraku）：又称净琉璃文乐木偶戏，是日本最主要的传统舞台艺术形式之一，集说唱、乐器伴奏和木偶剧（Puppet Show）于一体。它起源于江户时代，是叙事的净琉璃艺术与木偶艺术的结晶，其剧情主要有两个来源：封建时代的历史剧，揭示感情与社会责任之间冲突的当代戏剧。

歌舞伎（Kabuki）：日本所独有的一种戏剧，也是日本传统艺能之一，起源于 17 世纪江户初期，2005 年被联合国教科文组织（UNESCO）列为非物质文化遗产（Intangible Cultural Heritage）。歌舞伎主题大致有两类：一是描写贵族和武士的世界，二是表现民众生活。现代歌舞伎的特征是布景精致、舞台机关复杂，演员服装与化妆华丽，且演员清一色为男性。

歌舞伎

相扑（Sumo）：源于中国春秋时代，名为"角抵"，于唐朝传入日本。日本的相扑，古称素舞，由两名大力士裸露上身，互相角力。相扑现成为日本的国技，是国际性的格斗术和体育运动，作为专业竞技项目，在日本国内称作大相扑。

二、节庆活动

新年（New Year）：在日本的传统里，新年（1 月 1 日）是感谢祖先神灵的时候。日本人习惯在门的两旁悬挂松（Pine）、竹（Bamboo）和草绳（Straw Ropes），就是为了欢迎神灵。一年之始，亲友团聚，大家去参拜神道教或者佛教的寺庙，这种活动叫作“初诣”。人们向神和祖先的灵表示感谢，并且祈祷新年有好收成。

樱花祭（Cherry Blossom Hanami）：樱花祭（3 月 15 日至 4 月 15 日）是日本自南至北樱花开放的时节。樱花深受日本人喜爱，樱花祭时人们在樱花树下摆上丰盛的酒宴，吟诗作画，开怀畅饮。青年男女们在樱花丛中追逐嬉戏，谈情说爱。樱花祭活动丰富、风景秀美，每年都吸引着众多游客。

知识链接

日本国花——樱花

樱花成为日本国花，是日本政治、经济和文化变迁的结果。奈良时代，日本上流社会开始观赏樱花；平安时代，樱花取代梅花，正式被日本上流社会所接受；江户时代，樱花与武士结缘，成为武士的象征，受武士阶级的影响，日本百姓开始观赏樱花，樱花成为全民之花；第二次世界大战结束，樱花在日本人的眼中返璞归真，寓意勤劳、勇敢，深深根植于日本文化与民族精神的土壤之中。樱花成为世界各国了解日本文化和审美取向的重要途径。

男孩节（Boy's Festival）：男孩节（5 月 5 日）是祈祷男孩健康成长和将来事业成功的节日，插鲤鱼旗（Carp Streamers）、摆放武士玩偶、吃粽子和柏饼等习俗非常流行。这一天日本家家户户都会用纸或布做成色彩鲜艳、形状像鲤鱼的彩带，然后把彩带串在竹竿上，挂在屋顶上。因为日本人相信鲤鱼最有精神和活力，希望家中男孩都像鲤鱼那样，因此这一天又称为“鲤鱼日”。

夏日祭（Summer Holidays）：夏日祭期间（7 月中旬至 8 月下旬）政府会举办祭典游行，民间社团会举行很多表演，包括烟火（Fireworks）大会等。人们穿上漂亮的和服浴衣，逛街，买东西，参加娱乐活动，周边的店面在这天也会装饰一新。

核心词汇

序号	中文	英文对照
1	茶道	Tea Ceremony
2	宗教	Religion
3	哲学	Philosophy
4	伦理	Ethics

（续表）

序号	中文	英文对照
5	美学	Aesthetics
6	花道	Ikebana
7	能剧	Noh
8	神社	Shrine
9	文乐	Bunraku
10	木偶剧	Puppet Show
11	歌舞伎	Kabuki
12	联合国教科文组织	UNESCO
13	非物质文化遗产	Intangible Cultural Heritage
14	贵族	Aristocrat
15	相扑	Sumo
16	春秋时代	The Spring and Autumn Period
17	格斗术	Wrestling
18	新年	New Year / Shogatsu
19	松	Pine
20	竹	Bamboo
21	草绳	Straw Ropes
22	樱花祭	Cherry Blossom Hanami
23	男孩节	Boy's Festival
24	鲤鱼旗	Carp Streamers
25	夏日祭	Summer Holidays
26	烟火	Fireworks

实用表达

1. The cherry blossom is Japan's unofficial national flower. It has been celebrated for many centuries and holds a very prominent position in Japanese culture. There are many dozens of different cherry tree varieties in Japan, most of which bloom for just a few days in spring. The seasonal spectacle is celebrated with hanami (cherry blossom viewing) parties under the trees.

樱花是日本的非官方国花。日本人庆祝樱花盛放庆已有好多个世纪了，樱花在日本文化中占有非常突出的地位。日本樱花树品种繁多，花期大多在春天且不长。樱花树下赏花会，即“花见”，是一年一度的庆祝盛会。

2. During winter, cold air masses from Siberia blow towards Japan, picking up moisture

from the Sea of Japan in the process. The wet cold air collides with the mountains along the Sea of Japan coast，resulting in heavy snowfall. Some areas experience extreme amounts of precipitation with snow depths of three to six meters.

冬季，来自西伯利亚的冷空气吹向日本，在日本海上空吸收水分。湿冷空气与日本海沿岸的山脉相撞，带来大雪。一些地区的降雪量非常大，积雪深度达 3~6 米。

任务八　思政教育

任务情境

日本不仅是亚洲的马克思主义传播和研究的重要国度，也是周恩来等一批中国知识分子引进马克思主义文化的主要来源地；领队带领团队前往日本旅游之时，应当充分挖掘旅行中的思政教育元素，弘扬爱国主义精神（Patriotism），倡导和平发展理念。

日本系列微课——岚山诗碑

任务目标

1. 了解适合开展思政教育的日本旅游景点；
2. 掌握这些旅游景点背后的思政教育意义；
3. 掌握培养旅游者的爱国主义情怀与和平发展理念的引导方法。

任务分解

周恩来与岚山诗碑（Zhou Enlai and Poetry monument of Kanarase-yama）

岚山诗碑

案例简介：1917 年秋，19 岁的周恩来东渡日本求学。随后，十月革命爆发，他一面参加留学生办的“新中会”，从事反对日本侵略的爱国活动，一面研究正在涌向东方的各种社会思潮，系统地读了关于马克思主义（Marxism）的文章，从迷惘中获得启示，便把自己的感受结合对大自然风光的体悟，写入诗中。1919年4月5日这天，周恩来游历京都岚山，创作了《雨中岚山》一诗，并载《觉悟》创刊号。1978年，为缅怀周恩来总理，在京都岚山建立周恩来诗碑，以表达中日人民世代友好的心愿。诗碑占地面积约100平方米，四周青松拱卫、樱树环抱。诗碑的碑石，精选于京都当地出产的马鞍石，外表赤褐，内瓤青蓝，质地坚硬，千年不化。碑石高1.3米、宽2.2米，底座用青色圆石浇灌混凝土筑成，诗碑正面，镌刻着周恩来的诗篇《雨中岚山》，诗文由时为国家领导人、中日友好协会会长的廖承志用毛笔书写。

知识链接

周恩来《雨中岚山》

雨中二次游岚山，两岸苍松，夹着几株樱。到尽处突见一山高，流出泉水绿如许，绕石照人。潇潇雨，雾濛浓；一线阳光穿云出，愈见姣妍。人间的万象真理，愈求愈模糊；模糊中偶然见着一点光明，真愈觉姣妍。

思政教育：周恩来总理在诗中，借景生情，抒发了振兴中华的伟大抱负。诗句昭示，他在迷茫中追寻着一条救国之路，现在，他终于拨开了漫天迷雾，见到了“姣妍”的“一点光明”。从此，周恩来便义无返顾地踏上了为马克思主义奋斗终身的光荣道路。同时，20世纪70年代末，日本的有识之士、部分中日友好团体发起筹建周恩来诗碑的倡议，以纪念他为中日友好事业呕心沥血的伟绩，相信中日关系的未来一定会更加光明，中日友好之花一定会更加娇妍。

核心词汇

序号	中文	英文对照
1	爱国主义精神	Patriotism
2	诗碑	Poetry monument
3	马克思主义	Marxism

实用表达

雨中岚山英译稿（The Hill in the Rain）

The second time I tour the Hill,

On both sides of which grows thickly green pines,

Among which cherry trees are interspersed.

At the end of our travel, Suddenly appears a high hill.

In the hill water flowing from fountains is so pure and green
That it winds the rocks to make them radiant and clean.
In the drizzling rain， in the misty and dense fog，
A ray of sunshine pierces through the clouds，
Looking more and more delicate and beautiful.
The more quest we make for the truths of heaven and earth，
The more we are vague about them.
In a blurred situation I suddenly see a gleam of light，
Which in my mind turns more and more delicate and beautiful.

任务九 能力测试

行前检测

任务要求：在日本入境时，都要填写如下的入境卡，请你尝试填一填。

外国人入国記録 DISEMBARKATION CARD FOR FOREIGNER 外國人入境記錄

英語又は日本語で記載して下さい。Enter information in either English or Japanese. 請用英文或日文填寫。

氏　名 Name 姓名	Family Name 姓(英文)		Given Names 名(英文)	
生年月日 Date of Birth 出生日期	Day 日 日期 Month 月 月份 Year 年 年度	現住所 Home Address 現住址	国名 Country name 國家名	都市名 City name 城市名
渡航目的 Purpose of visit 入境目的	☐ 観光 Tourism 旅遊　☐ 商用 Business 商務　☐ 親族訪問 Visiting relatives 探親 ☐ その他 Others 其他目的（　　）		航空機便名・船名 Last flight No./Vessel 抵達航班號	
			日本滞在予定期間 Intended length of stay in Japan 預定停留期間	
日本の連絡先 Intended address in Japan 在日本的聯絡處			TEL 電話號碼	

1. 日本での退去強制歴・上陸拒否歴の有無 Any history of receiving a deportation order or refusal of entry into Japan 在日本有無被強制遣返和拒絕入境的經歷	☐ はい Yes 有　☐ いいえ No 無
2. 有罪判決の有無（日本での判決に限らない） Any history of being convicted of a crime (not only in Japan) 有無被判決有罪的記錄（不僅限於在日本的判決）	☐ はい Yes 有　☐ いいえ No 無
3. 規制薬物・銃砲・刀剣類・火薬類の所持 Possession of controlled substances, guns, bladed weapons, or gunpowder 持有違禁藥物、槍炮、刀劍類、火藥類	☐ はい Yes 有　☐ いいえ No 無

以上の記載内容は事実と相違ありません。I hereby declare that the statement given above is true and accurate. 以上填寫內容屬實，絕無虛假。

署名 Signature 簽名 ____________

跨文化交际

任务情境：在第三天的行程中，地接导游按照合同带领团队前往体验日本茶道，团友都纷纷笑开了，认为中国茶道博大精深，还需要来日本看吗？作为领队，你该如何处理以上问题？

任务提示：尽管中国茶道历史悠久、文化深远，但是既然来了日本，入乡随俗品一品日本的茶、赏一赏日本的茶道也是很有必要的。作为领队，一方面要肯定团友的文化自信，另一方面作为文化使者，采用引趣的方式转移话题，让游客以开放的心态面对他国文化。

项目三—任务九—跨文化交际

项目四　韩国（Korea）旅行项目

任务一　国情介绍

任务情境

幽默的的鹤莲花台舞、美味的韩国烤肉、历史悠久的新罗千禧公园，这就是美丽的韩国，当你带领团队前往韩国旅游之前，需要全面了解韩国的自然地理、历史发展与社会经济等国情。在出境旅游初期，应对旅游者进行韩国基本国情的介绍，帮助旅游者对旅游目的地建立初步印象。

任务目标

1. 了解韩国的自然地理特征、简要历史、人口民族情况、政治经济特点，熟悉韩国主要的国家标志；
2. 能够简明扼要地对旅游者介绍韩国的国家概况；
3. 熟悉韩国礼仪风俗情况，并在文化交流过程中对旅游者进行提醒。

任务分解

一、地理纵览

1. 地理概况

韩国位于朝鲜半岛的南部，北部与朝鲜接壤。韩国地形具有多样性，低山、丘陵和平原交错分布，山地占朝鲜半岛面积的三分之二左右，低山和丘陵主要分布在中部和东部，海拔多在 500 米以下，沿西海岸有辽阔的平原。太白山脉纵贯东海岸，构成半岛南部地形的脊梁。汉拿山位于济州岛的中心，海拔 1950 米，是韩国的第一高峰，同金刚山、智异山一起被誉为三座神山。平原主要分布于南部和西部，海拔多在 200 米以下。黄海沿岸有汉江平原、湖南平原等，南海沿岸有金海平原、全南平原及其他小平原。韩国东、南、西三面环海。半岛西海岸北临朝鲜湾，南临黄海和朝鲜海峡。

2. 气候特征

作为东亚季风地区，韩国气候温和，四季分明。来自亚洲大陆的气团运动对韩国气候影响较大。冬季通常漫长、寒冷、干燥，而夏季短暂、炎热、潮湿；春天和秋天宜人，但持续时间很短。首尔1月平均气温为 –5~–2.5℃。7月的平均气温为22.5~25℃。由于位于南部沿海，济州岛天气比韩国其他地区更温暖。

二、历史回眸

1. 简史

朝鲜历史第一个朝代是箕子王朝，于公元前1120年建立，此后更替为卫满王朝，后来卫满王朝被中国西汉王朝所灭，朝鲜划入被西汉王朝直接统治的汉四郡。公元前1世纪，朝鲜历史进入了高句丽王朝、百济王朝、新罗王朝相互对峙的三国时期。7世纪，新罗联合唐朝，灭亡百济与高句丽，形成统一。8世纪后期，新罗陷入内乱与衰落。904年，新罗僧人金弓裔建立泰封国。918年，泰封国大将王建定国号“高丽”，并于936年秋完成统一。14世纪末，李氏王朝取代高丽始称“朝鲜”，向中国称臣纳贡。1910年朝鲜半岛沦为日本的殖民地，1945年光复独立。1948年8月和9月，依三八线，朝鲜半岛南北先后成立大韩民国和朝鲜民主主义人民共和国。1950年爆发朝鲜战争，1953年7月27日依朝鲜停战协定，朝、韩双方停战，确定现在的韩国疆域。

2. 人口民族

韩国人口5200万（2020年），为单一民族国家，主要民族为韩民族。官方语言为韩语（Korean）。韩国人口中有近45%的人信仰宗教，其中佛教徒约47%，基督教徒约38%，天主教徒为11%，儒教约3%，还有部分居民信仰天道教、普天教、太极教、回教等。

三、社会概述

1. 政治体制

韩国于1948年开始采用总统共和制，总统由国民在全国范围内直接选举产生，是韩国的最高行政首长、国家元首和三军统帅。总统任期5年，不得连任。韩国实行三权分立原则，立法权归国会，行政权归行政机构，司法权归法院，政府权力不得滥用。

2. 国家标志

国旗：太极旗的横竖比例为3：2，白底代表土地，中间为太极两仪，四角有黑色四卦。太极的圆代表人民，圆内上下弯鱼形两仪，上红下蓝，分别代表阳和阴，象征宇宙。四卦中，左上角的乾即三条阳爻代表天、春、东、仁；右下角的坤即三条阴爻代表地、夏、西、义；右上角的坎即两条阴爻夹一条阳爻代表水、秋、南、礼；左下角的离即两条阳爻夹一条阴爻代表火、冬、北、智。整体意味着一切都在无限范围内永恒运动、均衡和协调，象征东方思想、哲理和神秘。

国徽：国徽中央为盛开的木槿花。木槿花底色白色象征着和平与纯洁，黄色象征着繁荣与昌盛。花朵的中央被一幅红蓝阴阳图代替，它不仅是韩国文化的一个传统象征，而且代表着国家行政与大自然规律的和谐。一条白色饰带环绕着木槿花，饰带上缝着国名“大韩民国”四字。

3. 经济产业

韩国经济腾飞被称为“汉江奇迹”。1953 年，韩国人均 GDP 只有 67 美元，到 2007 年达到 20045 美元，增长了 298 倍，因此成为发达国家。韩国是二十国集团成员之一，是拥有完善市场经济制度的发达国家。韩国是亚洲四小龙之一，其国内生产总值世界排名第 11（2016 年）。韩国机械制造业发达，工业基础雄厚，门类齐全，包括电子、钢铁、汽车工业等，既是生产国也是出口国。

四、礼仪风俗

1. 国民性格

韩国人具有强烈的民族主义精神和爱国主义精神。韩国深受儒家文化的熏陶和影响，对其文化和历史非常尊重和爱护。韩国人性格刚烈，态度决然，生活节奏很快，而韩国人的“急性子”在世界上也是十分有名的。

2. 交往礼仪

韩国受中国儒教影响颇深，注重礼节，长幼之间、上下级之间、同辈之间的用语有严格区别。尊敬长者、孝顺父母、尊重老师是全社会风俗。上下班时必互致问候。晚辈、下级走路时遇到长辈或上级，应鞠躬、问候、站在一旁，让其先行，以示敬意。对师长和有身份的人，递接物品时要用双手并躬身。年轻人未经许可，不得在长者面前吸烟。

与韩国人交流，应回避韩国国内政治，与韩鲜关系、与日关系、男主人的妻子等话题。韩国人用双手接礼物，但不会当着客人的面打开。不宜送香烟给韩国友人。酒是送韩国男人最好的礼品，但不能送酒给妇女，除非你说清楚这酒是送给她丈夫的。

核心词汇

序号	中文	英文对照
1	韩国	Korea
2	朝鲜半岛	the Korean Peninsula
3	低山	Low Mou
4	丘陵	Hills
5	温带季风气候	Temperate Seasonal Climate
6	日本	Japan
7	朝鲜	North Korea
8	汉江	Hanjiang River

（续表）

序号	中文	英文对照
9	韩语	Korean
10	总统共和制	Presidential Republic
11	三权分立	Separation of Powers
12	立法	The Legislative Branch
13	司法	The Judicial Branch
14	行政	The Executive Branch
15	高句丽	Goguryeo
16	新罗	Silla
17	百济	Baekje
18	太平洋	the Pacific
19	儒教	Confucianism
20	木槿花	Hibiscus Flowers
21	自由贸易协定	Free Trade Agreement
22	出口主导型	Export-Led
23	殖民统治	Colonial Domination

实用表达

1. Since the 21st century，South Korea has been renowned for its globally influential pop culture，particularly in music (K-POP)、TV dramas and cinema，a phenomenon referred to as the Korean Wave.

自 21 世纪以来，韩国一直以其具有全球影响力的流行文化而闻名，特别是在音乐（K-pop）、电视剧和电影方面，这种现象被称为韩流。

2. South Korea's terrain is mostly mountainous，most of which is not arable. Lowlands，located primarily in the west and southeast，make up only 30% of the total land area.

韩国的地形多是山区，其中大部分是不可耕种的。低地主要位于西部和东南部，仅占总土地面积的 30%。

任务二　交通指引

任务情境

韩国交通发达，与中国有直通航班，首尔（Seoul）、仁川和京畿道等城市都有地铁，领队应了解韩国外部交通与区域交通情况，能够在出入境、城际交通、市内交通等项目上进行准确的交通指引。

任务目标

1. 了解到达韩国的方式，能够引导旅游者通过机场海关，顺利入境；
2. 了解韩国城际交通、市内交通的基本情况。

任务分解

一、到达韩国

韩国的主要国际航空公司为大韩航空和韩亚航空，每周有800多次航班往来于世界主要城市之间。首尔有两个机场，分别为仁川国际机场和金浦国际机场。对中国旅游者而言，仁川机场更为常用。另外釜山和济州岛也均设有国际机场。中国的航空公司也有很多飞韩国的航班，北京飞首尔大约需要1.5小时，飞济州岛约需2.5小时。韩国三面环海，岛湾众多，有利于港口发展，连接韩半岛与附属岛屿的航线比较完备，游客可以方便地乘坐渡轮。另外，乘坐渡轮的话，途中还可以欣赏美丽的自然景观。在仁川、木浦、济州、釜山和东海有国际港口客运站，可以乘坐国际、国内渡轮。

知识链接

韩国四大国际机场

仁川国际机场在2001年3月开始投入运营，是韩国规模最大的机场，可谓是韩国入境的关门。釜山金海国际机场位于大韩民国釜山广域市，距釜山市中心11.5千米，为4E级军民合用国际机场。金浦机场曾为韩国最大的国际机场，在仁川国际机场建成并投入使用后，逐渐转向国内航线，运营着韩国国内的大部分航班。现在国际航线只有东京、大阪、名古屋、北京、上海等几条线路。济州国际机场位于韩国第一大岛济州岛上，在客流量、国际航班的数量上均名列第二。

二、入境流程

1. 中国公民进入韩国，除了持有中国护照的游客可申请免签证进入韩国济州岛30天，其余地方都需要办理个人旅游签证。

2. 要填写两张单子，一张是：入境信息，填写个人信息、住宿地址。另一张：报关单（Customs Declaration），有申报物品的要填写，交给韩国海关。通常移民官不会提任何问题，盖章入境。

知识链接

韩国海关携带物品规定

一、可携带物品。根据韩国海关规定，旅客携带价值在30万韩元以内的礼品或土特产品，都属于可带入免税品。韩国海关规定了酒类、香水、烟草类产品的携带上限，1升以内的1瓶酒类产品、2盎司以内的1瓶香水类产品、200支以内的香烟、50支以内的雪茄、250克以内的其他烟草制品可以免税入境。

二、可携带现金。入境韩国时，旅客携带1万美元以下的现金（或等额其他货币）可以免于申报，如果数额超过限制，就要向韩国海关申报。

三、违禁物品。韩国海关将影响国家安全的物品、传播淫秽内容的物品、危害公共利益的物品、假币、伪造债券等产品，都划入了旅客不能携带的违禁物品行列，携带入境会受到相应惩罚。

四、限制物品。韩国海关规定，在入境时以下物品为限制携带物品，包括：枪支火药等各类武器、毒品及可制造毒品的各种药物、无线接收机等各种无线装备、用于商业出售的各种物品、被划为文物的各种物品。

三、城际交通

在韩国城市间穿梭，最好的交通手段之一便是火车了。韩国的火车根据列车运行速度及列车内便利设施的不同分为高速列车KTX和普通一级列车新村号、二级列车无穷花号，价格也各不相同。京釜线（首尔站—釜山站）和湖南线（龙山站—木浦站）是铁路枢纽线，还有全罗线和京全线等。KTX高速列车有4条路线，从首尔火车站到达釜山火车站的京釜线途经大田、东大邱、新庆州、蔚山等地，用时约2.5小时，方便快捷。

知识链接

外国人专用通票

“KOREA RAIL PASS”是专门为外国游客提供的火车旅行专用票，外国游客可以以更合理的价格享受铁路旅行；还可以在KR-PASS指定的海外旅行社及韩国铁路公社网站上购买交换券，在韩国相关车站都可进行交换车票；交换时，需出示护照和购买交换券时使用的信用卡。持有 KR-PASS（韩国铁路通票）的外国游客可以在规定时间内无限次重复搭乘 KTX、新村号、无穷花号列车，但是不可以搭乘地铁及观光专用列车。

城际旅行的大众交通还包括高速巴士。巴士是城市之间连接的纽带，无论城市大小，均设有很多路线，费用相对低廉，设施干净整洁。虽所需时间有所差异，但守时、准点出发等优势，使其在大众交通中起到了核心的作用。在售票处买票时，需要确认登车位置，之后持票到相应的乘车处上车，而车票在上车时需交给巴士司机。韩国三面环海，水上交通线路也很成熟。仁川、釜山、木浦、莞岛等地有开往济州港、西归浦港的渡船。从釜山出发的渡船多为每周 6 班，周日停运，航行时间约为 11 小时。从釜山和仁川等地出发的长途渡船为夜间渡船。

四、市内交通

在韩国首尔、釜山、大田、大邱、光州都可乘地铁出行，大多数地铁路线用韩文和英文标记，首尔地铁有很多大站有中文报站。各地铁站名旁边的数字是从该站出发到图上所在地的费用。购票口旁的黄色箱子里有免费的地铁路线图。在韩国，出租车干净安全、服务周到、价格也合理，是旅行常用的交通工具。出租车颜色不同价位也会有所差异，最贵的黑色“模范出租车”，司机大都会讲英语；其他是银色的和橙色的普通出租车，价格比模范出租车便宜。

核心词汇

序号	中文	英文对照
1	大韩航空	Korean Airlines
2	韩亚航空	Asiana Airlines
3	仁川国际机场	Incheon International Airport
4	金浦国际机场	Gimpo International Airport
5	釜山	Busan
6	济州	Jeju
7	首尔	Seoul
8	大田	Daejeon
9	大邱	Daegu
10	庆州	Gyeongju

（续表）

序号	中文	英文对照
11	入境	Immigration
12	出境	Emigration
13	报关单	Customs Declaration

实用表达

1. South Korea has a technologically advanced transport network, consisting of high-speed railways, highways, bus routes, ferry services and air routes across the country. Korea Expressway Corporation operates the toll highways and service amenities.

韩国拥有技术先进的交通网络，包括高速铁路、高速公路、巴士路线、渡轮服务和纵横交错的航线。韩国高速公路公司运营收费公路和沿途服务设施。

2. South Korea developed the HEMU430X high-speed train, which can travel at over 430 km/h, making South Korea the world's fourth country after France, Japan and China developing a high-speed train running above 420 km/h on conventional rails.

韩国开发了 HEMU430X 高速列车，可以超过 430 公里 / 小时的速度行驶，使韩国成为继法国、日本和中国之后世界上第四个在传统轨道上开发超过 420 公里 / 小时的高速列车的国家。

任务三　住宿安排

任务情境

韩国不乏设备一流的旅馆，特别是大都市与名胜区，都有符合国际水准的高级旅馆，也有具有生态特色的个性化酒店。因此，如何给游客安排可以放松身心的住宿环境，或是感受不同体验的特色酒店，是领队应具备的技能。

任务目标

1. 了解具有韩国特色的住宿场所，并能够根据游客需要进行推荐；
2. 熟悉韩国旅游住宿方面的注意事项，并能够清晰地向游客说明。

任务分解

一、特色住宿

华克山庄喜来登酒店（Sheraton Walkerhill Hotel）：位于首尔汉江江畔峨嵯山上，远离喧嚣的闹市区，可以享受到郊区特有的清新空气。华克山庄一直以来堪称韩国旅游产业的摇篮，是亚洲第一家集美食、休闲、娱乐、购物为一体的六星级酒店。

佳山土房（Kasantobang）：位于济州岛，利用黄土等天然材料建筑而成，在这里可以体验传统韩屋住宿，具有童话色彩的建筑风格更增添了旅游的乐趣。这里还兼备热蒸房、餐厅等便利设施为一体，方便实用。

二、 住宿提醒

洗漱用品（Toiletries）：韩国的酒店为了环保，一般不提供洗漱用品。即使有，也是牙膏、沐浴乳之类非一次性的产品，牙刷得自备。有的酒店会提供一篮子化妆品，是免费的，但只能免费取用，不能带走。

酒店服务（Service）：韩国酒店服务热情、周到，卫生条件较好，有免费的速溶咖啡和瓶装纯净水，饮用热水需要在酒店大厅或者楼层固定位置取用。

安全提示（Safety Tips）：特别注意要保管好自己的行李，防止被别人调包；不要为不相识的人带任何物品，以防被人利用贩毒；请随身携带个人护照、机票、身份证、现金、金、银、珠宝首饰等贵重物品，不可放在行李箱（包）中。

核心词汇

序号	中文	英文对照
1	预定提醒	Reservation
2	洗漱用品	Toiletries
3	酒店服务	Service
4	安全提示	Safety Tips
5	长途电话	Long Distance Call
6	洗衣费	Laundry Charge
7	小吃	Snacks
8	开水	Boiled Water
9	连锁酒店	Chain Hotel
10	信用卡	Credit Card
11	借记卡	Debit Card
12	储物柜	Lockers
13	私人物品	Personal Belongings

任务四 旅游导览

任务情境

韩国各大城市主要以人文景观为特色，古迹以宫殿和寺庙为主，现代景观则多是商业街、文化广场为主。济州岛则以自然风光为旅游特色，是度假远足、放松身心的好去处。作为领队，应当熟悉韩国的主要城市与著名景点，以便在旅行过程中进行旅游导览与讲解。

任务目标

1. 熟悉韩国旅游的特色资源与主要城市；

2. 熟悉首尔、釜山、济州岛、庆州等地的旅游资源，并能够对知名景点进行简要讲解。

任务分解

一、首尔（Seoul）导览

奔腾的汉江两岸历史文化和现代商业自然地交融着，朝鲜半岛风华岁月，就像汉江水一样缓缓流淌而又生生不息，历史的痕迹印在首尔的每一寸土壤，哺育着两岸人民，见证着朝鲜半岛和韩国经济文化的风云变化。

首尔塔（N Seoul Tower）：位于首尔，高 236.7 米，立于南山之上，因而也叫南山塔。不管在首尔市区哪个地方，都可以看到它，是首尔的象征。每晚 7 点，首尔塔会有灯光秀，一年四季变换不一样的颜色。

首尔塔

景福宫

景福宫（Gyeongbokgung Palace）：建于1394年，是李氏王朝的王宫，也是韩国封建社会末代皇朝的政治中心，历经壬辰倭乱和日本吞并朝鲜两次大规模损毁，现虽已基本恢复原貌，依然可见历史沧桑。

清溪川（Cheonggyecheon）：始于首尔钟路区，贯穿世宗路、光化门、文化日报社门前，一直到城东区新踏铁桥之间。舒适宜人的清溪川成为首尔旅游的一大亮点。清溪川上建造了20多座富含各种意义的桥梁，其中表现蝴蝶优美姿态的蝴蝶桥和象征古今的广桥等较为有名。

乐天世界（Lotte World）：世界最大室内主题公园，有惊险的娱乐设施、凉爽的溜冰场、巨大的散心湖、各种表演场、民俗博物馆等；除主题公园外，还有百货商店、饭店、免税店、大型折价商场、体育中心等，是一座名副其实的城中之城。

青瓦台（Cheongwadae）：是韩国总统府，坐落在首尔市西北部，面向景福宫，靠近乾清宫，是韩国现在的政治中心。青瓦台由位于中央的主楼、迎宾馆、绿地园、无穷花花园、七宫等组成。主楼的青瓦和曲线设计的房顶是青瓦台最具代表性的地方，青瓦台共有15万块青瓦，每块都能使用100年以上。

二、釜山（Busan）导览

伴着片片飞舞的花瓣，畅游在影岛樱花路上，迎面吹来海风，漫步在海云台沙滩上，笑脸和阳光充满着整个海滨，生鱼片从没这么自然而鲜嫩，这里是独具特色的釜山。

梵鱼寺（Beomeosa Temple）：梵鱼寺位处釜山西北的金井山。这里四季分明，风景如画，主峰姑堂峰海拔802米。现今的梵鱼寺是韩国妇孺皆知的著名巨刹，是韩国的禅刹大本山之第一家，寺内有建于9世纪左右的三层石塔和由四根柱子支撑的一柱门，还有7座殿阁、楼阁，11座庵堂等。金井山顶有韩国最大的山城史迹——金井城。

金刚公园（Geumgang Park）：位于金刚山山脚下，总面积93.6万平方米，树种丰富，景色秀丽。山谷间泉水潺潺，悠扬的水声令人仿佛来到了仙境一般，忘却烦恼，是男女老少皆可尽享欢乐的休憩场所。

龙头山公园（Yongdusan Park）：位于貌似出海蛟龙的山头上，面积约6.9万平方米，是深受釜山市民喜爱的休憩场所。公园最有名的是在釜山塔上观看夜景。夜间，蓝色的照明灯不仅将塔体装扮得更加迷人，也为釜山的夜景增添了几分迷幻的色彩。

海云台（Haeundae）：海云台有蜿蜒2公里的白沙海滩和葱郁的冬柏岛，东边著名的“迎月之路”可观赏美丽的海滨夜景。海云台浴场沙净如玉，海水清浅，气候宜人，是理想的海滨浴场。

三、济州岛（Jeju）导览

济州岛的景点主要分布在济州市和西归浦市及周边区域。济州市在汉拿山的北面，是济州岛首府，机场距市中心仅4千米。西归浦市在汉拿山的南面，包括自然修养林和中文旅游区。济州岛上景点非常丰富多样，自然风光和人文景点各有魅力。

韩国系列微课——济州岛

汉拿山国立公园（Hallasan）：汉拿山高 1950 米，是韩国最高山峰，它是一座盾形火山，2007 年被列入韩国第一个世界自然遗产。汉拿山以其从温带至寒带的垂直植物生态分布系统而闻名，有 1800 多种植物和 4000 多种动物。汉拿山的登山路线在 10 公里以内，当天即可登上山顶，但由于天气变化十分剧烈，加上风大，登山者应带上足够的装备。

汉拿山国立公园

城山日出峰（Seongsan Ilchulbong Peak）：位于济州岛东端，海拔 182 米，是 10 万年前海底火山爆发而形成，是一块高耸的巨岩，顶部有巨大的火山口。火山口直径 600 米，深 90 米，面积达 8 万平方米。99 块尖石围绕在火山口周围，就像一个被森林覆盖的“迷失世界”。2000 年 7 月 19 日被认定为地方天然纪念物。

涉地可支（Sopjikogi）：位于济州岛东部海岸的一端。“涉地”是该地区古代旧称，“可支”是济州岛方言，意为向外突出的地形。海岸悬崖上是一片宽阔的草地，岸上耸立着一块叫仙石的岩石。涉地可支一端有灯塔，通向灯塔的路上有防风石墙。石墙内每年四月可以看到油菜田。登上灯塔，涉地可支海岸的风景便尽收眼底。辽阔平缓的考地山坡上的烽燧台至今保留着原貌。

四、庆州（Gyeongju）导览

庆州是千年古都，被称为“没有屋顶的博物馆”。庆州的景点主要以历史古迹为主，集中在市中心周围，以庆州博物馆为起点。市郊最著名的景点要数佛国寺和石窟

庵了，均为世界文化遗产。

新罗千禧公园 (Silla Millennium Park)：是集挑战冒险和文艺体验等多主题为一体的历史公园。再现了新罗时代的村庄、城市，木艺、玻璃、染色工坊等特色，可以体验韩国文化。生态公园等各种休息空间和传统房屋形式的韩国特级宾馆可供游客休息。

佛国寺 (Bulguksa)：坐落在吐含山山腰处，是新罗佛教文化的核心。1440 年前，新罗法兴王 22 年，为维护国家安定和百姓平安，建造了佛国寺。新罗景德王时期，在宰相金大城的指挥下重新修建。壬辰倭乱时期佛国寺大部分被烧毁，1920 年后经过复原和修缮才拥有如今的面貌。于 1995 年 12 月 6 日被认定为世界文化遗产。

石窟庵（Seokguram）：作为韩国第 24 号国宝，始建于新罗景德王 10 年，由当时的宰相金大城主持修建。石窟庵由造型各异的 34 尊岩壁佛像组成，每尊佛像都不愧为雕刻杰作。其中位于正中央，由白色花岗岩打造而成的如来本尊坐像俯视着东海，坐在莲花宝座上，姿态柔和，表情慈祥。屋顶呈半月形或弓形，上有莲花纹的圆盘为盖。1995 年被联合国教科文组织认定为世界文化遗产。

核心词汇

序号	中文	英文对照
1	首尔塔	Seoul Tower
2	景福宫	Gyeongbokgung Palace
3	清溪川	Cheonggyecheon
4	青瓦台	Cheongwadae
5	梵鱼寺	Beomeosa Temple
6	金刚公园	Geumgang Park
7	龙头山公园	Yongdusan Park
8	世界文化遗产	World Cultural Heritage
9	世界自然遗产	World Natural Heritage
10	济州岛	Jeju Island
11	汉拿山	Hallasan
12	城山日出峰	Seongsan Ilchulbong Peak
13	涉地可支	Sopjikogi
14	新罗千禧公园	Silla Millennium Park
15	佛国寺	Bulguksa
16	石窟庵	Seokguram

实用表达

1. Korean Folk Village is a popular tourist destination for both Koreans and foreigners, located near South Korea's largest amusement park, Everland.

韩国民俗村是韩国人和外国人的热门旅游目的地，位于韩国最大的游乐园爱宝乐园附近。

2. Cheonggyecheon is an11km–long stream that runs through downtown Seoul. Created as part of an urban renewal project, Cheonggyecheon Stream is a restoration of the stream that was once there during the Joseon Dynasty. The stream starts from Cheonggye Plaza, a popular cultural arts venue, and passes 22bridges before flowing into the Hangang River, with many attractions along the way.

清溪川是一条 11 公里长的溪流，流经首尔市中心。作为城市更新项目的一部分，清溪川是在对朝鲜王朝时曾有过的一条溪流修复后形成的。溪流从流行文化艺术场所清溪广场开始，经过总共 22 座桥梁，然后流入汉江，沿途有许多景点。

3.The walking tour starts at Gyeongbok Palace, the first royal palace built by the Joseon Dynasty over 600 years ago, and along a charming traditional stone wall path to Cheongwadae, a historical memorial museum about the Korean presidential residence, where visitors can learn about the past, present and future visions of Seoul and Korea.

徒步旅行从景福宫开始，这是朝鲜王朝在 600 多年前建造的第一座皇宫，沿着迷人的传统石墙小径前往青瓦台，这是一个关于韩国总统府的历史纪念博物馆，游客可以在那里了解首尔和韩国的过去，现在和未来的愿景。

任务五　美食推荐

任务情境

韩国美食数不胜数，既有街边小吃，又有餐厅的高级菜肴，只有亲身体验才能领略韩国风情的美食。因此，领队有必要了解韩国的特色美食，并在旅游活动过程中恰当地安排，有针对性地予以推荐。

任务目标

1. 了解韩国美食，能够简单地讲解韩国美食的特色；
2. 了解韩国著名的美食街区与场所；
3. 了解韩国的饮食习俗及其礼仪禁忌。

任务分解

一、特色美食

韩国美食清淡、少油腻、无味精、营养、品种丰富。韩国菜有“五味五色”之称，“五味”即甜、酸、苦、辣、咸；“五色”即红、白、黑、绿、黄。韩国料理选材天然，素荤搭配合理，追求少而精，保证足够的营养。

泡菜（Kimchi）：泡菜是韩国人餐桌上必不可少的发酵食品。最为熟知的泡菜是用红辣椒为料制作的辣白菜，但实际上泡菜的种类多达数十种。另外还有利用泡菜制作的泡菜汤、泡菜饼、泡菜炒饭等许多韩国料理。

烤肉（BBQ）：是将牛肉或猪肉放进由大酱、蜂蜜、大葱、蒜、胡椒粉等做成的调味里浸泡之后烤成的料理。味美香甜，是中国人最喜欢的韩国料理之一。

石锅拌饭（Stone Pot Bibimbap）：是韩国特有的米饭料理。石锅是陶做成的，厚重的黑色陶锅可直接拿到炉具烹煮，且保温效果好，细嚼慢咽的人可安心享用，不怕冷掉。石锅拌饭材料并不新奇特别，主要为米饭、肉类、鸡蛋，以及黄豆芽、蕈菇类和各式野菜。

参鸡汤（Ginseng Chicken Soup）：选用童子鸡，跟高丽参、黄芪、当归、枸杞等数十种汉方药材精心炖制而成，具有良好的补气、养颜、安神、抗癌、延寿之功效，清淡鲜美、营养价值极高，四季食用皆宜。鸡肚子里还塞有米饭，一边喝汤一边吃着泡软的米饭，非常滋补。

二、美食地标

土俗村参鸡汤：毗邻景福宫的土俗村参鸡汤是一家首尔知名的，以烹饪传统美食鸡汤为特色的餐厅。土俗村的厨师在烹饪参鸡汤时比一般餐厅更注重火候，使得熬煮后的鸡肉和鸡骨完全炖烂入味，远远地就能闻见浓郁的香气。

全州中央会馆明洞总店：被誉为“韩国最好吃的石锅拌饭”的全州中央会馆隐匿在明洞一条不起眼的窄小巷弄中，门口一位穿着白袍、头戴斗笠、拿着旗帜的“活招牌”老爷爷，不仅为这家餐厅招徕顾客，还成为了游客争相合影的明星。

釜山札嘎其市场：从影岛大桥底下的干鱼市场至忠武洞早市区一带，是韩国最大的水产市场，在一楼出售的鱼贝类可以直接到 3 楼生鱼片中心品尝，可以获得双倍的满足感。

三、饮食习俗

韩国是一个非常注重传统礼节的国家，就是在餐桌上也有一套严格的“规矩”。比如斟酒，如果双方第一次见面，则一手需托住另一只手的肘部为对方斟酒；双方熟悉之后，则可单手为对方斟酒，但如果对方是长辈，则必需用一只手托住酒瓶底端斟酒。除此以外，还有一些注意事项：

（1）与长辈一起用餐时，长辈动筷后晚辈才能动筷。

（2）勿把汤匙和筷子同时抓在手里；不要把匙和筷子搭放在碗上；不要端着碗吃饭喝汤（这点与我国传统正好相反）。

（3）先喝汤再吃别的食物；用餐时不要出声也不要让匙和筷碰到碗而发出声音。

（4）共享的食物要夹到各自的碟子上再吃，醋酱和辣酱也最好拨到碟子上蘸着吃。

（5）用餐时咬到骨头或鱼刺时要避开旁人悄悄地包在纸上再扔掉，不要直接扔在桌子上或地上。

（6）用餐不要太快也不要太慢，与别人统一步调。与长辈一起用餐时，等长辈放下汤匙和筷子以后再放下。

（7）用餐后，汤匙和筷子放在最初位置上，使用过的餐巾叠起来放在桌子上。

核心词汇

序号	中文	英文对照
1	泡菜	Kimchi
2	烤肉	BBQ
3	烧酒	Soju
4	冷面	Cold Noodles

（续表）

序号	中文	英文对照
5	石锅拌饭	Stone Pot Bibimbap
6	参鸡汤	Ginseng Chicken Soup
7	酱蟹	Sauce Crab
8	鲽鱼	Flounder
9	札嘎其市场	the Jagalchi Market
10	全州	Jeonju
11	炮弹酒	Cannonball Wine
12	啤酒	Beer
13	章鱼	Octopus
14	糯米	Sticky Rice

实用表达

1. Korean cuisine is largely based on rice, noodles, tofu, vegetables, fish and meats. Traditional Korean meals are noted for the number of banchan, which accompany steam-cooked short-grain rice.

韩国料理主要以米饭、面条、豆腐、蔬菜、鱼和肉类为基础。传统的韩国料理以配菜（banchan）的数量而闻名，这些配菜伴随着蒸汽煮熟的短粒米饭。

2. Soups are also a common part of Korean meals and are served as part of the main course rather than at the beginning or the end of the meal. Soups known as guk are often made with meats, shellfish and vegetables. Similar to guk, tang has less water, and is more often served in restaurants.

汤也是韩国料理的常见部分，作为主菜的一部分，而不是在正餐的开始或结束时供应。被称为汤（guk）的汤通常用肉类、贝类和蔬菜制成。与汤（guk）类似，汤（tang）的水较少，并且更常在餐馆供应。

任务六 商品导购

任务情境

韩国旅游购物便利。从尖端百货商店、现代化的大型购物中心到历史悠久的传统市场、批零市场等，数之不尽的购物街区为韩国购物之旅提供完美的保障。作为领队，应当熟悉韩国的特色旅游商品与特色购物街区，以便于在旅行过程中，引导游客购买合适的商品。

任务目标

1. 熟悉我国旅游者喜爱的韩国旅游商品，并能够进行简要的讲解；
2. 熟悉韩国主要城市的知名商业街区，能够引导旅游者购物。

任务分解

一、特色商品与纪念品

韩妆（Korean Makeup）：韩妆多以自然、植物、无添加为特点，外部包装往往清新可爱。近些年来韩妆品牌逐渐进入中国市场，颇具人气。韩妆在韩国本土的价格会比中国专卖店便宜不少。

服装（Clothing）：韩国是亚洲潮流胜地，韩国服装款式讲究简洁，符合亚洲年轻人的身材曲线，在材质与做工上仍保持着韩国服装传统的精致与考究，时尚人士来到韩国购买服装必不可少。

人参（Ginseng）：韩国的人参被称为高丽参（Panax Ginseng），高丽参有补元气、生津安神等作用。韩国四季分明，气温、土质和降水量是栽培人参的最佳地域，韩国高丽参含有更为丰富的皂角苷，药效更为显著。

二、特色购物街区

明洞（Myeongdong）：首尔的明洞宛如一座巨大的购物城，代表了整个韩国的流行趋势。长约 1 公里的街道两侧汇集了各种各样的品牌专卖店、百货公司、餐厅、咖啡厅，集中了许多质量上乘、款式新潮的应季韩国商品和进口商品，各种类型的音乐路演也常在此上演，为明洞增添了无限的乐趣。

梨泰院（Itaewon）：位于首尔龙山区的梨泰院一条街，是首尔市内最具异国风情的地方，在这里饮食、娱乐、购物可以体验和了解综合性的文化。梨泰院的异国气息十分浓重，被称作首尔的“小联合国”。来自世界各国的大厨都在精心地为客人准备着地道料理。种类繁多的进口时装也是梨泰院的一大特色。

仁寺洞（Insa-dong）：仁寺洞在朝鲜时代曾是官府和贵族两班家宅密集地，至今仍保存着原汁原味的古韵，是首尔独具特色的文化商业街。仁寺洞以中央大街为中心，两旁除了有传统工艺品店，可买到当地特色的纪念品外，还有不少保留了韩国传统特色和风情的饮食店和茶馆，可以说是韩国历史及传统文化代表胜地。

新世界商场（Centum City）：釜山是韩国各地购物达人喜爱的休闲购物名处，拥有“世界最大百货店”的殊荣。以新世界、乐天为代表的大规模百货商店汇集于此，向顾客展示走在时尚前沿的世界名品。新世界商场本身就是一座集建筑、艺术、购物、娱乐、文化等各种设施为一体的新型都市。

核心词汇

序号	中文	英文对照
1	韩妆	Korean Makeup
2	奢饰品	Luxury Accessories
3	服装	Clothing
4	人参	Ginseng
5	高丽参	Panax Ginseng
6	明洞	Myeng dong
7	梨泰院	Itaewon
8	东大门	Dongdaemun
9	梨花女子大学	Ewha Women's University
10	宏益大学	Hongik University
11	仁寺洞	Insa-dong
12	新世界商场	Centum City
13	免税店	Duty Free Shops
14	海云台	Haeundae
15	手工艺品	Handicrafts

实用表达

1. Myeongdong is one of Seoul's main shopping districts featuring mid-to-high priced

retail stores and international brand outlets. It is a particularly popular area for young people and tourists as a center for fashion and sight-seeing.

明洞是首尔的主要购物区之一，拥有中高价零售店和国际品牌商店，作为时尚和观光中心，它是年轻人和游客特别受欢迎的地区。

2. Namdaemun Market is a large traditional market in Seoul，South Korea. The market is located next to Namdaemun，the "Great South Gate"，which was the main southern gate to the old city. It is the oldest and largest market in Korea. Much of the market is outside，but there are also many stores which line the streets. Many retailers buy their items，particularly clothing，at wholesale prices at Namdaemun，to resell in their own stores in other cities.

南大门市场是韩国首尔的一个大型传统市场。市场位于南大门旁边，"大南门"是通往旧城的主要南门。它是韩国历史最悠久、规模最大的市场。大部分市场都在外面，但街道上也有许多商店。许多零售商在南大门以批发价购买他们的商品，特别是服装，以便在其他城市自己的商店转售。

任务七　文化体验

任务情境

韩国拥有丰富多彩的特色文化，一年一度的宗庙大祭及御驾行列再现活动，穿着复古，庄严十足的排列，是结合祭礼乐和佾舞的综合礼仪。融入韩国的祭祀活动。领队有必要了解韩国特色的文化娱乐项目以及节庆活动，从而帮助旅游者增强文化体验，在节庆与娱乐活动中得到休闲放松。

任务目标

1. 了解韩国以音乐舞蹈为主要特色的娱乐休闲活动，能够进行简单的讲解；
2. 了解韩国的节庆文化以及相关的民俗活动，并能够引导游客参与。

任务分解

一、休闲活动

乱打秀（Nanta）：韩国最著名的剧场秀就是乱打秀了，表演中台词极少，基本靠肢体语言展现剧情，让外国游客也可以完全融入剧情，愉快地观赏演出。

跆拳道表演（Taekwondo performance）：可近距离观看深受世人喜爱的韩国传统武术跆拳道表演。南山谷韩屋村定期举行配上故事和国乐的示范表演。活动期间还有试穿跆拳道服、冥想、跆拳道技术传授等多样的体验活动。

宗庙祭礼（The ancestral shrine sacrifice）：指的是在宗庙举行的祭享仪式，是朝鲜时代国祭中规模最大的重要祭祀，故亦称“宗庙大祭”。宗庙祭礼是祭祀法和礼节的典范，故祭礼十分庄重、严格。宗庙祭礼的程序是以迎神、喜神和送神的内容构成的。

釜山电影节（Busan Film Festival）：釜山电影节是大韩民国最大型亦是最重要的电影节之一，创办于 1996 年，每年 9—10 月在釜山举行。釜山国际电影节已经成为亚洲最大的电影盛会之一，对亚洲电影的发展做出不小的贡献。

二、节庆活动

江陵端午祭 (Gangneung Dragon Boat Festival)：江陵端午祭是韩国人的“端午节”，已成功申遗，并延续至今。韩国的端午祭与中国的端午节名字相似但内容大有不同。韩国江陵地区举行的端午祭多以祭祀、演戏、游戏的方式庆祝，与神话传说有关，与中国的端午节时间同是农历五月初五。

安东国际假面舞节（Anton International Masquerade Festival）：是韩国庆尚北道安东市每年定期举行的大型节庆。节庆主要内容为多国假面舞表演、假面剧表演、观众假面舞竞赛、假面游行、假面创作大会、当地民俗游戏体验等，游客在观赏的同时亦可参与其中。

江陵端午祭

安东国际假面舞节

晋州南江流灯庆典（Jinju South River Flow Lantern Celebration）：每年 10 月举办“晋州南江流灯庆典”，为期十多天。每当晋州南江流灯庆典开幕时，在市中心南江的江面上和江边，数以万计的灯笼齐齐点亮，流光溢彩的夜景美不胜收。

核心词汇

序号	中文	英文对照
1	釜山电影节	Busan Film Festival
2	乱打秀	Nanta
3	跆拳道	Taekwondo
4	安东国际假面舞节	Anton International Masquerade Festival
5	晋州南江流灯庆典	Jinju South River Flow Lantern Celebration
6	首尔灯节	Seoul Lantern Festival
7	江陵端午祭	Gangneung Dragon Boat Festival
8	首尔灯节	Seoul Lantern Festival
9	非物质文化遗产	Intangible Cultural Heritage

实用表达

1. Talchum could be characterized as a Korean dance performed while wearing a mask, mimicry, miming, speaking and even sometimes singing.

塔尔楚姆（假面舞）是一种特色韩国舞蹈，演员们戴着面具，时而模仿、时而演哑剧、时而说唱。

2. Gangneung Danoje (The Gangneung Danoje Festival)is a local festival in Korea which is selected as the13th Important Intangible Cultural Properties of Korea next to Jinju geommu.

江陵端午祭（Gangneung Danoje Festival）是韩国当地的一个节日，被选为韩国第13个重要无形文化财产，仅次于晋州地理。

任务八 思政教育

任务情境

中韩建交以来，始终相互尊重、平等相待、互利共赢，成为团结合作、共同发展的典范。领队带领团队前往韩国旅游时，应当以中韩两国的历史渊源为切入点，充分挖掘思政教育元素，增进旅游者对中韩友谊的感悟。

任务目标

1. 了解适合开展思政教育的韩国旅游景点；
2. 了解中韩历史渊源背后的思政教育意义；
3. 掌握增进旅游者对中韩友谊思想感悟的引导方法。

教育案例

安重根义士纪念馆（Ahn Jung-geun Memorial Hall）

韩国系列微课——安重根义士纪念馆

案例简介：安重根是大韩帝国末期的教育家、民族运动家。1909年10月26日在中国的哈尔滨刺杀吞并朝鲜半岛计划的主要策划者、曾四度出任日本内阁首相的伊藤博文。1910年3月26日，年仅31岁的安重根在中国大连旅顺监狱被日本关东都督府高等法院判处绞刑。在韩国，因其是献身于抗日抗争运动的殉国义士，被追授勋章。为了让更多人通过他的遗物和资料来了解其思想、精神和人生，在韩国首尔南山的半山腰处建造了“安重根义士纪念馆”。该馆于1970年建造，于2010年完成扩建。新展馆规模是旧馆的10倍，从地下1层到2层，分别以安重根的成长、参加的活动、英勇就义为主题，包括狱中遗墨等许多遗物，忠实再现。

安重根义士纪念馆雕像

思政教育：安重根的刺杀行动在中国影响巨大，孙中山称他“功盖三韩”，章太炎称他为“义侠”，中国还有20多位名人为其题词。“五四”前后，中国各地纷纷演出关于安重根义举的戏剧。周恩来和邓颖超在天津南开读书时演出了《安重根》。周恩来总理曾这样评价安重根：“中日甲午战争后，中朝人民反对日本帝国主义侵略的斗争，是在20世纪初，安重根在哈尔滨刺杀伊藤博文开始的。”2017年，位于中国哈尔滨火车站的安重根义士纪念馆也正式开馆，在一个多世纪的历史长河中，安重根不断被人们追思和怀念，中韩两国的安重根义士纪念馆旨在让人们牢记历史，珍惜和平，让两国人民携手展望未来。

核心词汇

序号	中文	英文对照
1	安重根义士纪念馆	Ahn Jung-geun Memorial Hall
2	国家基金会功勋勋章	the Order of Merit for National Foundation

实用表达

Ahn Jung-geun was posthumously awarded the Order of Merit for National Foundation in1962 by the South Korean government，the most prestigious civil decoration in the Republic of Korea，for his efforts for Korean independence.

1962 年，安重根被韩国政府追授国家基金会功勋勋章，这是大韩民国最负盛名的民事勋章，以表彰他为韩国独立所做的努力。

任务九 能力测试

产品设计

任务情境：你所在的旅行社接待了一个小包团客人，他们表示希望在周末前往首尔进行为期两天的购物旅游，体验当地美食。

任务要求：请你运用所学知识向他们推荐韩国的旅游商品和特色美食。

任务目标

任务情境：你所在的旅行社接待了一个前往韩国旅游的旅行团，在行程中，刚好赶上韩国江陵端午祭的活动，这个时候不少游客纷纷表示韩国把中国的端午节给抢走了，作为领队，你该如何处理以上问题？

任务要求：请你以专业知识向游客介绍中韩端午习俗的不同。

项目五　泰国（Thailand）旅行项目

任务一　国情介绍

任务情境

当你作为领队带领团队前往泰国（Thailand）旅游之前，需要全面了解泰国的自然地理、历史发展与社会经济等国情。在出境旅游初期，应对旅游者进行泰国基本国情的介绍，帮助旅游者对旅游目的地建立初步印象。

任务目标

1. 了解泰国的自然地理特征、简要历史、人口民族情况、政治经济特点，熟悉泰国的国家标志；

2. 能够简明扼要地对旅游者介绍泰国的国家概况；

3. 熟悉泰国礼仪风俗情况，并在文化交流过程中对旅游者进行提醒。

任务分解

一、地理纵览

1. 地理概况

泰国，旧称暹罗，位于印度洋与太平洋之间，国土面积 51.3 万平方公里，人口近 7000 万。泰国西部为山区，是喜马拉雅山脉延伸的山地。位于清迈府的因他暖山是泰国最高峰。东北部是呵叻高原，夏季极干旱，雨季泥泞，不宜耕作。由曼谷向北，地势逐步缓升，中部是昭披耶河平原，土地丰饶，是泰国主要农产地。曼谷以南为暹罗湾红树林地域，涨潮时没入水中，退潮后成为红树林沼泽地。南部是西部山脉的延续，山脉向南形成马来半岛，最狭处称为克拉地峡。

2. 气候特征

泰国属于热带季风气候，常年温度不低于 18℃，平均年降水量约 1000 毫米。全年分为三季：热季（3—5 月）、雨季（6—10 月）、凉季（11 月至次年 2 月），年平均温度在 25℃左右。每年 11 月至次年 3 月期间，泰国气候凉爽，是旅游旺季。3—5 月是泰国一年中最热的时候，6—10 月受西南季候风影响，降水量大。

二、历史回眸

1. 简史

泰国从旧石器时代早期即有人类居住。大约 5000 年前，泰国北部的班清已进入青铜器时代。孟王国、高棉帝国和马来统治者都曾统治今日泰国的部分领土，为当地带来佛教和印度教文化。1238 年，建立了素可泰王朝，形成较为统一的国家。泰国是近代东南亚唯一幸免于外国殖民的国家。泰国是东南亚国家联盟的创始成员，被视为中等强国，有着较高的人类发展指数。

2. 人口民族

泰国人口 6900 万（2021 年），官方语言为泰语（Thai）。全国共有 20 多个民族，泰族为主要民族，占人口总数的 75%；大约有 14% 的人口是华裔。马来族是另一个重要的少数民族（2.3%），其余少数民族包括高棉、孟族等。除此之外尚有一些住在山上的部落，例如巴通族、嘎良族、拉祜族、苗族、瑶族等。泰国 90% 以上的居民信奉佛教。

三、社会概述

1. 政治体制

泰国是以国王为国家元首的君主立宪制国家，王室实际权力极少，国王是国家精神的象征。政府首脑是总理，一般由众议院联合政府（多数党派领袖）出任，再请国王指定。泰国国会由众议院和参议院构成。最高司法机关是大理院，其成员先由政府机关内部选任，后由国王指定。

2. 国家标志

国旗：国旗是三色旗，呈长方形，长与宽之比为 3 ∶ 2。由“红—白—蓝—白—红”五条横带组成，蓝带比红白、带宽一倍。上下方为红色，蓝色居中，蓝色上下方为白色。蓝色宽度相等于两个红色或两个白色长方形的宽度。红色象征各族人民的力量与献身精神。白色代表宗教，象征宗教的纯洁。蓝色代表王室，国王是至高无上的。

国徽：图案是一只大鹏鸟，鸟背上蹲坐着那莱王。传说中大鹏鸟是一种带有双翼的神灵，那莱王是传说中的守护神。

3. 经济产业

泰国是新兴工业化国家，是东南亚国家仅次于印度尼西亚的第二大经济体。依照人均国内生产总值，泰国在东南亚国家中位居第四名（2020 年）。农渔业发达，是稻谷和天然橡胶最大出口国。工业逐渐扩大，且成为主要出口产业之一。服务业保持稳定发展势头，是外汇收入重要来源之一。制造业、农业和旅游业是泰国经济的重要部门。

四、礼仪风俗

1. 国民性格

泰国人性格温厚善良，容易满足，团结友爱，待人热情而有礼貌，生活态度文雅，对其他文化礼俗包容度高。泰国人做事不愿意依赖别人，喜欢自己独立去完成。

2. 交往礼仪

泰国人互相打招呼时，以双手合十放在胸前，双手抬得越高，表示越尊重，双手高度不能超过双眼，一般在额至胸之间，年轻人应先致礼。泰国人按名或者小名称呼对方，不要按姓称呼对方，不然会被视为不礼貌。

佛祖和国王是泰国人最尊敬的人，在泰国人心目中拥有至高无上的地位，任何对佛祖和国王以及王室不敬的言行都须避免，否则就犯了大忌。泰国人重头轻脚，切勿把鞋底跷起对人，意即把人踩在脚下。用脚指东西更是失礼，用脚踢门则会受到唾弃。泰国人认为门槛下面住着神灵，进出门时不能踩门槛。参观寺庙和到泰国人家做客时，要先脱鞋子。泰国人认为左手是不洁不净的，凡是需要用到手的地方要多用右手，如递物、挥手、引领等。

核心词汇

序号	中文	英文对照
1	泰王国	Kingdom of Thailand
2	东南亚	Southeast Asia
3	太平洋	Pacific Ocean（the Pacific）
4	印度洋	Indian Ocean
5	柬埔寨	Cambodia
6	老挝	Laos
7	缅甸	Myanmar
8	马来西亚	Malaysia
9	曼谷	Bangkok
10	君主立宪政体	Constitutional Monarchy
11	热带季风气候	Tropical Monsoon Climate
12	克拉地峡	Kra Isthmus
13	热带气旋	Tropical Cyclone
14	佛教	Buddhism
15	首席国务大臣	Prime Minister
16	东南亚国家联盟	ASEAN
17	南中国海	the South China Sea
18	因他暖山	Danen Range（Doi Inthanon）
19	喜马拉雅山	the Himalaya
20	参议院	the Federal Senate
21	众议院	Chamber of Deputies

实用表达

1. Thailand is a middle power in global affairs and a founding member of ASEAN, ranking high in the Human Development Index. It is the second-largest economy in Southeast Asia, and the 22nd largest in the world by PPP. Thailand is classified as a newly industrialized economy, manufacturing, agriculture and tourism are leading sectors of the economy.

泰国是全球事务中的中等强国，也是东盟的创始成员国，在人类发展指数中排名靠前。它拥有东南亚第二大经济体，按购买力平价计算，它是世界第22大经济体。泰国被列为新兴工业化经济体；制造业、农业和旅游业是经济的主要部门。

2. Thai culture and traditions incorporate a great deal of influence from India, China, Cambodia and the rest of Southeast Asia. Overseas Chinese also form a significant part of Thai society, particularly in and around Bangkok. Their successful integration into Thai society has allowed them to hold positions of economic and political power. Thai Chinese businesses prosper as part of the larger bamboo network.

泰国的文化和传统融合了来自印度、中国、柬埔寨和东南亚其他地区的巨大影响。海外华人也是泰国社会的重要组成部分，特别是在曼谷及其周边地区。他们成功地融入了泰国社会，使他们能够掌握经济和政治权力的职位。泰国的中国企业作为更大的“竹网”的一部分而繁荣起来。

任务二　交通指引

任务情境

中国的很多城市都开通了直飞泰国的航班。泰国与柬埔寨、老挝、缅甸、马来西亚接壤，可乘坐国际大巴来往。如想在中南半岛进行长途跨国旅行，可以选择国际大巴完成穿越之旅。领队应了解泰国外部交通与区域交通情况，能够在出入境、城际交通、市内交通等项目上进行准确的交通指引。

任务目标

1. 了解到达泰国的方式，能够引导旅游者通过机场海关，顺利入境；
2. 了解泰国城际交通、市内交通的基本情况。

任务分解

一、到达泰国

中国到泰国有直达航班，主要从曼谷的廊曼国际机场和素万那普国际机场、清迈国际机场以及普吉国际机场等机场入境。北京、上海、广州、深圳等许多城市都开通了直飞曼谷、清迈、普吉的航班。

二、入境流程

1. 中国公民进入泰国须申请签证，但可以办理落地签。护照持有者可在移民局检查站申请停留期不超过 15 天的落地签证，旅客在到达机场时前往落地签证柜台（VISA ON ARRIVAL）办理。

2. 办理签证需要有效期 6 个月以上的护照、移民卡（出入境）、一张 4cm × 6cm 彩色免冠照片、入境后 15 天内有效期的返程机票、入境时个人须携带外币不少于 1 万铢、落地签证申请表。

知识链接

泰国海关携带物品规定

一、入境可携带的物品：可免税 1 公斤甜酒或烈酒、50 支雪茄、250 克烟丝或 200 支香烟以及 5 卷胶卷或 3 卷电影胶片。若超过规定数量，需在红色通道联系海关人员报关。如携带超量而不愿缴税，则须放弃，否则要被征关税，如逃税或拒绝罚款，则可能被起诉。

二、应缴税物品：海关还对以下 20 种商品实行全额征税验放，包括：电视机、摄像机、录像机、放像机、音响设备、空调器、电冰箱（电冰柜）、洗衣机、照相机、复印机、程控电话交换机、微型计算机及外设、电话机、无线寻呼系统、传真机、电子计算器、打字机及文字处理机、家具、灯具、餐料等商品。

三、禁止入境物品：1. 动物及其产品；2. 植物及其产品；3. 其他检疫物。

四、须申报物品：笔记本电脑、相机、手表等贵重物品出境时须申报。旅客入境时，随身携带香烟不超过 200 支、雪茄 / 烟草不超过 250 克、酒精不超过 1 升，物品价值不超过 20 万铢的物品及其他免税商品，但不是违禁物，通过“Goods to Declare”红色通道后，海关人员可按规定征税。

三、城际交通

泰国公路里程共 16 万公里，各府、县都有公路相连，四通八达。起于中国昆明，止于泰国曼谷的昆曼公路，全长 1800 多公里。有自驾游爱好者利用昆曼公路来泰北旅游，但自 2017 年开始，泰国政府规定自驾游者须组队且配备泰方领队。泰国公路运输较为完善，从曼谷可乘坐城际公交车前往大多数地区，但个别路段比较颠簸，尚没有全封闭的城际高速公路。

四、市内交通

泰国曼谷的交通有轻轨、地铁、的士、公交车、嘟嘟车、摩的，许多热门景点都有轻轨或地铁连接，为了避免被宰或塞车，最好以这两种方式出门。

嘟嘟车（Auto rickshaw）：源自日本20世纪30年代三轮轻货车，也作为出租车使用，在东南亚乃至泰国都是普遍使用的短程交通工具。

双排车（Songthaew）：是一种皮卡改装的两排座的公共交通工具。

核心词汇

序号	中文	英文对照
1	曼谷	Bangkok
2	清迈	Chiangmai
3	普吉	Phuket
4	素万那普国际机场	Suvarnabhumi Airport
5	轻轨	Light Rail Transit，LRT
6	地铁	Metro
7	的士	Taxi
8	公交车	Bus
9	嘟嘟车	Auto Rickshaw
10	落地签	On-arrival Visa
11	廊曼国际机场	Don Mueang International Airport
12	入境	Immigration
13	出境	Emigration
14	报关单	Customs Declaration

实用表达

1. Transport in Thailand is varied，with no dominant means of transport. For long distance travel，buses dominate. Low-speed rail travel has long been a rural long-distance transport mechanism，though plans are underway to expand services with high-speed rail lines extending to several major regions of Thailand. Road transportation is the primary form of freight transport across the country.

泰国的交通方式多种多样，没有一种主要的交通工具。对于长途旅行，公共汽车运输占主导地位。长期以来，低轨旅行一直是农村长途运输的方式，尽管正在计划扩大服务，将高速铁路线延伸到泰国的几个主要地区。公路运输是全国货运的主要形式。

2. For short trips，motorbikes are common. There are public motorcycle taxis in Bangkok，Pattaya and other large cities. An overwhelming number of taxis can also be found in Bangkok. Since the country's first rapid rail transit line opened in1999 in Bangkok，daily ridership on Bangkok's various transit lines has risen to over 800,000，with multiple additional lines under construction or being proposed.

对于短途旅行，摩托车很常见。曼谷、芭堤雅和其他大城市都有公共摩托车出租车。曼谷也有大量的出租车。自 1999 年在曼谷开通该国第一条快速轨道交通线路以来，曼谷各种交通线路的日客量已上升到 80 多万人次，还有多条额外的线路正在建设中。

任务三　住宿安排

任务情境

泰国住宿业以高质量的服务、精致的装修、低廉的价格在国际上享有很高的声誉，从五星的豪华酒店到上下铺的青年旅社应有尽有，各种酒店和旅馆都提供优质的服务。如何给游客安排优良的住宿环境，是领队应具备的技能。

任务目标

1. 了解具有泰国特色的住宿场所，并能够根据游客需要进行推荐；
2. 熟悉泰国旅游住宿方面的注意事项，并能够清晰地向游客说明。

任务分解

一、特色住宿

当登公园酒店（Dang Derm Hotel）：位于曼谷的娱乐夜生活、观光、购物中心区。曼谷当登酒店一直致力于提供一流的设施与最尊贵的服务。入住期间，客人可享受免费房内无线网络、24 小时安保、每日客房清洁和行李存放服务。每间房都具有独有的风格，娱乐设施丰富多样。

阿诺玛酒店（Arnoma Hotel）：位于曼谷市中心，紧邻曼谷各大购物商场和BTS轻轨站。酒店设有室内和室外游泳池以及免费无线网络。客人可以在泳池边的日光甲板上放松休憩，或是参与有氧运动和瑜伽课程。

二、住宿提醒

预定提醒：在旅游旺季，中国春节及五一、十一假期，元旦，圣诞节，暑假及泰国传统节日期间一定要通过网站提前预定。淡季往往会有折扣。

物品准备：入住酒店后，要检查物品是否完整齐全，防止在结账的时候招惹麻烦。要提前准备好个人用品，通常酒店不准备洗漱用品。

酒店服务：泰国酒店服务真诚、热情、周到，最高为五星级，卫生条件较好。下榻或离开饭店时，如需服务员协助搬运行李，应付小费。

安全提示：遇到反政府示威抗议活动请绕行以免卷入骚乱之中。遇到路人主动搭讪，劝告将去景点关门、服装不合规定等，请无视。入住时，要妥善保管好证件并将复印件分开存放。建议带信用卡和借记卡，以备不时之需。

核心词汇

序号	中文	英文对照
1	青年旅舍	Youth Hostel
2	旺季	Peak Season
3	淡季	Off-peak Season
4	信用卡	Credit Card
5	借记卡	Debit Card
6	洗衣费	Laundry Charge
7	小吃	Snacks
8	经济旅馆	Economy Hotels
9	连锁酒店	Chain Hotel
10	储物柜	Lockers
11	私人物品	Personal Belongings

实用表达

1. Mandarin Oriental，Bangkok is a five-star hotel in Bangkok owned in part and managed by Mandarin Oriental Hotel Group. Located on the banks of the Chao Phraya River，the original structure was the first hotel built in Thailand when it opened as The Oriental in1876.

曼谷文华东方酒店是曼谷的一家五星级酒店，由文华东方酒店集团部分拥有和管理。原建筑位于湄南河岸边，是泰国第一家酒店，于 1876 年作为东方酒店开业。

2. Hostels are popular forms of lodging for backpackers and cycle tourists. They are part of the sharing economy. Benefits of hostels include lower costs and opportunities to meet people from all over the world, find travel partners and share travel ideas.

旅馆是背包客和骑自行车的游客的热门住宿形式。它们是共享经济的一部分。宿舍的好处包括降低成本，并有机会结识来自世界各地的人们，寻找旅行伙伴，分享旅行想法。

任务四　旅游导览

任务情境

泰国作为全球最受欢迎的旅游胜地之一，同时距离中国比较近，价格和消费都比较低，所以能经常吸引中国游客来泰国。作为领队，应当熟悉泰国的主要旅游城市与著名旅游景点，以便在旅行过程中，适时进行旅游导览与讲解。

任务目标

1. 熟悉泰国旅游的特色资源与主要旅游城市；
2. 熟悉曼谷、清迈、普吉岛等地的旅游资源，并能够对知名景点进行简要讲解。

任务分解

一、曼谷（Bangkok）导览

曼谷佛教历史悠久，东方色彩浓厚，佛寺庙宇林立，建筑精致美观，以金碧辉煌的大王宫、流金溢彩的玉佛寺、庄严肃穆的卧佛寺、充满神奇传说的金佛寺、雄伟壮观的郑王庙最为著名。

卧佛寺

卧佛寺（Wat Pho）：是曼谷最古老也是最大的寺院，寺内有一尊大佛卧于神坛上，为世界最大卧佛之一。佛塔、佛像数量均居曼谷佛寺之冠，有“万佛寺”之称。佛祖侧卧，右手托头，若有所思之状，让人有种心定安宁的感觉。

郑王庙（Wat Arun）：是泰国皇家寺庙之一，又名黎明寺，规模庞大，仅次于大皇宫和玉佛寺，主塔庙堂现供有郑昭王像及遗物，殿内悬有中国式的灯笼。庙内 79 米高的婆罗门式尖塔——巴壤塔，有着“泰国的埃菲尔铁塔”的美称，是俯瞰湄南河和观赏夜景的最佳地点。

四面佛（Erawan Shrine）：佛像前、后、左、右四副面孔，分别代表慈、悲、喜、舍四种梵心。每年 11 月 9 日是四面佛生日，许多人云集于此，上香叩拜。佛像位于市中心，周围是繁华的商业街区。

四面佛

二、清迈（Chiang Mai）导览

在清迈，你可以把全部的时间用来逛夜市，也许精疲力竭，但色彩缤纷的商品会让你马上忘掉疲倦。国家博物馆、植物园、动物园，甚至巷道里的寻常人家，皆是你近距离触摸当地文化的所在。

盼道寺（Wat Phan Tao）：又名柚木寺。寺内有一座古老精致全木质大殿，整座都是用柚木建造的，纯泰北兰纳式风格的设计，超过 280 年的历史，是清迈城中一座瑰宝级殿堂，也是为数不多的木造建筑之一。

清迈国家博物馆（Chiang Mai National Museum）：主要展出兰纳时期的历史文物

和艺术品，和 14、15 世纪战争中用过的各种冷兵器，尤其让人瞩目的是一尊巨大的青铜佛陀，其中以佛头最精致。

悟孟寺（Wat UMong）：位于素贴山脚下，佛学氛围浓厚，素有“森林寺院”之称。被大片树林和一泓湖水环绕，绝世静谧、古朴清幽。佛塔基座正中有一条穿越平顶大山的砖砌隧道，U Mong 泰语是“隧道”的意思，寺庙因此得名。

三、普吉岛（Phuket）导览

洁白无瑕的沙滩，碧蓝见底的海水，随风摆动的椰林，难道这是天堂的景色吗？其实，这是位于印度洋安达曼海上，有“泰南珍珠”之称的普吉岛上的美景。岛上最南端的神仙半岛（Promthep Cape）是泰国观日落的绝佳之地。傍晚时分，可以看到非常漂亮的晚霞，通红的天空从海平面缓缓落下；岛上有许多适合潜水的静静海域，吸引了世界各地的潜水爱好者。

普吉岛

核心词汇

序号	中文	英文对照
1	卧佛寺	Wat Pho
2	郑王庙	Wat Arun
3	四面佛	Erawan Shrine
4	杜莎夫人蜡像馆	Madame Tussauds
5	暹罗探索中心	Siam Discovery Center
6	盼道寺	Wat Phan Tao
7	清迈国家博物馆	Chiang Mai National Museum
8	世界文化遗产	World Cultural Heritage
9	悟孟寺	Wat UMong
10	神仙半岛	Promthep Cape
11	奈汉海滩	Nai Han Beach
12	拉威海滩	Rawai Beach
13	素可泰	Sukhothai

实用表达

1. Asian tourists primarily visit Bangkok of Thailand，for its historical，natural and cultural

sights. Western tourists not only visit Bangkok and its surroundings, but also southern beaches and islands. The north is the destination for hiking and adventures with its diverse ethnic minority groups and forested mountains.

亚洲游客主要前往泰国曼谷及其附近的历史、自然和文化景点。西方游客不仅参观曼谷和周边地区，而且许多人前往南部的海滩和岛屿。北部是徒步旅行和冒险旅行的主要目的地，拥有多样化的少数民族和森林覆盖的山脉。

2. Architecture is the preeminent medium of the country's cultural legacy, which reflects both the challenges of living in Thailand at extreme climates as well the importance of architecture to the Thai people's sense of community and religious beliefs. Influenced by the architectural traditions of many of neighboring countries, Thai architecture has also developed local and religious significance.

建筑是该国文化遗产的杰出媒介，既反映了生活在泰国面对极端气候的挑战，也反映了历史上建筑对泰国人民社区意识和宗教信仰的重要性。泰国受许多邻国建筑传统的影响，也在其乡土和宗教建筑中发展出显著的区域差异。

任务五　美食推荐

任务情境

泰国菜以酸、辣、咸、甜、苦五味的平衡为特点，厨师也非常喜欢加入蒜头、辣椒、豆蔻、香茅、柠檬草之类的调味品来调味。让人胃口大开的冬阴功汤、口味浓郁的各式咖喱菜都是泰国菜的代表。泰国盛产多种热带水果，而且价格公道。各式各样的路边摊小吃也是旅行者不容错过的，如香蕉煎饼、椰子冰淇淋、杧果糯米饭等。因此，领队有必要了解泰国的特色美食，并在旅游活动过程中恰当地进行安排，有针对性地予以推荐。

泰国系列微课——特色美食

任务目标

1. 了解泰国美食，能够简单地讲解泰国美食的特色；
2. 了解泰国著名的美食街区与场所；
3. 了解泰国的饮食习俗与其中的礼仪禁忌。

任务分解

一、特色美食

泰国菜以酸、辣、咸、甜、苦五味的平衡为特点，选用品质新鲜、色彩艳丽的原料，烹饪过程中用天然香料、椰奶、青柠檬、咖喱等原料，所以味道层次丰富，引人入胜。

冬阴功汤

冬阴功汤（Tom Yum Kung Soup）："冬阴"是酸辣的意思，"功"是虾的意思，翻译过来就是酸辣虾汤。食用时会觉得口味略重，但多喝几口就会被其酸辣的味道征服。冬阴功汤的汤分为红汤和白汤，也可以选择是否加椰浆，虾也可以换成鱼等。

罗勒炒肉末（Meat Fried with Sweet Basil）：罗勒叶具有解毒、行气的作用，泰国人喜欢使用。罗勒炒肉末是一道传统泰国菜。将猪肉、鸡肉或者牛肉切末后与罗勒叶、干辣椒一同翻炒，便成就了香气扑鼻的泰式家常菜。

菠萝炒饭（Pineapple Fried Rice）：运用泰国香米的香气，搭配菠萝及什锦蔬菜等大火快炒，咸咸酸酸甜甜的口感，搭配腰果一起入口，口感层次丰富。

猪脚饭（Pork Trotters Rice）：泰国人常把猪脚饭当作正餐，猪脚上的肉皮厚实，美味可口。猪脚要在香料中炖煮 10 小时以上，再淋上香喷喷的卤汁。

杧果糯米饭（Mango Sticky Rice）：是泰国特色甜品，将杧果整颗切块装入盘中，放入淋上椰汁的糯米饭。杧果的酸与椰汁的甜完美地组合在一起，口感层次分明。

泰国水果（Thai Fruit）：地处热带的泰国是一个名副其实的水果王国，这里仅香蕉就有 20 多个品种。山竹、释迦果、番石榴、波罗蜜、杧果、榴梿等在这里都非常便宜。本地人吃水果的时候还喜欢蘸盐、辣椒面和白糖。

二、美食地标

蓝象餐厅（Blue Elephant）：位于曼谷沙吞区一座中葡殖民风格的老建筑中，是全球连锁的泰式料理店。餐厅主打菜式是泰国宫廷料理，最为经典出名的是咖喱蟹和冬阴功汤。这里还开设烹饪班，可以在独特的氛围下体验美食之奥妙。

三、饮食习俗

传统的泰国人采取席地而坐的方式用餐，用餐方式是以盘盛饭，以勺舀取汤汁，再以手取饭菜进食，泰国人吃饭惯用右手，左手只能用来拿一些他们认为的不洁之物。到了现代，多以桌椅形式进餐。泰国人使用的餐具为勺子、叉子、筷子以及一个圆盘子。进餐时将饭盛进盘中，并用勺子取饭菜进食。

核心词汇

序号	中文	英文对照
1	冬阴功汤	Tom Yum Kung Soup
2	香蕉煎饼	Banana Pancake
3	罗勒炒肉末	Meat Fried with Sweet Basil
4	咖喱	Curry
5	菠萝	Pineapple
6	炒饭	Fried Rice
7	烤肉	BBQ
8	猪脚饭	Pork Trotters Rice
9	杧果	Mango
10	糯米饭	Mango Sticky Rice
11	释迦果	Squamosa
12	山竹	Mangosteen
13	番石榴	Guava
14	榴梿	Durian

实用表达

1. Traditional Thai cuisine are normally categorized into four types: tom (boiled dishes), yam (spicy salads), tam (pounded foods) and gaeng (curries). Deep-fried stir-fried, and steamed dishes originate from Chinese cooking.

传统的泰国菜大致分为四类：tom（煮菜），yam（辛辣沙拉），tam（捣碎的食物）和 gaeng（咖喱）。油炸，炒菜和蒸菜都来自中国烹饪。

2. Thai cooking mixes various elements to create a harmonious dish. Like a complex musical chord, which has got to be smooth but it doesn't matter what's happening next. Simplicity isn't believed in Thai cooking.

泰式烹饪是关于混合不同的元素，以创造和谐的余韵。就像一个复杂的音乐和弦一样，它必须有一个光滑的表面，但下面发生了什么并不重要。简单根本不是这里的格言。

任务六　商品导购

任务情境

泰国是东南亚购物天堂，由于很多国际品牌的代加工厂在泰国，因此曼谷、清迈、普吉岛等地的购物商场中有很多价格低廉的品牌商品。泰国对于传统手工艺的保护也相当重视，传统手工艺产品如泰丝布料、黄金珠宝、木雕漆器、手工皮具等远销国外。作为领队，应当熟悉泰国的特色旅游商品与特色购物街区，以便于在旅行过程中，引导游客购买合适的商品。

任务目标

1. 熟悉我国旅游者喜爱购买的泰国旅游商品，并能够进行简要的讲解；
2. 熟悉泰国主要城市的知名商业街区，能够引导旅游者购物。

任务分解

一、特色商品与纪念品

泰国佛牌（Thai Buddha Card）：泰国人敬佛，有随身携带佛牌的习惯。近几年泰国的佛牌受到国人的追捧，价格不菲。泰国人推崇的佛牌都是寺庙里请回，如佛牌上的佛是有名的佛或是年代久远的佛，价格会较高。

泰丝制品（Tai Silk Products）：泰丝质地轻柔、色彩艳丽，富有特殊光泽，图案设计独特，是极具东方特色的织物，是深受游客喜爱的手工艺品。传统的泰丝多为衣料，也有制成成品出售的，除此之外还能制成餐垫、领带、丝巾和其他多种旅游纪念品。

手工艺品（Handicrafts）：泰国有很多手工艺品加工作坊，传承着传统手工艺生产技艺。清迈是全球最大的手工艺品制造中心，棉织品、油纸伞、木雕、漆器、藤制品等都是具有代表性的纪念品。泰南生产锡，工匠利用锡制作各种工艺品，包括花瓶、酒器、项链、戒指等。泰南多海岛，贝壳和椰壳制作的手工艺品也特别精美。

二、特色购物街区

暹罗探索中心（Siam Discovery Center）：与传统购物中心不同，这里的科技感十足，每个展厅都像是艺术品一样，让人忍不住停下脚步，很多小角落都是可以打卡拍照的地方。有许多潮流店，各色潮牌和周边产品吸引了不少的年轻人，是热爱潮流时尚人士的好去处。

暹罗探索中心

曼谷河滨夜市（Bangkok Riverside Night Market）：位于曼谷 Charone Krung 路的河边夜市 Asia Tique，作为全亚洲最大的夜市，拥有全泰国最长的河边直路做码头用，有免费班船送游人去夜市。它的主题怀旧仿古，店铺坐落在古旧货仓里，漫步夜市仿佛置身欧洲小镇，极具小资情调。

三、消费提醒

退税（Tax Refund）：自 2013 年 9 月起，泰国开始执行阶梯退税制度，退税额为消费金额的 4.0%~6.1%。最低可退税金额 2000 泰铢，退税比例为 4%；消费达 20 万泰铢以上的，退税比例为 6.1%。

退税人资格（Tax Refund Qualification）：在泰停留期不超过 180 天的非泰籍、非执勤机组人员的外国游客，购买非政府禁品、易燃易爆品、宝石等商品，并在购买后 60 天内携带离境，可享受退税。

核心词汇

序号	中文	英文对照
1	泰国佛牌	Thai Buddha Card
2	泰丝制品	Tai Silk Products
3	手工艺品	Handicrafts
4	黄金	Gold
5	珠宝	Jewelry
6	暹罗探索中心	Siam Discovery Center
7	曼谷河滨夜市	Bangkok Riverside Night Market
8	周日夜市	Sunday Walking Street

任务七　文化体验

任务情境

泰国作为一个独具魅力的国家，其民族文化在历史长河中潜移默化地渗透到族人的生活中。因此，领队有必要了解泰国特色的文化娱乐项目及节庆活动，帮助旅游者增强文化体验，在节庆与娱乐活动中得到休闲放松。

任务目标

1. 了解具有泰国传统特色的休闲文体活动，能够进行简单的讲解；
2. 了解泰国的节庆文化以及相关的旅游活动，并能够引导游客参与。

任务分解

一、休闲活动

孔剧（Kohn）：孔舞是泰国传统舞蹈文化的代表。它由不说话的舞者剧团表演。在古代，只有男性才能演出孔剧，并且只在王宫内才有演出。舞蹈演员会戴上华丽的假面面具，在解说员解说后起舞，矫若游龙。现在也有由女性担任主角的孔剧，这种孔剧被称为“女孔剧”。

梅诺拉（Menora）：是一种起源于泰国南部的舞蹈剧。表演包括舞蹈及戏剧或小品。调用是通过腿部、手臂和手指的缓慢而有节奏的运动来执行的。梅诺拉表演的曲目是基于泰国的佛教故事。

潜水（Diving）：芭提雅的水温全年适中，格兰岛、萨岛等岛屿非常适合初学潜水的游客；对于潜水好手来说，那些较远的小岛应该是更好的选择，能见度高，海底生物也更丰富。

骑象徒步（Elephant trekking）：清迈有很多大象训练营，可以与大象亲密接触，还可以骑大象到河谷中给它们洗澡，学习训练大象的技巧。

二、节庆活动

宋干节（Songkran Festival）：又称泼水节，是泰国新年。庆祝活动极为丰富多彩，大致有五项内容，即浴佛、堆沙、放生、庆祝游行、泼水。最受尊敬的佛像——帕辛佛被展出，上千佛教弟子向他泼水。

水灯节（Loy Krathong）：是泰国的主要节日，亦是泰国民间最热闹、最富诗意的传统节日，在民间流行甚广。这天一清早就从收音机里传出欢快的水灯节乐曲，到了晚上，皓月当空，人们纷纷到河中放水灯，许下许愿。

宋干节

水灯节

核心词汇

序号	中文	英文对照
1	孔剧	Kohn
2	梅诺拉	Menora
3	潜水	Diving
4	帆伞运动	Parasailing
5	骑象徒步	Elephant trekking
6	宋干节	Songkran Festival
7	水灯节	Loy Krathong

实用表达

1. Thai culture and traditions incorporate a great deal of influence from India, China, Cambodia and the rest of Southeast Asia.

泰国的文化和传统受到来自印度、中国、柬埔寨和东南亚其他地区的巨大影响。

2. Thai classical music is synonymous with stylized court ensembles and repertoires from 800 years ago in their present form in the royal centers of Central Thailand. These ensembles, though being influenced by traditional practices, are uniquely in Thailand today.

泰国古典音乐是大约800年前在泰国中部皇家中心以现在的形式出现的那些风格化的宫廷合奏和曲目的代名词。这些合奏虽然受到旧习俗的影响，但今天已成为泰国独有的表达方式。

任务八　思政教育

任务情境

领队带领团队前往泰国旅游之时，应当以中泰历史渊源为切入点，充分挖掘思政教育元素，增进旅游者对中泰友谊的感悟。

泰国系列微课——蚁光炎纪念堂

任务目标

1. 了解适合开展思政教育的泰国旅游景点；
2. 了解旅游景点背后的思政教育意义；
3. 掌握培养旅游者的爱国主义情怀与和平发展理念的引导方法。

教育案例

蚁光炎纪念堂（Yi Guangyan Memorial Hall）

案例简介：泰国曼谷“蚁光炎纪念堂”位于距曼谷约 40 公里的北榄府，一幢白色小楼内安放着蚁光炎塑像与遗照，时任中国国民政府主席林森题写的“爱国忘身”四字在塑像身后高悬。纪念堂周围小溪环绕，绿树成荫，岸边的金凤花枝繁叶茂，这种灌木在蚁光炎的家乡尤为常见，被尊为汕头市花。

蚁光炎于 1879 年出生在广东，自幼家境贫苦。23 岁时抵达曼谷，创立“六顺公司”，做了很多慈善公益事业，自家却过着俭朴的生活。1937 年卢沟桥事变后，远在曼谷的蚁光炎先生，宣传抗日救国，发动抵制日货，发起抗日募捐，出售爱国抗日公债，倡导华人舍财救国；组织社团、学校义演，多方筹资捐献给祖国抗日。1939 年 11 月 21 日，蚁光炎被日伪军开枪射杀，在弥留之际，他仍用微弱的声音嘱咐家属：“我虽死，你们不用痛心，中国必定胜利！”除了泰国曼谷“蚁光炎纪念堂”之外，1997 年，由汕头市委统战部、汕头市侨联发起在桑浦山麓建立了“蚁光炎纪念亭”，入选爱国主义教育基地。

思政教育：蚁光炎的一生，是爱国爱乡、自强不息的一生，是德耀中泰、善行天下的一生。他的每个脚步，都伴随着中华民族争取独立自由、人民解放英勇前行的足迹，是海外游子执着追求、赤诚报国的真实记录。爱国主义是中华民族的优良传统和美德，也是广大华侨固有的传统美德。蚁光炎的爱国义举壮怀激烈，催人奋进，体现了炎黄子孙的优秀品格和海外华人对祖籍国的拳拳赤子之心。

核心词汇

序号	中文	英文对照
1	纪念堂	Memorial Hall
2	北榄府	Samut Prakan Province

常见句型

Yi Guangyan Memorial Hall, located in Samut Prakan about 40 kilometers away from Bangkok, is a small white building house with the statue of Yi Guangyan and his posthumous photos in it. At the back of the statue hangs the inscription of “Devote one’s life to his motherland” inscribed by Lin Sen.

蚁光炎纪念堂位于距曼谷约 40 公里的北榄府，一幢白色小楼内安放着蚁光炎塑像与遗照，林森题写的“爱国忘身”四字在塑像身后高悬。

任务九　能力测试

入境申请

任务要求： 尝试填写泰国落地签证申请。

跨文化交际

任务情境： 你带领老年团前往泰国旅游，在进入寺庙参观时，游客被黄袍佛国恢宏的庙宇所震撼，纷纷大声称赞，引得本地游客纷纷侧目。作为领队，你该如何处理以上问题？

任务要求： 请向游客介绍在泰国旅游时要注意的风俗习惯与禁忌事项。

项目六　新加坡（Singapore）旅行项目

任务一　国情介绍

任务情境

你可以沿着牛车水、小印度及甘榜格南的古迹观光路线寻觅逝去年华的古韵，可以奔向乌节路、克拉码头或驳船码头徜徉在华灯璀璨之中，也不要忘了慢慢品味活力四射的圣淘沙岛。当你带领团队前往新加坡前，需全面了解新加坡的自然地理、历史发展与社会经济等国情。在出境旅游初期，应向旅游者介绍新加坡的基本国情，帮助旅游者对旅游目的地建立初步印象。

任务目标

1. 了解新加坡的地理特征、简历、人口民族情况、政治经济特点；
2. 能够简明扼要地向旅游者介绍新加坡的国家概况；
3. 熟悉新加坡礼仪风俗，并在文化交流过程中对旅游者进行提醒。

任务分解

一、地理纵览

1. 地理概况

新加坡是东南亚海上的一个主权岛屿城邦，毗邻马六甲海峡南口，北隔狭窄的柔佛海峡与马来西亚紧邻，南隔新加坡海峡与印度尼西亚的民丹岛、巴淡岛都有轮渡联系。新加坡土地面积为733.1平方公里，海岸线总长200余公里，由新加坡岛、圣约翰岛、龟屿、圣淘沙、姐妹岛、炯岛等60余岛屿组成。

2. 气候特征

新加坡地处热带，长年受赤道低压带控制，为赤道多雨气候，年平均温度在23~34℃，年均降水量在2400毫米左右。11月至次年1—3月为雨季，受较潮湿的东北季候风影响天气不稳定，通常在下午会有雷阵雨；6—9月则吹西南风，最为干燥。

二、历史回眸

1. 简史

新加坡历史可追溯至3世纪，在东吴将领康泰所著的《吴时外国传》中就有记载。“蒲罗中”是新加坡岛最古老的名称，是马来语“马来半岛末端的岛屿”的意思。14世纪，来自室利佛逝的王子拜里米苏拉在此建立马六甲苏丹王朝；18世纪初，新加坡属柔佛王国的一部分。现代新加坡由斯坦福莱佛士爵士于1819年创立，作为英国海外殖民地；1942年被日本占领，日本投降后回归英国控制，1959年获得自治权。1963年与马来亚、北婆罗洲和砂拉越成为马来西亚新联邦的一部分，两年后与其分离，成为独立的国家。

2. 人口民族

新加坡人口约568万人（2021年），华人占74.2%，马来族占13.3%，印度裔占9.1%，欧亚裔和混血占3.4%，人口密度较高。新加坡尊重各族文化差异，有四种官方语言：英语、马来语、普通话和泰米尔语，其中英语是通用语。多种族主义还被写入宪法，影响教育、住房和政治等各方面的国家政策。

知识链接

峇峇娘惹文化

峇峇娘惹（baba nyonya）是指15世纪初定居在马六甲、印度尼西亚和新加坡一带的中国明朝后裔与马来人所生的后代，男性称为峇峇（baba），女性称为娘惹（nyonya）。马六甲王朝时期，中国福建移民大多是为官或是家境殷实的商贾人家，到了马六甲后未回国，娶当地马来女子生下后代；也有说法指的是当年郑和率庞大的船队五次来马六甲驻节，其部下与当地人通婚生下的后代。

三、社会概述

1. 政治体制

新加坡实行议会共和制。总统由全民选举产生，为国家名义元首，根据部长的建议行使行政权力。总理是政府首脑，总统委任议会多数党领袖为总理。政府运行分为三个方面。行政方面，总统为军队总司令，对政府拥有有限的监督权，总理和内阁负责管理和执行法律和政策；立法方面，院制议会颁布国家法律，批准预算，对政府政策进行检查；司法方面，由最高法院和州法院负责，法官由总统任命。

2. 国家标志

国旗：新加坡的国旗由上红下白两个相等的横长方形组成，长与宽之比为3∶2。左上角有一弯白色新月和五颗白色五角星。红色代表人类的平等，白色象征纯洁和美德；新月象征国家，五颗星代表国家建立民主、和平、进步、正义和平等的思想。新月和五颗星的组合紧密而有序，象征着新加坡人民的团结和互助的精神。

国徽：国徽由盾徽、狮子、老虎等图案组成。红色的盾面上镶有白色的新月和五角星。红盾左侧是一头狮子，象征新加坡，因新加坡在马来语中是“狮子城”的意思；右侧是一只老虎，象征新加坡与马来西亚之间历史上的联系。红盾下方为金色的棕榈枝叶，底部的蓝色饰带上用马来文写着“前进吧，新加坡！”

3. 经济产业

新加坡拥有高度发达的市场经济，与中国香港、韩国和中国台湾并称“亚洲四小龙”。新加坡属外贸驱动型经济，以电子、石油化工、金融、航运、服务业为主，高度依赖美国、日本、欧洲和周边市场，外贸总额是国内生产总值的四倍。

四、礼仪风俗

1. 国民性格

新加坡人性格开朗大方讲礼貌，待人热情而有礼貌，吃苦耐劳，踏实肯干，讲卫生，新加坡待人接物总是笑脸相迎，充满自信与乐观。

2. 交往礼仪

由于新加坡政府注重保护各民族的传统，因此新加坡的礼仪与习俗也呈现出了多元化的特点。在社交活动中，华人往往拱手作揖或行鞠躬礼，而马来西亚人大多采用摸手礼。讲究礼貌，以礼待人，已成为新加坡人必须遵守的基本行为准则。

在新加坡，用食指指人或用紧握的拳头打在另一只张开的掌心上，被认为是极端无礼的动作。新加坡人忌说“恭喜发财”，他们认为“发财”两字含有“横财”之意，即不义之财。新加坡人色彩想象力丰富，喜欢红、绿、蓝色，视紫色、黑色为不吉，黑、白、黄色为禁忌。忌讳乌龟，认为它是种不祥动物，给人以色情和污辱的印象。新加坡非常讨厌男子留长发，在公共场合严禁抽烟。

核心词汇

序号	中文	英文对照
1	新加坡	Singapore
2	东南亚	Southeast Asia
3	马六甲海峡	Strait of Malacca
4	柔佛海峡	Straits of Johor
5	马来西亚	Malaysia
6	印度尼西亚	Indonesia
7	圣淘沙	Sentosa
8	裕廊岛	Jurong Island
9	热带	Tropical
10	赤道	Equatorial

（续表）

序号	中文	英文对照
11	议会共和制	the Parliamentary Republic
12	电子	Electronic
13	石油化工	Petrochemical
14	金融	Finance
15	航运	Shipping
16	服务业	Service Industry
17	总统	President
18	总理	Prime Minister
19	电子	Electronics
20	填海工程	Reclamation Project

实用表达

1. Singapore is a multilingual and multicultural society, home to people of different ethnic, religious and national origins, with the majority of the population made up of Chinese, Malay, Indian and Eurasian. The Singaporean are fostered as an integration between ethnic groups and identification by the nation, while preserving the culture and traditions of each ethnic group, instead of assimilating the minority cultures into a single majority culture.

新加坡是一个多语言和多元文化的社会，居住着许多不同种族、宗教和民族血统的群体，其中大部分人口是华人、马来人、印度人和欧亚裔。新加坡人的身份被培养为不同族群与国家融合和认同的一种方式，同时保留了每个族群的文化和传统，而不是将少数文化同化为单一的多数文化。

2. Singapore, an island city-state, is a very exquisite, heavily urbanized country in Southeast Asia, located at the end of the Malayan Peninsula between Malaysia and Indonesia. Singapore has a total land area of 733.1 square kilometers.

新加坡是东南亚一个非常小的、高度城市化的岛屿城市国家，位于马来西亚和印度尼西亚之间的马来亚半岛末端。新加坡的土地总面积为 733.1 平方公里。

任务二　交通指引

任务情境

新加坡目前与中国许多城市有直飞航班，因此前往新加坡游玩非常方便。领队应了解新加坡外部交通与区域交通情况，能够在出入境、城际交通、市内交通等项目上进行准确的交通指引。

新加坡系列微课——市内交通

任务目标

1. 了解到达新加坡的方式，能够引导旅游者通过机场海关，顺利入境；
2. 了解新加坡城际交通、市内交通的基本情况。

任务分解

一、到达新加坡

中国到新加坡有直达航班，距离适中，通常飞行时长为2~8小时；常见的有经厦门和上海前往。新加坡有8个机场，其中新加坡樟宜机场和实里达机场是国际航班机场。樟宜机场为飞往约100个国家和地区、380个城市的120多家国际航空公司提供服务，每星期7400次航班。

知识链接

新加坡樟宜国际机场Singapore Changi Airport

新加坡樟宜国际机场位于新加坡樟宜，位于主岛的最东端，距市区17.2公里，是该地区最重要的航空枢纽之一。樟宜机场现有5个航站楼，1、2和3号航站楼相互连接，旅客可通过旅客捷运系统和高架列车或以步行方式自由来往其间。2号航站楼内的Jet Quay航站楼有自己的验票柜台。

二、入境流程

1. 中国公民进入新加坡均须申请签证。
2. 旅游签证申请批准信获得后，游客须在入境移民局网站申请入境许可。
3. 入境前3天之内在移民局网站填写电子入境卡或在飞机上填写出入境卡，是新加坡移民与关卡局用来记录、审核出入境人员的重要文件，也是游客出入新加坡的凭证。

4. 去新加坡之前需提前在手机上下载好新加坡政府指定的追踪 App 软件“Tracetogether”。

5. 入境需要携带的文件包括护照原件、打印好的新加坡签证、打印好的入境许可、保险保单、入境卡。

知识链接

新加坡海关携带物品规定

一、货币：新加坡海关对携带入境的外币没有最高金额限制。

二、课税品：酒类、烟草、皮包与钱包、人造珠宝、巧克力与糖果、面包、饼干与蛋糕。

三、免税品：电器制品、化妆品、相机与钟表、珠宝、宝石与贵金属、鞋、艺术创作品与玩具。

上述免课税品只限于个人消费，禁止转售或赠予。如果携带入境的物品超出免税范围，超出部分将被课税；转机过境旅客若携带过量的物品以及超出免税范围的物品必须存放于海关，并且自行负担保管费。另外，携带入境的酒类与香烟的标签、盒面与包装上不得有“新加坡非免税品”（Singapore Duty Not Paid）字样；香烟包装上有 E 标示也不得携入，任何条装香烟经由空运、陆运或海运方式入境都必须付税，免税香烟只售给出境旅客。

四、禁止入境的物品：管制药物与精神镇定剂，鞭炮，手枪与左轮手枪形打火机，玩具印币与纸钞，盗版刊物，录影带，碟片与录音带，濒临绝种的野生动物及其制品，猥亵的衣裳与出版品，危险与叛国物品。

三、市内交通

新加坡拥有完善的公共交通系统，包括出租车、公共汽车和现代化、高效率的地铁系统。与许多其他发达国家相比，出租车的票价相对便宜，因此在新加坡旅游不仅方便、轻松自在，乘车花费也不会太大。

地铁：乘坐新加坡地铁是最快捷的游览方式。新加坡地铁系统不仅是世界上最清洁的运输系统之一，还能让你欣赏沿途城市的美景。

新航观光巴士：新航观光巴士旅程包括乌节路、白沙浮广场、新达城、市中心、驳船码头、牛车水、小印度和新加坡植物园。经由这项服务可以游览新加坡市中心区的购物、文化和娱乐中心。

公交车：新捷运公司（SBS Transit）是新加坡的主要巴士运营商，拥有 250 条巴士线路，遍及全新加坡，定期往返岛内各地。新捷运还提供名为“夜猫服务（Nite Owl）”的特别巴士服务，运营时间为周五、周六及公共假期前夕。

核心词汇

序号	中文	英文对照
1	国内机场	Domestic Airport
2	国际机场	International Airport
3	登机卡	Boarding Pass
4	护照	Passport
5	身份证	Identity Card
6	地铁	Subway
7	观光巴士	Sightseeing Bus
8	公交车	Bus
9	出租车	Taxi
10	新加坡樟宜国际机场	Singapore Changi Airport
11	航班	Flight
12	入境	Immigration
13	出境	Emigration
14	报关单	Customs Declaration
15	新加坡非免税品	Singapore Duty Not Paid

任务三　住宿安排

任务情境

新加坡旅游业发达，各种级别的宾馆、酒店齐全，按价格可分为昂贵的高级旅馆、价格适中的中档旅店和便宜的经济旅店。因此，如何给游客安排可以放松身心的住宿环境，或是感受不同体验的特色酒店，是领队应具备的技能。

任务目标

1. 了解具有新加坡特色的住宿场所，并能够根据游客需要进行推荐；
2. 熟悉新加坡旅游住宿方面的注意事项，并能够清晰地向游客说明。

任务分解

一、特色住宿

莱佛士酒店（Raffles Hotel）：新加坡地标性建筑，由一个阿拉伯商人的住处改建为殖民时期风格的酒店。酒店博物馆内有在该酒店下榻过的名人记录和他们亲手写给酒店的信笺和殖民地时期的行李标签、旅游指南等。今天，莱佛士酒店汇集了豪华的套房、各类餐厅和酒吧、精品时装店以及艺术空间。

金沙酒店（Marina Bay Sands）：耗资 40 亿英镑打造，拥有室外泳池、观光平台、豪华赌场等高档设施。酒店 55 层高的塔楼顶层是奥运会泳池长度的 3 倍，高度为 198 米，是这一高度下世界上最大的室外泳池，宾客在游泳的同时可以俯瞰新加坡的城市景观。

二、住宿提醒

预定提醒：新加坡住宿旺季在 11—12 月的“热带圣诞节”，以及 5—7 月商场打折季。这两个时段酒店价格会上涨，需提前预订。

物品准备：新加坡酒店一般接受现金、VISA、万事达卡和美国运通卡。新加坡崇尚环保，建议客人自行准备牙刷、梳子、肥皂等洗漱用品。

酒店服务：新加坡酒店服务热情、周到，卫生条件较好，多含早餐，含 10% 服务费。下榻或离开时，如需服务员协助搬运行李，应付小费。

核心词汇

序号	中文	英文对照
1	莱佛士酒店	Raffles Hotel
2	阿拉伯	The Arabs
3	酒店博物馆	Hotel Museum
4	金沙酒店	Marina Bay Sands
5	美居乐斯酒店	Grand Mercure Roxy Hotel
6	购物中心	Shopping Center
7	乌节路	Orchard Road
8	旺季	High Season
9	小费	Tips
10	洗发水	Shampoo
11	沐浴露	Body Wash

任务四 旅游导览

任务情境

新加坡，一座完美汇合了东西方文化精粹的繁华都会。踏上圣淘沙岛玩遍数不尽的游乐项目，奔向乌节路血拼购物，在动物园探索奇趣动植物，在亚洲最高的摩天观景轮上俯瞰整个滨海湾。作为领队，应当熟悉新加坡的主要旅游景点，以便在旅行过程中，适时开展旅游导览服务。

任务目标

1. 熟悉新加坡旅游的特色资源与主要旅游景点；

2. 熟悉圣淘沙、滨海湾、马里安曼兴都庙等旅游资源，并能够对知名景点进行简要讲解。

任务分解

一、圣淘沙景点（Sentosa Island）导览

圣淘沙岛是新加坡建国后开发的首个旅游岛，距离本岛仅半公里，由一座跨海大桥连接。从怡丰城（Vivo City）后方到圣淘沙的跨海步道是进出圣淘沙最省钱，也是风景最好的地方。

环球影城（Universal Studios）：是东南亚首个好莱坞电影主题公园，诸多游乐设施和景点都是专为新加坡而设计。园内设有“好莱坞”“纽约”“古埃及”等7个电影主题区，仿佛走进变形金刚、木乃伊、马达加斯加的世界，新奇有趣又惊险刺激。

环球影城

S.E.A. 海洋馆

S.E.A. 海洋馆（S.E.A. Aquarium）：圣淘沙名胜世界内的 S.E.A 海洋馆是世界最大的海洋馆。馆内分设卡里马塔海峡和爪哇海、马六甲海峡和安达曼海、鲨鱼海域等 10 大不同区域，展示 49 个生态区，汇集了超过 10 万多只海洋动物。

二、滨海湾景点（Marina Bay）导览

滨海湾是中央商务区（CBD）的延伸，包括滨海中心、滨海东、滨海南等区域。重量级的地标性建筑物在这里鳞次栉比，包括新加坡观景摩天轮、滨海堤坝、双螺旋桥，还有最受人瞩目的滨海湾金沙。

滨海湾花园（Gardens By The Bay）：这座超级花园造价 10 亿元，是新加坡最新的地标建筑，由 3 座花园构成：滨海南花园（Bay South）、滨海东花园（Bay East）和滨海中花园（Bay Central）。其中最大的属滨海南花园，园中建有多棵巨大的超级树（Supertrees），游人可以在树顶鸟瞰整个花园景色。

滨海湾花园

艺术科学博物馆（Art Science Museum）：被称为“新加坡欢迎之手”。该建筑外形共有 10 根“手指”，每根手指的设计都代表了不同的展馆空间，从“指尖”天窗透入的光线照射着宏伟的弧形内壁。馆藏体现了美学与科学的结合。

三、牛车水和小印度（Chinatown and Little India）导览

天福宫 (Thian Hock Keng Temple)：由感谢妈祖保佑的海员修建而成，坐落于填海前的滨水地区。这座寺庙充满了浓重的中国南方传统建筑风格，使用了石材、瓷砖以及木材、龙凤装饰、精美的雕刻与宏伟的圆柱。寺庙中清朝光绪皇帝御赐的匾额反映了天福宫在新加坡与中国历史与传承中的非凡地位。

马里安曼兴都庙（Sri Mariamman Temple）：作为新加坡最古老的兴都庙，马里安曼兴都庙的历史最早可追溯至 1827 年。庙里供奉着马里安曼女神，其治愈疾病的能力被人们所熟知。宏伟的门塔让人惊叹不已，上面装饰着各种神祇与神兽雕像，对于世代印度教徒与新加坡人来说，都是一个醒目的地标。

核心词汇

序号	中文	英文对照
1	圣淘沙	Sentosa Island
2	环球影城	Universal Studios
3	S.E.A.海洋馆	S.E.A. Aquarium

（续表）

序号	中文	英文对照
4	海豚园	Dolphin Island
5	滨海湾花园	Gardens By The Bay
6	艺术科学博物馆	Art Science Museum
7	新加坡摩天轮	Singapore Flyer
8	唐人街	Chinatown
9	马里安曼兴都庙	Sri Mariamman Temple
10	国家地理	National Geographic
11	怡丰城	Vivo City
12	鲨鱼	Shark
13	好莱坞	Hollywood
14	地标	Landmark

实用表达

1. As a tropical garden, the Singapore Botanical Garden, a UNESCO World Heritage Site, covers an area of 52 hectares, whose main attractions includes the National Orchid Garden where over 3000 types of orchids grow.

被联合国教科文组织列为世界遗产的新加坡植物园是一个占地 52 公顷的热带花园，其主要景点包括拥有 3000 多种兰花的国家兰花园。

2. As a former British colony, Singapore has various historical and cultural landmarks influenced by Britain and its regions. Such cultural landmarks include the Masjid Sultan, one of Singapore's most important mosques which was completed in1826, the Thian Hock Keng Temple, one of Singapore's oldest Chinese temples built in 1839 and the Sri Mariamman Temple, which was built in1827.

作为前英国殖民地，新加坡拥有各种历史和文化地标，其建筑受到英国的影响。此类文化地标包括建于 1826 年的新加坡最重要的清真寺之一的苏丹清真寺、建于 1839 年的新加坡最古老的华人寺庙之一的天福宫和建于 1827 年的马里安曼寺。

任务五　美食推荐

任务情境

新加坡是多元文化与多民族融合之国，来自印度、马来西亚、中国、欧洲地区的饮食文化在这里齐聚一堂。长久以来，各地美食经过新加坡人民的本土化操作，不但保有了其家乡祖传的做法，还融合出缤纷多元的本地饮食文化。

任务目标

1. 了解新加坡美食，能够简单地讲解新加坡美食的特色；
2. 了解新加坡著名的美食街区与场所；
3. 了解新加坡的饮食习俗与其中的礼仪禁忌。

任务分解

一、特色美食

肉骨茶（Bak Kut Teh）：是用排骨和独特的药材与香料加水，文火煨制而成，通常会使用丁香、肉桂、八角、茴香以及芫荽等香料，反映了新加坡的多元文化特征。在殖民地时代，苦力生活贫困，粗衣糙食，营养不良，偶尔以肉骨茶补充滋养。如今，肉骨茶已是备受本地人及游客青睐的美食。

海南鸡饭（Hainanese Chicken Rice）：是把鲜嫩多汁的白斩鸡切成小块，搭配上油光黄澄的鸡油饭，再浇上生抽、香油，撒上葱丝或芫荽，外加一小碟特制的辣椒酱和蒜汁制成的特色美食。作为新加坡的国家级美食代表，海南鸡饭出现在小贩摊档、美食广场、高档餐厅甚至航空公司的航食当中。

鱼汤米粉（Fish Soup Bee Hoon）：也被称为鱼头米粉，是一种新加坡以汤为主的海鲜菜肴，通常与米粉一起热食。这道菜被新加坡人视为健康食品。

叻沙（Laksa）：是一种流行于东南亚的麻辣面食。叻沙由各种面条组成，最常见的是粗米粉，上面有鸡肉、虾或鱼等配料。大多数叻沙的变种都是用浓郁而辛辣的椰子汤调味的肉汤制成的。

二、美食地标

新加坡海鲜共和国（Singapore Seafood Republic）：圣淘沙名胜世界海鲜共和国被誉为海鲜胜地，汇聚了新加坡四大海鲜餐馆：Palm Beach Seafood（棕榈滩）、Seafood

International（国际海鲜）、Tung Lok（同乐）、Jumbo Seafood（珍宝海鲜），构成了独一无二的海鲜美食天堂。

路边摊（Singapore Food Trail）：在“路边摊”可以感受到新加坡的昔日风貌。它以 20 世纪 60 年代为主题装潢布置，拥有超过 800 座位的食阁。在这个以新加坡标志性摩天观景轮为背景，昔日怀旧风情为基调的环境中，游客可以品尝到新加坡的独创美食和老字号的摊档。

三、饮食习俗

新加坡华人常见的问候是用各种华语方言问“你吃饭了吗”。这既是表达问候的一种方式，也是新加坡人对膳食的看法。由于新加坡是一个混合文化国家，因此有不同的和受限制的饮食。马来人用餐一般用手抓取食物，他们在用餐前有洗手的习惯，进餐时必须使用右手。饮茶是当地人的普遍爱好，客人来时，他们常以茶水招待，华人喜欢饮元宝茶，意为财运亨通。

核心词汇

序号	中文	英文对照
1	肉骨茶	Bak Kut Teh
2	海南鸡饭	Hainanese Chicken Rice
3	牛肉粿条	Beef kway Teow
4	咖椰吐司	Kaya Toast
5	鱼汤米粉	Fish Soup Bee Hoon
6	印尼泡菜阿卡尔	Acar
7	咖喱泡芙	Curry Puff
8	沙爹	Satay
9	东南亚炒饭	Nasi Goreng
10	阿帕姆煎饼	Appam
11	唐杜里鸡	Tandoori Chicken
12	辣椒螃蟹	Chili Crab
13	叻沙	Laksa

实用表达

1. In Singapore，food is viewed as crucial as its national identity and a unified culture. Singaporean literature declares eating is a national pastime and food a national obsession. Food is a frequent topic of conversation among Singaporeans.

在新加坡，食物被视为对其民族认同和统一文化至关重要。新加坡文学宣称吃是一种全国性的消遣，而食物是一种全国性的痴迷。食物是新加坡人经常谈论的话题。

2. Singapore has a burgeoning street food scene. It was introduced to the country by immigrants from India，Malaysia and China. Cuisine from their native countries was sold by them on the streets to other immigrants，who sought a familiar taste. The food was not limited to dishes from local or neighboring countries but included Chinese or Indian food.

新加坡有一个新兴的街头美食场景。它是由印度、马来西亚和中国的移民引入该国的。他们在街上向寻求熟悉口味的移民出售本国的美食。食物不仅限于来自新加坡或邻国马来西亚的菜肴，还包括来自中国或印度的菜肴。

任务六　商品导购

任务情境

新加坡与中国香港一样，每年都有固定的购物季，那时所有商品均有很大折扣，从日用百货到名牌饰品无一不热卖，被称为“新加坡热卖会”。这样的活动每年两次，第一次是 5—7 月，第二次是圣诞节期间。作为领队应当熟悉新加坡的特色旅游商品与知名商业街区，以便于引导游客购买合适的商品。

任务目标

1. 熟悉我国旅游者喜爱购买的新加坡旅游商品，并能够进行简要的讲解；
2. 熟悉新加坡主要城市的知名商业街区，能够引导旅游者购物。

任务分解

一、特色商品与纪念品

肉干（Bak kwa）：新加坡农历新年时不可或缺的食品。老字号美珍香推出的“肉干派”，以肉干为馅，再用松软的酥皮包裹，入口即化。两者的绝妙搭配，掳获人心。猪肉干有多种口味可选择，色泽鲜亮，刷在肉干外面的鱼露为肉干增添了很多鲜美口感。

鱼尾狮纪念品（Singapore Merlion Souvenir）：新加坡被称为狮城，而标志性的鱼尾狮图案被注册为旅游局的商标。以鱼尾狮形象制作的诸如水果叉、闹钟、名片夹、打火机、钥匙扣、茶叶筒等旅游纪念品受各地游客的青睐。

人心果（Van Royen）：一种如奇异果般大小的棕色水果。剥开薄薄的皮后，中间有一粒黑色的种子，果肉甜而软，散发出梨的清香，是新加坡特有的水果。

二、特色购物街区

乌节路（Orchard Road）：是新加坡大名鼎鼎的购物天堂。乌节路上林立着近 10 家大型购物大厦，是高级服饰、高档化妆品、珠宝等商品的汇集之地。乌节路不仅能带来疯狂血拼的乐趣，还可以向世人展示各种艺术名作。

乌节路

牛车水（Chinatown）：牛车水购物区是新加坡重要的商业区，也是华人聚集的场所。在牛车水众多的小巷中漫步，您会看到手工艺人制作的各种古色古香的工艺品，从中可以了解中国的传统艺术，如书法、雕刻、木偶、佛像和香烛制作等。

小印度文化中心 (Little India Cultural Centre): 是新加坡印度社群会聚的场所，主要出售来自印度的手工艺品、克什米尔丝绸、孔雀羽毛、花环银器、香料、铜器、珠宝首饰等。扫货之余，千万别忘了尝尝街边卖的美食。

滨海湾金沙购物中心 (The Shoppes at Marina Bay Sands): 对于追逐奢华时尚的购物狂来说，滨海湾金沙购物中心就是最大的游乐场。这里汇聚了几乎所有高档精品与国际前卫设计大牌。滨海湾金沙购物中心坐落于中央商务区核心地段，除了购物之外，你还可以在这里一睹新加坡最奢华的夜景。

知识链接

关于退税

在新加坡购物消费可获得 7% 的商品及服务税 (GST) 退税。你可以寻找贴有

“退税”标识的商家，在同一店铺消费满 100 新币以上即可享受退税。对于带往新加坡境外的商品，可在特定商家、樟宜国际机场或其他特定机场予以退税。退税款项中会扣除退税服务的手续费。

核心词汇

序号	中文	英文对照
1	肉干	Bak Kwa
2	新加坡鱼尾狮纪念品	Singapore Merlion Souvenir
3	人心果	Van Royen
4	鱼尾狮	Singapore Merlion
5	乌节路	Orchard Road
6	牛车水	Chinatown
7	小印度文化中心	Little India Cultural Centre
8	滨海湾金沙购物中心	The Shoppes at Marina Bay Sands

实用表达

1. Singapore tries to be the business hub of Southeast Asia and has an expansive shopping precinct located in the Orchard Road district. Many multistorey shopping centers are located at Orchard Road, where there are many hotels, serving as the main tourism center of Singapore besides the downtown. The local also shop at Orchard Road.

新加坡竭力成为东南亚的商业中心，并在乌节路地区拥有一个广阔的购物区。许多多层购物中心位于乌节路；该地区也有许多酒店，是新加坡的主要旅游中心（除了市中心）。当地民众也经常到乌节路购物。

2. Featuring distinctly with Chinese cultural elements, Chinatown was once a gathering center of the Chinese. A Large section of it has been declared national heritage sites officially designated for conservation by the Urban Redevelopment Authority.

唐人街具有鲜明的中国文化元素，历史上曾为华人集中区。该地区确实保留了重要的历史和文化意义，它的大部分已被宣布为由市区重建局正式指定保护的国家遗产地。

任务七 文化体验

任务情境

从迷人的艺术表演、精彩的体育活动到夜幕降临后各种夜间娱乐场的狂欢，每一样都让这个花园城市时刻充满了动感和魅力，让每个人都能轻松融入并享受其中。

任务目标

1. 了解新加坡以音乐舞蹈为特色的娱乐休闲活动，能够进行简单的讲解；
2. 了解新加坡的节庆文化以及相关的民俗活动，并能够引导游客参与。

任务分解

一、休闲活动

妆艺大游行（Chingay Parade）：是一年一度在新加坡举行的街头游行，这场嘉年华游行是新加坡版的“巴西狂欢节”，花团锦簇的花车、令人目不暇接的杂技、惊险刺激的杂耍、动人的打击乐、火辣的舞蹈，彻底点燃人们的狂欢热情。

仙鹤芭蕾（Crane Dance）：圣淘沙名胜世界夜间游乐地标。仙鹤芭蕾通过数码艺术、LED 显示屏、令人惊叹的灯光和水幕效果，向观众展现了一个宏伟梦幻的电动奇观。两只仙鹤每只重达 80 吨，最高可上升至 30 米，巨大无比。演出通过各种特效的结合，讲述了这两只仙鹤神奇的爱情故事，让观众深受震撼。

二、节庆活动

牛车水农历新年活动（Chinatown Chinese New Year Celebration）：新加坡农历新年是供奉神灵和祭祖追思的传统日子。拿两个柑橘相互拜年（象征着“大吉大利”），享受新春大餐。要想充分领略狮城农历新年的精髓，一定要到历史悠久的牛车水街区。农历新年来临前，牛车水街头亮灯活动就正式启动，沿街高挂设计精美的各式灯笼，吸引游人纷至沓来。

新加坡美食节（Singapore Food Festival）：每年 4 月举办的美食节并不仅仅吸引新加坡人，来自世界各地的众多游人都会乘此机会品尝风味独特的新加坡美食。您既能享受到国际风味的烹饪，也能享受到当地的佳肴。汇聚东西方一流烹饪技术的节日将持续一个月左右。

世界名厨峰会（World Gourmet Summit）：每年 3 月 30 日至 4 月 12 日世界各地名

厨与酿酒师将齐聚狮城，参加研讨会。会议期间，他们会大显身手，为美食爱好者一展厨艺，献上他们精心创制的招牌好菜。

核心词汇

序号	中文	英文对照
1	仙鹤芭蕾	Crane Dance
2	妆艺大游行	Chingay Parade
3	牛车水农历新年庆祝活动	Chinatown Chinese New Year Celebration
4	新加坡美食节	Singapore Food Festival
5	世界名厨峰会	World Gourmet Summit

实用表达

On February 4th 1973，the first Singapore Chingay parade was held partly as a result of the ban on firecrackers in1972 because of a fire hazard. Some people felt that the ban resulted in a much dampened festival mood during the Chinese New Year. To address this issue，the People's Association and the Singapore National Pugilistic Association jointly organized a street parade，characterized by float，acrobatic acts，lion and dragon dances，stilt walking，to bring back the joy to the public.

1973 年 2 月 4 日，举行了第一次新加坡装扮游行，是因为一年前的 1972 年因火灾隐患而禁止鞭炮。一些人认为，该禁令将导致农历新年期间的节日气氛大受打击。为解决这个问题，人民协会和新加坡全国武术协会联合举办了一场街头游行，以标志性花车、杂技表演、舞狮舞龙、高跷步行者等为特色，为公众带回了欢乐。

任务八　思政教育

任务情境

第二次世界大战中，日军进攻新加坡，当地华侨组成的义勇军成为抵抗最坚决的队伍，直到 1945 年日本投降。其间，中国等国家和地区的抗日力量也对新加坡的抗日力量进行过大量援助。日本投降后，新加坡各地展开了庆祝抗日胜利的活动。领队带领团队前往新加坡旅游之时，以抗日华侨为切入点，充分挖掘思政教育元素，增进旅游者对中国与新加坡友谊的感悟。

任务目标

1. 了解适合开展思政教育的新加坡旅游景点；
2. 了解新加坡抗日爱国华侨背后的思政教育意义；
3. 掌握增进旅游者对中国与新加坡友谊思想感悟的引导方法。

教育案例

林谋盛纪念塔（Lim Bo Seng Memorial）

案例简介：1954 年揭幕的林谋盛纪念塔由华人社群捐款筹募建成。坐落在八边形台基上的林谋盛纪念碑，主体为八边形塔，以混凝土制成，外饰大理石，塔顶冠以三重檐攒尖铜顶，有简化的滴水、瓦当，塔身镶有四面铜匾，以英文、中文、淡米尔文、马来文，记述了林谋盛的生平事迹，纪念碑周围配置四座抽象造型的铜狮。宝塔形制的林谋盛烈士纪念碑，融合中国传统建筑元素与现代设计风格，对于纪念这位生长于中国，为马来亚牺牲的烈士无疑是恰当的。2010 年 12 月 28 日，纪念碑被评定为新加坡国家纪念物。

新加坡系列微课
——林谋盛纪念塔

林谋盛纪念塔

林谋盛（1909—1944）是新加坡华侨，抗日英雄，出生成长于中国福建南安，后迁至厦门鼓浪屿。1929 年父亲去世，林谋盛于香港大学肄业回到新加坡。1941 年日本南侵，林谋盛领导华侨义勇军积极抗日，包括筹集资金支持中国抗战，以及在马来西亚创建情报网。因遭叛徒出卖，他在怡保被日军逮捕，1944 年 6 月 29 日牺牲。

思政教育：林谋盛出生于中国，接受良好的中英文教育，深谙中华传统，接纳西方思想，事业有成，活跃于华人社群。抗战爆发之后，为了人民的自由与解放，林谋盛率领当地华侨义勇军积极抗日，林谋盛如流星般璀璨的 35 年人生是一段传奇。“二战”结束后，其生前挚友成立了“林烈士谋盛纪念委员会”，集结东南亚华侨的力量，历经八年，完成烈士纪念墓与塔的设计与建造。抗日战争期间，广大华侨毁家纾难积极支援祖国抗战，以各种方式融入中国抗日民族统一战线，为抗战胜利做出了不可磨灭的贡献，永载中华民族爱国史册。

核心词汇

序号	中文	英文对照
1	革命烈士	revolutionary martyrs
2	林谋盛纪念塔	Lim Bo Seng Memorial
3	国家纪念物	National monuments
4	华侨	Overseas Chinese

常见句型

Lim Bo Seng was remembered as Singapore's anti-Japanese hero. He participated in anti-Japanese activities in Malaya and Singapore during World War II, and was captured by Japanese invaders in Ipoh in 1944, which led to his death at the young age of 35.

林谋盛被誉为新加坡的抗日英雄。第二次世界大战期间，他参加了马来亚和新加坡的抗日活动，1944 年在怡保被日本侵略者抓获，35 岁时结束了年轻的生命。

任务九　能力测试

产品设计

任务情境：你所在的旅行社接待了一个小包团客人，他们表示希望参与新加坡的节事活动，体验当地文化，想在春节黄金周的时候开展为期 6 天的旅行。

任务要求：请你为他们定制一条个性化的路线。参考答案请扫二维码获得。

参考答案：项目六—任务九—产品设计

跨文化交际

任务情境：你带了一个旅游团前往新加坡旅游，在行程中，当你介绍到新加坡的文化时，有游客提出，新加坡的文化不就是我们中国的文化嘛，有什么好介绍的？作为领队，你应该如何回答。

任务要求：请运用你的专业知识向游客朋友介绍新加坡的多元文化。

项目七　印度（India）旅行项目

任务一　国情介绍

任务情境

当你作为领队带领团队前往印度旅游之前，需要全面了解印度的自然地理、历史发展与社会经济等国情概况。在出境旅游初期，应对旅游者进行印度基本国情的介绍，帮助旅游者对旅游目的地建立初步的印象。

任务目标

1. 了解印度的自然地理特征，熟悉印度的气候特点；
2. 了解印度的简要历史和人口民族情况；
3. 了解印度的政治经济特点，熟悉印度主要的国家标志；
4. 掌握印度的礼仪习惯，熟悉文化交流中的礼仪禁忌。

任务分解

一、地理纵览

1. 地理概况

印度共和国（The Republic of India）是南亚次大陆上最大国家。东北部同中国、尼泊尔、不丹接壤，孟加拉国夹在东北国土之间，东部与缅甸为邻，东南部与斯里兰卡隔海相望，西北部与巴基斯坦交界。东临孟加拉湾，西濒阿拉伯海，海岸线长5560公里。国土面积约298万平方公里，居世界第7位。

2. 气候特征

印度全境炎热，大部分属于热带季风气候，而印度西部的塔尔沙漠则是热带沙漠气候。夏天有较明显的季风，冬天则无较明显的季风。印度气候分为雨季（6—10月）与旱季（3—5月）以及凉季（11月至次年2月），冬天时受喜马拉雅山脉屏障影响，较无寒流或冷高压南下影响印度。

二、历史回眸

1. 简史

印度是世界四大文明古国之一。公元前2500—前1500年创造了印度河文明。公元前1500年左右，雅利安人进入南亚次大陆，征服当地土著，创立了婆罗门教。公元前4世纪崛起的孔雀王朝统一印度，公元前3世纪阿育王统治时期达到鼎盛，把佛教定为国教。4世纪笈多王朝建立，形成中央集权大国，统治200多年。中世纪小国林立，印度教兴起。1398年，突厥化的蒙古族人由中亚侵入印度。1526年建立莫卧儿帝国，成为世界强国之一。1600年英国开始入侵印度，1757年印度沦为英殖民地，1849年全境被英占领。1947年6月，英国通过“蒙巴顿方案”，将印度分为印度和巴基斯坦两个自治领。同年8月15日，印度独立。1950年1月26日，印度宪法正式生效，印度成立共和国。

2. 人口宗教

印度人口约13.9亿，居世界第2位。印度有100多个民族，其中印度斯坦族约占总人口的46.3%，其他较大的民族包括马拉提族、孟加拉族、比哈尔族、泰卢固族、泰米尔族等。世界各大宗教在印度都有信徒，其中印度教教徒和穆斯林分别占总人口的80.5%和13.4%。

三、社会概述

1. 政治体制

印度为联邦制国家，是民主共和国。联邦议会由总统和两院组成。总统为国家元首和武装部队的统帅，由议会两院及各邦议会当选议员组成选举团选出，任期五年，依照以总理为首的部长会议的建议行使职权。宪法规定副总统为法定的联邦院议长。以总理为首的部长会议是最高行政机关。最高法院是最高司法权力机关，有权解释宪法、审理中央政府与各邦之间的争议问题等。

2. 国家标志

国旗：由橙、白、绿三个相等的横长方形组成，中心有一个含24根轴条的蓝色法轮，代表一天的24小时，象征国家时时都向前进。橙色象征了勇气、献身与无私，也是印度教士法衣的颜色。白色代表了真理与和平。绿色则代表繁荣、信心与人类的生产力。法轮是阿育王石柱的图案之一，被称为“阿育王法轮”，它象征着真理与道德，也代表了印度古老的文明。

国徽：国徽图案源于阿育王石柱顶端的石刻。圆形台基上三只金色的狮子象征信心、勇气和力量。台基四周各有一个守兽：东为象、南为马、西为牛、北为狮，下方中心是法轮。两边的守兽象征具有悠久历史的农业以及坚定不移的决心和毅力；图案下面是用梵文书写的，出自古代印度圣书的格言“唯有真理得胜”。

3. 经济产业

印度经济增长速度引人瞩目，是金砖国家之一，印度 2/3 人口依靠农业维生，近年来成为全球软件、金融等服务业最重要出口国，也是全球最大的非专利药出口国。印度资源丰富，有矿藏近 100 种。云母产量世界第一，煤和重晶石产量居世界第三。主要工业包括纺织、食品加工、化工、制药等。汽车、电子产品制造、航空和空间等新兴工业近年来发展迅速。服务业对国民总增加值的贡献率为 55.39%，成为印度创造就业、创汇和吸引外资的主要部门。

四、礼仪风俗

1. 国民性格

印度人长期在印度教的熏染和陶冶下，形成了独特的民族性格，他们普遍认为人生的艰难困境都是前世形成的，因此显得知足常乐、安于现状，甚至听天由命；更为注重个人内心精神世界，对外在环境与秩序不甚关注。

2. 社交礼仪

双手合十是印度古礼，后为各国佛教徒沿用。行礼时，两掌相合，十指伸直，举至胸前，身子略前躬，头微低。若一手持物，则可举右手施礼，但不可举左手。对长辈举手宜高，以示尊敬；对平辈宜平，以示对等；对幼辈则低，以示关怀。

在印度，特别是在南部，流行摇头“yes”，点头“no”，表示“同意”或“肯定”时，先把头稍微歪到左边，然后立刻恢复原状。也就是说以摇头方式表示“知道了”“好的”。而点头，则表示否定，即“不同意”“不是”“不行”。

印度妇女大多习惯在自己前额上点红色“吉祥痣”，过去是用来表示妇女已婚，而今则主要用于表示吉祥如意。

3. 风俗禁忌

到印度人家做客，宜给主人、孩子带些水果、糖果作为礼品，但女主人往往不跟客人聊天，也不同客人一起吃饭。头是身体上最神圣的部分，不可触摸印度小孩头部。进入印度的庙宇或清真寺要脱鞋子，进门时要跨过门槛，而不能踩着门槛而过。印度教视牛为神圣物，牛可随意漫游街头，不许打牛，更禁吃牛肉，也禁用牛皮制品。印度人不喜欢玫瑰花，忌送人百合花。忌吹口哨，若以此招呼人，则被视为冒犯人格的严重失礼行为。

核心词汇

序号	中文	英文对照
1	印度共和国	The Republic of India
2	印度人	Indian

（续表）

序号	中文	英文对照
3	孟加拉湾	Bay of Bengal
4	热带季风气候	Tropical Monsoon Climate
5	塔尔沙漠	Thar Desert
6	印度斯坦族	Hindustan
7	印度人民党	Bharatiya Janata Party
8	新德里	New Delhi
9	孔雀王朝	Maurya Dynasty
10	阿育王	Emperor Ashoka
11	梵文	Sanskrit
12	印度教	Hinduism
13	佛教	Buddhism

实用表达

1. Does India have a long history ?

印度的历史悠久吗?

Yes，India is one of the four ancient civilizations in the world.

是的，印度是世界四大文明古国之一。

2. What's the difference between Delhi and New Delhi ?

德里和新德里有什么不同吗?

It's exactly the same. New Delhi is a district of Delhi. India's main state institutions are in the District of New Delhi，so the capital of India can be called Delhi or New Delhi.

准确来说没什么区别。新德里是德里的一个区。印度国家主要机构在新德里这个区，所以印度的首都可以叫德里也可以叫新德里。

任务二　交通指引

任务情境

印度和世界各国主要城市间有着丰富的航线，国内的公路、铁路交通比较发达，在发展中国家中名列前茅。面对丰富的旅游交通系统，领队应了解印度外部交通与区域交通情况，能够在出入境、城际交通等项目上进行准确的交通指引。同时，也需要了解印度的特色交通项目，便于进行旅游推介。

任务目标

1. 了解到达印度的方式，能够引导旅游者通过机场海关，顺利入境；
2. 了解印度城际交通的基本情况；
3. 了解具有地域特色的旅游交通方式。

任务分解

一、到达印度

航空交通：作为国际交通中心，世界上几乎所有国家均有飞往印度的航班，中国北京、上海和香港每天都有直飞新德里、孟买等地的航班。新德里机场和孟买机场是最主要的入境点。目前印度有 5 个国际机场，航线通达五大洲主要城市。92 个国内机场，广泛连接印度各城市。印度首都新德里的机场称作英迪拉•甘地国际机场（Indira Gandhi International Airport）。印度主要的航空公司有印度航空公司、印度捷特航空公司和印度翠鸟航空公司等。

二、入境流程

签证须知：中印暂无互免签证协议，中国公民赴印不可办理落地签证。印度驻华使领馆仅直接受理外交、公务护照持有者的签证申请；因私普通护照持有者申请印度签证，均由印度签证申请中心代办，也可申请电子签证。北京、上海和广州设有其签证中心。

入境手续：在飞机上先填写入境卡、海关申报单，下飞机后跟着“ARRIVAL”标牌指示行走，随后到移民局入境柜台，移民官员查验旅客签证后，如无问题会在护照上盖入境章。提取行李后到海关查验处，将海关申报单和护照一并交给值班官员。出境时，先到航空公司柜台办理登机和行李托运手续，然后跟着“DEPARTURE”标志行至出境柜台办理出境手续，再进行安检，最后登机。游客需保存好入境卡，在离境时出示；进入印度机场时须提交机票或者机票订单供查验。

知识链接

印度入境携带物品规定

印度海关要求，随身携带现金如超过 5000 美元或等值外币，则需申报。如连同现钞一起超过 1 万美元或等值外汇，亦需申报。中国旅客可携带价值不超过 4000 卢比的礼品，外加 200 支香烟，或 50 支雪茄，或 250 克烟丝和 1 公升烈酒。

印度对活动物、牛肉及牛内脏、猪肉、活鱼、鸟蛋、纺织品、宝石、植物和种子、部分杀虫剂、药品及化学品、电子产品以及基因产品等实行进口许可证制度。印度禁止进口的商品包括野生动物及其制品、象牙、动物油脂类产品以及危险废品等。不要携带违禁物品出入印度。如果对自己携带的物品是否需申报没有把握，请走海关的红色通道。

三、城际交通

铁路客运：印度铁路客运有 Superfast、Fast、Express、Passenger 等不同等级，票价不同，车体新旧也不同。车站内有按车票等级区分候车室、食堂，有女性专用候车室。车票也分为很多级别。有 Second Class Chair（硬座）、Second Class Sleeper（硬卧）、Second A/C（空调硬卧）和 First A/C（空调软卧）等。Second Class Sleeper 比较经济，由于不配备卧具，舒适度较差。空调车舒适度好，价格约为 Second Class Sleeper 的 2~3 倍，提供餐食，乘客多为印度富人和外国游客。火车售票分为售票处和预售处，一些大站有专门的外国人售票处。在外国人售票处或窗口买票，可避免普通窗口的拥挤，但要支付美元或提供换汇证明。在不通火车的旅游城市，比如卡久拉霍，有联网的火车票预售处。很多宾馆提供代购火车票服务，一般收手续费 50 卢比 / 张。

长途汽车：印度公路路况较差，尤其是跨越邦际的道路，所以汽车是火车的辅助手段，只有不通火车的地方，才考虑乘坐汽车。

四、特色交通

机动三轮 / 人力三轮（Tutu）：车身上标有 TAXI 的字样。大城市有出租车，中小城市里就只有机动或人力的三轮车，是市内的主要交通工具。三轮车的车费可以讨价还价，开价较高，可提前向宾馆打听大致的费用，做好还价的准备。

核心词汇

序号	中文	英文对照
1	英迪拉・甘地国际机场	Indira Gandhi International Airport
2	印度航空公司	Air India
3	孟买	Mumbai
4	机动三轮/人力三轮	Tutu
5	硬座	Second Class Chair
6	硬卧	Second Class Sleeper
7	空调硬卧	Second A/C
8	空调软卧	First A/C

实用表达

1.Air India Express is a budget airline ran by state-run carrier.

印度航空快线是印度国营的廉价航空公司。

2.Tutu is the most common local means of transportation in India. In fact，it is a trailer with shed behind the motorcycle.

Tutu是印度当地最为常见的交通工具，实际上就是摩托车后面拖个带棚子的拖车。

任务三 住宿安排

任务情境

印度的住宿条件虽不好，但住宿价格很低。旅游城市里，从青旅客栈到星级酒店一应俱全。因此，如何给游客安排安全舒适的住宿环境，是领队应具备的技能。

任务目标

1. 了解具有印度特色的住宿场所，并能够根据游客需要进行推荐；
2. 熟悉印度旅游住宿方面的注意事项，并能够清晰地向游客说明。

任务分解

一、特色住宿

背包客集散地——帕哈拉甘区（Paraganj）：新德里同印度许多城市一样，往往有一个住宿集中区域，有各种档次的旅店和特色青旅。适合背包客的、较便宜的客栈集中在帕哈拉甘区，距离火车站和各大景点近，交通便利。但人多杂乱，小商小贩多，非常吵闹，但这也是体验印度本真文化的重要场所。其中具有代表性的旅店包括Vivek Hotel、Ajanta Hotel等。

巴瓦大陆酒店（Bawa Continental Hotel）：在孟买，欣赏海景是观光之余的不错选择。傍晚时可以漫步海滩、享受落日美景，海边还有丰富的印度小吃和孟买独一无二的果拉冷饮。巴瓦大陆酒店是这一区域最具代表性的酒店之一，环境较好，服务相对优质，是享受高品质孟买旅行的最佳选择之一。

阿格拉温德姆至尊酒店（Wyndham Grand Agra）：在阿格拉观光旅游，住在泰姬陵附近是不错的选择，泰姬甘吉区（Taj Ganj）有不少可以全天候欣赏到不同时刻泰姬陵的酒店，温德姆至尊酒店就是最具有代表性的一家。从这里出发可以很快到达泰姬陵，在房间内也可以欣赏到泰姬陵的优美景色。

二、住宿提醒

酒店服务：稍微高档一些的酒店均有无线网络或上网设施，而廉价旅社不提供网络服务。入住高档酒店，工作人员会提供行李服务，可酌情支付小费。预定时要确认是否有独立卫浴，因价格便宜的旅馆内多为公用卫生间和洗浴间。

安全提示：在印度最好提前预订酒店，避免当地人使用机动三轮车推荐前往的酒店，可能存在一定的骗局，对方可获得高额利润。

核心词汇

序号	中文	英文对照
1	青年旅店	Hostel
2	背包客	Backpackers
3	帕哈拉甘区	Paraganj
4	珠湖海滩	Juhu Beach
5	泰姬甘吉区	Taj Ganj
6	温德姆酒店集团	Wyndham Hotel & Resorts

实用表达

1. Paraganj is a concentration area for backpackers visiting New Delhi.

帕哈拉甘区是来新德里旅游的背包客的集中区域。

2. In Taj Ganj, we can directly enjoy the beautiful scenery of the Taj Mahal from hotel rooms.

在泰姬甘吉区酒店的房间可以直接观赏到泰姬陵的美景。

任务四　旅游导览

任务情境

印度，作为世界四大文明古国之一，神秘且悠久的历史文化给游客带来无限的向往。印度也拥有广阔的海岸线、新兴的现代化城市、独特的民风民俗，这些都能成为游客独特的旅游回忆。作为领队，应当熟悉印度的主要旅游城市与著名旅游景点，以便于在旅行中，适时进行旅游导览与讲解。

任务目标

1. 熟悉印度旅游的特色资源与主要旅游城市；
2. 熟悉新德里、孟买、加尔各答、阿格拉的旅游资源，并能够对知名景点进行简要讲解。

任务分解

一、新德里（New Delhi）导览

新德里是印度首都，也是全国政治、文化中心，是印度北方最大的商业中心。恒河支流亚穆纳河从城东缓缓流过，河对岸是广阔的恒河平原。新德里是在古老的德里城基础上扩建而成，是一座典型的放射形城市，城市以姆拉斯广场为中心，城市街道呈辐射状、蛛网式地伸向四面八方。宏伟的建筑群大多集中于市中心。

印度系列微课——新德里导览

德里红堡（Red Fort）：莫卧儿帝国时期的皇宫。自沙贾汗皇帝开始，莫卧儿首都自阿格拉迁址于此。红堡属于莫卧儿风格的伊斯兰建筑，位于德里东部老城区，紧邻亚穆纳河，因建筑主体呈红褐色而得名，由厚重的城墙和护城河保卫着，内建有许多宫殿，由莫卧儿王朝第五代皇帝沙贾汗所建，自 1639 开始建造，耗时 10 年完成。

德里红堡

莲花庙（Lotus Temple）：位于德里东南部，它建成于 1986 年，是崇尚人类同源、世界同一的大同教教庙。莲花庙外形酷似盛开的莲花，高 34.27 米，底座直径 74 米，由三层花瓣组成，采用白色大理石建造，底

座上 9 个连环的清水池托着巨大的莲花。

德里印度门

德里印度门（India Gate）：建于 1921 年，由埃德温・鲁琴斯设计，最初称为全印战争纪念馆（All India War Memorial），纪念在第一次世界大战和第三次英阿战争中为英属印度而丧生的士兵，外观上形似法国的凯旋门。

胡马雍陵 (Mausoleum of Humayun)：建于 1570 年，是莫卧儿王朝第二代皇帝胡马雍的陵墓，是伊斯兰教与印度教建筑风格的典型结合。陵墓主体建筑由红色砂岩构筑，陵体呈方形，四面为门，陵顶呈半圆形。整个建筑庄严肃穆、亮丽清新，为印度乃至世界建筑史上的精品。1993 年入选《世界遗产名录》（The World Heritage List）。

顾特卜塔（Qutb Minar）：建于 1193 年，顾特卜塔及周围建筑群于 1993 年入选《世界遗产名录》。高耸入云的顾特卜塔是早期伊斯兰式古建筑，塔高 230 英尺，尖塔自下而上逐渐变细，塔基直径 15 米，而到了塔顶直径仅有 3 米。

甘地陵（Gandhi Tomb）：甘地陵是一座肃穆、幽雅的陵园。陵墓没有任何装饰，极其简朴。位于印度首都新德里东面的亚穆纳河畔，是焚化甘地遗体之处。甘地是印度近代史上一位杰出的政治家，他为反对英国殖民统治，争取印度独立奋斗了毕生，被印度人尊为“国父”。

知识链接

甘地

莫罕达斯・卡拉姆昌德・甘地（1869 年 10 月 2 日至 1948 年 1 月 30 日），尊称“圣雄甘地”（Mahatma Gandhi），印度民族解放运动的领导人、印度国民大会党领袖。甘地 19 岁时远赴英国学习法律。1893 年，甘地来到英国统治下的南非，领导南非印度人争取权利。他把印度教的仁爱、素食、不杀生的主张，同《圣经》《古兰经》中的仁爱思想相结合，并吸收了梭伦、托尔斯泰等人的思想精髓，逐渐形成了非暴力不合作理论。1915 年，甘地回到印度，很快成为国大党的实际领袖，使“非暴力不合作”成为国大党的指导思想，开始为印度的独立而奔波。1948 年 1 月 30 日，甘地遭到印度教顽固教徒刺杀。甘地是印度国父，也是提倡非暴力抵抗的现代政治学说的创始人；他的精神思想带领国家迈向独立，脱离英国的殖民统治；他的“非暴力”哲学思想，影响了全世界的和平变革国际运动。

二、孟买（Mumbai）导览

坐落在印度西海岸的孟买处于印度地理的南北分界线上，是马哈拉施特拉邦的首府，印度经济和娱乐中心，南亚最重要的港口城市，宝莱坞的大本营。孟买是一个南北纵深的狭长形城市，分为三部分：南孟买（South Mumbai）、南中央孟买（South Central Mumbai）和北中央孟买，主要景点大多集中在南孟买，主要分为三类：英国殖民地时期建筑、现代功能性建筑和宗教场所。

孟买印度门（Gateway of India）：位于印度城市孟买的阿波罗码头（Apollo Bunder），面对孟买湾，是一座融合印度和波斯文化建筑特色的拱门，高 26 米，建于 1911 年，为纪念英王乔治五世和玛丽皇后来访而建。拱门为古吉拉特式建筑，形式与法国的凯旋门相似，是孟买的象征。

贾特拉帕蒂・希瓦吉终点站（Chhatrapati Shivaji Terminus）：是孟买郊区一座历史悠久的火车站。作为印度中央铁路公司总部，它是印度最繁忙的火车站之一。车站是维多利亚风格建筑，凸显华丽而繁复的装饰和起伏的小圆顶。名字是为了纪念马拉特联邦的缔造者、反抗莫卧儿王朝统治的印度民族英雄贾特拉帕蒂・希瓦吉（1630–1680）。2004 年被列入《世界遗产名录》。

象岛石窟（Elephanta Cave）：位于孟买以东 10 公里的阿拉伯海上，被列入《世界遗产名录》，因一头石雕大象而得名。印度传统的石窟造像以石雕为主，象岛石窟的建造因地制宜，利用巨大岩石凿成，整个石建与雕刻装饰浑然一体，成了一座座巧夺天工的地下神殿，使印度艺术得到了最完美的表现。

三、阿格拉（Agra）导览

阿格拉位于印度北方邦西南部，在亚穆纳河西岸，距离首都新德里车程约 4 公里左右。东接恒河平原，西接旁遮普平原，南通马尔瓦高原的要冲。1566—1569 年和 1601—1658 年两度为莫卧儿帝国首都。

阿格拉红堡（Agra Fort）：坐落在亚穆纳河畔，占地 38 万平方米，外围由高 12 米的红色砂石城墙围成，呈半圆形。曾是莫卧儿王朝的皇城所在地，是伊斯兰教建筑的代表之作，著名世界遗产，与德里的红堡齐名。

泰姬陵

泰姬陵（Taj Mahal）：泰姬陵是一座白色大理石建成的巨大陵墓清真寺，由殿堂、钟楼、尖塔、水池等构成，用玻璃、玛瑙镶嵌，具有极高的艺术价值，充分体现了伊斯兰建筑艺术的庄严肃穆、气势宏伟的独特魅力。在建筑美学上，最引人注意的是其完全对称。以主殿中心向两端延伸，可以看到中轴线两侧相等之处的雕饰在数量、尺寸及样式上完全对称。泰姬陵是印度穆斯林艺术最完美的瑰宝，是世界遗产中的经典杰作之一，被誉为“世界新七大奇迹”。

泰姬陵因爱情而生，而这段爱情也因泰姬陵的光彩被续写。它是莫卧儿皇帝沙·贾汗为纪念他第二任妻子穆塔兹·马哈尔而建。1631 年马哈尔死于他们的第 14 个孩子出生之后，时年 39 岁。沙·贾汗极度伤心，据说一夜间白了头发。同年这座陵墓动工修建，直到 1653 年这座陵墓才被建成。

核心词汇

序号	中文	英文对照
1	德里印度门	India Gate
2	恒河	Ganges River
3	德里红堡	Red Fort
4	莫卧儿帝国	Mughal Empire
5	莲花庙	Lotus Temple
6	印度总统府	Rashtrapati Bhavan
7	胡马雍陵	Mausoleum of Humayun
8	顾特卜塔	Qutb Minar
9	甘地陵	Gandhi Tomb
10	孟买印度门	Gateway of India
11	威尔斯王子博物馆	Prince Wales Museum
12	贾特拉帕蒂·希瓦吉终点站	Chhatrapati Shivaji Terminus
13	象岛石窟	Elephanta Cave
14	阿格拉	Agra
15	阿格拉红堡	Agra Fort
16	泰姬陵	Taj Mahal

实用表达

1.What is the most famous scenic spot in India？

印度最著名的景点是哪里？

That must be the Taj Mahal.

那一定是泰姬陵。

2.What is the largest city in India?

印度最大的城市是？

India's largest city is Mumbai，not the capital New Delhi. Mumbai is also a beautiful tourist city.

印度最大的城市是孟买，并非首都新德里。孟买也是一座美丽的旅游城市。

任务五 美食推荐

任务情境

印度的食物在世界上独具特色，具备明显的文化内涵和宗教色彩。印度菜口味较浓，咖喱是最常用的调味料；佛教徒和印度教徒都是素食主义者，吃素的人占印度人口一半以上。因此，领队有必要了解印度的特色美食与饮食习俗，并在旅游活动过程中恰当地进行安排，有针对性地予以推荐。

任务目标

1. 了解印度美食，能够简单地讲解印度美食的特色；
2. 熟悉印度著名的美食街区与场所；
3. 了解印度的饮食习俗与其中的礼仪禁忌。

任务分解

一、特色美食

塔利

塔利（Thali）：在印地语中，原意是指盘子等碟状器皿，后来便成了类似印度定食或拼盘的名称。Thali 是由一个浅碟大金属圆盘，上面放上多个小碗，内盛各种不同的咖喱、蔬菜、酱汁以及腌渍物等，主食为印度香饭和面饼。

印度香饭（Biryani）：是一种使用咖喱、米、肉、蔬菜和酸奶混合烹饪而成的食物。其美味来源于众多的香料，包括白豆蔻、桂皮、山葵、香菜和薄荷叶等。为使香饭呈现金黄色，需加入咖喱。对于非素食主义者，香饭的主要原料是鸡肉、羊肉、山羊肉和鲜虾，因为宗教原因，很少出现牛肉和猪肉。

印度飞饼（Naan）：是一种印度名小吃，用调和好的面粉在空中用“飞”的绝技做成，美味可口、浓郁香酥，有 10 多个品种。制作飞饼的厨师在餐厅现场表演制作，潇洒大方，技术精练，会为用餐增添无限情趣。

二、美食地标

蓝色小屋（Blue Lassi Shop）：位于瓦拉纳西老城的巷道中，自 1925 年开始营业至今，如果你一直执意寻找全印度最好的 Lassi，那么恭喜你答案就是这里。Lassi 是一种印度酸奶，有超过 80 种味道可供选择，其中绝大部分是水果口味。

三、饮食习俗

素食主义（Vegetarianism）：印度是素食王国，素食文化是印度饮食文化中最基本的特色。印度有只为素食主义者服务的饭店；麦当劳供应的夹层食品，相当一部分不是鸡鸭鱼肉，而是蔬菜。甚至由于历史与宗教的原因，印度社会产生了一种越有地位、越有文化的人越吃素，反之，越没有地位、越没有文化的人什么都吃这一独特的社会现象。

用手抓取食物（Grab Food by Hand）：多数印度人，包括上流社会的人习惯于用手抓饭吃。印度人进餐时一般是一个盘子、一杯凉水，把米饭和饼放在盘内，菜和汤浇在上面。印度人吃米饭或吃饼时，喜欢用手把菜卷在饼内，或用手把菜和饭混在一起，抓起来捏一捏，然后送进口内。要注意吃东西不能使用左手，一定要使用右手，因为当地人认为左手是不洁的。

核心词汇

序号	中文	英文对照
1	塔利	Thali
2	印度香饭	Biryani
3	恰巴提	Chapati
4	印度飞饼	Naan
5	素食主义	Vegetarianism
6	用手抓取食物	Grab Food by Hand
7	咖喱	Curry
8	面粉	Flour
9	素食	Vegetarian Diet
10	鸡肉	Chicken
11	酸奶	Yogurt
12	香料	Spice
13	辛辣的	Spicy

实用表达

1. Chapati can be seen in big streets and small alleys of New Delhi and is deeply loved by the Indian people.

恰巴提是在新德里大街小巷都可以见到的一种面饼，深受印度人民喜爱。

2. Since nearly half of the population is vegetarian，India is also known as a vegetarian country.

印度有近一半以上人口都吃素，因此又被称为素食王国。

任务六 商品导购

任务情境

去印度旅游时，除了欣赏美丽的风景、悠久的文化之外，购物也是必需的。从昂贵的奢侈品到经济实惠的大众化商品，从茶饮酒水到手工艺品，都可以在印度找到。作为领队，应当熟悉印度特色旅游商品与知名商业街区，以便引导游客购买合适的商品。

任务目标

1. 熟悉我国旅游者喜爱购买的印度旅游商品与纪念品，并能够简要讲解；
2. 熟悉印度知名购物商店和商业街区，能够引导旅游者购物；
3. 了解印度在支付、小费等方面的相关规定，能够有效服务于游客。

任务分解

一、特色商品与纪念品

印度香料（Spice）：香料是印度食物的灵魂。印度是世界上出产香料的主要国家之一。咖喱、肉桂、胡椒、八角、柠檬叶、大小茴香、番红花、葫芦巴等各种香料都能在印度各大城市中以很低的价格买到。

纱丽

纱丽（Sari）：是印度最具特色的传统女

装、国服，展现了印度女人的婀娜风情。其实质是一块一米多宽、5~9 米长的布料，缀上诸如花卉、几何图形等各种各样的图案，再加上一道美丽的花纹、花边，组合而成的。

阿萨姆红茶（Assam Black Tea）：阿萨姆位于印度东北部，布拉马普特拉河穿梭其中，日照充足，雨量充沛，使茶叶蓬勃生长。阿萨姆红茶口味浓郁，因明亮的茶色与甘醇的茶香而闻名，适合作为奶茶饮用。

二、特色购物街区

月光集市（Chandni Chowk）：位于新德里，是通往德里红堡及贾玛清真寺的必经之路，这片喧闹的集市并不如它的名字那般静谧浪漫。月光集市充满了嘈杂的店铺、街边小吃、大声吆喝的小贩。游客可以淘到一些价格低廉的印度饰品和针织品。

戈拉巴堤岸市场（Colaba Causeway）：被认为是最吸引游客的市集，坐落在交通便利、游客云集的南孟买戈拉巴地区。被印度当地人称为“什么都能买到”的地方，包括异域风首饰、灯笼、手工艺品等。

三、消费提醒

小费（Tip）：在印度，高档的餐厅账单中已包含小费；在一些场所出入洗手间时可能会有专人在洗手台提供服务，支付小费时可以放在专门的盒子里。

支付方式（Terms of Payment）：印度人一般都使用银行卡交易。去印度前，需要提前在国内换好美元，到当地后兑换当地货币（卢比），人民币在印度是不流通的，也无法从一般银行中直接进行兑换，可使用“VISA 或 MASTER CARD”等国际信用卡于当地消费。

核心词汇

序号	中文	英文对照
1	肉桂	Cinnamon
2	胡椒	Pepper
3	八角	Anise
4	姜	Ginger
5	芫荽	Coriander
6	丁香	Clove
7	肉蔻	Nutmeg
8	纱丽	Sari
9	服装	Clothing
10	大吉岭红茶	Darjeeling Black Tea

（续表）

序号	中文	英文对照
11	阿萨姆红茶	Assam Black Tea
12	布拉马普特拉河	Brahmaputra
13	月光集市	Chandni Chowk
14	戈拉巴堤岸市场	Colaba Causeway/Shahid Bhagat Singh Marg
15	卢比	Rupee

实用表达

1. Taking Assam black tea as the base, and adding in unique Cassia seed flavor, the tea will be stronger and mellower.

以阿萨姆红茶为基底，加上独特的决明子风味，更加浓郁醇厚。

2. Sari is the common female clothing in Indian Bollywood films.

纱丽是印度宝莱坞电影中常见到的女装。

任务七 文化体验

任务情境

印度的休闲娱乐与节庆活动不仅种类繁多，而且热闹非凡，为旅游者所喜闻乐见。因此，领队有必要了解印度特色的文体休闲项目以及节庆活动，从而帮助旅游者增强文化体验，在节庆与娱乐活动中得到休闲放松。

任务目标

1. 了解具有印度传统特色的休闲文体活动，能够进行简单的讲解；
2. 了解印度的节庆文化以及相关的旅游活动，并能够引导游客参与。

任务分解

一、休闲活动

板球（Cricket）：又称木球，是一项锻炼手眼协调能力，集上肢动作控制能力、技巧与力量为一体的综合性运动，以击球、投球和接球为主。板球起源于英国，盛行于澳大利亚、新西兰、巴基斯坦、印度、孟加拉、尼泊尔等国家。在印度，板球被视为国球。

瑜伽（Yoga）：瑜伽是一项有着5000年历史的关于身体、心理以及精神的练习，起源于印度。瑜伽姿势运用古老而易于掌握的技巧，是一种达到身体、心灵与精神和谐统一的运动方式，包括调身的体位法、调息的呼吸法、调心的冥想法等，以达至身心的合一。

二、节庆活动

洒红节（Holi Festival）：也叫“胡里节”，是印度传统节日，也是印度传统新年。洒红节源于印度的著名史诗《摩诃婆罗多》，在每年2、3月间举行，庆祝时间的长短不一。在节日期间，人们互相抛撒用花朵制成的红粉，投掷水球，迎接春天的到来。

洒红节

屠妖节（Deepavali）：又称万灯节，一般在10月末到11月初举行。传说古时候，印度有个魔王 Narakasura。在他的统治下，民不聊生。后来，天神 Lord Khrishna 把魔王杀掉了，为民除害。人们非常高兴，便点着灯热烈庆祝。为了迎接屠妖节，印度家家户户都会点亮蜡烛或油灯，因为它们象征着光明和幸福。排灯节第三天，各地的印度教神庙会变得人山人海，祭祀仪式开始，很多印度人还会在恒河沐浴。

核心词汇

序号	中文	英文对照
1	板球	Cricket
2	棒球	Baseball
3	瑜伽	Yoga
4	洒红节	Holi Festival
5	屠妖节	Deepavali
6	恒河	the Ganges River
7	瓦拉纳西	Varanasi

实用表达

1. From Varanasi to Calcutta, there are various yoga schools of large and small sizes. Choose one of them to start your yoga journey.

从瓦拉纳西到加尔各答，有大大小小的各种瑜伽学校，选择其中一家开始你的瑜伽之旅吧。

2. Traditionally, Diwali marks the victory of light over darkness.

传统意义上，排灯节标志着光明战胜了黑暗。

任务八 思政教育

任务情境

印度与我国都拥有悠久的历史文化，都属于四大文明古国之列。两国都是人口大国，也同为发展中国家。中华人民共和国成立以后，印度成为第一个同中国建交的非社会主义国家。1954 年两国总理实现互访，共同倡导了和平共处五项原则。领队带领团队前往印度旅游之时，应当充分挖掘旅行中的思政教育元素，增进旅游者对国际主义精神的感悟。

任务目标

1. 了解适合开展思政教育的印度旅游景点；
2. 掌握这些旅游景点背后的思政教育意义；
3. 掌握增进旅游者对国际主义精神感悟的引导方法。

任务分解

柯棣华纪念馆（Memorial hall of Dwarkanath S.Kotnis）

案例简介：柯棣华，伟大的国际主义战士，出生于英属印度，1938 年随同印度援华医疗队到中国协助抗日，先后在延安和华北抗日根据地服务，任八路军医院外科主治医生、白求恩国际和平医院第一位院长。1942 年 7 月 7 日柯棣华加入中国共产党，同年 12 月因病在前线逝世，年仅 32 岁。在印度马哈拉施特拉邦东部城市绍拉普尔，柯棣华是这座城市一张闪亮的名片。柯棣华纪念馆位于绍拉普尔西侧，临近当地火车站和柯棣华铁路医院，在纪念馆的草坪中央竖立着一座柯棣华全身塑像。具有东方传统风格的柯棣华故居除了还原柯棣华当年生活的情形以外，还展出了柯棣华在中国工作和生活的图片以及中国大使馆在 2005 年赠送的柯棣华头像雕塑。

印度系列微课——著名医生，国际主义战士柯棣华

柯棣华纪念馆

思政教育：柯棣华是印度人，却是中国共产党党员。在抗日烽火中，柯棣华来到八路军中，把壮丽的青春年华乃至生命都献给中华民族的解放事业。毛主席当时对柯棣华的逝世寄托无限哀思，亲笔题写挽词：“印度友人柯棣华大夫远道来华，援助抗日，在延安华北工作五年之久，医治伤员，积劳病逝，全军失一臂助，民族失一友人。柯棣华大夫的国际主义精神，是我们永远不应该忘记的。”2014 年 9 月 1 日，柯棣华被列入民政部公布的第一批 300 名著名抗日英烈和英雄群体名录。

核心词汇

序号	中文	英文对照
1	柯棣华	Dwarkanath S. Kotnis
2	医生	Doctor
3	白求恩	Henry Norman Bethune
4	国际主义战士	Internationalist Fighter

实用表达

1. The famous internationalist friend, Bethune and Dwarkanath Kotnis, once worked in China.

著名国际友人白求恩、柯棣华等大夫曾在中国工作过。

2. About 80 years ago, a young Indian doctor sacrificed his valuable life to support Chinese people's struggle for freedom and against aggression. He was none other than Dr. Dwarkanath S. Kotnis.

大约 80 年前，一位年轻的印度医生为支持中国人民争取自由和抵抗侵略而献出了宝贵的生命。他不是别人，正是柯棣华医生。

任务九　能力测试

任务情境

任务情境：你所在的旅行社接待了一个小包团客人，他们来到印度，看到印度特色食品后，对印度的食物能不能吃得惯、合不合胃口表现出一定的疑问。

任务要求：请你就中国不同地区游客的口味和饮食习惯，为他们选择适合尝试的印度美食。

任务提示：印度的特色食品种类丰富、花样繁多，并不限于由咖喱及各类香料制作的菜品。作为领队的你可以为游客提供多样化的餐饮产品组合，满足游客的个性化用餐需求。

任务目标

任务情境：在印度旅行的过程中，总有游客用英文询问地接导游，哪里可以提供正宗的牛肉餐食；同时随意拍打出现在街头巷尾的牛，并吹口哨引起它们的注意。你渐渐发现地接导游的脸上闪过一丝不悦的情绪。请你用专业知识向双方介绍各自的文化和风俗，化解尴尬。

模块三　欧洲旅游区

项目八　英国（The Great Britain）旅行项目

任务一　国情介绍

任务情境

当你作为导游或领队带领团队前往英国旅游之前，需要全面了解英国的自然地理、历史发展与社会经济等国情。在出境旅游初期，应对旅游者进行英国基本国情的介绍，帮助旅游者对旅游目的地建立初步的印象。

任务目标

1. 了解英国的自然地理特征，熟悉英国的气候特点；
2. 了解英国的简要历史和人口民族情况；
3. 了解英国的政治经济特点，熟悉英国国家标志；
4. 掌握英国的礼仪习惯，熟悉文化交流中的礼仪禁忌。

任务分解

一、地理纵览

1. 地理概况

大不列颠及北爱尔兰联合王国（The United Kingdom of Great Britain and Northern Ireland），简称“英国”，由大不列颠岛（Great Britain）（包括英格兰、苏格兰、威尔士）

（England，Scotland，Wales）、爱尔兰（Ireland）岛东北部和一些小岛组成，位于欧洲西部，隔北海、多佛尔海峡、英吉利海峡（The English Channel）与欧洲大陆相望。海岸线总长 11450 公里。英国西北部多低山高原，东南部为平原。塞文河是英国最长的河流，泰晤士河（River Thames）是英国最大的河流，流域面积 1.14 万平方公里。

2. 气候特征

英国属温带海洋性气候（Temperate Marine Climate），全年温和湿润，四季寒暑变化不大，通常最高气温不超过 32℃，最低气温不低于 –10℃，平均气温 1 月 4 ~ 7℃，7 月 13~17℃。年平均降水量约 1000 毫米。每年 2—3 月最为干燥，10 月至来年 1 月最为湿润。英国终年受西风和海洋的影响，虽然气候温和，但天气多变。一日之内，时晴时雨。

二、历史回眸

1. 简史

1—5 世纪，大不列颠岛东南部受罗马帝国统治。后盎格鲁、撒克逊、朱特人相继入侵。7 世纪开始形成封建制度。829 年英格兰统一，史称“盎格鲁—撒克逊时代”。1066 年诺曼底公爵威廉渡海征服英格兰，建立诺曼底王朝。1640 年爆发资产阶级革命，1649 年 5 月 19 日宣布为共和国。18 世纪 60 年代至 19 世纪 30 年代成为世界上首个完成工业革命（The Industrial Revolution）的国家。1914 年占有的殖民地比本土大 111 倍。第一次世界大战后开始衰落，世界霸权地位逐渐被美国取代。第二次世界大战严重削弱英经济实力。随着 1947 年印度和巴基斯坦相继独立，英殖民体系开始瓦解，但英国仍是英联邦 53 个成员国的盟主。目前，英在海外仍有 13 块领地，2020 年 1 月退出欧盟。

2. 人口宗教

英国人口 6679.68 万（2019 年）。官方语言为英语。居民多信奉基督教新教（占总人口的 59.5%），主要分英格兰教会（亦称英国国教、圣公会）和苏格兰教会（亦称长老会）。另有天主教会及伊斯兰教、印度教、锡克教、犹太教和佛教等较大的宗教社团。

三、社会概述

1. 政治体制

英国政体为议会制的君主立宪制。国王是国家元首、最高司法长官、武装部队总司令和英国圣公会的“最高领袖”，形式上有权任免首相（Prime Minister）、各部大臣、高级法官，并有召集、停止、解散议会，批准法律等权力，但实权在内阁（The Cabinet）。议会（Parliament）是最高司法和立法机构，由国王、上院和下院组成。

2. 国家标志

国旗：英国国旗呈横长方形，长与宽之比为 2 : 1，被称为“米字旗”，由深蓝底色和红、白色“米”字组成。旗中带白边的红色正十字代表英格兰守护神圣乔治，白色交叉十字代表苏格兰守护神圣安德鲁，红色交叉十字代表爱尔兰守护神圣帕特里克。此旗产生于1801年，是由原英格兰的白底红色正十旗、苏格兰的蓝底白色交叉十字旗和北爱尔兰的白底红色交叉十字旗重叠而成，形成一个“米”字。

国徽：国徽中心图案为盾徽，盾面左上角和右下角为红底上三只金狮，象征英格兰；右上角为金底上半站立的红狮，象征苏格兰；左下角为蓝底上金黄色竖琴，象征北爱尔兰。盾徽两侧各由一只头戴王冠、代表英格兰的狮子和一只代表苏格兰的独角兽支扶着。盾徽周围是嘉德勋章，用法文写着一句格言，意为“心怀邪念者可耻”；下端悬挂饰带上写着“天有上帝，我有权利”。

四、经济产业

英国是世界第五大经济体，欧洲第二大经济体。私有企业是英经济的主体，占国内生产总值的90%以上，服务业占国内生产总值的3/4以上，制造业占1/10左右。2019年，国内生产总值2.09万亿英镑，同比增长1.4%。英国是欧洲能源资源最丰富的国家，主要有煤、石油、天然气、核能和水力等，能源产业在英经济中占有重要地位。英国采矿、冶金、化工、机械、电子、汽车、航空、建筑、药物、电子和光学设备、人造纤维和化工产品等制造业实力雄厚。生物医药、航空和国防等领域是工业研发的重点，也是最具竞争力的行业。

五、礼仪风俗

1. 国民性格

英国人总是让人觉得性格内向，生活刻板，办事认真，往往寡言少语，对新鲜事物持谨慎态度。他们不会喜形于色，也不会愁容满面。大部分英国人具有自嘲的幽默，他们喜欢嘲笑自己的错误、缺点和尴尬境地等。

2. 礼仪风俗

英国人不爱讲私事，不喜欢谈论工资和年龄，而爱谈论天气，否则会受到冷遇。英国人穿戴讲究，在会客、拜访或参加酒会、宴会、晚会时要穿西服打领带。时间观念较强，对安排好的约会要准点，无故迟到很不礼貌，到得太早也不必要。如因故延误或临时取消约会，要设法提前通知对方。

英国送礼时最好选择赠送不太贵重的礼品，以免被误认为是贿赂。他们喜欢巧克力、名酒和鲜花，但对于饰有客人所属公司标记的礼品，并不欣赏。在谈到“英国人（Britishman）”时，不要使用“英格兰人（Englishman）”一词，否则会引起其他民族不满。女王在英国人的心目中具有至高无上的地位，不可有对王室不礼貌的言词。

英国的星期天，商店都停止营业，大多数剧场和电影院也都关门。英国人的节假日是不可侵犯的，每年7月底到9月初往往是休假时间，因此出国洽商最好避开这个时间。

核心词汇

序号	中文	英文对照
1	大不列颠及北爱尔兰联合王国	The United Kingdom of Great Britain and Northern Ireland
2	大不列颠岛	Great Britain
3	英格兰	England
4	苏格兰	Scotland
5	威尔士	Wales
6	爱尔兰	Ireland
7	北海	The North Sea
8	多佛尔海峡	The Strait of Dover
9	英吉利海峡	The English Channel
10	泰晤士河	River Thames
11	温带海洋性气候	Temperate Marine Climate
12	资产阶级革命	The Bourgeois Revolution
13	议会制的君主立宪制	Parliamentary Constitutional Monarchy
14	工业革命	The Industrial Revolution
15	英联邦	The British Commonwealth of Nations
16	首相	Prime Minister
17	内阁	The Cabinet
18	议会	Parliament
19	英国人	Britishman
20	英格兰人/英吉利人	Englishman

实用表达

1. What are the common characters of the British?

英国人有什么性格特点呢？

They are usually reserved，modest，conservative and humorous.

英国人普遍保守、谦虚、守旧和幽默。

2. Why the British are annoyed when called English?

为什么称大不列颠人为英格兰人时他们会不高兴？

Because the Great Britain consists of three parts，England，Scotland，Wales. If one Scottish is call British，it is acceptable while is not appropriately called an English.

英国的大不列颠岛由三个部分组成：英格兰、苏格兰和威尔士。如果称苏格兰人为大不列颠人时他们可以接受，但是称作英格兰人，就不对了。

任务二　交通指引

任务情境

英国和世界各国主要城市间有着丰富的航线（Air Line），与欧洲大陆之间靠英法海底隧道连接，城市间亦有着便利的巴士服务网。面对丰富的旅游交通系统，导游与海外领队应了解英国外部交通与区域交通情况，能够在出入境、城际交通等项目上进行准确的交通指引。同时，也需要了解英国的特色交通项目，便于进行旅游推介。

任务目标

1. 了解到达英国的方式，能够引导旅游者通过机场海关，顺利入境；
2. 了解英国城际交通的基本情况；
3. 了解具有地域特色的旅游交通方式。

任务分解

一、到达英国

航空交通：作为国际交通中心，几乎可以在世界上任何国家找到飞往英国的航班，中国北京、上海和香港每天都有直飞伦敦希思罗（Heathrow）机场的航班。伦敦共有五个机场，其中希思罗和盖特威克（Gatwick）是国际机场，Stansted、London City 和 Luton 机场主要是廉价航空的基地，飞往欧洲和英国国内。

国际列车：欧洲之星（Eurostar）是经著名的英吉利海峡海底隧道（Channel Tunnel）由伦敦前往法国巴黎及比利时布鲁塞尔的高速列车。高速列车把伦敦至巴黎的陆上旅行时间缩短了一半，3 小时即可到达，同乘飞机的耗时基本相同。伦敦每天至少有 10 班高速列车来往于巴黎和布鲁塞尔。

知识链接

希思罗机场

希思罗机场，位于英格兰大伦敦希灵登区南部，东距伦敦市中心 23 千米，为 4F 级国际机场、门户型国际航空枢纽、欧洲最繁忙的机场。希思罗机场的旅客乘坐伦敦地铁皮卡迪利线可在 1 小时内到达伦敦市中心。希思罗机场的长途汽车网络为英国的许多城镇提供服务。希思罗机场与西伦敦之间有多条伦敦巴士线路连接。乘坐出租车自希思罗机场到达伦敦市中心的行程时间约为 1 小时，车费需 40~70 英镑。

二、入境流程

入境手续：旅客应跟随“Arrivals”标志牌往入境检查（Immigration Control）处，循“All Other Passports”（所有其他护照）通道进入英国边检（Frontier Inspection）区域，排队办理入境手续。如您扶老携幼或行动不便，可申请协助。边检官员会检查有效护照（Passport）和签证（Visa）及相关文件，如认为有必要，还会简单询问。查验完毕后，边检官员会在您的护照上盖章。

入境文件：护照、签证、入境卡（Arrival Cards）、返程机票（Return Tickets）、酒店预订单（Hotel Reservation）、最近的《国际旅行健康证明（International Travel Health Certificate）》、旅行计划（Itinerary）、资金证明（Proof of Funds）。

询问问题：办理入境手续时，如您无法用英语交流，边检官员可能协调周围旅客提供翻译。一般来说，询问问题都与入境目的有关。如果是入境旅游，可能会涉及以下问题：您在英国待多久？在英国住在哪里？您打算去哪些地方玩？您带了多少钱来旅游？您是自己来旅游还是和朋友一起？

海关检查：提取行李（Luggage Claim）后，还须通过海关检查（Customs）。海关通道分为红色、绿色和蓝色。需申报物品者，应走红色通道；自非欧盟国家抵英、没有需申报物品者，走绿色通道；自欧盟国家抵英、没有需申报物品者，走蓝色通道。如果您携带物品超过英方有关限额，就必须申报。如携带违禁品（Prohibited Articles）、超标物品被查获，物品将被罚没，当事人可能遭检控。

温馨提示：接受入境检查需要排队按秩序通行；参团旅客请听从领队指挥，勿单独行动；办理入境手续时请勿喧哗、嬉闹、拍照，不要使用手机；如遇边检问询，应如实回答，切勿捏造事实，否则可能被拒入境或遭检控；如不能准确理解边检官员问题，可请同行懂英语的其他旅客协助，或请求英方提供翻译；如果入境受阻，应保持冷静，尊重边检官员，并如实说明情况，如职业、入境或过境目的、日程安排、当地接待单位或亲友电话等，同时可要求与中国使领馆联系。

知识链接

英国入境携带物品规定

1. 可免税携带入境的物品 :200 支香烟、100 支小雪茄或 50 支雪茄或 250 克烟草；无汽餐酒 2 公升，另加酒精含量 22% 以上的酒精饮料 1 公升或酒精含量 22% 以下的酒精饮料 2 公升；香水 60 毫升或淡香水 250 毫升；在欧盟以外购买的价值不超过 145 英镑的物品。

2. 需要报关的物品：电脑、高级相机、摄像机。如果入境时未报关，出境时可能被扣税。

3. 禁止携带入境物品：武器、管制药品、淫秽物品，以及危害健康或环境的物品。17 周岁以下人员不得携带烟草和酒精制品入境。

4. 从非欧盟国家直接来英国不准携带的物品：某些植物、肉类、肉类制品、动物加工制品（包括蛋、奶等制品），但可携带煮熟且放在密封容器中的肉类 1 公斤。具体条目极为详细，如需要携带，建议事先咨询。

三、城际交通

英国铁路（Railway）系统完善，有常用的火车优待票，国铁联票（Britrail Pass）、伦敦大都会火车票（London Extra Rail Pass）、欧洲之星（EUROSTAR）、铁路漫游票（Rail Rovers）等，前三者为外国籍旅客专属。若持青年及老人火车卡（Rail Card）购票可享折扣（Discount），在各大车站皆可申办。火车票最多提前三个月预订，可去车站、旅行社或者网络购买。由于逃票问题，不少路段已经规定必须持票上车，不然会被罚款。

英国有便利的巴士服务网，亦提供数种交通套票，快车通行证（Britespress Card）、巴士折扣卡（Discount Coach Card）、巴士旅游证（Tourist Trail Pass）等。在英国，长途巴士（Coach）是旅行中最为便宜的交通方式，但是耗时往往比火车要多出将近一半。

四、特色交通

泰晤士河游船（Thames River Cruise）：游览伦敦的经典观光项目，线路为威斯敏斯特码头（Westminster Pier）—议会大厦（The Houses of Parliament）—市政厅（City Hall）—伦敦眼（London Eye）—滑铁卢码头（Waterloo Pier）—皇家音乐厅（Royal Albert Hall）—圣保罗大教堂（St. Paul's Cathedral）—伦敦塔（London Tower）、塔桥（Tower Bridge）—伦敦塔码头—港口区—金融区—格林威治码头（Greenwich Pier），全程约 2.5 小时。选择在游船上进餐需要提前 48 小时预定，但船上餐点都比较简单。

泰晤士河游船

剑河撑篙 (Cambridge Punting)：乘船游览剑河是到剑桥（Cambridge）的必游项目，

剑河撑篙

早在 1702 年就已兴起，当地叫作“撑篙”，即漂流游览剑桥大学沿河景观，欣赏举世闻名的剑桥各学院后园风情，途中经过数学桥、皇后学院、国王桥、三一学院、叹息桥、格蕾桥等多个景点，美景如织，风光无限。

核心词汇

序号	中文	英文对照
1	航线	Air Line
2	英法海底隧道	Channel Tunnel
3	边防检查	Frontier Inspection
4	护照	Passport
5	签证	Visa
6	入境卡	Arrival Cards
7	返程机票	Return Tickets
8	酒店预订单	Hotel Reservation
9	国际旅行健康证明	International Travel Health Certificate
10	旅行计划	Itinerary
11	资金证明	Proof of Funds
12	提取行李	Luggage Claim
13	海关检查	Customs
14	违禁品	Prohibited Articles
15	铁路	Railway
16	折扣	Discount
17	泰晤士河游船	Thames River Cruise
18	威斯敏斯特码头	Westminster Pier
19	议会大厦	The Houses of Parliment
20	市政厅	City Hall
21	伦敦眼	London Eye
22	滑铁卢码头	Waterloo Pier
23	皇家音乐厅	Royal Albert Hall
24	圣保罗大教堂	St. Paul's Cathedral
25	伦敦塔	London Tower
26	塔桥	Tower Bridge
27	格林威治码头	Greenwich Pier
28	剑桥	Cambridge

实用表达

1. How long are you going to stay in Britain ?
您在英国待多久？
2.Where will you be staying during your stay in Britain ?
在英国住在哪里？
3. Where are you planning to visit in Britain ?
您打算去英国的哪些地方玩？
4. How much currency are you carrying to travel in Britain ?
您带了多少钱来英国旅游？
5. Are you travelling in Britain alone or with friends ?
您是自己来英国旅游还是和朋友一起？

任务三 住宿安排

任务情境

英国酒店种类繁多，有自由开放的青年旅店系列，也有物美价廉的 B & B 旅店，由于文化差异，酒店在洗漱用品、Wi-Fi、小费等方面的规定与国内有些差异，因此，如何给游客安排优良的住宿环境，是领队应具备的技能。

任务目标

1. 了解具有英国特色的住宿场所，并能够根据游客需要进行推荐；
2. 熟悉英国旅游住宿方面的注意事项，并能够清晰地向游客说明。

任务分解

一、特色住宿

旅馆 (Inn)：原为一层酒馆、二层住宿的旅馆形式，还特指某些历史悠久的古建筑。当代，许多旅馆虽仍称 Inn，保留了建筑外观的原貌，但内部装修豪华。这种 Inn 价格偏高，但适于体验英国特有的住宿氛围。

B & B 旅店 (Bed and breakfast)：民居式小客栈，房间很少，以物美价廉著称，因为收费中包含了住宿和早餐，所以叫作 Bed and breakfast。旅馆仅提供最基本的服务，主要针对预算有限的背包客（Backpackers）、学生等。然而，B&B 比酒店多了几分家的温馨，也不失为一种融入当地的途径。

青年旅店（Hostel）：青年旅舍是追求自由、开放的年轻一族的最爱，在英国甚至欧洲都很流行的一种住宿，价格便宜，多是按照床位收取费用，一个房间 4~16 人一起住，有分男女混住房（Mix Dorm），也有专门的女性房，是低预算、宿舍式、DIY、拥有社交空间、提供徒步和骑行服务的旅馆业态。

二、住宿提醒

住宿费（Room Rate）：首先，要问清房型（Room Type），咨询价格中是否含有早餐费，是否另收诸如淋浴（Shower）、电视、供暖（Central Heating）等额外费用。酒店结账时，对方常会要求另付消费税（VTA），所以要提前核实。在伦敦等大城市，办理入住手续（Check In）、定房后需要先付房费（Room Rate）。而乡间则一般在退房时支付。注意，入住付账时勿忘索取收据（Receipt）。

洗漱用品 (Toiletries)：一般不提供一次性洗漱用品（Disposable Toiletries），包括牙膏（Toothpaste）、牙刷（Brush）、拖鞋（Slippers）等，而且酒店也没有牙膏牙刷出售，有的酒店会提供简单的沐浴露（Shower Gel / Body Wash）和洗发水（Shampoo），建议游客自备。

Wi-Fi：英国的很多酒店 Wi-Fi 是要收费的，或者只在大厅（Lobby）提供 Wi-Fi，预订时要看清楚说明，尤其是商务出行的游客。

核心词汇

序号	中文	英文对照
1	青年旅店	Hostel
2	背包客	Backpackers
3	男女混住房	MixDorm
4	房型	Room Type
5	淋浴	Shower
6	供暖	Central Heating
7	办理入住手续	Check In
8	房费	Room Rate
9	收据	Receipt
10	一次性洗漱用品	Disposable Toiletries

（续表）

序号	中文	英文对照
11	牙膏	Toothpaste
12	牙刷	Brush
13	拖鞋	Slippers
14	沐浴露	Shower Gel / Body Wash
15	洗发水	Shampoo
16	大厅	Lobby

实用表达

1. What is the difference of the first floor in Britain and America？

英语和美语中的“一楼”有什么区别?

In Britain，the first floor is above the ground floor，which is the second floor called in America.

在英国，一楼是底楼的上面一层，其实是二楼；而英国人称的底楼就是美语中的一楼。

2. What is B&B？

B&B 民宿是什么?

B&B stands for bed and breakfast.

B&B 民宿指的是“床”和“早餐”，也就是能为住客提供住宿和早餐服务。

任务四　旅游导览

任务情境

英国著名景点很多，从雾都伦敦到华兹华斯笔下静谧梦幻的湖区，从拥有天空岛和尼斯湖的纯净高地，到北爱尔兰绵延无际的优美海岸线，都能成为游客此生无法忘怀的回忆。作为领队，应当熟悉英国的主要旅游城市与著名旅游景点，以便于在旅行中，适时进行旅游导览与讲解。

任务目标

1. 熟悉英国旅游的特色资源与主要旅游城市；
2. 熟悉伦敦、剑桥、爱丁堡等地的旅游资源，并能够对知名景点进行简要讲解。

任务分解

一、伦敦（London）导览

伦敦是大不列颠及北爱尔兰联合王国首都。泰晤士河两岸，气势磅礴的议会大厦与熠熠生辉的伦敦眼交相辉映，圣保罗大教堂的穹顶和特拉法加广场上奈尔逊勋爵的铜像遥遥相望。300 多家博物馆和画廊、400 多个音乐现场、6000 多家花样百出的餐馆酒吧让伦敦充满魅力。

特拉法加广场（Trafalgar Square）：为纪念著名的特拉法加海战而修建，广场中心竖立着威廉·雷尔顿设计的纪念碑，它不仅吸引了众多游客，也是伦敦政治、文化活动中心。

大英博物馆（The British Museum）：世界上历史最悠久、规模最宏伟的综合性博物馆，藏品之丰富、种类之繁多为世所罕见。大英博物馆、纽约大都会艺术博物馆（Metropolitan Museum of Art）、巴黎的卢浮宫（Musée du Louvre）和俄罗斯埃尔米塔什博物馆同列为世界四大博物馆。博物馆始建于 1753 年，现有建筑为 19 世纪中叶所建，共有 100 多个陈列室，藏品 400 多万件。

大英博物馆

白金汉宫（Buckingham Palace）：英国君主在伦敦的寝宫，是英国国家庆典和王室欢迎礼举行场地之一，也是重要的旅游景点。白金汉宫门口的皇家卫队换岗仪式吸引着世界各地的游客。

白金汉宫

威斯敏斯特教堂（Westminster Abbey）：又称“西敏寺”，在英国享有至高无上的地位，是英国王室专属礼拜堂。1066 年以来几乎所有英国国王的加冕、王室婚礼等重大仪式都在此举行。教堂墓地中埋葬着英

威斯敏斯特教堂

国历代国王和各个领域中最杰出的伟人，因此也被称为“荣誉的塔尖”。

格林威治天文台（Royal Observatory Greenwich）：始建于1675年，位于伦敦市东南郊的格林尼治小镇。1884年，经过天文台的子午线被确定为全球零度经线（Prime Meridian）。在此，游人可以调手表，对准世界上最标准的时间。1997年，皇家天文台被联合国教科文组织（The United Nations Educational，Scientific and Cultural Organization）列为世界文化遗产（World Cultural Heritage）。

温莎堡（Windsor Castle）：位于泰晤士河南岸小山丘上，距伦敦近郊约40公里，是花岗石建筑群，气势雄伟，挺拔壮观，自12世纪以来一直是英王行宫。1936年，英王爱德华八世在此向美国平民辛普森夫人求婚，为了爱情毅然放弃王位。这段“不爱江山爱美人”的风流逸事，不但使古堡声名远播，也为温莎平添了几分缠绵浪漫的气氛。

巨石阵（Stonehenge）：英国伦敦西南100多千米的巨石阵，又称索尔兹伯里石环、太阳神庙，是欧洲著名的史前文化遗址，约建于公元前4000—前2000年。巍峨巨石呈环形屹立在旷野间，石阵中心巨石高达8米，巨石平均重量近30吨，更有重达7吨的巨石横架在石柱上。

巨石阵

二、剑桥（Cambridge）导览

剑桥是英国剑桥郡首府，剑桥大学（University of Cambridge）的所在地，拥有厚重的历史和显赫的学术地位。傲人的学术力量，美丽的建筑，缓缓流淌的剑河，赋予了剑桥无与伦比的永恒和宁静。

英国系列微课——剑桥与爱丁堡导览

国王学院（King's College）：剑桥大学内最有名的学院之一，成立于1441年，由英国国王亨利六世设立创建，因而得名。其建筑群中最著名的当数学院礼拜堂，它耸入云霄的尖塔和恢宏的哥特建筑（Gothic Architecture）风格已经成为剑桥镇的标志和荣耀。

圣约翰学院（St John's College）：圣约翰学院建筑宏伟壮观，拥有5个庭院，以1589年始建的第二庭院最为闻名，被誉为“英格兰最漂亮的都铎式庭院”。1624年建立的学院老图书馆直接面对着剑河，而学院最著名的一座桥是连接第三庭院与新庭院的叹息桥（The Bridge of Sighs），由于其造型与威尼斯的叹息桥相似而得名。

圣三一学院（Trinity College）：由英国国王亨利八世创立于1546年，无论是学术成就还是经济实力、学院规模，在剑桥大学中都名列前茅。这里是科学家牛顿、哲学家培根以及包括查尔斯王子在内的多位王室贵族及六位英国首相、多位诺贝尔奖得主的母校。学院有宽敞的中庭、精美的校舍及古老的建筑，中庭的特色在于一座伊丽莎白时代修建的喷泉。

知识链接

徐志摩诗碑

2008 年，剑桥大学国王学院在康河石桥旁的徐志摩花园立下一块诗碑，上面刻着徐志摩的诗《再别康桥》的头尾两句，被人们称为“徐志摩诗碑”。许多来剑桥观光、游学的中国人，都会特意走进国王学院，参观诗碑，站在石桥上一睹康河缓缓流淌过国王学院的温馨景观。从 2015 年开始举办的剑桥徐志摩诗歌艺术节，旨在为中、英两国当代诗人、艺术家与学者提供一个国际化平台。

三、爱丁堡（Edinburgh）导览

爱丁堡是英国苏格兰首府，位于苏格兰中部低地的福斯湾南岸。爱丁堡有着悠久的历史，许多历史建筑保存完好。爱丁堡城堡、荷里路德宫等名胜都位于此地。爱丁堡的旧城和新城一起被联合国教科文组织列为世界遗产。

皇家哩大道（The Royal Mile Avenue）：爱丁堡最著名的地区，最主要的观光景点都在这个由四条街道连接而成的大道上，皇家哩大道两端分别为爱丁堡城堡和荷里路德宫，都是苏格兰曾经重要的皇家居所。

爱丁堡城堡（Edinburgh Castle）：位于爱丁堡死火山顶，在市中心各角落都可看到。爱丁堡城堡自 6 世纪时一直作为重要的皇家住所和国家行政中心，1093 年玛格丽特女王逝于此地，是苏格兰的重要象征。

爱丁堡

荷里路德宫（Palace of Holyroodhouse）：1128 年，苏格兰国王大卫一世到爱丁堡森林狩猎，从一只狂暴野鹿的攻击中死里逃生，因此建造了荷里路德修道院来感谢神迹，之后詹姆斯五世兴建宫殿，而现在的荷里路德公园就是当初那片广大森林的一部分。

核心词汇

序号	中文	英文对照
1	特拉法加广场	Trafalgar Square
2	大英博物馆	The British Museum
3	大都会艺术博物馆	Metropolitan Museum of Art
4	卢浮宫	Musée du Louvre
5	白金汉宫	Buckingham Palace

（续表）

序号	中文	英文对照
6	威斯敏斯特教堂	Westminster Abbey
7	格林威治天文台	Royal Observatory Greenwich
8	零度经线	Prime Meridian
9	联合国教科文组织	The United Nations Educational，Scientific and Cultural Organization（UNESCO）
10	世界文化遗产	World Cultural Heritage
11	温莎堡	Windsor Castle
12	巨石阵	Stonehenge
13	剑桥	Cambridge
14	剑桥大学	University of Cambridge
15	国王学院	King's College
16	哥特建筑	Gothic Architecture
17	圣约翰学院	St John's College
18	叹息桥	The Bridge of Sighs / Hertford Bridge
19	圣三一学院	Trinity College
20	爱丁堡	Edinburgh
21	皇家哩大道	The Royal Mile Avenue
22	爱丁堡城堡	Edinburgh Castle
23	荷里路德宫	Palace of Holyroodhouse

实用表达

1.The British museum is the world's oldest and most magnificent comprehensive museum.

大英博物馆是世界上历史最悠久、规模最宏伟的综合性博物馆。

2.Westminster Abbey is the site of coronations and other ceremonies of national significance. Since William the Conqueror in 1066，almost every British sovereign has been crowned in the abbey. Additionally，Westminster Abbey has a long tradition of royal weddings.

威斯敏斯特教堂在英国享有至高无上的地位，是英国王室专属礼拜堂。1066 年以来几乎所有英国国王的加冕、王室婚礼等重大仪式都在此举行。

任务五 美食推荐

任务情境

英国饮食相对简单，但各地食肆众多，拥有众多引以自豪的米其林餐厅，与具有悠久历史的下午茶习俗。因此，领队有必要了解英国的特色美食与饮食习俗，并在旅游活动过程中恰当地进行安排，有针对性地予以推荐。

任务目标

1. 了解英国美食，能够简单地讲解英国美食的特色；
2. 熟悉英国著名的美食街区与场所；
3. 了解英国的饮食习俗与其中的礼仪禁忌。

任务分解

一、特色美食

英国饮食总体以清淡为主，不喜欢吃辛辣、油腻的食品。饮食比较注重营养均衡，饮食中都会有大量的新鲜蔬菜和水果，肉类以鸡肉、牛肉等为主。

哈吉斯（Haggis）：又称羊肚杂碎布丁，制法是先将羊的胃掏空，里面塞进剁碎的羊内脏，如心、肝、肺，再加上燕麦（Oatmeal）、洋葱、羊油、盐、香辣调味料和高汤等，制成袋状，水煮至鼓胀而成。

炸鱼薯条（Fish and chips）：将去刺后的鱼，切成片后裹上湿面团，然后油炸，同时也有炸薯条，并配上不同口味的调味酱。炸鱼薯条是英国盛行的外带食品。

牛肉馅饼和土豆泥（Cottage Pie）：英国的传统名吃，制作简单，味道浓郁，细软的土豆泥搭配上一些秘制的酱料，更让人赞不绝口。

二、美食地标

福南梅森（Fortnum & Mason）：位于伦敦皮卡迪里街附近的网红打卡地，一楼到三楼是奢华富丽的百货商场，四楼是英女王最爱的下午茶餐厅，餐厅非常火热，就像贝蒂茶室，也是需要提前预定才能拿到位。

幽灵餐厅（The Witchery）：幽灵餐厅坐落在爱丁堡皇家哩大道的尽头，再往前就是威士忌体验中心和爱丁堡城堡。以气氛和美味取胜，每天晚上推出不同主题的神秘幽灵之旅。

三、饮食习俗

早餐（Breakfast）：传统英式早餐往往包括蛋、培根（Bacon）、香肠（Sausages）、烤番茄、香菇、茶、吐司（Toast）和果酱等，其定型于19世纪中期，现已成为英国经典早餐的样式。

午餐（Lunch）：英国午餐简单，通常是一个三明治（Sandwich），一包薯片（Chips），少量水果。上班族午餐时间一般不到五分钟，其简单程度可想而知。

下午茶（Afternoon Tea）：英国下午茶有悠久的历史，一般在下午4~5点钟。下午茶一般垒成三层架构形式，最下层放置三明治，中间一层是传统的点心司康饼（Scone），最上层是小蛋糕和水果等，吃的时候从下往上。

下午茶

晚餐（Dinner）：晚餐是一天中的正餐，一些讲究的人家进餐前要换上礼服。正规晚餐至少包括三道菜，最常见的主菜就是烤炙肉类（Grill），以及牛排（Steak）、火腿（Ham）、鱼等。另外，饭前有汤（Soup），饭后有点心、冰淇淋以及水果。晚餐时一般要喝啤酒（Beer）、葡萄酒（Wine）或威士忌（Whisky）。

核心词汇

序号	中文	英文对照
1	下午茶	Afternoon Tea
2	哈吉斯	Haggis
3	燕麦	Oatmeal
4	炸鱼薯条	Fish and chips
5	牛肉馅饼和土豆泥	Cottage Pie
6	培根	Bacon
7	香肠	Sausages
8	吐司	Toast
9	三明治	Sandwich
10	薯片	Chips
11	红茶	Black Tea
12	司康饼	Scone
13	牛排	Steak
14	火腿	Ham

（续表）

序号	中文	英文对照
15	汤	Soup
16	啤酒	Beer
17	葡萄酒	Wine
18	威士忌	Whisky

实用表达

1. Fish and chips is a classic British dish which includes buttered deep fried fish and fried potatoes. This dish is a quintessential take-out dish in Britain, where fish and chips may be served wrapped in a newspaper.

炸鱼和薯条是经典的英式美味，指的是在黄油中炸过的鱼和土豆。可以说是英国外卖食物中的国粹了，炸好后一般用报纸进行打包。

2. It is well known that English people traditionally enjoy "Afternoon Tea" with a cup of tea and snacks in the afternoon. It is a luxurious time for them having delicious tea with freshly baked scones or cookies as they enjoy conversations in the relaxing time.

众所周知，英国人喜欢在下午，端一杯茶，吃一些零食，这就是著名的英式下午茶。闲聊时喝一杯美味的茶，伴以新鲜出炉的司康饼或者曲奇饼干，这样的下午茶也是一种奢侈。

任务六　商品导购

任务情境

去英国旅游时，除了感受美丽的风景、悠久的文化之外，购物也是必须要做的事情。从昂贵的奢侈品到经济实惠的大众化商品，从茶饮酒水到手工艺品，都可以在英国找到。作为领队，应当熟悉英国特色旅游商品与知名商业街区，以便引导游客购买合适的商品。

任务目标

1. 熟悉我国旅游者喜爱购买的英国旅游商品与旅游纪念品，并能够进行简要的讲解；

2. 熟悉英国知名购物商店和商业街区，能够引导旅游者购物；

3. 了解英国在支付、小费与退税方面的相关规定，能够有效服务于游客。

任务分解

一、特色商品与纪念品

茶叶（Tea）：英国人爱好饮茶，每年消耗近20万吨的茶叶，占世界茶叶贸易总量的20%。英国茶味道独特、包装精美、携带方便，皇室御用品牌Twinings（川宁）、相对年轻的英国本土品牌Teapigs等不失为送礼的好选择。

银器（Silverware）：英国银器制造工艺精良，受到游客追捧。最受欢迎的是以银作为主料的餐具，不仅品种齐全而且十分美观，包括蜡烛台（Candle holders）、刀叉、碟子等各式各样，应有尽有。

威士忌（Whisky）：苏格兰威士忌是首屈一指的特产，在世界上非常流行。正是由于苏格兰那来自高地的特殊水质，再加上非常严格的酿造技艺，从而造就了威士忌“液体黄金”的美誉。

皮革制品（Leather Goods）：英国的皮革制品历史悠久，最早是在小手工作坊生产的，到了机械大生产时期，该技艺通过融入现代工艺变得更加完美，让穿着者表现出稳重的绅士（Gentlemen）气质。

二、特色购物街区

哈罗德百货（Harrods）：位于伦敦的骑士桥（Knightsbridge）上，在西敏（City of Westminster）和肯辛顿（Kensington）之间，是世界最负盛名的百货公司，贩售奢华的商品。哈罗德百货提供了多元化的产品和服务。旺季时，超过30万的顾客会拜访此百货，公司拥有多达5000名员工，来自超过50个不同的国家。

波特贝罗路跳蚤市场（Portobello Road Market）：伦敦乃至英国最有名的露天市集（Street Market）。波特贝罗路跳蚤市场实际由3个市场组成，只在周六全部开放。南端的古董市场（Antique Stalls）是游客去跳蚤市场的主要目的，但仅在周六开放。向北继续走，过渡到主要销售各种蔬果、鱼肉、奶酪等食品的市场。最北端则是位于高架桥下的二手货（Second Hand Goods）跳蚤市场，每逢周五和周六，便会异常热闹。

王子街（Princess Street）：爱丁堡最繁忙的商业大道和交通动线，也是从火车站抵达爱丁堡的旅客首先到达的地方，提供多种服务的旅客中心就在王子街上。从旅客中心旁的王子购物中心开始，整条街上都是购物商店、百货公司和书店，上百种品牌应有尽有。

三、消费提醒

小费（Tip）：英国有付小费的习惯。通常在餐厅如果帐单（Bill）内没有包含服务费（Service Charge），要付账单的 10% 左右，行李员（Porter）小费按件付，出租车司机可以按票价的 10%~15% 付。影剧院、加油站等场所无须付小费。

购物退税（Tax Refund）：英国购物要付 17.5% 的增值税（Value Added Tax / VAT）。欧盟以外的游客在同一地点购物满 30 英镑即可享受退税，最高退税金额为 1000 英镑。但是，你只能在购物三周内，离开英国返回中国前，才能申请退税。在免税商店购物后，索取退税单（Tax Free Form），同时要了解清楚该店最低消费金额。在离开英国前，向海关官员出示您购买的商品、收据和护照。退税可以直接拿到现金，也可以要求把退税金额打到您的信用卡（Credit Card）或银行账户（Bank Account）上，还可以要求把旅行支票（Travelers' Cheque）寄到您的地址。

支付方式（Terms of Payment）：一般使用信用卡交易，中国信用卡只要是国际卡（VISA、万事达等）不管有没有英镑币种都能够刷卡，不过由于中国密码跟英国位数不同，无法输入密码，所以只能签名。可以现金支付，但英国取款机（ATM）每天取现总金额上限很低，只有 200 镑左右，所以一般只够小额支付。

核心词汇

序号	中文	英文对照
1	茶叶	Tea / Tea Leaves
2	皇室	The Royal Family
3	银器	Silverware
4	蜡烛台	Candelabrum / Candle holders
5	皮革制品	Leather Goods
6	绅士	Gentlemen
7	哈罗德百货	Harrods
8	骑士桥	Knightsbridge
9	西敏	City of Westminster
10	肯辛顿	Kensington
11	波特贝罗路跳蚤市场	Portobello Road Market
12	露天市集	Street Market
13	古董市场	Antique Stalls
14	二手货	Second Hand Goods
15	王子街	Princess Street
16	小费	Tip
17	账单	Bill
18	服务费	Service Charge

（续表）

序号	中文	英文对照
19	行李员	Porter
20	购物退税	Tax Refund
21	增值税	Value Added Tax / VAT
22	退税单	Tax Free Form
23	信用卡	Credit Card
24	银行账户	Bank Account
25	旅行支票	Travelers' Cheque
26	支付方式	Payment Methods
27	取款机	Automatic Teller Machine / ATM

实用表达

1. Twinings is one of the oldest tea companies in the world and has an incredible heritage, with 10 generations of the Twinings family at the helm.

川宁茶作为英国古老而经典的茶品牌之一，经过 10 代人的传承和管理，形成了川宁独特的制茶工艺和传统。

2. At the forefront of luxury retail, Harrods is the world's most extraordinary and prestigious department store – the epitome of splendor and cosmopolis. Harrods offers an unparalleled shopping experience.

说到奢侈百货商店，哈罗德百货一马当先。哈罗德百货以奢侈价格的高品质产品闻名，是奢侈品购物者梦想成真的地方。

任务七　文化体验

任务情境

英国的休闲娱乐与节庆活动不仅种类繁多，而且热闹非凡，为旅游者所喜闻乐见。因此，领队有必要了解英国特色的文体休闲项目以及节庆活动，从而帮助旅游者增强文化体验，在节庆与娱乐活动中得到休闲放松。

任务目标

1. 了解具有英国传统特色的休闲文体活动，能够进行简单的讲解；
2. 了解英国的节庆文化以及相关的旅游活动，并能够引导游客参与。

任务分解

一、休闲活动

莫里斯舞（Morris Dance）：英国传统舞蹈，通常是六或八个男人一组，外加一或两名乐师，常用乐器则是手风琴（Accordion）、手鼓（Tambourine）与木棒。莫里斯舞是祈求生命和丰收的祭祀仪式，音乐和舞蹈是为了向神灵表示敬意，而身上挂着的铃铛，手中的手绢或者木棍，是为了赶走邪灵。

莫里斯舞

苏格兰风笛（Scottish Bagpipe）：1400年左右，风笛出现在苏格兰，最早用于军事方面，取得了广泛影响。苏格兰风笛的发音粗犷有力、音色嘹亮、采用各种装饰音，适用于表现英雄气概。

苏格兰风笛

足球（Soccer）：英国是现代足球发源地，到19世纪初，在英国已经相当普及；目前，足球已渗入在英国人生活思维的各个方面。在英国旅行，即便你没有任何体育细胞，单单是在酒吧（Bar）里看着转播，听着英国人的唏嘘，也会对这项运动感兴趣。

二、节庆活动

伦敦大游行（New Year's Day Parade）：伦敦大游行（1月1日）是全世界最盛大的游行之一，来自世界各地的人们观看各种游行乐队（Marching Band）、街头表演（Street Performances）、老爷车（Classic Car）、花车（Festooned Vehicle）以及沿街表演，以庆祝新年的到来。

伦敦大游行

五朔节（The Beltane Festival）：庆祝春

天来临的节日。五朔节（5 月 1 日）的重要活动是在游园会选出最佳美女，称为“五月王后”，由游行队伍簇拥着乘车穿过街道。五朔节的传统是五月柱活动，人们在草地中央，用树叶装饰一根高柱，然后把绳子系在柱子上，再用力拉绳子，使高柱耸立起来，作为万物生长的象征，而村民都围着五月柱载歌载舞。

五朔节

圣诞节（Christmas）：基督教纪念耶稣诞生的重要节日（12 月 25 日）。英国人常互赠礼物，举行欢宴，并以圣诞老人（Santa Claus）、圣诞树（Christmas Tree）等增添节日气氛。圣诞节成为英国以及西方世界的公共假日，也是家庭团聚（Family Reunion）的最重要节日，类似于中国春节。

核心词汇

序号	中文	英文对照
1	莫里斯舞	Morris Dance
2	手风琴	Accordion
3	手鼓	Tambourine
4	祭祀	Sacrifice
5	苏格兰风笛	Scottish Bagpipe
6	足球	Soccer
7	酒吧	Bar
8	投影仪	Projector
9	节庆	Festivals
10	伦敦大游行	New Year’s Day Parade
11	游行乐队	Marching Band
12	街头表演	Street Performances
13	老爷车	Classic Car
14	花车	Festooned Vehicle
15	五朔节	The Beltane Festival
16	圣诞节	Christmas
17	耶稣诞生	The Birth of Jesus
18	圣诞老人	Santa Claus
19	圣诞树	Christmas Tree
20	家庭团聚	Family Reunion

实用表达

1. Morris dancing is a type of old English country dancing which is performed by people wearing special costumes and having small bells fixed to them.

莫里斯舞是英格兰一种古老的乡村化装舞，通常由男性表演。他们表演时，身着特殊的服饰，系着铃铛。

2. Every year, the London New Year's Day Parade takes control of the English capital. With roughly 8,000 London-based and international performers, the parade draws an estimated 500,000 tourists from every corner of England and abroad.

每年伦敦新年大游行让首都熠熠生辉，大约有 8000 英国本地和国际演员参加表演，50 万来自海内外的游客共襄盛举。

任务八　思政教育

任务情境

英国是马克思（Karl Heinrich Marx）的第二故乡，也是马克思主义（Marxism）发展和成熟的地方。从 1849 年抵达英国到 1883 年与世长辞，马克思在伦敦共生活了 34 年。他在这里写下了伟大的《资本论》，为人类社会发展和进步做出了不可磨灭的贡献。领队带领团队前往英国旅游之时，应当充分挖掘旅行中的思政教育元素，增进旅游者对马克思主义思想的感悟。

任务目标

1. 了解适合开展思政教育的英国旅游景点；
2. 掌握这些旅游景点背后的思政教育意义；
3. 掌握增进旅游者对马克思主义思想感悟的引导方法。

教育案例

马克思与大英博物馆（Marx and the British Museum）

案例简介：马克思在英国伦敦生活的 30 余年中，频繁往返于大英博物馆与伦敦汉普斯特德（Hampstead）近郊的住处。他每天从早晨9点到晚上7点，专心致志地在大英博物馆阅读大量的书籍和资料。例如，为了写关于英国劳工法（Labor Law）的20多页文章，他曾经把整个图书馆里载有英国与苏格兰调查委员会和工厂视察员报告的蓝皮书都翻阅过，而这些蓝皮书多得堆积如山。又如，从1861年到1863年上半年，在短短的两年时间内，他就阅读了一千多本著作，写了20多本笔记。马克思在大英博物馆中先后完成了《经济学批判》和《资本论》一、二卷。他在写作《资本论》时曾经写信给他的朋友，道出了写作的艰辛，"我一直在坟墓的边缘徘徊。因此，我不得不利用我还能工作的每时每刻来完成我的著作，为了它，我已经牺牲我的健康、幸福和家庭"。如今，大英博物馆阅览室里特设有一块看板，写道"当年马克思常在L、M、N、O、P行就坐，因那里靠近参考书架"，以纪念革命导师马克思同志在大英博物馆中笔耕不辍、刻苦钻研的事迹。

英国系列微课——马克思与大英博物馆

思政教育：马克思在伦敦生活穷苦不堪，贫困和疾病的煎熬、妻女相继去世带来的痛苦一直伴随着他。但他坚忍克己，全然不顾自己的艰难处境，而是如饥似渴地阅读和写作，以殉道的精神担当着解剖资本主义社会和构想人类美好前景的社会责任。他浸润在英国资产阶级的氛围中，以敏锐的洞察力和宏大的视野深度分析资本主义（Capitalism）世界性的种种罪恶，潜心研究科学社会主义的理论，淋漓尽致地表达了人类追求民主（Democracy）、平等（Equality）、自由（Freedom）的价值取向，给后人留下了一笔宝贵的精神财富。

核心词汇

序号	中文	英文对照
1	马克思	Karl Heinrich Marx
2	马克思主义	Marxism
3	劳工法	Labor Law
4	资本主义	Capitalism
5	民主	Democracy
6	平等	Equality
7	自由	Freedom

实用表达

1. The Workers of all lands unite. The philosophers have only interpreted the world in various ways – the point however is to change it.

全世界无产者联合起来。哲学家只是用不同的方式解释世界，而关键是要改变世界。

2. Life is like a sea，only the strong will of people，to reach the other shore.
生活就像海洋，只有意志坚强的人，才能到达彼岸。

任务九　能力测试

任务情境

任务情境： 当你作为出境领队带旅游团落地英国希思罗机场，第一次遇到地接导游 Thomas，你要怎么打破尴尬，又该聊什么话题呢？

任务提示： 英国人通常比较礼貌，聊的话题不涉及个人隐私，也不涉及较为敏感的政治。而当地变化无常的天气常常令人在一天之内经历春、夏、秋、冬四季的温度，这个无关痛痒的话题也就成了大家寒暄和初次见面聊天不会犯错的首选。

参考对话： 项目八—任务九—情景模拟

跨文化交际

任务情境： 英国地接 Thomas 很细心，他看到团里很多老爷爷带的扇子上画有一种类似的动物，当他得知是"龙"的时候，表示很诧异。作为领队你怎么将中国文化中的"龙"文化输出？又怎么接地气地理解西方的"龙"呢？

参考资料： 项目八—任务九—跨文化交际

项目九 法国（France）旅行项目

任务一 国情介绍

任务情境

当你作为领队带领团队前往法国旅游前，需全面了解法国的自然地理、历史发展与社会经济等国情。在出境旅游初期，应对旅游者进行法国基本国情的介绍，帮助旅游者对旅游目的地建立初步的印象。

任务目标

1. 了解法国的自然地理特征，熟悉法国的气候特点；
2. 了解法国的简要历史和人口民族情况；
3. 了解法国的政治经济特点，熟悉法国的国家标志；
4. 掌握法国的礼仪习惯，熟悉文化交流中的礼仪禁忌。

任务分解

一、地理纵览

1. 地理概况

法国（France）位于欧洲西部，本土呈六边形，三面临水。与比利时、卢森堡、德国、瑞士、意大利、摩纳哥、西班牙、安道尔接壤，西北隔英吉利海峡与英国相望。平原占总面积的 2/3。主要山脉有阿尔卑斯山脉（Alps）、比利牛斯山脉（Pyrenees Mountains）、汝拉山脉等。濒临四大海域：北海（The North Sea）、英吉利海峡（The English Channel）、大西洋（Atlantic Ocean）和地中海（Mediterranean Sea）。边境线总长度为 5695 公里，其中海岸线 2700 公里，陆地线 2800 公里。

2. 气候特征

法国西部属温带海洋性气候，冬暖夏凉、湿润多雨、多云雾、日照较少，全年温差不大，整体舒适度较高；南部属亚热带地中海气候，夏季炎热干燥，冬季温和多雨；中部和东部属大陆性气候，冬季寒冷少雨、夏季炎热多雨。春、秋两季气候最宜人。

年平均降水量从西北往东南由 600 毫米递增至 1000 毫米以上。

二、历史回眸

1. 简史

古称“高卢”，公元 1 世纪被罗马人占领；5 世纪，法兰克人移居至此，843 年建立查理曼帝国，成为独立国家。10—14 世纪加佩王朝统治时期改称法兰西王国。17 世纪下半叶波旁王朝路易十四统治时期达到鼎盛。1789 年爆发资产阶级大革命，发表《人权宣言》，废除君主制，1792 年建立第一共和国。1871 年 3 月，巴黎人民武装起义，成立世界上第一个无产阶级政权——巴黎公社（Paris Commune）。第一次世界大战中，法国作为协约国对同盟国作战获胜。第二次世界大战期间遭德国入侵，戴高乐将军组织了反法西斯的“自由法国”运动，1944 年 8 月解放巴黎。1958 年，第五共和国成立，戴高乐出任首任总统。

2. 人口宗教

法国人口 6524 万（不含海外领地），其中，巴黎市区人口 218 万（2021 年）。官方语言为法语。法兰西民族由多个民族混合构成，除主体法兰西人外，边境地区还有阿尔萨斯人、布列塔尼人、科西嘉人、佛拉芒人、巴斯克人等少数民族，大约占总人口的 7.9%。

三、社会概述

1. 政治体制

法国实行多党制，政体为半总统半议会制，总统为国家元首和武装部队统帅，任期 5 年，由选民直接选举产生。总统任免总理并批准其提名的部长；主持内阁会议、最高国防会议和国防委员会。议会实行国民议会和参议院两院制，拥有制定法律、监督政府、通过预算、批准宣战等权力。司法机构分为两个相对独立的司法管辖体系，即负责审理民事和刑事案件的普通法院与负责公民与政府机关之间争议案件的行政法院。检察机关没有独立的组织系统，其职能由各级法院中配备的检察官行使。

2. 国家标志

国旗：为蓝、白、红三色旗，呈横长方形，是法国大革命时巴黎国民自卫队队旗。白色代表国王，蓝、红色代表巴黎市民，是王室和巴黎资产阶级联盟的象征。而法国人民认为蓝色象征自由，白色象征平等，红色代表博爱，正如“自由、平等、博爱”（Liberty，Equality，Fraternity）宣言。

国徽：法国没有正式国徽，传统上采用大革命时期的纹章作为国家标志。纹章为椭圆形，上绘有大革命时期流行的标志之一——束棒，是古罗马高级执法官用的权标，象征权威。束棒两侧饰有橄榄枝和橡树枝叶，其间缠绕的饰带上用法文写着“自由、平等、博爱”。

3. 经济产业

法国是发达的工业国家，在核电、航空、航天和铁路方面居世界领先地位。工业产值约占国内生产总值的 11.2%。主要工业部门有汽车制造、造船、机械、纺织、化学、电子、日常消费品、食品加工和建筑业等，钢铁、汽车和建筑业为三大工业支柱。法国是欧盟（European Union）最大的农业生产国，也是世界主要农产品出口国。服务业和旅游业在法国国民经济和社会生活中占重要地位。

四、礼仪风俗

1. 国民性格

法国人是著名的“自由主义者”，爱好社交，天性浪漫（Romantic），渴求自由，诙谐幽默。对于法国人来说，社交是人生的重要内容。他们在人际交往中大都爽朗热情，爱冒险，喜欢浪漫的经历。法国人拥有极强的民族自尊心和自豪感，与其交谈时，如能讲几句法语，一定会使对方热情有加。

2. 礼仪风俗

法国人所采取的礼节主要有握手礼、拥抱礼和吻面礼。法国人约会必须事先约定，且准时赴约，但也要对他们可能的姗姗来迟事先有所准备。法国人对礼物特别讲究，送礼物宜选具有艺术品味和纪念意义的物品；在接受礼品时若不当着送礼者的面打开，则是一种无礼的表现。

法国人讲究衣饰，世界闻名。所谓“巴黎式样”即与时尚、流行含义相同。在正式场合，法国人通常着西装、套裙或连衣裙；出席庆典仪式时，一般着礼服。男士多穿配以蝴蝶结的燕尾服（Tuxedo），或黑色西装套装；女士则多穿连衣裙式的单色礼服；对于穿着打扮，法国人认为重在搭配是否得法。在选择发型、手袋、帽子、鞋子、手表、眼镜时，都十分强调要使之与自己着装相协调。

核心词汇

序号	中文	英文对照
1	法兰西共和国（法国）	The French Republic (France)
2	阿尔卑斯山脉	Alps
3	比利牛斯山脉	Pyrenees Mountains
4	汝拉山脉	Jura Mountains
5	北海	The North Sea
6	英吉利海峡	The English Channel
7	大西洋	Atlantic Ocean
8	地中海	Mediterranean Sea
9	《人权宣言》	Declaration of the Rights of Man and of the Citizen

（续表）

序号	中文	英文对照
10	巴黎公社	Paris Commune
11	塞纳河	Seine River
12	自由、平等、博爱	Liberty，Equality，Fraternity
13	欧盟	European Union
14	浪漫	Romantic
15	燕尾服	Tuxedo

实用表达

1. What are the common characters of the French?

法国人有什么性格特点呢?

They are usually romantic，enthusiastic，humorous and passionate about freedom.

法国人普遍浪漫、热情、幽默，热爱自由。

2. Why the French are known as "liberals"？

为什么法国人是著名的"自由主义者"？

The French are romantic by nature，thirsty for freedom，witty and humorous. For the French，socializing is an important part of life. "Liberty，Equality and Fraternity" is not only the national motto of the French constitution，but also enshrined on the national emblem. They are generally less inclined to act in groups. Appointments must be made in advance and attended on time，but you should also be prepared for their possible late arrival.

法国人天性浪漫，渴求自由，诙谐幽默。对于法国人来说，社交是人生的重要内容。"自由、平等、博爱"不仅被法国宪法定为本国的国家箴言，而且在国徽上明文写出。他们不大喜欢集体行动。与法国人约会必须事先约定，并且准时赴约，但是也要对他们可能的姗姗来迟事先有所准备。

任务二　交通指引

任务情境

法国交通运输发达，水、陆、空运输均极为便利，高速火车技术世界领先。法国拥有世界最密集、欧盟国家中最长的公路网。面对丰富的旅游交通系统，领队应了解法国外部交通与区域交通情况，能够在出入境、城际交通等项目上进行准确的交通指引；同时，也需要了解法国的特色交通项目，便于进行旅游推介。

任务目标

1. 了解到达法国的方式，能够引导旅游者通过机场海关，顺利入境；
2. 了解法国城际交通的基本情况；
3. 了解具有地域特色的旅游交通方式。

任务分解

一、到达法国

航空交通：法国主要航空公司为法航。2019 年，法国空运旅客数量达 2.14 亿人次。巴黎有戴高乐机场（Paris Charles de Gaulle Airport）、奥利机场（Orly Airport）和伯韦机场。国际航线大多由戴高乐机场起降，中国北京、上海、广州、香港都有直飞戴高乐机场的航班；法国国内近距离航线及廉价航空公司的航班则通常使用奥利机场和伯韦机场。

陆路交通：铁路网全长 27594 公里，高速铁路网全长 2157 公里。干线网运输量达 3.29 亿人次，居欧洲第二位。公路网是世界最密集、欧盟国家中最长的，总长度超过 110.3 万公里，其中高速公路 67 万公里，与意大利、西班牙、比利时、德国、卢森堡、瑞士等周边国家相连。

知识链接

夏尔·戴高乐机场

戴高乐机场位于巴黎市中心西南 25 千米，是法国最大的国际机场，欧洲最主要的航空枢纽之一。机场以法兰西第五共和国第一任总统戴高乐的名字命名。机场分为 1 号、2 号、3 号航站楼，中国国航班机停靠在 1 号航站楼。T2 航站楼设法国国家铁路（SNCF）戴高乐机场 T2 站，可换乘 TGV 高速列车、大力士高速列车、欧洲之星等列车；机场 T2 航站楼设轨道交通戴高乐机场站，与高铁站并站设置，可换乘巴黎郊区快线 B 线（REB B）；机场可换乘 4 条巴士线路；机场各航站楼外均设有出租车上客点。

二、入境流程

入境手续：法国属申根国家，持有申根签证的游客都可以入境法国。抵达后，法国机场通常分国际区（International Zone）和申根区（Schengen Area）。赴非申根国家在国际区转机；赴其他申根国家则需进入申根区。依法方规定，中国公民赴非申根国家，如在同一机场国际区停留并转机，无须办理过境签证。

入境文件：入境法国或转机赴申根国家的中国公民携带以下材料，以备检查：护照、有效的申根签证（Valid Schengen Visa）、邀请函原件（Original Letter of Invitation）及旅馆订单（Hotel Reservation）、医疗保险证明、往返机票订单、足额的旅费、欧元现金（Cash）、国际旅行健康证明等。检查十分严格，入境人员要提前准备好材料，以便检查并顺利入境。警察有可能对外籍旅客再次进行审查，如有疑问，有权拒绝其入境。

海关检查：提取行李后，还须通过海关（Customs）检查。工作人员检查入境旅客的行李主要确认其中是否有违禁品、限带品等，行李会直接进入检查通道接受扫描和检查，如有异常需开箱。如果携带物品超过欧盟有关限额（Exceed the limit），须申报。如携带违禁品、超标物品被查获，物品将被罚没。

温馨提示：接受入境检查需要排队按秩序通行；参团旅客请听从领队指挥，勿单独行动；办理入境手续时请勿喧哗、嬉闹、拍照，不要使用手机；如遇边检官员问询，应如实回答，切勿捏造事实，否则可能被拒入境或遭检控；如不能准确理解边检官员问题，无须紧张，可请求法方提供翻译。如需求助，可要求与中国驻法国大使馆领事部联系，领事部会尽快处理。

知识链接

法国入境携带物品规定

1. 中国公民进入法国可携带以下免缴海关关税物品：200 支香烟或 50 支雪茄烟、1 升烈酒、2 升葡萄酒、250 毫升化妆品、50 克香水、500 克咖啡、100 克茶、自用物品及自用药物。

2. 携带价值 1 万欧元以上的现金、超过免税限量的自用品、用于商业目的的物品入境，须向海关申报。

3. 管制药品、动植物、肉制品等限制物品须向海关申报并办理严格的入境手续。宠物入境检疫要求可咨询法国驻华使馆商务处。

以下物品属违禁品：毒品、麻醉品、假冒盗版产品、军火、弹药、爆炸物、象牙制品、淫秽物品等。

三、城际交通

法国交通系统非常发达，拥有空中中转站之美称，同时被公认为拥有欧陆规划最完善的铁路系统，其地铁与公交网络更是极大地便利了人们的出行。

法国高速铁路（TGV）：法国铁路由国营国家铁路公司（SNCF）经营，四通八达，中长途最常见的是 TGV 高速列车，速度快、设备新、车体整洁、乘坐舒适，是法国最重要的交通工具。很多法国人每天上班都要搭乘其穿梭于不同城市之间。火车站与市内公共交通枢纽、地铁相接，转乘方便。此外，根据年龄、旅行线路、购票日期等设有名目繁多的优惠票价。

四、市内交通

城市交通网络四通八达，有地下交通地铁（Metro）和城际快车（RER），有法兰西岛区域铁路（Transilien）、电车（Tramway）等公共交通工具，还有公共自行车Velib、公共小汽车Autolib和电动摩托车租赁服务。

地铁（Metro）：运行范围在二环内，有14条主线和2条支线，呈网状贯穿巴黎各个角落，最早的一条线路距今已有100多年的历史，许多站点以著名人物或建筑名字命名。

区域快铁（RER，Réseau Express Régional）：连接巴黎和法兰西岛方圆30多公里地区的深层快轨（比地铁更深），巴黎二环外的主要公共交通系统，它贯穿巴黎市区并连接四周远郊，十分方便，目前有A、B、C、D、E五条线路。

核心词汇

序号	中文	英文对照
1	巴黎戴高乐机场	Paris Charles de Gaulle Airport / Roissy Airport
2	奥利机场	Orly Airport
3	国际区	International Zone
4	申根区	Schengen Area
5	有效的申根签证	Valid Schengen Visa
6	邀请函原件	Original Letter of Invitation
7	旅馆订单	Hotel Reservation
8	现金	Cash
9	海关	Customs
10	超过限额	Exceed the limit
11	法国高速铁路	TGV
12	法兰西岛区域铁路	Transilien
13	法国电车	Tramway
14	地铁	Metro
15	区域快铁	RER / Réseau Express Régional (Regional Express Network)

实用表达

1. How long are you going to stay in France ?

您在法国待多久？

2. Where will you be staying during your stay in France？

在法国住在哪里？

3. Where are you planning to visit in France？

您打算去法国哪些地方玩？

4. How much currency are you carrying to travel in France？

您带了多少钱来法国旅游？

任务三　住宿安排

任务情境

法国为喜好独自旅行的年青人提供了许多廉价住宿选择；此外，还有各式各样度假村及城堡式酒店，如何给游客安排优良的住宿环境和沉浸式体验当地文化，是领队应具备的技能。

任务目标

1. 了解具有法国特色的住宿场所，并能够根据游客需要进行推荐；
2. 熟悉法国旅游住宿方面的注意事项，并能够清晰地向游客说明。

任务分解

一、特色住宿

庄园及城堡式酒店：大多由昔日的城堡（Castle）、庄园（Manor）等改建而成，拥有别致的装修和浓厚的古典气息，游客可一站式享受，但大多房间数目不多。

青年旅舍（Hostel）：在法国约有 200 多间旅舍，位于海边、乡村和市中心，除提供住宿服务外，还可根据需要安排体育及户外活动，以及青少年度假营等，价格便宜，多按照床位收取费用。

学生宿舍（Crous）：是专门为学生提供住宿服务的非盈利性机构，分布于法国各地，也可理解为法国学生宿舍。该机构提供的房子相对较便宜，条件不算太好，一人一间房，有网，有电话。

二、住宿提醒

住宿费用：如是庄园及城堡式酒店，需提前咨询是否配有空调，因欧洲多数老建筑不配空调；如是酒店类的则要问清房型，咨询价格中是否含早餐费；如是青年旅店类的则要问清床位形式。

洗漱用品：一般不提供一次性洗漱用品，比如牙膏、牙刷、拖鞋（Slippers）等，建议游客提前做好准备。

Wi-Fi：法国大部分酒店提供免费 Wi-Fi，预订时可提前查看说明，看是否仅限于大厅（Lobby）等公共区域（Public Area），还是包含室内。

核心词汇

序号	中文	英文对照
1	城堡	Castle
2	庄园	Manor
3	租金	Rent
4	青年旅舍	Hostel
5	空调	Air Conditioner
6	禁止吸烟	No Smoking
7	罚款	Fine
8	拖鞋	Slippers
9	大厅	Lobby
10	公共区域	Public Area

实用表达

1. Smoking is prohibited inside the rooms.

有些房间内是禁止吸烟的。

2. Most hotels and other kinds of accommodations in France offer free Wi-Fi.

法国的大部分酒店等住宿地方都提供免费的无线网络。

任务四 旅游导览

任务情境

法国是欧洲的浪漫中心，它历史悠久，具有众多文化内涵丰富的名胜古迹及乡野风光，吸引着世界各地的旅游者。巴黎和里昂能轻易地俘获喜欢城市生活的人，粗犷反叛的马赛，海洋的微风与城市的沙砾相混合，普罗旺斯和蓝色海岸是艺术的天堂，尼姆和阿尔勒承载着古罗马的历史遗迹。作为领队，应当熟悉法国的主要旅游城市与著名旅游景点，以便于在旅行中，适时进行旅游导览与讲解。

任务目标

1. 熟悉法国旅游的特色资源与主要旅游城市；
2. 熟悉巴黎、马赛、尼斯等地的旅游资源，并能对知名景点进行简要讲解。

任务分解

一、巴黎（Paris）导览

巴黎是法兰西共和国的首都和最大城市，横跨塞纳河，已有2000多年的历史，不仅是法国也是西欧的政治、经济和文化中心。每年有4200万人造访巴黎与邻近都会区，让巴黎成为世界上最多观光客造访的城市。

法国系列微课——巴黎导览

巴黎圣母院（Cathédrale Notre Dame de Paris）：位于巴黎市中区，地处塞纳河中央西堤岛上，与巴黎市政厅和卢浮宫隔河相望，始建于1163年，是巴黎最悠久和最具象征意义的纪念碑之一，是世界上第一座哥特式教堂。巴黎圣母院平面为长形马蹄哥特式拉丁十字形制，总长约127米，总宽约48米，总高达96米，总占地面积达6000平方米。建筑本体的雕刻和绘画艺术及珍藏的大量艺术珍品具有极高的历史文化价值。1991年，联合国教科文组织将其列入《世界遗产名录》。2019年4月15日，法国巴黎圣母院发生火灾，整座建筑损毁严重，修复工程随即展开。

巴黎圣母院

埃菲尔铁塔（The Eiffel Tower）：矗立在法国巴黎市战神广场上，居斯塔夫·埃菲尔为纪念法国大革命100周年而建造，并且于1889年巴黎世界博览会时，对外展出。登上324米高的巴黎埃菲尔铁塔，一览美丽的巴黎全景是绝对不可错过的行程，每年接待近700万世界各地的游客并成为巴黎最受游客欢迎的景点之一。

埃菲尔铁塔

卢浮宫（Musée du Louvre）：位于巴黎塞纳河北岸，为世界四大博物馆之首。始建于1204年，原是法国王宫，居住过50位法国国王和王后，是法国古典主义时期最珍贵的建筑物之一，以收藏丰富的古典绘画和雕刻而闻名于世。现为卢浮宫博物馆，宫前金字塔形玻璃入口是华人建筑大师贝聿铭设计的。卢浮宫是世界著名的艺术殿堂，是举世瞩目的万宝之宫。著名的“卢浮宫三宝”分别是胜利女神、断臂的维纳斯雕像和蒙娜丽莎画像。

卢浮宫

凯旋门（Arc de Triomphe）：由拿破仑一世委托吉恩夏尔格兰在19世纪初，为纪念法国军队打败俄奥联军的胜利所建造。凯旋门高50米、长45米、宽22米，坐落于巴黎浪漫的香榭丽舍大道的星形广场上。凯旋门的上方有一个超大平台，可以让游客尽情享受香榭丽舍大道的完美全景。

凯旋门

凡尔赛宫（Château de Versailles）：位于巴黎西南郊凡尔赛镇，是巴黎著名的宫殿之一。宫殿为古典主义风格建筑，立面为标准的古典主义三段式，即将立面划分为纵、横三段，建筑左右对称，造型轮廓整齐、庄重雄伟，被称为理性美的代表。内部装潢以巴洛克风格为主，少数厅堂为洛可可风格。正宫前是风格独特的法兰西式大花园，园内树木花草别具匠心，使人看后顿觉美不胜收。

巴黎歌剧院：是《歌剧魅影》诞生地，是一座新巴洛克风格的建筑，内部装饰和外表建筑都极尽华丽，为拿破仑三世典型的建筑之一。歌剧院前是意大利大街，聚集了很多餐厅；后面是著名的老佛爷百货和巴黎春天百货。

知识链接

歌剧魅影

《歌剧魅影》（The Phantom of the Opera）是音乐剧大师安德鲁·劳埃德·韦伯的代表作之一，以精彩的音乐、浪漫的剧情、完美的舞蹈，成为音乐剧中永恒的佳作。大致剧情为，在巴黎的一家歌剧院里，怪事频繁地发生，原来的首席女主角险些被砸死，剧院出现一个令人毛骨悚然的虚幻男声。这个声音来自住在剧院地下迷宫的"幽灵"，他爱上了女演员克丽斯汀，暗中教她唱歌，帮她获得女主角的位置，而克丽斯汀却爱着剧院资助人拉乌尔，由此引起了嫉妒、追逐、谋杀等一系列情节。最终"幽灵"发现自己的爱已超过了占有欲，于是解脱了克丽斯汀，独自消失在昏暗的地下迷宫里。

二、马赛（Marseille）导览

马赛是法国的第三大城市和最大海港，三面被山丘环抱，景色秀丽，气候宜人，主要的景点有伊夫岛、贾尔德圣母院、马赛美术馆、马赛旧港、欧洲和地中海文明博物馆。

马赛旧港：位于马赛市中心，是整个马赛地区的重心和精华所在，也是马赛的起源地，旧港周围有许多著名的古迹，包括路易十四时代建造的圣约翰城堡和圣尼古拉城堡。旧港还是马赛人的生活娱乐中心，有著名的美食街区，餐厅大多经营着一道著名的马赛佳肴——马赛鱼汤。

圣母加德大教堂：又叫守护圣母圣殿，位于马赛港口旁一个约 150 米高的山丘上，建成于 1864 年，是马赛的象征。这里是可以俯瞰马赛全城的最佳地点，教堂主体建筑上方有一座金色的高达 9.7 米的镀金圣母像，在马赛的任何角度几乎都可看到这尊闪闪发光的圣母像。

伊夫堡：位于马赛西部海面的伊夫岛上，距马赛旧港约 3.5 英里，是一座边长 28 米的方形建筑，城墙上建有 3 个开着宽大射击孔的圆柱形塔楼。伊夫堡最初是由法国国王法兰西斯一世为加强马赛防御而提议修建的，竣工于 1531 年；后被用作监狱，曾囚禁过许多王子、王公贵族的后代、新教教徒、政治犯、革命家等。这里是大仲马小说《基督山伯爵》中，基督山伯爵被关押的地方。如今的伊夫堡内的囚室还按照故事中的布局刻意挖了一条通道。

三、尼斯（Nice）导览

尼斯位于法国东南部地中海沿岸，是欧洲乃至全世界最具魅力的海滨度假胜地之一，终年温暖。蔚蓝的地中海与巍峨的阿尔卑斯山是这座城市永恒的地标，神圣的古罗马历史文化、普罗旺斯薰衣草田散发出的浪漫芬芳，使得尼斯成为法国人心中绝对的度假天堂。2021 年 7 月，尼斯被列入联合国教科文组织《世界遗产名录》。

天使湾（La baie des Anges）：是世界三大海湾之一，也是闻名世界的最美丽浪漫的海湾，因形似天使的翅膀而得名，是消夏的好地方。尼斯的海滩很特别，都是由鹅卵石铺成的，踩上去有些扎脚，却别有一番趣味。滨海的大圆弧线几乎如圆规划出一般优美，两端的尖端呼应如天使的一对翅膀，伸出来拥抱大海。

尼斯老城（Old Town）：尼斯城最初由希腊人建成，曾是罗马帝国的殖民地，于1860年才脱离意大利统治。因此尼斯的老城区里有很多巴洛克式的教堂和房屋，充满意大利式的生活气息和情调。老城的建筑物颜色鲜艳明亮，高低曲折的狭窄小巷随小山丘起伏，沿路有不少特色小店、餐厅和酒吧，晚上还有夜市，售卖着各种工艺品。

埃兹小镇（Eze Village）：位于尼斯与摩纳哥之间，是一座美丽的中世纪古镇，一砖一瓦都散发出浓浓的历史感和古典法国地中海风味。镇子上的建筑都建在陡峭岩壁上，很像鹫筑巢的方式，因此又称“鹫巢村”。小镇坐拥360°地中海全景，位于地中海边凸起的一座山上，独占高地，海景与山景相互辉映，景色壮丽。

核心词汇

序号	中文	英文对照
1	巴黎	Paris
2	巴黎圣母院	Cathédrale Notre Dame de Paris
3	埃菲尔铁塔	The Eiffel Tower
4	卢浮宫	Musée du Louvre
5	凯旋门	Arc de Triomphe
6	凡尔赛宫	Château de Versailles
7	《歌剧魅影》	The Phantom of the Opera
8	马赛	Marseille
9	尼斯	Nice
10	天使湾	La baie des Anges
11	尼斯老城	Old Town
12	埃兹小镇	Eze Village
13	雕像	Statue

实用表达

1.France is the world's most popular tourist destination，receiving 82 million foreign tourists annually. Visitors are attracted by historic cities，beautiful countryside，the castles of the Loire Valley，Brittany and Normandy.

法国是世界上最受欢迎的旅游目的地，每年接待8200万外国游客。游客被历史悠久的城市、美丽的乡村、卢瓦尔河谷的城堡、布列塔尼和诺曼底所吸引。

2. As the capital of France, Paris has a history of more than 2000 years, often called by nicknames like the "city of love" and "city of lights". Today, Paris is one of the world's leading centers of business, fashion, entertainment, arts and culture. Just the mere mention of Paris conjures up images of the city's world famous landmarks, museums and cathedrals.

作为法国的首都，巴黎已经有2000多年的历史了。巴黎经常被称为"爱情之城"和"灯光之城"，如今是世界上领先的商业、时尚、娱乐、艺术和文化中心之一。只要提到巴黎，就会让人联想到这个城市的世界著名地标、博物馆和大教堂。

3. The Eiffel Tower is the symbol of Paris and one of the top tourist attractions in France. The tower was built by Gustave Eiffel as the entrance arch for the International Exhibition of Paris of 1889.

埃菲尔铁塔是巴黎的象征，也是法国的顶级旅游景点之一。该塔由古斯塔夫·埃菲尔建造，作为1889年巴黎国际博览会的入口拱门。

任务五 美食推荐

任务情境

浪漫的法国人把食物做成了艺术，法式大餐早已享誉全球。法国烹饪用料讲究、原料广泛，花色品种繁多，注重色、形和营养。法国是著名的"奶酪之国"，法国的葡萄酒和矿泉水品质高，上乘香槟酒享誉世界。领队有必要了解法国的特色美食与饮食习俗，并在旅游活动过程中恰当地进行安排，有针对性地予以推荐。

任务目标

1. 了解法国美食，能够简单地讲解法国美食的特色；
2. 熟悉法国著名的美食街区与场所；
3. 了解法国的饮食习俗与其中的礼仪禁忌。

任务分解

一、特色美食

法国食物种类多样，等级繁多，丰俭由人，有富丽堂皇的传统法式餐厅、富有地方色彩的餐馆，以及露天咖啡茶座和各式茶室等，选择多，堪称美食天堂。

红酒炖牛肉（Boeuf Bourguignon）：这是法国第戎当仁不让的头牌，曾被评为“十大法餐代表菜品”之首。如此美味，离不开优质的沙罗尔牛肉，以及在熬煮过程中的关键性配料——红酒。

法国蜗牛（Escargots）：是法国著名的菜肴，既可做宴会主菜，也可做宵夜零食，无论男女老少皆对其情有独钟。特别是在圣诞节期间，蜗牛更是法国人餐桌上不可缺少的菜式。

法国蜗牛

鹅肝（Fois Gras）：是全世界游客到法国时必尝的食品之一，营养丰富，吃法多样。鹅肝做成前菜，配一小片专门的面包，再涂上无花果果酱来食用，可将鹅肝的肥美和入口即化的细腻发挥得淋漓尽致。

鹅肝

卡蒙贝尔奶酪（Camembert Cheese）：是一种软身的白色霉菌奶酪，形状呈饼形，产自诺曼底北部地区，是理想的餐后甜点，当选法国十大奶酪之首。它属于花皮软质奶酪。手感软，好似新鲜蛋糕，适合烹饪菜肴，并可佐酒直接食用。

可丽饼（Crepes）：是法国的传统小吃，源起于法国布列塔尼省，有咸、甜两种口味。制作可丽饼的材料相当简单，外皮用面粉、水、鸡蛋和奶油制成，内部则是鸡蛋、火腿、奶酪、洋葱、西红柿、鲑鱼、牛肉等。最受欢迎的是涂上又甜又浓的巧克力酱口味，抹草莓、杏桃等果酱或柠檬糖浆。

马卡龙（Macarons）：法式小圆饼，发源地虽不在法国，但在法国发扬光大，被贴上了浓浓的法式标签，是一种用蛋白、杏仁粉、白砂糖和糖霜制作，并夹有水果酱或奶油的法式甜点，其口感丰富，外脆内柔，外观五彩缤纷，精致小巧。

二、美食地标

能人居（Le Bouillon Chartier）：巴黎一家拥有百年历史的老字号平价餐厅。装修风格依然保持着老火车站的样式，入选法国遗产保护建筑。焗蜗牛是这里的经典前菜，肥美蜗牛藏于蒜香奶油之下，香气让人喜欢，成为让人回味无穷的招牌。

拉杜丽甜点屋（Laduree）：巴黎著名高级甜点拉杜丽是由拉迪雷侯爵家族创建于1862年，其甜品的地位在世界都不可动摇，其马卡龙是这家店的招牌甜点。该店的甜品不仅味道令人回味无穷，而且包装也是由著名设计师来设计，十分精美。

三、饮食习俗

法国人一向以善于吃并精于吃而闻名，法式大餐至今仍名列世界西菜之首。正式的法国大餐，原则的上菜次序为开胃菜（Hors–d'oeuvre Froid）、汤（Potage）、头盘（Hors–d'oeuvre Chaud）、主菜（Grosse Piece）、甜点（Dessert）。

1. 开胃菜：第一道菜用以提高食欲。一般是分量较小的冷盘，菜式主要有熏鲑鱼、生蚝或面包；

2. 汤：分味道清淡的清炖汤，或是由多种食物材料煮成的浓汤；

3. 头盘：法国人餐桌上最多的头盘当然要数鹅肝酱和生蚝；

4. 主菜：以肉类菜肴为主，原料取自牛、羊、猪、小牛仔等各个部位的肉，其中最有代表性的是牛排。

5. 甜品：法式餐后甜品有各式糕点、甜饼干、雪糕或布丁等，大多数都装饰得很漂亮。

核心词汇

序号	中文	英文对照
1	红酒炖牛肉	Boeuf Bourguignon
2	蜗牛	Escargots
3	鹅肝	Fois Gras
4	法式洋葱汤	French Onion Soup
5	卡蒙贝尔奶酪	Camembert Cheese
6	可丽饼	Crepes
7	马卡龙	Macarons
8	开胃菜	Hors–d'oeuvre Froid
9	主菜	Grosse Piece
10	甜点	Desserts
11	汤	Potage
12	头盘	Hors–d'oeuvre Chaud
13	沙拉三明治	Salad Sandwich
14	黄油	Butter
15	果酱	Jam
16	红、白葡萄酒	Red and White Wines

实用表达

1. French onion soup is a winter comfort as it is rich in taste， warm and blanketed under

a generous portion of creamy cheese. It's best enjoyed with a slice of crusty bread.

法式洋葱汤是冬季令人感到舒适的食物：口感浓郁的热汤上面是厚厚一层奶油芝士。最好配上一片脆皮面包享用。

2. The creamy cow's milk cheese Camembert comes from the northern region of Normandy and is the ideal dessert after any meal.

卡蒙贝尔奶酪，是一款柔滑的软质牛奶奶酪，产自诺曼底的北部地区，是理想的餐后甜点。

任务六 商品导购

任务情境

去法国旅游时，除了欣赏当地闻名遐迩的建筑物和艺术品，购物也是必备选项。从昂贵的奢侈品到经济实惠的大众化商品，从茶饮酒水到手工艺品，都可以在法国找到。作为领队，应当熟悉法国特色旅游商品与知名商业街区，以便引导游客购买合适的商品。

任务目标

1. 熟悉我国旅游者喜爱购买的法国旅游商品，并能简要讲解；
2. 熟悉法国知名购物商店和商业街区，能够引导旅游者购物；
3. 了解法国在支付、小费与退税方面的相关规定，能够有效服务于游客。

任务分解

一、特色商品与纪念品

橄榄制品：橄榄是法国南部的代表性植物之一，除了制成橄榄油之外，各色橄榄有着农家自行腌制的多样口味。有一道地道的普罗旺斯开胃菜就是在稍微烘烤过的面包上涂抹橄榄酱，新鲜的口感叫人回味。

鹅肝酱：被誉为世界三大美食之一的鹅肝酱，是法国美食的代表，其绵密细致的口感让美食家无法抗拒，就连法王路易十五也深深着迷。

普罗旺斯的印花产品：充足的阳光与丰富的大自然色彩，是许多画家迷恋普罗旺斯的原因之一，也为当地印花图案设计带来了创意，其中出现频率最高的图案是蝉与薰衣草，蓝、黄两色为最常见的色系，这些印花图案被广泛运用于杯垫、餐巾、桌布、碗盘等产品中。

格拉斯的香水：由于法王路易十四极度热爱香水，为了支持香水工业，法国南部开始大量种植原料花种，而阿尔卑斯一带最适合花朵生长的格拉斯，虽然产量不大，品质却是最佳。如今，格拉斯仍是许多法国名牌香水原料供应地，被誉为世界香水之都。

二、特色购物街区

蒙田大道（Avenue Montaigne）：是法国最为著名的购物街，修建于 1672 年，全长 615 米，宽 33 米，奢侈品旗舰店云集，LVHM 集团成就了这条街。蒙田大道与巴亚尔街交叉处，香奈儿（Chanel）的世界旗舰店占据了整个街角。

香榭丽舍大街（Champs Elysees Street）：是最繁华热闹的一条购物街，这条街也因凯旋门而成为重要的旅游景点区，也是各大奢侈品青睐的旗舰阵地。在这里除了购物，还可以欣赏到最美的风景和人文景观。

奥斯曼大道（Avenue Haussmann）：因为两个法国最大的百货公司——老佛爷（Galeries Lafayette）及巴黎春天（Pinault Printemps-Redoute）成为闻名世界的购物大街。老佛爷旗舰店是欧洲最大的百货公司，紧邻巴黎歌剧院，汇聚了超过 3500 多个国际品牌，设有巴黎最大的旅游纪念品专柜。

三、消费提醒

小费：在法国，几乎所有餐厅都已将税及 15% 的服务费包括在账单内。如果某间餐厅的食物或服务特别好，一般客人会多付 2~3 欧的小费；在酒店，每件行李付门房及女服务员 2 欧左右的小费；在游览后，旅客也可以给导游及司机 2 欧左右的小费表达感谢。

购物退税：法国购物，店方会给您一份退税单（Tax Refund Form），填好后签名，共有三联。商家会提供已写好商家地址的信封，并付满邮资。离境值机之前，持机票、护照、退税单和办理退税的商品在机场退税窗口办理退税。退税可退现金，也可将金额退回到指定的信用卡账号中。如选择现金退税，离境当时即可在机场退税窗口领取现金，但会扣除一定手续费。

支付方式：在法国的酒店、银行及一些商店，可使用信用卡及旅行支票。目前国内发行的银联卡已可在法国大部分 ATM 机和商户 POS 机上使用。信用卡（Credit Card）提取现金需要付息或手续费较高，建议 ATM 取款尽量采用借记卡。

核心词汇

序号	中文	英文对照
1	蒙田大道	Avenue Montaigne
2	香奈儿	Chanel
3	香榭丽舍大街	Champs Elysees Street

（续表）

序号	中文	英文对照
4	奥斯曼大道	Avenue Haussmann
5	老佛爷百货	Galeries Lafayette
6	巴黎春天百货	Pinault Printemps–Redoute
7	零钱	Spare Change
8	退税单	Tax Refund Form
9	信用卡	Credit Card
10	银联	UnionPay

实用表达

1. Known as the Capital of Fashion, Paris is home to some of the world's finest designers.

巴黎被称为"时尚之都"，是一些世界上最好的设计师所在地。

2. The city's shopping scene ranges from shopping centers to open-air markets, boutiques and flea markets.

该市（巴黎）的购物场所包括购物中心、露天市场、精品店和跳蚤市场。

任务七 文化体验

任务情境

法国的浪漫令人印象深刻，是一个拥有灿烂艺术和旅游资源的文明古国，法国休闲娱乐的生活方式与节庆活动，令人向往。因此，领队有必要了解法国特色的文体休闲项目以及节庆活动，帮助旅游者增强文化体验，在节庆与娱乐活动中得到休闲放松。

任务目标

1. 了解具有法国传统特色的休闲活动，能够进行简单的讲解；
2. 了解法国的节庆文化以及相关的旅游活动，并能够引导游客参与。

任务分解

一、休闲活动

塞纳河游船（Seine Cruise）：塞纳河是巴黎的母亲河，游船途经卢浮宫、圣母院大教堂和埃菲尔铁塔等景点，大约持续一个小时。白天和晚上的塞纳河风景都很美。游船上有多国语言的讲解（Explanation），包含汉语，游船每到一个景点（Attractions），便会有广播介绍。

电影：法国是电影的故乡。现代电影技术（Modern Film Technology）于 1895 年诞生于法国。目前法国的电影业依然十分活跃，电影业投资额居世界前列。戛纳国际电影节是当今世界上最具影响力、最顶尖的国际电影节之一，欧洲三大国际电影节之一，其最高奖项为“金棕榈奖”。

戏剧、歌剧：法国有众多一流的歌剧院（Opera House），法国的国家剧院、国家戏剧中心、国家舞台和其他私营剧场每年总计演出几万场节目。法国的大城市都有一个歌剧院，用于演出舞蹈、音乐会、古典和现代歌剧。戏剧演出的票价因剧目和场内座位的不同而差异极大，可以从 10~60 欧元不等。

康康舞（Cancan）：康康舞起源于法国，最初流行于工人阶层当中，是一种轻快粗犷的舞蹈，是洗衣妇、女裁缝等劳动妇女载歌载舞的一种形式，之后于歌舞厅风行。百年来，法国红磨坊的表演一直是欧洲上流社会休闲和娱乐的首选，尤以康康舞最广为人知，吸引着来自世界各地的游客。

二、节庆活动

法国国庆节（La Fête Nationale）：每年 7 月 14 日是法国国庆节，又被称作“巴士底日”。1789 年，法国人民攻占了象征封建统治的巴士底狱，推翻了君主政权。1880 年 6 月，法国议会正式通过法令，将 7 月 14 日定为法国国庆节。这一天香榭丽舍大道上有盛大的阅兵仪式，夜晚埃菲尔铁塔还有焰火表演。

夏季音乐节（Summer Music Festival）：夏季音乐节包括爵士和街头音乐节，是一场狂欢式的音乐盛会。音乐节邀请全世界顶级爵士乐队和歌手，演出多安排在公园，既可以欣赏音乐会，又可以进行郊游野餐。街头音乐节会选择一个晚上，在大街小巷同时开演，众多乐队各据一方，整个巴黎气氛犹如狂欢节。

法国网球公开赛（French Open）：简称“法网”，是一项在法国巴黎罗兰·加洛斯球场举办的网球大满贯赛事。通常在每年的 5—6 月进行，是每年第二个大满贯赛事，是唯一一个在红土球场上进行的大满贯比赛。

核心词汇

序号	中文	英文对照
1	塞纳河游船	Seine Cruise
2	母亲河	Mother River
3	讲解	Explanation
4	景点	Attractions

（续表）

序号	中文	英文对照
5	现代电影技术	Modern Film Technology
6	歌剧院	Opera House
7	艺术家	Artists
8	娱乐活动	Recreational Activities
9	咖啡馆	Café
10	戛纳国际电影节	Cannes International Film Festival
11	法国国庆节	La Fête Nationale
12	夏季音乐节	Summer Music Festival
13	法国网球公开赛	French Open
14	环法自行车赛	Tour de France

实用表达

1. The River Seine runs nearly 800 km through France on its way to the English Channel. Cruising on the river as it winds through Paris is one of the most romantic things visitors can do.

塞纳河长达近 800 公里穿过法国汇入英吉利海峡。当塞纳河蜿蜒穿过巴黎时，搭乘游船游览是游客可以做的最浪漫的事情之一。

2. Seine Cruises pass under numerous bridges in Paris， along tourist sights as the Louvre， Notre Dame Cathedral and the Eiffel Tower. A Seine cruise lasts about an hour. Taking a Seine cruise is a good way to experience Paris at night.

在巴黎，塞纳河游船从许多桥梁下经过，沿途游客可观赏卢浮宫、圣母院大教堂和埃菲尔铁塔等景点。塞纳河游船大约持续一个小时，搭乘其游览是体验巴黎夜景的好方法。

任务八　思政教育

任务情境

蒙塔日（Montargis）是一个法国城镇，位于巴黎以南 110 公里处。蒙塔日市有人口约 56000 人，属于法国中央大区的卢瓦雷省，其省会为奥尔良市。它之所以著名，除了风光秀丽外，还因为这是 20 世纪 20 年代中国早期留学生勤工俭学的集中地。

任务目标

1. 了解适合开展思政教育的法国旅游景点；

2. 掌握这些旅游景点背后的思政教育意义；

3. 掌握增进旅游者对蒙塔日文化感悟的引导方法。

教育案例

载入蒙塔日史册的中国篇章

案例简介：1919—1920 年，大批中国青年赴法勤工俭学，其中 300 余人在蒙塔日学习和工作。进步青年在这里上下求索、追求真理，立志“改造中国与世界”，形成了旅法共产党早期组织，提出了建立中国共产党的主张。时光走过百年，勤工俭学运动已成为载入蒙塔日史册的中国篇章。

法国系列微课——载入蒙塔日史册的中国篇章

2016 年 8 月，坐落在法国蒙塔日雷蒙特列街 15 号的中国旅法勤工俭学纪念馆正式开馆，这是中国首个拥有所有权的境外党史纪念馆。纪念馆内分时代呼唤、探求真理、东方栋梁、友谊常青四个展区，突出了在五四新文化中改造中国与世界的时代主题、毛泽东领导新民学会组织湖南赴法勤工俭学运动的巨大贡献和湖湘特色、邓小平在法国的革命活动、蔡和森和向警予在中国共产党创建史上的地位和作用、周恩来等中国共产党巴黎早期组织成员的影响以及旅法勤工俭学对于中法文化交流和中法人民友谊的历史意义等内容。

中国旅法勤工俭学蒙塔日纪念馆

思政教育：2021 年 7 月，在“不忘初心，寻梦蒙塔日百年伟大的足迹”建党百年庆祝活动中，时任中国驻法国大使卢沙野评价“留法勤工俭学的历史对于中国共产党的创立、中国革命道路的选择有着特殊重要意义，这段特殊历史让中国人民对法国产生了特殊友好感情，我们要共同呵护好、传承好、发展好这一份中法两国人民的共同精神财富，推动中法全面战略伙伴关系不断发展，造福两国和世界人民”。

核心词汇

序号	中文	英文对照
1	蒙塔日	Montargis
2	卢瓦雷省	Loiret
3	奥尔良市	Orleans
4	蒙塔日纪念馆	Montargis Memorial
5	展览	Exhibition

实用表达

1. The purpose of Amicale France Chine of Montargis is to build a bridge full of friendship and business opportunities between Europe and China.

法中友好交流协会的宗旨是在欧洲和中国之间架起一座充满友谊和商机的桥梁。

2. Over the years, Amicale France Chine of Montargis has been actively committed to developing friendly relations with many cities in China.

多年来，蒙塔日法中友好协会积极致力于开展与中国多个城市的友好交往。

任务九　能力测试

任务情境

任务情境：当你作为领队带旅游团落地法国戴高乐机场，第一次遇到地接导游Marc，你们怎样互相问候，可以通过聊什么话题拉近彼此距离呢？

任务提示：法国人通常比较浪漫，聊天方式热情幽默。当“舌尖上的中国”遇上美食国度，“饮食”这个话题也就成了大家寒暄和初次见面聊天不会犯错的首选。

参考对话：项目九—任务九—情景模拟

跨文化交际

任务情境：法国地接Marc很细心，他看到团里很多小朋友戴的帽子上画有一种类似的动物，当他得知是“熊猫”的时候，表示很喜欢。作为领队你怎么将中国文化中的“熊猫”文化输出？

项目十　德国（Germany）旅行项目

任务一　国情介绍

任务情境

德国旅游业发达，旅游资源丰富，有 51 处世界文化和自然遗产。当你作为领队带领团队前往德国旅游前，需要全面了解德国的自然地理、历史发展与社会经济等国情。在出境旅游初期，应对旅游者进行德国基本国情的介绍，帮助旅游者对旅游目的地建立初步的印象。

学习目标

1. 了解德国的自然地理特征，熟悉其气候特点；
2. 了解德国的简要历史和人口民族情况；
3. 了解德国的政治经济特点，熟悉德国的国家标志；
4. 掌握德国的礼仪习惯，熟悉文化交流中的礼仪禁忌。

任务分解

一、地理纵览

1. 地理概况

德国（Germany）位于欧洲中部，东邻波兰、捷克，南毗奥地利、瑞士，西界荷兰、比利时、卢森堡、法国，北接丹麦，濒临北海和波罗的海（The Baltic Sea），是东欧和西欧以及斯堪的纳维亚（Scandinavia）和地中海之间的交通枢纽（Transport Hubs）。作为欧盟和北约的成员，德国被称为“欧洲走廊”。德国面积 357582 平方公里，居欧盟第四。陆地边界全长 3876 公里，海岸线长 2389 公里。德国的地形变化多端，有连绵起伏的山峦，高原台地，丘陵，有秀丽动人的湖畔及辽阔宽广的平原。

2. 气候特征

德国位于北纬 47~55℃之间的北温带，平均气温 1 月 −5~1℃，7 月 14~19℃。德国北部是海洋性气候，相对于南部较暖和。西北部海洋性气候较明显，往东、南部逐渐向大陆性气候过渡。温度大起大落的情况很少见。降雨分布在一年四季。年降水量

500~1000 毫米，山地则更多。

二、历史回眸

1. 简史

962 年建立德意志民族神圣罗马帝国。1871 年建立统一的德意志帝国。1914 年挑起第一次世界大战，1919 年建立魏玛共和国，1939 年发动第二次世界大战，战后被美、英、法、苏四国占领。1949 年 5 月 23 日西部建立德意志联邦共和国。同年 10 月 7 日东部成立德意志民主共和国。1990 年 10 月 3 日，德国实现统一。

2. 人口宗教

德国人口 8319 万，是欧盟人口最多的国家，每平方公里人口密度 233 人，是欧洲人口最稠密的国家之一，通用德语。外籍人口占人口总数的 12.2%，其中土耳其人最多，约 147.64 万。居民中信奉基督教新教和罗马天主教的各占约 30%。

三、社会概述

1. 政治体制

德国实行议会民主制下的总理负责制。宪法（Constitution）是治国大法，规定德国是联邦制国家，外交、国防、货币、海关、航空、邮电属联邦管辖。国家为议会共和制。联邦总统为国家元首，总理为政府首脑。议会由联邦议院和联邦参议院组成。联邦议院行使立法权，监督法律执行，选举联邦总理，参与选举联邦总统和监督联邦政府工作等。

2. 国家标志

国旗：国旗呈长方形，长与宽比为 5:3，自上而下由黑、红、金三道平行相等的条纹组成，黑色代表勤勉与力量，红色象征国民的热情，金色则代表荣誉。

国徽：国徽以土黄色盾牌为背景，上有一只黑色雄鹰，雄鹰的喙和两爪为红色。自古以来，德国人对雄鹰的崇敬都是虔诚而深沉的，早在古罗马时代，雄鹰被看作至高无上的上帝的象征，它保护上帝的子孙和信徒不受侵害。在封建王朝时代，雄鹰是皇权的象征，帝王们希望以此使皇位永固，以雄鹰入图。

3. 经济产业

德国是高度发达的工业国。经济总量位居欧洲首位、世界第四，其侧重重工业，汽车和机械制造、化工、电气等行业是支柱产业，其他制造行业如食品、纺织与服装、钢铁加工、采矿、精密仪器、光学以及航空航天业也很发达。德国工业高度外向，工业产品一半以上销往国外，牢牢守住全球产业链中的高端地位，树立“德国制造”这块象征优质、高效和创新的金字招牌，保持产品的竞争力。

四、礼仪风俗

1. 国民性格

德国人的民族性格特点是严谨、保守、实在、节俭，以高效和准时著称。德国人待人接物虽严肃拘谨，但态度诚恳坦率。在公共场合，德国人拘泥形式，不擅长幽默。他们一板一眼，做事谨慎小心，一切按规矩和制度行事。德国人办事认真仔细，责任心极强，公私分明。

2. 礼仪风俗

德国人和他人会面时行握手礼。如遇熟人、朋友或家人，通常是行拥抱礼。和客人交流时，更喜欢称呼对方的头衔，但大多数德国人不喜欢别人的恭维。德国人在公开场合注重礼仪，讲究风度。在服饰方面不喜欢太过花哨，非常注重整洁，如是着西装则一定要系领带。参加宴会或是去剧院等正式场合时，男士多着深色礼服，女士则着长裙。送花时禁止送菊花、玫瑰、蔷薇，枝数和花朵数不能是 13 或者双数，礼品包装纸不用黑色、白色和棕色，也不能用彩带包扎。

核心词汇

序号	中文	英文对照
1	德国	Germany
2	波兰	Poland
3	捷克	Czech Republic
4	奥地利	Austria
5	瑞士	Switzerland
6	波罗的海	The Baltic Sea
7	斯堪的纳维亚	Scandinavia
8	交通枢纽	Transport Hubs
9	宪法	Constitution

实用表达

1. People in Germany strongly associate yellow with joy.

德国人常常把黄色和快乐联系在一起。

2. Thanks to its industrial past, in Germany you are expected to arrive at least ten minutes early for any scheduled activity. Being on-time is a risky enough tactic as your hosts will probably already be there waiting in Germany.

在德国参加活动，你应该比约定时间提前至少十分钟到达，因德国过去是个工业社会，所以很守时。在德国，准时到是有风险的，因为你的东道主很可能早就在那里等候了。

任务二　交通指引

任务情境

德国交通运输业发达，公路、水路和航空运输全面发展。公路密度为世界之冠，总长度居世界第 3 位，德国高速公路部分路段无速度限制。2019 年，客运总量 128.1 亿人次，其中铁路运输 29.31 亿人次，公路及城市轨道交通 96.52 亿人次，航空 2.26 亿人次。领队应了解德国外部交通与区域交通情况，能够在出入境、城际交通等项目上进行准确的交通指引；同时，也需要了解德国的特色交通项目，便于进行旅游推介。

任务目标

1. 了解到达德国的方式，能够引导旅游者通过机场海关，顺利入境；
2. 了解德国城际交通的基本情况；
3. 了解具有地域特色的旅游交通方式。

任务分解

一、到达德国

航空交通：德国是所有欧洲国家中与中国的航班连接最频繁的国家之一，每周有 100 多班直飞航班往返于两国之间，涵盖北京、上海、香港、南京、成都、沈阳、长沙和青岛，可到达城市包括法兰克福、慕尼黑、柏林和杜塞尔多夫。大部分中国游客赴德旅行的第一站都是法兰克福机场，这是德国最大的机场和欧洲第二大机场，其与慕尼黑机场皆为汉莎航空的枢纽机场。

铁路交通：德国铁路网总长约为 48215 千米。地区铁路有区域特快铁路（Regional Express，RE）、区域铁路（Regional Bahn，RB）和城市铁路（Stadt Bahn，S-Bahn）；远程铁路则有欧洲城际快车（Euro City，EC）、城际快车（InterCity，IC）和城际特快列车（InterCity Express，ICE）。远程铁路行运的范围总长约达 2000 千米。

知识链接

法兰克福机场（Frankfurt Airport）

法兰克福机场位于德国黑森州法兰克福市，距市中心 12 千米，是 4F 级大型国际枢纽机场，也是星空联盟的总部所在地。法兰克福机场设有长途铁路车站，德国铁路 DB 公司与德国汉莎航空、美国航空及阿联酋国际航空联营机场铁路服务，也设有城市铁路（S-Bahn）站，旅客可直接搭乘城铁前往法兰克福市中心区。法兰克福机场的 T1、T2 航站楼前都设有出租车待客区，为旅客提供 24 小时服务。机场与法兰克福市中心之间的单程行车时间为 20~30 分钟，价格约 20 欧。

二、入境流程

入境手续：德国属申根国家，持有任何申根国家签发的有效期内的申根签证都可进入。赴非申根国家在国际区转机；赴其他申根国家则需进入申根区。依德方规定，中国公民赴非申根国家，如在同一机场国际区停留并转机，无须办理过境签证；如转机时需要更换机场，需办理过境签证。

入境文件：入境需随身携带有效护照、签证、机票及与入境目的相关的邀请函、入学通知书、酒店预订证明、医疗保险证明、在德联系人住址和联系方式等文件证明，以便边防检查官员查验。

海关检查：携带超过 1 万欧元或等价外币（包含现金、支票、债券）时，需向海关申报，否则会被处以最少 15% 的罚款。携带物品经机场通关时，无论是否可免税，务必携带物品发票，以证明其购买地、用途和价值。

温馨提示：办理入境手续时，应如实回答德国边防检查官员问询，如不懂德文或不能正确理解提问，可请求德方提供中文翻译；不要在没有理解的情况下随意点头或在文件上签字。

知识链接

德国入境携带物品规定

德国对于烟、酒等特殊产品，有不同的免税规定。只有年满 17 岁以上，才能够携带酒精或烟草类物品进入德国国境，否则将被视为违法，咖啡类物品的携带限制年龄是 15 岁。德国入境免税规定：

1. 可免税携带入境的物品：200 支香烟或 100 支小雪茄、50 支雪茄或 250 克烟草；

2. 酒精含量 22% 以上的酒 1 公升或酒精含量 22% 以下的酒 2 公升、含有酒精的饮料 2 公升、普通葡萄酒 2 公升；

3. 咖啡粉 500 克或浓缩咖啡精 200 克、茶叶 100 克或浓缩茶精 40 克；

4. 香水 50 毫升或花露水 250 毫升；在欧盟外购买的价值不超过 145 英镑的物品。

此外，德国海关对于武器、弹药和新鲜的肉类都是禁止携带的。

三、城际交通

德国交通系统多而不乱，杂而有序。不管是城际交通，还是市内轨道交通，几乎都是连通的，在很多地方是共线的。

高铁：高铁 ICE 和普通城际铁路 IC，主要连接大中城市，是德国最快的陆上公共运输方式，速度快但相对昂贵。ICE（Inter City Express）是德国铁路的旗舰产品，提供主要大城市之间的高速连接。火车通常每小时运行一次，有时甚至更频繁。IC/EC（城际 InterCity/ 欧洲城市 Euro City）高质量的特快列车连接较大的德国国内目的地和枢纽，速度比 ICE 稍慢，通常每隔一两个小时运行一次，其中许多能进入邻近国家。

温馨提醒：车票可在官网购买，买得越早越便宜，建议购买官方打折卡。打折卡的价格根据年龄段有所不同。由于在德国没有验票机制，所有车站都没有票闸，乘客在车站及月台自由进出，使用交通车票前，务必找到打票机器做打票启用车票的动作，这样才算有这张票的使用权。在车上常有工作人员抽查，乘客未持有有效车票会被予以重罚。

四、市内交通

德国轨道交通的运营很富有巧思，大部分轨道交通采用同向换乘，而不需要上下楼交叉换乘。在换乘站，两条线路同一方向的列车会停留在同一个月台两侧，而且会安排在同一时间到站，使得换乘的过程真正做到无缝。

地铁（U–Bahn）：在大城市、人口密度高的地方，比如柏林、汉堡、慕尼黑等，车次很频繁，一般 6 分钟一趟，营业到凌晨 3 点。有的是全线地下通行，更多的是一段地上、一段地下，但只要有地下通行路段的就叫地铁。

城铁（S–Bahn）：也称有轨电车（S–Bahn），满足市区和郊区间长距离通勤的需求，在市区内也有大量密集站点，且发车间隔更密，在市区内跟地铁无区别。车票可在站台上购买或用银行卡绑定购买，有单程票、天票、周票、月票和年票。如使用纸质车票，要在站台边上的黄色机器上打票，否则被查到算作逃票；手机买票会有二维码，可不打票。

核心词汇

序号	中文	英文对照
1	区域特快铁路	Regional Express， RE
2	区域铁路	Regional Bahn， RB
3	城市铁路、有轨电车	Stadt Bahn， S–Bahn
4	欧洲城际快车	Euro City， EC

（续表）

序号	中文	英文对照
5	城际快车（普通城际铁路）	InterCity，IC
6	城际特快列车（高铁）	Inter City Express，ICE
7	慕尼黑机场	Munich Airport
8	检验检疫	Quarantine Inspection

实用表达

1. Many visitors are surprised that most German taxis are Mercedes Benz. Licensed taxi are cream or off-white in color and have a "taxi" sign on their roof. Taxis are metered, with some routes of fixed prices, such as from downtown to the airport. Tipping is a must, usually 10 percent of the fare and the driver will charge extra for each passenger and piece of luggage. Outside the main cities, it may be necessary to call for a taxi.

许多游客会惊讶于大多数德国出租车是梅赛德斯奔驰。有执照的公司是乳白色或米白色的，车顶上有一个"出租车"的标志。出租车是打表的，有些路线有固定价格，如从市中心到机场。小费是必需的，通常是车费的10%，司机会对每位乘客和每件行李收取额外费用。在主要城市之外，可能需要打电话叫出租车。

2. Most German cities have public buses as well as S-Bahn（street cars）and U-Bahn（metro trains）. The transportation networks are extensive and well-connected. There is no monitoring whether riders have bought tickets or not. Instead, inspectors randomly check passengers for tickets and fines are levied on the spot for non-ticket holders.

大多数德国城市都有公共汽车以及S-Bahn（城铁）和U-Bahn（地铁）。这些交通网络覆盖面广、连接性强。乘客是否已经买票是没有监控的，但会有工作人员随机检查乘客的车票，对不持票者当场进行罚款。

任务三　住宿安排

任务情境

德国住宿有很多种选择，有豪华舒适的星级宾馆，有经济实惠的小旅馆，有青年旅舍，也有德国民居。在德国的大部分城市都可以找到各种各样经济实惠的旅馆和客栈，或向旅游者开放的民居，那里花费不高，还可以和当地人打交道，更方便融入地方生活，感受地方文化。如何给游客安排优良的住宿环境，并"沉浸式"体验当地文化，是领队应具备的技能。

任务目标

1. 了解具有德国特色的住宿场所，并能够根据游客需要进行推荐；
2. 熟悉德国旅游住宿方面的注意事项，并能够清晰地向游客说明。

任务分解

一、特色住宿

青年旅舍：青年旅舍的发源地是德国，因此青年旅舍遍及全德。青年旅馆有会员卡（HI 卡），是国际青年旅舍联盟会员身份证明，也是入住青年旅馆的凭证。26 岁以下的旅客花费 12 欧元，27 岁及以上花费 20 欧元就可购得这款卡。青年旅馆的房间类似宿舍，4~6 人一间，男女分居，10~15 欧元 / 天。

度假农庄（Vacation on a Farm）：能提供安静宁和、无忧无拘的生活氛围和温馨真诚的款待。可选择带或不带食物储备的房间、度假屋、为孩子特别准备的度假区、牧场和葡萄园。

二、住宿提醒

住宿须知：德国大部分的城市，在火车站或机场都设有旅游接待处或旅游咨询中心（Tourist Information Centre），可以咨询住宿问题；很多酒店也设有预定接待处。住宿房间内禁止吸烟，而旅客违反规定，会被处以罚款。

服务设施：德国宾馆星级划分和我国不一样，三星级只是普通客房，屋内只有一张床、卫生间，仅提供热水，没有洗漱用具。

核心词汇

序号	中文	英文对照
1	酒店	Hotel
2	划分等级	Rating
3	旅馆和客栈	Guesthouses and Inns
4	度假村	Vacation Villages and Houses

（续表）

序号	中文	英文对照
5	度假农庄	Vacation on a Farm
6	旅游咨询中心	Tourist Information Centre

实用表达

1. With about 450 different youth hostels in Germany, tourists can rest assured that you'll find a hostel that fits your needs. Each youth hostel has a unique feature that will make the stay extra special.

德国有大约450家不同的青年旅舍，可以放心地找到一家适合你需要的旅舍。每家青年旅舍都有独特的风格，会让住宿变得格外特别。

2. It is not just backpackers but also university groups who enjoy staying in youth hostels in Germany. With playground and fun activities for the little ones as well as programs designed for adults, the entire family will have a memorable holiday with a very reasonable price.

不仅仅是背包客或大学团体喜欢住德国的青年旅馆。青年旅馆为孩子们准备了游乐场和有趣的活动，以及为成年人设计的节目，整个家庭都会有一个难忘的假期，而且价格非常合理。

任务四　旅游导览

任务情境

德国旅游城市众多。柏林，德国首都，政治文化中心；汉堡，宜人的城市，夜生活可与柏林媲美；法兰克福，战后经济复苏中心，堪称“第二首都”；科隆，德国最具代表性的城市之一，位于欧洲工业发达密集区，城内有不少历史纪念碑；慕尼黑，巴伐利亚州首府，在画廊、博物馆、啤酒、时装、运动等许多方面都居前列；海德堡大学城弥漫着浪漫气息，是浪漫思潮的发源地……作为领队，你该如何引领旅客了解当地旅游资源呢？

任务目标

1. 熟悉德国旅游的特色资源与主要旅游城市；
2. 熟悉柏林、汉堡、法兰克福等地的旅游资源，并能够对知名景点进行简要讲解。

任务分解

一、柏林（Berlin）导览

柏林位于德国东北部，是德国的首都和最大的城市，也是德国的政治、文化、交通及经济中心，四面被勃兰登堡州环绕，施普雷河和哈弗尔河流经该市。

德国系列微课——柏林导览

勃兰登堡门（Brandenburger Tor）：位于柏林市中心，坐落在巴黎广场（Pariser Platz）旁，是柏林标志性建筑。作为德国重新统一的标志和象征，它凝聚着此座城市的当代与历史。勃兰登堡门前后各以六根多立克式立柱为支撑，只对行人开放。著名的女神四铜马雕像于 1794 年安放在城门上，展现胜利女神维多利亚驾驶一辆四马两轮战车的英姿。

勃兰登堡门

博物馆岛（Museumsinsel）：位于柏林市中心，施普雷岛北侧，聚集了五座形态各异却又和谐统一的博物馆，以佩加蒙博物馆为首，其余四座分别是柏林老博物馆、柏林新博物馆、老国家美术馆和博德博物馆，展览无与伦比的世界级文化瑰宝。1992 年，博物馆岛被联合国教科文组织纳入世界文化遗产。

柏林大教堂（BerlinerDom）：建于施普雷岛（Spreeinsel）北部，曾是霍亨索伦皇族宫廷教堂，是柏林最大的教堂，素有博物馆岛入口之称，德国新教教会中心之一，是巴洛克和意大利文艺复兴鼎盛时期风格，穿过卢斯特花园（Lustgarten）小道可到达其正门。

柏林大教堂

国会大厦：位于柏林市中心，是德国联邦议会所在地。建于 1884—1894 年，是保罗·瓦洛特在德意志帝国成立后建造的具有象征意义的建筑。建筑上的铭文“为了德意志人民”是在第一次世界大战期间被镶上的。

东边画廊：位于柏林东火车站至奥伯鲍姆桥之间，是柏林保留至今最长的一段柏林墙。曾经是冷战的标志，现在是世界最大的露天画廊。东、西柏林分离期间，艺术家以墙代纸在柏林墙西边作画。柏林墙倒塌后，艺术家在长期保留墙段的东边作画，形成了今日的东边画廊。1991 年，这段柏林墙被列为保护建筑。

东边画廊

知识链接

柏林墙

柏林墙（Berlin Wall）是冷战期间民主德国政府环绕西柏林边境修筑的全封闭的边防系统，始建于 1961 年 8 月 13 日，全长 167.8 公里，最初以铁丝网和砖石为材料，后期加固为由瞭望塔、混凝土墙、开放地带及反车辆壕沟组成的边防设施。民主德国政府称此墙为“反法西斯防卫墙”，目的是阻止民主德国居民逃往西柏林。由于柏林墙把西柏林地区如孤岛一般包围封锁在民主德国境内，因而也被称为“自由世界的橱窗”。它是第二次世界大战后德国分裂的重要标志。1990 年 6 月，民主德国政府正式决定拆除柏林墙。

二、法兰克福（Frankfurt）导览

法兰克福是德国第五大城市及黑森州最大城市，是德国乃至欧洲重要工商业、金融和交通中心，处在莱茵河中部支流美因河的下游。法兰克福同时也是一座文化名城，是世界文豪歌德的故乡，市内有 17 个博物馆和众多名胜古迹。

法兰克福大教堂（Frankfurt Cathedral）：是典型的哥特式建筑（Gothic Architecture），已有 600 年的历史，虽几经战火，仍能幸免于难。又被称为“皇帝大教堂”（Kaiserdom），1562—1792 年神圣罗马帝国的加冕典礼即在此举行，现在教堂宝库内

依然陈列有大主教们在加冕典礼时所穿的华丽衣袍。

歌德故居（Goethe-Haus）：在法兰克福凯撒大街后面有一条叫格罗撒·希尔施格拉本通道，由此进门，陈列其中的作品反映了歌德的一生。一层厨房，是 18 世纪典型有钱人家的厨房。餐厅被称为“蓝色厅”，是全家团聚的场所，厅中物品是巴洛克风格。二层是洛可可风格沙龙，也称“北京厅”，墙纸是中国式的。三层是路易十六风格的走廊。四层是房间，歌德在此度过青葱岁月，写下了著名的《少年维特的烦恼》《浮士德》等。

德国电影博物馆：是德国最杰出的电影博物馆，二楼演示旧电影，楼下的展馆以物品编年史的手法向游客展出电影的发展历程，包括埃米尔·雷诺 1882 年发明的实用镜；爱迪生 1889 年发明的活动电影放映机；卢米埃兄弟 1895 年发明的电影机复制品等，同时还会向游客展示现代电影如何制作电影特效。

三、慕尼黑（Berlin）导览

慕尼黑是一座历史文化名城，保留着原巴伐利亚王国都城的古朴风情，拥有许多巴洛克和哥特式建筑，它们是欧洲文艺复兴时期的典型代表，城市中各种雕塑比比皆是。正是这座别具风格的城市，把历史与现代完美结合。畅游老城与新城间，体验时空交换的错觉，激发游客无限的想象力。

玛丽亚广场（Marien Platz）：坐落在老城中心，是慕尼黑最大、最主要的广场，被誉为慕尼黑的心脏。除了著名的新市政厅，近旁还有老市政厅、圣母教堂、老彼得大教堂等热门景点，推荐一站式打卡。广场四周各色餐馆和商场云集，是休闲的好去处。

圣母教堂（Frauenkirche）：也译作玛丽恩教堂，位于圣母广场以西，是天主教的主教座堂和最重要的城市地标。其建筑风格为后哥特式，教堂的红砖屋顶和绿色“洋葱头”双塔十分有辨识度，可以爬上教堂的塔顶观赏慕尼黑全景。

宝马世界（BMW Welt）：一座集购车、参观、娱乐餐饮为一体的多功能建筑，可以 360° 无死角体验 BMW。建筑外观呈双圆锥形，设计充满超现代感，是慕尼黑的时尚新地标。馆内的展示车型从经典款到概念款应有尽有，可以亲身体验宝马的科技和设计理念。

核心词汇

序号	中文	英文对照
1	柏林	Berlin
2	勃兰登堡门	Brandenburger Tor

（续表）

序号	中文	英文对照
3	巴黎广场	Pariser Platz
4	博物馆岛	Museumsinsel
5	柏林大教堂	Berliner Dom
6	施普雷岛	Spreeinsel
7	柏林墙	Berlin Wall
8	法兰克福	Frankfurt
9	法兰克福大教堂	Frankfurt Cathedral
10	哥特式建筑	Gothic Architecture
11	歌德故居	Goethe-Haus
12	文艺复兴	Renaissance
13	玛丽亚广场	Marien Platz
14	宝马世界	BMW Welt

实用表达

1. Berlin's close links with arts are clear from the large number of artists and countless museums and galleries in the city.

柏林与艺术的密切联系，从该市大量的艺术家和无数的博物馆和画廊可以看出。

2. Berlin is home to plenty of graffiti or street art. Street artists use the city as their canvas and give Berlin the edgy look which the city is famous for. Every neighborhood is filled with street art.

柏林有很多涂鸦或街头艺术。街头艺术家把这座城市作为他们的画布，让柏林以前卫外观闻名于世，每个街区都充满了街头艺术。

任务五　美食推荐

任务情境

很多人对德国美食的了解集中在啤酒与香肠上，其实德国面包同样是德国美食的精髓。同时，德国人爱吃猪肉，大部分有名的德国菜都是猪肉制品，且德国菜口味重、分量大。因此，领队有必要了解德国的特色美食，并在旅游活动过程中恰当地进行安排，有针对性地予以推荐。

任务目标

1. 了解德国美食，能够简单地讲解德国美食的特色；
2. 熟悉德国著名的美食街区与场所；
3. 了解德国的饮食习俗与其中的礼仪禁忌。

任务分解

一、特色美食

德式香肠（Sausage）：德国人热爱吃香肠，制作香肠的方式不下百种，大体分为烤香肠、煮香肠还有生肠，纽伦堡香肠、咖喱香肠、烟熏黑啤酒香肠、维也纳香肠、血肠等都是德国人创造出来的。

猪肘（Pork Knuckle）：德国最出名的主菜，一份烤猪肘搭配上酸菜与土豆泥，再加一杯德国啤酒，这是最地道的德国菜组合。到德国一定要尝试一下猪肘，味道纯正、分量足。

德国面包（Bread）：以丰富谷物作为原料的德国面包，能够提供更多的营养物质。成分简单的全麦面包和全谷面包，还能够在肠道消化吸收时增添饱足感，延缓饥饿。自 2014 年以来，德国面包被官方认定为非物质文化遗产，并且被收入联合国教科文组织的名录中。

德国啤酒（Beer）：德国啤酒种类繁多，啤酒文化更成为德国旅行中的必体验项目。德国盛产小麦（Wheat），德国人又精于啤酒的酿造技术，所以这里有世界上最棒的啤酒。德国啤酒大致上可以分白啤酒、清啤酒、黑啤酒、科什啤酒、出口啤酒和无酒精啤酒六大类。德国的各大城市都有属于自己的啤酒品牌。

二、美食地标

Curry 36：一家已经开业 30 年的小店，号称有柏林最好吃的咖喱香肠。他们家的香肠短短胖胖的，在香肠上淋上番茄酱并且撒上一点咖喱粉就做好了，个头和口感都很棒。不论是当地人还是游客都会特地跑到这里来品尝，门口永远排着长长的队伍。

慕尼黑皇家啤酒馆（Hofbrauhaus München）：始建于 1589 年的皇家啤酒厂，茜茜公主、歌德、列宁等都曾是啤酒屋的嘉宾。经历 400 多年的沧桑，屋里的装饰独具特色，屋顶鲜艳的彩画能使你感觉到一种复古的味道；宽敞的屋里不时传来钢管乐的演奏声，在这样的乐声中品味独特的德国啤酒，仿佛身跟心一起醉了。

三、饮食习俗

德国菜以酸、咸口味为主，调味较为浓重。烹饪方法以烤、焖、串烧、烩为主。蓝格的桌布上摆着一筐面包，客人在等待中可以慢慢享用，德国面包很有咬劲，牙齿好的人才能品尝出味道。在肉类方面，德国人最爱吃猪肉，其次才能轮到牛肉。以猪肉制成的各种香肠，令德国人百吃不厌。德国人一般胃口较大，喜食油腻之物，所以德国的胖人极多。

德国人的每日三餐，多数人以晚餐为主，因为晚餐是在一天工作结束之后，所以人们愿意聚在一起，品尝各种丰富的食品，边吃边谈，驱散一天紧张工作的疲劳，在轻松的气氛中，共进晚餐，其乐无穷。

核心词汇

序号	中文	英文对照
1	德式小香肠	Bratwurst
2	啤酒	Beer
3	配方	Ingredients
4	小麦	Wheat
5	自助	Buffet
6	生菜沙拉	Salad Lettuce
7	拼盘	Plates

实用表达

1. As Germany's most widely valued culinary contribution, bratwursts are sausages with thick German-style that are frequently paired with stewed sauerkraut and a cool beer.

德国最受推崇的美食可能要算德式小香肠了，它是一种口味浓重的德国风味香肠，经常与烩酸菜和冰凉的大杯啤酒搭配在一起食用。

2. Beer and beer gardens is one thing Berlin, and Germans in general, are extremely good at. While pale pilsner-style beer is the most common, dark and ale beers are also popular.

啤酒和啤酒花园是柏林乃至整个德国人极为擅长的。虽然苍白的比尔森啤酒是最常见的，但黑啤酒和麦芽啤酒也很受欢迎。

任务六　商品导购

任务情境

品质是产品的灵魂，德国实用又低调的产品总是受欢迎。去德国旅游时，除了欣赏当地闻名遐迩的建筑物和艺术品，购物也是必备选项。作为领队，应当熟悉德国特色旅游商品与知名商业街区，以便引导游客购买合适的商品。

任务目标

1. 熟悉我国旅游者喜爱购买的德国旅游商品，并能够进行简要的讲解；
2. 熟悉德国知名购物商店和商业街区，能够引导旅游者购物；
3. 了解德国在支付、小费与退税方面的相关规定，能够有效服务于游客。

任务分解

一、特色商品与纪念品

德国啤酒杯（Mass）：长久以来德国人一直以热爱啤酒闻名，德国人喝啤酒都是一升一升地喝，用的是一种名叫 Mass 的笨重玻璃杯。去慕尼黑历史悠久的宫廷酿酒屋可以买到这种啤酒杯。

凌美（LAMY）钢笔：德国钢笔品牌（Brand），凌美是欧洲钢笔生产商，总部设于海德堡。公司创始者约瑟夫·凌美于 1930 年创立了欧瑟斯钢笔制造厂，生产欧瑟斯（ORTHUS）和阿特斯（ARTUS）钢笔，由此开始从事钢笔制造业。

二、特色购物街区

柏林亚历山大广场（Alexander Platz）：位于柏林东部，是柏林的交通枢纽和商业中心。广场最引人注目的是高 368 米的电视塔，为柏林最高的建筑。电梯在 40 秒内把游客送上 207.54 米高的旋转空中咖啡屋。这里还是一处繁华的购物区，汇集百货大楼和购物中心，周围有众多的特色小店可以买到独特的纪念商品。

科隆霍厄大街（Hohe Street）：是德国历史最悠久的购物商圈之一，也是最古老和最繁忙的街道之一。许多世界著名的品牌商店都坐落于此。历史可以追溯到罗马时代，街道上各种商店林立。

法兰克福采尔大街（Zeil Street）：地处法兰克福市中心，历史可以追溯到 14 世纪，一直是德国最有名、最繁忙的购物街之一，夜景分外迷人。采尔大街以宏伟伫立的建筑而闻名，街上的大型百货公司鳞次栉比，云集了德国最顶尖的国际设计师精品店，品种繁多，应有尽有。

三、消费提醒

小费：在德国，餐饮、美容美发、出租车、酒店等行业支付小费比较普遍。支付小费，一般是凑零为整。若餐馆的账单上列出了 15% 的服务费，就无须付小费了，假如顾客觉得对这里的服务感到特别满意，可以把用餐费凑成一个整数；如果服务费只收 10%，顾客可以另加 5% 作为小费。

购物退税：非欧盟居民且不持有三个月以上的居留许可的人才享有退税资格。购物时问商家要退税单，分手写和机打两种，个人信息部分必须填完整，退税单跟发票原件订在一起。到机场后先去柜台办理登机手续，托运行李（Checked Baggage）贴好条形码后，跟工作人员说明要去退税，从传送带上取下行李。带着贴好条形码的行李去海关处盖章。海关会抽查退税物品，盖章后，拿退税单去办理退款。

核心词汇

序号	中文	英文对照
1	凌美	LAMY
2	品牌	Brand
3	柏林亚历山大广场	Alexander Platz
4	科隆霍厄大街	Hohe Street
5	法兰克福采尔大街	Zeil Street
6	托运行李	Checked Baggage
7	登机口	Boarding Gate
8	手提行李	Carry-on Luggage

实用表达

1. Germans have long been known for their love of beer – often it's cheaper than water – and they drink it by liter in heavy glass mugs known as a Mass.

长久以来德国人一直以热爱啤酒闻名，在德国，啤酒常常比水还便宜，德国人喝啤酒都是一升一升地喝，用的是一种名叫 Mass 的笨重的玻璃杯。

2. Quality is the soul of the product, the German pursuit for quality is unbelievable.

品质是产品的灵魂，德国人对品质的追求让人难以置信。

任务七 文化体验

任务情境

德国拥有丰富且傲人的历史文化遗产，足够让游客感悟历史，发现激动人心的故事和宝藏，让游客对德国、对欧洲有更深刻的认识。因此，领队有必要了解德国特色的文体休闲项目及节庆活动，从而帮助旅游者增强文化体验，在节庆与娱乐活动中得到休闲放松。

任务目标

1. 了解具有德国传统特色的休闲活动，能够进行简单的讲解；
2. 了解德国节庆文化及其旅游活动，并能够引导游客参与。

任务分解

一、休闲活动

骑自行车（Bicycling）：在德国，骑自行车是一项很受欢迎的活动。它不仅是一种很好的锻炼身体的方式，还能保护环境，在城市中出行非常实用。在德国，骑自行车通常是到达目的地最快的方式。

运动健身（Fitness）：德国人人都是体育多面手，擅长自行车、滑雪（Skiing）、游泳、足球、羽毛球、保龄球（Bowling）、壁球（Squash），德国几乎全民健身。

交响乐（Symphony）：贝多芬、巴赫、亨德尔、舒曼、瓦格纳、勃拉姆斯等一批德国音乐家在世界音乐史发展中赫赫有名，德国人民如此喜爱音乐而且极具音乐天赋。德国有着古老的交响乐文化，并且有很多历史悠久的交响乐团，世界十大顶级交响乐团中，柏林爱乐乐团、德累斯顿交响乐团这两家都在德国。

二、节庆活动

慕尼黑啤酒节

慕尼黑啤酒节（The Munich Oktoberfest）：又称“十月节”，起源于1810年，每年九月末到十月初在慕尼黑举行，持续两周，是慕尼黑一年中最盛大的活动。开幕式由市长主持，中午12时，在12响礼炮声和音乐声中，市长用木槌把黄铜龙头敲进大啤酒桶内，后拧开龙头，饮下第一杯，十月节便正式开始。每年啤酒节，来自全德国各个州的人们穿上特色民族服装，演奏音乐，浩浩荡荡来到现场。

杜赛尔多夫狂欢节：是欧洲参加人数最多和最热闹的狂欢节之一，始于每年 11 月 11 日，止于次年复活节前，高潮是在次年 2 月的“女人狂欢节”。女性成群结队冲进市政大厅，“占领”市长办公室，“俘虏”市长并宣布接管政权，剪断代表着男性权威的领带，宣告街头狂欢的正式开始，整个过程充满浪漫快乐的色彩。

核心词汇

序号	中文	英文对照
1	滑雪	Skiing
2	保龄球	Bowling
3	壁球	Squash
4	打折村	OUTLET
5	德国慕尼黑啤酒节	The Munich Oktoberfest
6	交响乐	Symphony

实用表达

1. The Munich Oktoberfest is one of the biggest public festivals in the world. Each year, the Oktoberfest is attended by around 6 million visitors, who drink around 5 million liters of beer and consume over 200,000 pairs of pork sausages – mostly in the “beer tents” put up by the traditional Munich breweries.

慕尼黑啤酒节是世界上最大的公共节日之一。每年，约有 600 万游客参加啤酒节，会喝约 500 万升啤酒，并食用 20 多万对猪肉香肠——大部分是在慕尼黑传统酿酒厂搭起的“啤酒帐篷”里。

2. Christmas markets inspired by German have spread across the world. Some of the global Advent festivities are even managed by German companies who export their goods and stalls across borders.

受德国原创的启发，圣诞市场已经遍布世界各地。一些全球性的降临节庆祝活动甚至由德国公司管理，他们的商品和摊位远销海外。

任务八　思政教育

任务情境

马克思主义创始人卡尔·马克思（Karl Marx）1818年5月5日出生于普鲁士莱茵省千年古城特里尔（Trier）。特里尔是德国最古老的城市，坐落在狭长的摩泽尔河谷盆地中，是莱茵河畔一座著名的大学城，清澈的摩塞尔河静静地从城边流过，整座城市充满浓郁的历史氛围，环境十分优雅静谧。马克思出生的故居至今保存非常完好，作为马克思故居博物馆开放给公众参观。

任务目标

1. 了解适合开展思政教育的德国旅游景点；
2. 掌握这些旅游景点背后的思政教育意义；
3. 掌握增进旅游者对德国特里尔马克思故居纪念馆感悟的引导方法。

教育案例

德国特里尔马克思故居纪念馆（Karl Marx House Museum in Trier，Germany）

案例简介：马克思故居纪念馆位于德国古城特里尔市布吕肯街10号，是一座灰白色的3层楼房，淡黄的粉墙、棕色的门楣和窗沿、乳白色的窗扉，是当时德国莱茵地区的典型建筑，始建于1727年。每年到德国小城特里尔参观马克思故居纪念馆的中国人超过10万。不仅马克思博物馆备有中文解说器和中英文对照标识牌，城里的各大商场和旅游景点都有中文标识。在特里尔不难看到“欢迎光临”等中文。在街头，经常有德国人友好地向你招手或用汉语问候。

德国系列微课——特里尔马克思故居纪念馆

马克思故居纪念馆

思政教育：马克思是全世界无产阶级（Proletariat）和劳动人民的革命导师，无产阶级的精神领袖，国际共产主义运动的开创者，伟大的政治家、哲学家、经济学家、革命理论家，著作有《资本论》（Das Kapital）《共产党宣言》（The Communist Manifesto）等。中国人是马克思故居的常客。在其故居陈列的《共产党宣言》和《资本论》的众多版本中，印刷最精美的属中文版。到德国的中国游客都有“马克思故居情结”，颇有些“不到特里尔，不算去过德国”的情怀。

核心词汇

序号	中文	英文对照
1	卡尔·马克思	Karl Marx
2	特里尔	Trier
3	德国特里尔马克思故居纪念馆	Karl Marx House Museum in Trier, Germany
4	无产阶级	Proletariat
5	《资本论》	Das Kapital
6	《共产党宣言》	The Communist Manifesto

实用表达

1. The Karl Marx House museum is a writer's house museum in Trier. In 1818, Karl Marx, the father of Marxism, which influenced both modern socialism and communism, was born in the house. It is now a museum about Karl Marx's life and writings as well as the history of communism.

卡尔·马克思故居博物馆是特里尔的一个作家故居博物馆。1818年，影响了现代社会主义和共产主义的马克思主义之父卡尔·马克思就出生在这里。它现在是一个关于卡尔·马克思的生活和著作以及共产主义历史的博物馆。

2. Marx was seen everywhere across Trier, a city of 100, 000 residents, which marked the occasion with high-profile events that included a debut of a statue of Karl Marx in 2018, as a gift from China.

在特里尔这个拥有10万居民的城市，到处都能看到马克思的身影，该市以高调的活动来纪念这一时刻，其中包括2018年卡尔·马克思雕像的首次亮相，这是中国的礼物。

任务九　能力测试

产品设计

任务情境：你所在的旅行社接待了一个小包团客人，他们表示十分想尝试当地啤酒和肘子，想在五一黄金周的时候再请几天年假凑个 10 天的假期，亲自去看看德国的酿酒厂和啤酒屋，同时体验别致的德国文化。

任务要求：请你为他们定制一条个性化的路线。参考答案请扫二维码获得。

项目十一—任务九—产品设计

跨文化交际

任务情境：德国地接 Max 很细致，在你带团出发去德国慕尼黑前，他便发邮件与你再三沟通细节，包括航班号、到达时间等。并且，在落地后得知，Max 提前很久到达机场迎接你们，请你用专业知识向游客介绍德国人的严谨和认真。

任务提示：要向游客再三强调时间观念，再引出德国人的严谨和工匠精神。

项目十一　西班牙（Spain）旅行项目

任务一　国情介绍

任务情境

当你作为领队带领团队前往西班牙旅游之前，需要全面了解西班牙的自然地理、历史发展与社会经济等国情。在出境旅游初期，应对旅游者进行西班牙基本国情的介绍，帮助旅游者对旅游目的地建立初步的印象。

学习目标

1. 了解西班牙的自然地理特征，熟悉西班牙的气候特点；
2. 了解西班牙的简要历史和人口民族情况；
3. 了解西班牙的政治经济特点，熟悉西班牙的国家标志；
4. 掌握西班牙的礼仪习惯，熟悉文化交流中的礼仪禁忌。

任务分解

一、地理纵览

1. 地理概况

西班牙位于欧洲西南部伊比利亚半岛（Iberian Peninsula），地处欧洲与非洲交界处，西邻葡萄牙（Portugal），东北与法国、安道尔（Andorra）接壤，北濒比斯开湾（Bay of Biscay），南隔直布罗陀海峡（Strait of Gibraltar）与非洲摩洛哥相望，东和东南临地中海。领土还包括地中海中的巴利阿里群岛（Baleares），大西洋的加那利群岛（Islas Canarias）及非洲的休达（Ceuta）和梅利利亚（Melilla）。西班牙是一个多山国家，面积 50.6 万平方公里，海岸线长约 7800 公里。

2. 气候特征

西班牙中部高原属大陆性气候，干燥少雨，夏热冬冷；北部和西北部沿海属海洋性气候，全年风调雨顺，植被丰富，有“绿色西班牙”的美名；南部和东南部属地中海型亚热带气候，日照时间长，夏季炎热，最高气温 40℃，冬季温和，几乎全年无霜冻。

二、历史回眸

1. 简史

1492 年“光复运动”胜利后，建立统一的西班牙封建王朝。同年 10 月 12 日哥伦布抵达西印度群岛，此后逐渐成为海上强国，在欧、美、非、亚各洲均有殖民地。1588 年“无敌舰队”被英国击溃，开始衰落。1936—1939 年爆发内战。1947 年佛朗哥宣布西班牙为君主国，自任终身国家元首。1975 年 11 月佛朗哥病逝，胡安·卡洛斯一世国王登基。1976 年 7 月胡安·卡洛斯一世国王任命原国民运动秘书长阿道夫·苏亚雷斯为首相，开始向西方议会民主政治过渡，1978 年宣布实行议会君主制。

2. 人口宗教

西班牙人口 4735 万人，主要是卡斯蒂利亚人（Castilla，即西班牙人），少数民族有加泰罗尼亚人（Catalan）、加里西亚人（Galego）和巴斯克人（Basque）。西班牙语是官方语言和全国通用语言，96% 的居民信奉天主教。

三、社会概述

1. 政治体制

西班牙实行君主议会立宪制，立法、行政、司法三权鼎立。国王为国家元首和武装力量统帅，行使对政府机构的仲裁权。政府拥有行政权，负责治理国家；首相是政府最高首脑。司法为独立的权力机构，依法行使审判权。最高法院是国家最高司法和审判机关，各自治区设高级法院。国家宪法法院是监督正确执行宪法的最高司法权力机关。国家总检察院是最高检察机关。

2. 国家标志

国旗：呈长方形，长宽之比为 3:2。自上而下由红、黄、红三个平行长方形组成。中间黄色部分占旗面 1/2，左侧绘有国徽。红、黄两色是西班牙人民深爱的传统色彩，象征着人民对祖国的一片赤胆忠心。

国徽：代表历史上组成西班牙的五个王国：左上角红底金色城堡代表卡斯蒂利亚王国，右上角白底粉色狮子代表莱昂王国，左下角红黄竖条代表阿拉贡王国，右下角红底金色锁链代表纳瓦拉王国，最底下白底绿叶红石榴代表格拉纳达，中间蓝底三朵鸢尾花是波旁家族的标志。两根海格力斯之柱威然屹立在盾徽两边，仿佛将国家的安全置于其护佑之中。左柱顶上绘有一顶王冠，右柱顶上是帝国冠冕，分别代表守护西班牙海峡直布罗陀和莱昂岛两根柱石。当中盾牌上的大皇冠代表的是阿斯图里亚斯区。一条红色饰带绕过银柱，上面写着“海外还有大陆”。

3. 经济产业

西班牙是中等发达的资本主义工业国。工业产值占西班牙国内生产总值比例较高，主要工业部门包括纺织、食品、汽车制造、冶金、化工、能源、电力等。西班牙农业用地面积 3000 万公顷，居欧盟第二位，占国土面积 59.3%。农作物种植种类主要有葡萄、橄榄、柑橘等。畜牧业以猪、羊、牛为主，猪肉产量居欧盟第一、全球第三，羊肉产量居欧盟首位。葡萄种植面积居世界首位，达 95 万公顷，占世界总种植面积的 13%。橄榄种植面积及橄榄油产量均居世界首位，全世界约一半的橄榄油产自西班牙；旅游业发达，是国民经济的重要支柱之一。

四、礼仪风俗

1. 国民性格

西班牙人（Spaniards）热情大方，开朗坦诚，容易接近和交朋友。他们乐观向上，善于驾驭生活，把生活安排得丰富多彩、其乐无穷。西班牙人自强自立，尤其是对那些富于挑战和刺激的事，更有一种冒险的勇气。西班牙人比较直爽，容易激动，他们不愿意做事说话藏着掖着，有自己独特见解，觉得不开心会直接说出来，即使解释得面红耳赤都不愿意藏在心里，过后还会和以前一样。

2. 礼仪风俗

西班牙人在第一次见面时，通常会行握手礼和吻礼，即先握住手，然后左右脸各贴一下。与熟人相见时，常紧紧地拥抱、拍肩。与西班牙人交谈时，最好避开家庭及个人工作问题，要尊重他们的宗教信仰。西班牙人姓名常有三四节，前一二节为本人姓名，倒数第二节为父姓，最后为母姓。通常口头称呼称父姓。西班牙人最忌讳“13”，认为相关的数字及日期都很不吉利，遇其会有厄运或灾难临头。

核心词汇

序号	中文	英文对照
1	西班牙	Spain
2	伊比利亚半岛	Iberian Peninsula
3	葡萄牙	Portugal
4	安道尔	Andorra
5	比斯开湾	Bay of Biscay
6	直布罗陀海峡	Strait of Gibraltar
7	摩洛哥	The Kingdom of Morocco
8	巴利阿里群岛	Baleares
9	加那利群岛	Islas Canarias
10	卡斯蒂利亚人	Castilla
11	加泰罗尼亚人	Catalan
12	加里西亚人	Galego
13	巴斯克人	Basque
14	西班牙人	Spaniards

实用表达

1. What are the common characters of Spaniards？

西班牙人有什么性格特点呢?

Spanish people are warm，generous，honest and optimistic.

西班牙人热情大方，开朗坦诚，乐观向上。

2. Spain has a coastline of about 7800 kilometers，and no fewer than 48 UNESCO World Heritage sites. Now，Spain has been declared the best country in the world to visit.

西班牙的海岸线约 7800 公里，拥有至少 48 个联合国教科文组织世界遗产地。这个国家日前被宣布为全球最佳旅游目的地。

任务二 交通指引

任务情境

西班牙以陆路交通运输为主。铁路总里程 1.53 万公里，在营高速铁路 3450 公里（2019 年），居欧洲第一、世界第二，仅次于中国。高速公路总长 15585 公里（2018 年），居欧洲第一、世界第三位，仅次于中国和美国。领队应了解西班牙外部交通与区域交通情况，能够在出入境、城际交通等方面进行准确的指引。

任务目标

1. 了解到达西班牙的方式，能够引导旅游者通过机场海关，顺利入境；
2. 了解西班牙城际交通的基本情况。

任务分解

一、到达西班牙

航空交通：西班牙航空系统十分发达，其开通的国际航线可以直达世界各重要城市。西班牙与欧洲各国之间航班往来密集；同时也是通往非洲、美洲的交通要道。西班牙全国有机场 51 个，主要机场有欧洲第四大机场马德里阿道夫·苏亚雷斯—巴拉哈斯机场、巴塞罗那埃尔普拉特机场和帕尔马·德马略卡机场。

水运交通：西班牙有主要港口53个，最主要的有巴塞罗那、瓦伦西亚、毕尔巴鄂、塔拉戈纳、阿尔赫西拉等，居欧洲第三位，仅次于荷兰与意大利。

国际列车：西班牙高铁AVE时速可达300公里/小时，总里程在欧洲乃至全球均名列前茅，所以西班牙是名副其实的高铁国家。在西班牙旅行，乘坐高铁AVE可以为您带来一场既舒适又高效的旅行。

知识链接

西班牙入境携带物品规定

入境西班牙每人允许免税携带物品的限额为：

1. 可免税携带入境的物品：200支香烟或50支雪茄或250克烟草；

2. 酒精含量22%以上的烈酒1公升或酒精含量22%以下的葡萄酒及饮料酒2公升；

3. 普通咖啡500克或浓缩咖啡200克、茶叶100克或浓缩茶40克；

4. 香水50毫升或花露水0.25公升。

二、入境流程

入境手续：入境西班牙须持赴西有效签证或居留证，否则将被原机遣返。短期停留为自首次进入申根国领土的首日计算的半年内，其总停留时间不超过90天。在西班牙或同西班牙有协议的其他国家，180天内可在任何一个申根国家内停留不超过90天。

入境文件：中国护照、有效签证或居留证、入境目的证明、居留条件，及充足的经济来源用来支付在西班牙停留期间的花费。旅行证件有效期应从预计离开申根国之日开始起，仍有3个月以上有效期，且签发日期不得超过10年。如是未成年人，除了携带有效身份证件外，还必须提供父母授权同意书。

海关检查：非欧盟移民持有至少513欧元的现金（或等值支票、信用卡、国际汇票）；不得携带毒品及其他违禁品；入境每人允许免税携带物品的金额不得超过175欧元（15岁以上旅客）或90欧元（指15岁以下旅客）；携带华盛顿公约所规定的濒危野生动、植物出入境，必须得到相关国际贸易机构的许可证书。

温馨提示：在办理入境手续时，所办签证种类应与赴西意图相符。入境时请主动配合西班牙边防部门的检查，如实说明情况；对外沟通时要注意保持冷静、理智，避免出现过激言行。

三、城际交通

西班牙的交通系统发达，城际巴士是出行不错的选择，与火车相比，巴士的性价比更高。

城际巴士（Intercity bus）：西班牙国内城际巴士主要由 Alsa、Avanza 等公司运营，主要线路连接马德里、巴塞罗那、瓦伦西亚等城市及其周边小镇，价格合适。车基本上分三级，最高级别会送水、送耳机。巴塞罗那和马德里之间有高级夜车，座位可放平，游客可以舒服地躺到目的地。

高速列车（AVE）：西班牙高速铁路主要有四条：Alaris、Alvia、Avant 和 Euromed。Alaris 线路主要是从马德里到瓦伦西亚（Valencia），Alvia 负责西班牙长途运输线路，Avant 负责境内短途运输线路，Euromed 是地中海沿岸商务人士的最佳选择，优先（Preferente）等级车厢设有轮椅设施和残障旅客专用卫生间。

四、市内交通

地铁：西班牙地铁很方便，首都马德里地铁是欧洲第二大地铁系统，仅次于伦敦。目前拥有 12 条地铁线路、3 条轻轨及在 Ópera 站和 Príncipe Pío 站之间的摆渡车 R 线。

核心词汇

序号	中文	英文对照
1	马德里巴拉哈斯机场	Aeropuerto de Madrid–Barajas
2	天合联盟	SkyTeam
3	星空联盟	Star Alliance
4	马德里	Madrid
5	城际巴士	intercity bus
6	塞维利亚	Silvilla
7	瓦伦西亚	Valencia

实用表达

1. Transportation System in Spain is well developed. Spain Transportation comprises of a good network of air, road and railways which connect every place in Spain. The public transport system in Spain is very much frequent and efficient.

西班牙的交通系统非常发达。西班牙的交通由一个良好的航空、公路和铁路网络组成，连接着西班牙的每一个地方。西班牙的公共交通系统是非常频繁和高效的。

2. As one of the oldest countries of Europe, Spain is located in the south west of Europe occupying most part of the Iberian Peninsula.

作为欧洲最古老的国家之一，西班牙位于欧洲的西南部，占据了伊比利亚半岛的最大部分。

任务三　住宿安排

任务情境

西班牙各地都有高、中、低不同档次的旅馆供游客选择，包括星级宾馆及公寓床位，高档宾馆和小旅馆都可事先预订。此外，很多都是由古代的城堡改造而成，位于各著名景点附近或远离城市喧嚣的山谷之中。如何给游客安排优良的住宿环境，并"沉浸式"体验当地文化，是领队应具备的技能。

任务目标

1. 了解具有西班牙特色的住宿场所，并能够根据游客需要进行推荐；
2. 熟悉西班牙旅游住宿方面的注意事项，并能够清晰地向游客说明。

任务分解

一、特色住宿

国家客栈（Paradores）：是政府所属的酒店连锁集团，绝大多数酒店历史悠久，多由古代城堡改造而成，位于各著名景点附近或远离城市喧嚣的山谷之中，环境优美，等级由三星级到超豪华五星级不等，适合国内游和度假休闲。

家庭公寓（Apartments）：西班牙不少家庭将多余的住宅、公寓和房间出租给游客居住，收费较低。如在西班牙一个地方停留较长时间，不妨考虑租住带有厨房的公寓及住宅，或住进西班牙人家中。

二、住宿提醒

住宿预订（Reservation）：可用全球通用的酒店预定平台，并向官网（Official Website）提供的地址发电子邮件（Email）进行确认，核对预订信息，一般要求提供信用卡号码。在西班牙，一般抵达旅馆即可入住，但在旺季可能要等到中午 12 时以后才能入住。

酒店服务：当地住宿卫生条件较好，绝大多数旅馆房费中含早餐。在旅馆用餐，只须提供房号计账，待退房时统一结算。观看电视节目时，请注意有关说明，收看收费电视节目需要缴费。西班牙一些高档旅馆设有免费的健身房（Gym）、游泳池（Swimming Pool）等场所，但建议在使用前最好问清楚。

注意事项：不要损坏房间里的设施设备（Facilities and Equipment），保持室内卫生。在旅馆说话或在房间里看电视时，声音不要太大。个人物品要保管好，零星物品、钱币等不要放在枕头下边，以免被服务员误认为是不要的东西而拿走。

核心词汇

序号	中文	英文对照
1	国家客栈	Paradores
2	公寓	Apartments
3	预订	Reservation
4	官网	Official Website
5	电子邮件	Email
6	健身房	Gym
7	游泳池	Swimming Pool
8	设施设备	Facilities and Equipment

实用表达

1. Spanish cities are densely populated, so shops and restaurants all tend to be within walking distance of most people's residences.

西班牙城市人口密集，商店和餐馆与大多数人的住所往往很近。

2. There are apartments which cater to the needs of all visitors ranging from small one bedroom places to larger apartments suitable for families and larger groups. For city apartments, Agoda.com is highly recommended where there are thousands of apartments for rent all over Europe. Airbnb is a more novel approach where you can rent rooms directly from the owner.

公寓可以满足所有游客的需求，从小型的一室一厅到适合家庭和大型团体的大型公寓。对于城市公寓，建议去安可达官网看看，他们在欧洲各地有成千上万的公寓出租。如果想找一个更新奇的，可以看看爱彼迎平台，在那里可以直接向房主租房。

任务四　旅游导览

任务情境

作为世界文化遗产（World Cultural Heritage）较多的国家，热情洋溢的西班牙人文荟萃。从阿罕布拉宫（Palace of the Alhambra）到圣家族大教堂（Sagrada Família），西班牙以一座又一座的建筑奇迹诠释什么叫"完美"，从巴勃罗·毕加索（Pablo Picasso）到萨尔瓦多·达利（Salvador Dalí），天才的灵感在西班牙肆意挥洒。多姿多彩的西班牙，每个地区都有着独特的历史、文化和自然风光。

任务目标

1. 熟悉西班牙旅游的特色资源与主要旅游城市；

2. 熟悉马德里、巴塞罗那、瓦伦西亚等地的旅游资源，并能够对知名景点进行简要讲解。

任务分解

一、马德里（Madrid）导览

马德里是一座五光十色又娴静古典的城市。古老热闹的中世纪街道与现代摩登艺术交织在一起，这样的城市设计可能让人产生一股穿越时空的奇妙感。

马德里王宫（The Royal Palace of Madrid）：位于马德里东方广场西侧，是仅次于凡尔赛宫和维也纳美泉宫的欧洲第三大皇宫。王宫建于1738年，历时26年才完工，是世界上保存最完整而且最精美的宫殿之一，融合了西班牙传统王室建筑风格和巴洛克建筑风格，外观呈正方形结构，由白色花岗岩筑成。

马德里王宫

太阳门广场（Puerta del Sol Square）：马德里中心广场，周围被许多历史建筑环绕，是重大游行集会和市民、游客休闲娱乐的场所。广场上有两座雕像，一座是熊与树莓雕像，是马德里市的标志；另一座是卡洛斯三世雕像。

普拉多博物馆（Prado Museum）：位于马德里市普拉多大道，是世界知名博物馆之一，拥有众多的西班牙和欧洲艺术馆藏，是西班牙至高无上的艺术殿堂。博物馆主体部分维亚努埃瓦宫，建于1785年，正立面由希腊式白色圆柱支撑，外墙红白相间，正门外放有委拉斯凯兹青铜雕像。

二、巴塞罗那（Barcelona）导览

巴塞罗那是西班牙加泰罗尼亚地区的首府，是地中海沿岸最大的城市，欧洲最受欢迎的旅游胜地之一，每年吸引超过 700 万游客。这个历史名城拥有 8 个世界遗产，从中世纪的教堂和纪念碑到现代博物馆和基础设施，巴塞罗那可以让游客大开眼界。

圣家族大教堂

圣家族大教堂（Sagrada Família）：天主教哥特式教堂，由西班牙建筑师安东尼奥·高迪（1852—1926 年）设计。教堂平面呈矩形，立面为不规则多柱形，主体结构由 5 座殿堂和 3 座侧翼殿堂组成。始建于 1882 年，直至 2021 年 11 月 29 日，圣家族大教堂圣母楼封顶。高塔和教堂的大部分结构预计将于 2026 年，高迪逝世 100 周年之时完工。1984 年，圣家族大教堂与高迪在巴塞罗那其他六个建筑作品一起，被联合国教科文组织列入《世界遗产名录》。

毕加索博物馆（Musee Picasso）：毕加索是西班牙最伟大的画家之一。毕加索博物馆位于巴塞罗那的拉里贝拉附近，是艺术家一生中唯一建立的博物馆。它成立于 1963 年，拥有超过 4250 个展品，是收藏大师作品最丰富的博物馆之一，也是艺术爱好者必去的景点。

加泰罗尼亚音乐宫（Palau de la Música Catalana）：加泰罗尼亚的卓越和荣耀由音乐宫的宏伟壮丽体现。它建于 1908 年，为卡塔拉合唱团而建，属于现代主义风格，至今仍是该市的地标建筑之一，在 1997 年被联合国教科文组织列入《世界遗产名录》。

知识链接

高迪的建筑作品（Works of Antoni Gaud í ）

安东尼奥·高迪（Antonio Gaudi，1852 年 6 月 25 日至 1926 年 6 月 10 日），男，出生于西班牙加泰罗尼亚小城雷乌斯，西班牙建筑师，塑性建筑流派的代表人物，属于新艺术运动时期的建筑风格。高迪一生设计过很多作品，主要有古埃尔公园、米拉公寓、巴特罗公寓、圣家族大教堂等，其中有 17 项被西班牙列为国家级文物，7 项被联合国教科文组织列为世界文化遗产。巴塞罗那是一座高迪之城，这里处处是高迪的影子，游览这座城市最好的方法就是买一张巴塞罗那观光巴士票，它会带你到每一处有高迪的地方，为你讲诉高迪每一个故事。

三、瓦伦西亚（Valencia）导览

瓦伦西亚是西班牙第三大城市、第二大海港，是瓦伦西亚自治区和瓦伦西亚省的首府，号称欧洲的“阳光之城”，位于西班牙东南部，东濒大海，背靠广阔的平原，

四季常青，气候宜人，被誉为“地中海西岸的一颗明珠”。

瓦伦西亚大教堂（The Saint Mary of Valencia Cathedral）：建于3世纪时的清真寺旧址上，在不断改建和翻修中混合了多种建筑式样。教堂的三个入口就分别是新罗马式（正门）、巴洛克式（南侧宫门）和西哥特式（北侧使徒门）。圣杯礼拜堂中摆放着据说是耶稣在最后的晚餐中使用过的餐具。

丝绸交易厅（Lonja de la Seda）：西哥特式建筑，15—19世纪一直作为丝绸等商品的交易所使用，是一座音乐厅。大厅中的螺旋柱造型优雅轻盈，非常有特色。1996年被列入世界文化遗产。

火祭博物馆（Museo Fallero）：每年3月中旬，瓦伦西亚场面壮观的火祭会吸引来自世界各地的游客。火祭博物馆收藏1930年以来在历年中夺魁的火祭人偶，每年不同的主题是对当时社会热点的有趣记录，馆内也可买到相关的影片。

核心词汇

序号	中文	英文对照
1	世界文化遗产	World Cultural Heritage
2	阿罕布拉宫	Palace of the Alhambra
3	圣家族大教堂	Sagrada Família
4	巴勃罗·毕加索	Pablo Picasso
5	萨尔瓦多·达利	Salvador Dalí
6	马德里	Madrid
7	普拉多博物馆	Prado Museum
8	巴塞罗那	Barcelona
9	高迪的建筑作品	Works of Antoni Gaudí
10	米拉之家	Casa Mila
11	巴特罗之家	Casa Batllo
12	古埃尔公园	Park Güell
13	古埃尔宫	Palau Güel
14	加泰罗尼亚音乐宫	Palau de la Música Catalana
15	瓦伦西亚	Valencia
16	丝绸交易厅	Lonja de la Seda
17	火祭博物馆	Museo Fallero

实用表达

1. Madrid's Golden Triangle refers to the city's three world-class museums: the Prado, the Reina Sofia and the Thyssen-Bornemisza. The museums form a triangle on the Paseo del Prado and each contains a collection of works by great masters.

马德里的金三角指的是这个城市的三个世界级博物馆：普拉多博物馆、索菲亚王后博物馆和蒂森－博内米萨博物馆。这些博物馆在普拉多大道上形成了一个三角形，每一个博物馆都收藏有大师的作品。

2. With major tourist attractions, such as Barcelona and its La Sagrada Família basilica, Madrid and its famous Prado art museum and the Costa del Sol with warm, inviting beaches, it's easy to see why Spain is one of the global favorites.

西班牙拥有巴塞罗那（圣家族大教堂）、马德里（著名的普拉多美术馆）和热情诱人的太阳海岸等热门旅游地，因此不难理解西班牙为什么会成为全球最受欢迎的旅游国家之一。

任务五　美食推荐

任务情境

西班牙人热爱美食就和他们热爱弗拉门戈舞一样，有着无限的激情。从地中海的水果到庇里牛斯山的珍馐，从摩尔人用来调味的藏红花和小茴香到名厨费兰·阿德里亚的疯狂分子料理，西班牙菜永恒又前卫。因此，领队有必要了解西班牙的特色美食与饮食习俗，并在旅游活动过程中恰当地进行安排，有针对性地予以推荐。

西班牙系列微课——特色美食

任务目标

1. 了解西班牙美食，能够简单地讲解西班牙美食的特色；
2. 熟悉西班牙著名的美食街区与场所；
3. 了解西班牙的饮食习俗与其中的礼仪禁忌。

任务分解

一、特色美食

传统西班牙烹饪中常以橄榄油和猪油为主，并使用由阿拉伯人引进的种类繁多的水果和蔬菜及从美洲新大陆引进的马铃薯和番茄作为配料。富含有益心脏健康成分的橄榄油、蔬菜和葡萄酒对西班牙人的长寿贡献良多。

伊比利亚火腿

伊比利亚火腿（Bamaham）：一种西班牙传统的有法定产区的生火腿，也称巴玛火腿，在西班牙的美食中占据决定性的地位。肉源来自伊比利亚种的黑猪，其特点是能在肌肉纤维内储存脂肪，这给予其肉质独特的口感。

海鲜肉菜饭（Paella）：是西班牙饮食中最具代表性的主食之一，以平底铁锅烹制。除大米外，配料包括虾、鱿鱼、牡蛎等各类海鲜，也有肉类和时令蔬菜等。烟熏风味的肉菜饭口味浓郁、色彩艳丽且营养丰富。

加利西亚章鱼：是一种著名的西班牙小吃，也是传统的加利西亚菜。章鱼（Octopus）的肉厚实，炖煮后淋上优质特级初榨橄榄油，再撒上盐和辣椒粉。

咸鳕鱼干：鳕鱼（Cod）是西班牙美食中的一种流行鱼类，咸鳕鱼干在西班牙北部很常见。通常是腌制成鳕鱼干，可以烘烤、油炸甚至放在炸丸子里。

二、美食地标

波廷之侄餐厅（Sobrino de Botín）：位于马德里，是全世界最古老的餐厅，自1725年开业至今一直营业，店内还挂着吉尼斯世界纪录的证书。在这间古老的餐厅吃饭，品尝的不仅是美食，更是品味历史。墙壁的蓝白瓷砖贴花是餐厅的特色，烤乳猪是餐厅的招牌菜。

三、饮食习俗

西班牙的吃饭时间与中国差异很大。早餐时间一般在7：00—8：00，主要以果汁、咖啡、饼干、面点等为主。午餐时间一般在13：00—15：30，饭前一般喝些开胃酒，佐以干果、火腿、奶酪、土豆蛋饼、炸小鱼等，午餐头盘一般为蔬菜或汤类，主菜为鱼或肉，甜点之后，西班牙人有在饭后吸雪茄和喝餐后酒的习惯。晚餐时间一般在20：30—23：00，有的餐馆21：00才对外营业。晚餐与午餐相比要清淡一些，但也非常丰盛。

核心词汇

序号	中文	英文对照
1	伊比利亚火腿	Bamaham

（续表）

序号	中文	英文对照
2	西班牙冷菜汤	Gazpacho
3	海鲜肉菜饭	Paella
4	章鱼	Octopus
5	鳕鱼	Cod
6	西班牙油条	Churros

实用表达

1. The Mediterranean diet, rich in heart-healthy olive oil, vegetables and wine, has long contributed to Spain's long-lived population.

长期以来，富含有益心脏健康成分的橄榄油、蔬菜和葡萄酒的地中海饮食对西班牙人的长寿贡献良多。

2. Rich, smoky, vibrant, and nourishing, Valencians take their paella (a rice dish topped with seafood) seriously.

烟熏风味的肉菜饭口味浓郁、色彩艳丽且营养丰富。瓦伦西亚人很看重这种海鲜盖浇肉菜饭。

3. The Spaniards love food as much as they love flamenco dance, with unbridled passion. They take snacks throughout the day with intervals of big meals.

西班牙人热爱美食就和他们跳弗拉门戈舞一样，有着无限的激情。他们在每顿大餐的间隔都会津津有味地吃着小零食。

任务六　商品导购

任务情境

西班牙购物好去处很多，巴塞罗那的古董和手工艺制品一直热销，时尚奢侈品也不遑多让；马德里当地旅游的纪念品种类繁多、做工精美，当地足球纪念品和钥匙环更是值得一买。

任务目标

1. 熟悉我国旅游者喜爱购买的西班牙旅游商品与旅游纪念品，并能够进行简要的讲解；

2. 熟悉西班牙知名购物商店和商业街区，能够引导旅游者购物；

3. 了解西班牙在支付、小费与退税方面的相关规定，能够有效服务于游客。

任务分解

一、特色商品与纪念品

西班牙手摇扇（Handheld fan）：西班牙随处可见用手摇扇的女性，手摇扇上绘有精美的图案，即便不用手扇来纳凉，也可将它用作装饰品。

雪莉酒（Sherry）：被莎士比亚称为“装在瓶子里的西班牙阳光”，在西班牙，它叫“赫雷斯”，以产地得名。“赫雷斯”是西班牙南部海岸小镇，适于生长品种葡萄巴洛米诺（Palomino），这种白葡萄酿成的酒称为雪莉酒。

橄榄油（Olive Oil）：西班牙安达卢西亚地区以出产顶级橄榄油闻名，每年出产的特级初榨橄榄油占西班牙全国产量的60%，而西班牙橄榄油占到全球销量的50%，所以安达卢西亚在欧洲就是顶级初榨橄榄油的代名词。

雅致瓷器（Lladro）：拥有半个多世纪的历史，由雅致家族三兄弟创建，是西班牙三大奢侈品牌之一。雅致瓷器以刻画见长，又以蕾丝、阳伞和花卉的逼真工艺而全球闻名。

二、特色购物街区

萨拉曼卡区（Salamanca）：被誉为马德里的黄金商圈，充满了马德里优雅和艺术气息，尤其是西侧的Serrano大街上，可以找到最精选、精致的奢华品商店；还可以找到西班牙当地著名时装设计师的服装店；此外还有两座购物中心：塞拉诺公园和塞拉诺ABC。

兰布拉大道

兰布拉大道（La Rambla）：是巴塞罗那市中心一条繁盛的步行林荫道，连接市中心的加泰罗尼亚广场（Plaça de Catalunya）和旧港的哥伦布纪念碑（Monument a Colom），在许多人心中是与巴黎香榭丽舍大街齐名的著名街道，两旁的花店、小食店、手艺店鳞次栉比；到了夜晚，褪去了商业气息，透过树荫是摇曳的光影与杯酒，让人想起西班牙诗人洛尔迦的话：“兰布拉大道是世上唯一我希望永不结束的街道。”

三、消费提醒

小费：给小费是西班牙社会的普遍习惯，西班牙人常会在餐厅、小酒吧、咖啡店和搭计程车后留下一点小费。

购物退税：申根国的退税起点金额不一样，西班牙是消费满 90 欧元，持有非欧盟国家护照，有效期在 6 个月以内；持有短期申根签证，如旅游签、商务签、探亲签等，可进行退税。贴有 Tax free、Tax Refund 字样的店，国际名牌、品牌连锁店基本都可以退税。开退税单前，店员一般会要求购物人出示自己的护照，店员会给退税代理公司 Global Blue、Premier 的信封，里面的小票会印上退税人的信息以及盖上退税章。

支付方式：西班牙大多数商家均可接受 VISA 卡及万事达卡（Master Card）消费，持美国运通（American Express）、JCB 卡等在使用时较不方便。根据规定，在西班牙持信用卡或借记卡消费，商家有权要求刷卡人出示身份证件，供商家核对身份，否则商家有权拒绝其刷卡消费。

核心词汇

序号	中文	英文对照
1	手摇扇	Handheld Fan
2	雪莉酒	Sherry
3	橄榄油	Olive Oil
4	雅致瓷器	Lladro
5	兰布拉大道	La Rambla
6	加泰罗尼亚广场	Plaça de Catalunya
7	萨拉曼卡区	Salamanca

实用表达

1. You'll see women using colorful, handheld fans all over Spain. Even if you don't intend to use the fan for its actual purpose, it can serve as a great decorative piece thanks to the intricate hand-painted patterns on them.

在西班牙，随处可见用多彩手摇扇的女性。即便你不打算用手扇来纳凉，你也可以将它用作装饰品，因为多数的西班牙手摇扇上都有手绘的精美图案。

2. Sherry, which Shakespeare called "Spanish sunshine in a bottle", is a specialty of Spain.

雪莉酒这种被莎士比亚称为“装在瓶子里的西班牙阳光”的酒是西班牙的特产。

任务七　文化体验

任务情境

热情奔放的弗拉门戈，英勇无畏的斗牛士，耀目阳光下的西班牙。高耸的比利牛斯山脉阻断了欧洲大陆南下的冷空气，也造就了独一无二的西班牙——张扬、热烈、痛快淋漓。作为世界文化遗产众多的国家之一，热情洋溢的西班牙人文荟萃。因此，领队有必要了解西班牙特色的文体休闲项目以及节庆活动，从而帮助旅游者增强文化体验，在活动中得到休闲放松。

任务目标

1. 了解具有西班牙传统特色的休闲文体活动，能够进行简单的讲解；
2. 了解西班牙的节庆文化以及相关的旅游活动，并能够引导游客参与。

任务分解

一、休闲活动

西班牙斗牛（Bullfighting）：西班牙斗牛起源于西班牙古代宗教活动（杀牛供神祭品），13 世纪西班牙国王阿方索十世开始这种祭神活动，后来演变为斗牛表演。现在西班牙拥有 300 多家斗牛场，通常以星期日和星期四为斗牛日。

西班牙斗牛

足球（Soccer）：西班牙是欧洲传统的足球强国，皇马、巴萨的任何一场比赛，在球迷心中都是极其完美的。不管在伯纳乌，还是在诺坎普，只要踏入球场，都会被绿茵场上的一片热情所感染，呐喊助威只为那一场精彩绝伦的足尖表演。

弗拉门戈舞（Flamenco）：是集歌、舞、吉他、演奏为一体的艺术形式，是西班牙境内的安达卢西亚地区吉卜赛人的音乐和舞蹈。14、15 世纪，吉卜赛流浪者把东方的印度踢踏舞风、阿拉伯的神秘感伤风情融合在自己泼辣奔放的歌舞中带到了西班牙。

弗拉门戈舞

二、节庆活动

三王节（Dia de los Reyes Magos）：每年的 1 月 6 日是传说“东方三王”向圣婴耶稣献礼的日子，相当于西班牙的“儿童节”，孩子们在这天会得到礼物，晚上还有盛大的花车游行。当载着三国王的花车来临时，会撒下无数的糖果，表示三国王从遥远东方带来的礼物，此时人们都陷入抢糖的疯狂中，非常热闹。

狂欢节（El Carnaval）：每年 2 月，西班牙各地狂欢活动相继展开，是西班牙一年中第一个重大节日，各种面具、小丑、纸巨人是狂欢节的主角。不同地区庆祝形式不同，其中加的斯（Cadiz）的街头乐队滑稽表演、特内里费（Tenerife）的烟花表演、卡塞雷斯省（Caseres）的焚烧恶魔模型等都是非常有名的。

瓦伦西亚法雅节（Las Fallas）：又称火祭节，每年 3 月 12—19 日举行，为纪念木匠的守护者圣约瑟而设，每年都吸引成千上万游客前往当地一起放火迎接春天。所谓的 Falla 是指上过彩的木头或纸板雕塑而成的作品。节庆开始，人们会燃放鞭炮烟火，最后用火将法雅点燃。

潘普洛纳奔牛节（Encierro）：是为纪念潘普洛纳（Pamplona）的保护神圣佛明（San Fermin）而举行的庆典，始于 1591 年，每年都吸引数万人参加。每年 7 月 6 日开始。最著名的活动是人们穿上白衣裤，缠上红腰带，在狭窄的街道上与斗牛（Bullfighting）一起狂奔，场面惊心动魄。

西红柿节（La Tomatina）：始于 1945 年，每年 8 月的最后一个星期三进行。每年这时，来自世界各地的游客聚集在布尼奥尔镇上，相互投掷西红柿进行游戏，和当地居民一道庆祝这个别具特色的节日。在这里，西红柿给人们带来的不只是丰收的喜悦，还有狂欢的快乐。

核心词汇

序号	中文	英文对照
1	西班牙斗牛	Bullfighting
2	弗拉门戈舞	Flamenco
3	三王节	Dia de los Reyes Magos
4	狂欢节	El Carnaval
5	瓦伦西亚法雅节	Las Fallas
6	潘普洛纳奔牛节	Encierro
7	西红柿节	La Tomatina

实用表达

1. People here prefer walking or biking, even walking a few blocks to take public transport instead of driving their own cars, which endows them with oxygen and reduces carbon emissions.

这里的人喜欢步行或骑车，有的甚至步行几个街区去坐公交车，而不是自己开车。这会使身体氧气满满，还能减少碳排放。

2. Spain is the land of fiestas or festivals. In every single city, town and village there is a festival of some kind which gets all the townsfolk out on the streets partying with their neighbors.

西班牙这个国度节日众多。每一个城市、城镇和村庄都有某种类型的节日，让所有的镇民都上街与邻居一起狂欢。

任务八　思政教育

任务情境

西班牙的“友好中国”组织 2011 年以一种“开路先锋”的姿态出现在大家面前，帮助西班牙旅游业相关机构了解中国游客的需要，改善接待中国游客的服务。目前已获得“友好中国”称号的西班牙旅游机构种类和数量比较可观。

任务目标

1. 了解适合开展思政教育的西班牙旅游景点；
2. 掌握这些旅游景点背后的思政教育意义；
3. 掌握增进旅游者对西班牙的“友好中国”组织了解的引导方法。

任务分解

西班牙的“友好中国”组织（The Spanish "China Friendly" Organization）

案例简介：西班牙“友好中国”组织成立于 2011 年，该协会制订了一套“友好中国”系统，共分为 4 个步骤（Steps）。第一步，提供信息。“友好中国”协会向有兴趣的机构介绍中国游客的基本情况。第二步，组织培训。开设培训课程，向他们传授如何改善设施以方便接待中国游客。第三步，能力考核。进行实地考察，评测人员服务和机构设施等情况，如考察通过，该机构获得“友好中国”头衔并挂牌。第四步，后期交流。与挂牌机构长期保持联系，向他们提供中国游客的最新资讯，并帮助他们改善服务。西班牙有 10 座城市整体获得“友好中国”称号（Titles），包括塞维利亚、托莱多、萨拉戈萨等。获得“友好中国”称号的机构还有 15 家酒店、16 家餐厅、3 家博物馆等文旅机构。

西班牙系列微课——西班牙的“友好中国”组织

弗兰西斯戈麦斯酒庄的双语标识牌

思政教育：“友好中国”的标志是汉字（Chinese Character）“友”，象征（Symbolize）着“友好中国”希望增进中西人民友谊。伴随着中国出境旅游业的发展，西班牙的经验也在世界各地推广，在“友好中国”框架下，俄罗斯、意大利、墨西哥等国均有各自的“友好中国协会”，各协会约定，每年举行一次世界友好中国城市大会。“友好中国”协会的产生是中国旅游外交的重要成果，是中国旅游产业发展与综合国力的体现，伴随着大量游客走出国门，中国文化也将在世界舞台上绽放光彩。

核心词汇

序号	中文	英文对照
1	友好中国	China Friendly
2	步骤	Steps
3	称号	Titles
4	汉字	Chinese Character
5	象征	Symbolize

实用表达

1. The Spanish "China Friendly" organization was founded in 2011.

西班牙“友好中国”组织成立于 2011 年。

2. Chinese tourists can visit places that have been certified as "China Friendly" where they may receive warm and friendly service.

中国游客可前往获得“友好中国”认证的地方，那里常令中国游客感受到温馨和友好。

任务九　能力测试

产品设计

任务情境：当你即将作为出境领队带旅游团落地西班牙马德里，你会怎样策划 5 天 4 夜的“马德里之旅”呢？

任务要求：请你为他们定制一条个性化的路线。参考答案请扫二维码获得。

项目十一—任务九—产品设计

跨文化交际

任务情境：西班牙地接导游 Lidia 很热情，在接到你所带的团后已是下午 3 点，游客想立刻出发品尝当地美食作为午餐，而 Lidia 却表示当地绝大部分餐馆还未营业。作为领队你怎么将当地“用餐时间”与游客解释清楚？

任务提示：尽管游客可能会认为西班牙午餐时间晚，是因为这个国家地中海式的闲适生活态度，西班牙坐落的经度与英国、葡萄牙和摩洛哥相同，本应采用格林尼治时间。然而，西班牙依照的是欧洲中部时间，与位于马德里东部 2500 多千米的塞尔维亚首都贝尔格莱德时间同步。所以，西班牙人工作日一般从早上 9 点开始，2—4 点这两小时进行午休，之后重新开始工作，大约晚上 8 点结束一天的工作。较晚的工作时间迫使西班牙人将社交生活挪到较晚的时间。黄金时间的电视也是晚上 10 点半才开始。

项目十二　意大利（Italy）旅行项目

任务一　国情介绍

任务情境

当你作为领队带领团队前往意大利旅游之前，需要全面了解意大利的自然地理、历史发展与社会经济等国情。在出境旅游初期，应对旅游者进行意大利基本国情的介绍，帮助旅游者对旅游目的地建立初步的印象。

任务目标

1. 了解意大利的自然地理特征，熟悉意大利的气候特点；
2. 了解意大利的简要历史和人口民族情况；
3. 了解意大利的政治经济特点，熟悉意大利主要的国家标志；
4. 掌握意大利的礼仪习惯，熟悉文化交流中的礼仪禁忌。

任务分解

一、地理纵览

1. 地理概况

意大利（Italy）由南欧亚平宁半岛（Apennine Peninsula）及西西里岛（Sicily）与撒丁岛（Sardinia）组成，东、西、南三面临地中海，与突尼斯、马耳他和阿尔及利亚隔海相望，海岸线长约 7200 多公里。其领土包围两个微型国家——圣马力诺（San Marino）与梵蒂冈（Vatican）。意大利北部有阿尔卑斯山脉，中部有亚平宁山脉，北部有波河平原。意、法边境的勃朗峰（Mont Blanc）是欧洲第二高峰，西西里岛上的埃特纳火山（Etna Volcano）是欧洲最大的活火山。

2. 气候特征

意大利大部分地区属亚热带地中海型气候（Subtropical Mediterranean Climate）。根据各地不同的地形和地理位置，全国分为南部半岛和岛屿区、马丹平原区和阿尔卑斯山区三个气候区。南部 1 月平均气温为 2~10℃，7 月为 23~26℃。巴丹平原属亚热带和温带之间的过渡性气候，属大陆性气候，气压较低，气候潮湿，夏季较热，冬季较冷。阿尔卑斯山区是全国气温最低的地区，冬季下雪较多，1 月平均气温

为 −12℃ ~1℃，7 月为 4~20℃。

二、历史回眸

1. 简史

意大利是欧洲历史古国，公元前 2000 年左右，古意大利部落就在此居住。公元前 754 年罗马建城。古罗马先后经历三个阶段，长达 1000 年。476 年，西罗马帝国的灭亡，标志着奴隶制度在西欧的崩溃。12—13 世纪在意大利的神圣罗马帝国统治瓦解。15 世纪，意大利成为欧洲文艺复兴（The Renaissance）的发源地。18 世纪民族主义觉醒。19 世纪意大利复兴运动兴起，撒丁王国开始逐步统一南北。1861 年建立意大利王国（Kingdom of Italy）。1870 年攻克教皇国首都罗马，完成意大利统一。第二次世界大战战败后废除君主制，成立共和国（Republic）。

2. 人口宗教

意大利人口主要是意大利人，讲意大利语，个别边境地区讲法语和德语。大部分居民信奉天主教。

三、社会概述

1. 政治体制

意大利政体为议会制共和制（Parliamentary Republic）。总统对外代表国家，由参议院和众议院两院联席会议选出。总理由总统任命，对议会负责。议会（Parliament）是最高司法和立法机构，由参议院和众议院组成。

2. 国家标志

国旗：呈长方形，长与宽之比为 3 ∶ 2。旗面由三个平行相等的竖长方形相连构成，从左至右依次为绿、白、红三色。意大利原国旗颜色与法国相同，1796 年把蓝色改为绿色。

国徽：呈圆形，中心图案是一个带红边的五角星，象征意大利共和国；其背后是个大齿轮，象征劳动者；齿轮周围由橄榄枝叶和橡树叶环绕，象征和平与强盛。底部的红色绶带上写着“意大利共和国”。

3. 经济产业

意大利是发达工业国，欧洲第四大、世界第八大经济体。中小企业发达，占企业总数的 98% 以上，被誉为“中小企业王国”。地区经济发展不平衡，北方工商业发达，南方以农业为主，经济较为落后。意大利实体经济发达，是欧盟仅次于德国的第二大制造业强国。农业总产值曾仅次德、法两国，位居欧洲第三，橄榄油出口位居世界第一。旅游业很发达，是世界第五大旅游国。

四、礼仪风俗

1. 国民性格

意大利人（Italian）豪爽、性格开朗、能说会道、待人热情、讲究礼貌、喜欢浪漫、重视传统风俗。南方人普遍将工作放在其次，热衷于喝酒、聚餐、歌舞与恋爱，热忱地欢度人生，而北方人追求上进、野心勃勃，工作勤奋且努力向上。

2. 礼仪风俗

意大利是时尚之都，当地人讲究穿着打扮，在服装方面看重标新立异。正式社交场合一般着西式服装。意大利教堂比较多，无论男女，都不得穿短裤、短裙或无袖衬衫到教堂参观。在意大利，女士优先。宴会时，女士先动刀叉进餐，先生们才可用餐。意大利人忌数字“13”。赠送纪念品给意大利人时，切忌送手帕，因其认为手帕是亲人离别时擦眼泪用的不祥之物。送花给意大利人时切忌送菊花，因为菊花盛开的季节正是他们扫墓的时候。意大利人赴宴迟到 15 或 20 分钟是司空见惯的事。

核心词汇

序号	中文	英文对照
1	意大利共和国	The Republic of Italy
2	意大利	Italy
3	亚平宁半岛	Apennine Peninsula
4	西西里岛	Sicily
5	撒丁岛	Sardinia
6	圣马力诺	San Marino
7	梵蒂冈	Vatican
8	勃朗峰	Mont Blanc
9	埃特纳火山	Etna Volcano
10	波河	Po River
11	亚热带地中海型气候	Subtropical Mediterranean Climate
12	文艺复兴	The Renaissance
13	意大利王国	Kingdom of Italy
14	共和国	Republic
15	议会制共和制	Parliamentary Republic
16	意大利人	Italian

实用表达

1. What are the common characters of Italian ?

意大利人有什么性格特点？

Italians are forthright，cheerful，eloquent，enthusiastic，polite，romantic.

意大利人豪爽、性格开朗、能说会道、待人热情、讲究礼貌、喜欢浪漫。

2. Why not send chrysanthemums when sending flowers to Italians？

为什么送花给意大利人时切忌送菊花？

Because when the chrysanthemum is in full bloom，it's time for them to sweep the grave.

因为菊花盛开的季节正是他们扫墓的时候。

任务二　交通指引

任务情境

意大利和世界各国主要城市间有着丰富的航线（Air Line），与欧洲主要国家有欧洲巴士联盟和国际特快列车连通，城市间亦有火车、长途巴士等。领队应了解意大利外部交通与区域交通情况，能够在出入境、城际交通等项目上进行准确的交通指引。同时，也需要了解意大利的特色交通项目，便于进行旅游推介。

任务目标

1. 了解到达意大利的方式，能够引导旅游者通过机场海关，顺利入境；
2. 了解意大利城际交通的基本情况；
3. 了解具有地域特色的旅游交通方式。

任务分解

一、到达意大利

航空交通：罗马和米兰是意大利的主要国际航空港，通常是境外游客计划意大利行程的起点和终点。罗马有两个主要的国际机场：菲乌米奇诺国际机场和钱皮诺国际机场。米兰有马尔本萨机场、利纳特机场和贝加莫机场。中国北京、上海、香港等都有直达意大利的航班。

国际巴士：欧洲巴士联盟（Eurolines）是欧洲著名的长途巴士联盟，有连接罗马到比利时、荷兰、瑞士、德国、法国等欧洲主要国家的线路。买一张欧洲巴士通票，可以在中途站点随意上下车。

国际列车：意大利铁路网是欧洲铁路网的一部分，到欧洲各主要都市的国际特快列车在意大利都会在罗马、米兰、威尼斯、佛罗伦萨等大站停靠。

二、入境流程

入境手续：旅客由边境口岸入境，至入境检查（Immigration Control）处办理入境手续。边检官员会检查有效护照（Passport）和签证（Visa）及相关文件，如有必要，还会简单询问。查验完毕后，边检官员会在您的护照上盖章。

入境文件：护照、有效申根签证、入境卡（Arrival Cards）、能够证明来意目的和停留期限的文件、足够数量的钱款或信用卡、医疗、旅行保险证明等。

询问问题：如您无法用英语交流，边检官员可协调周围旅客提供翻译。询问问题都与入境目的有关。如是入境旅游，可能会涉及以下问题：您来意大利的目的是什么？计划待多久？在意大利住在哪里？打算去哪些地方玩？您带了多少钱来旅游？您是自己来旅游还是和朋友一起？

海关检查：提取行李（Luggage Claim）后，还须通过海关检查（Customs）。海关通道分为红色、绿色和蓝色。需申报物品者，走红色通道；自非欧盟国家抵意、没有需申报物品者，走绿色通道；自欧盟国家抵达意大利、没有需申报物品者，走蓝色通道。乘客随身携带现金超过 1 万欧元，须向海关申报。

知识链接

意大利入境携带物品规定

1. 可免税携带入境的物品：香烟 200 支、卷烟（每支重量不超过 3 克的雪茄）100 支、雪茄 50 支、烟草 250 克四种烟草类中的一种。超过 22 度的蒸馏、酒精饮料或纯度超过 80% 的非变性酒精 1 升，等于或小于 22 度的蒸馏或酒精饮料、开胃葡萄酒、香槟、烈性葡萄酒 2 升以及低度葡萄酒 2 升两种酒精饮料类中的一种。香水 50 克、清新剂 250 毫升。咖啡 500 克、咖啡精或浓缩咖啡 200 克、茶叶 100 克、茶精 40 克。

2. 需报关的物品：香烟 200 支或雪茄 100 支，或 500 克烟丝；葡萄酒或其他酒类 1 升以内；香水 1 瓶，照相机 2 架、摄像机 1 架，底片 10 卷，打字机、手提式收录音机、电视机各 1 部。

3. 禁止携带入境物品：麻醉剂、毒品、武器、水货、易燃易爆危险品以及肉类、腌制类等意方认为可能危害意民众安全的食品。

三、城际交通

火车是意大利最为便捷的交通方式。意大利境内的铁路网十分发达，线路遍布全国各地，就连西西里岛和撒丁岛上也不例外。北部以米兰、博洛尼亚为交通中心，往来于各城市间只需 1—2 小时；中部以罗马为交通枢纽，沟通南来北往的列车；那不勒斯则是南部交通中心。火车票有正价票（Base）、优惠票（Economy）和比 Economy 优惠力度更大的票（Super Economy）三种。优惠票需提前至少一周购买。Super Economy 需提前至少一个月购买，不可改签、退票。

长途巴士也是意大利较为常见的一种城际交通方式。意大利的巴士公司众多，线路几乎涵盖所有城镇，运行时间与火车差不太多，且价格更加低廉，很多人喜欢。比较知名的巴士公司有 Sena、Euroline、Baltour 等，可在长途汽车站直接购票也可在线订票。

自驾游是一个遍览意大利自然人文风光的最佳选择。在意大利，租车自驾非常方便和便宜，广阔的公路网络，道路状况良好，且交通规则内容严谨合理，交通标志清晰。

意大利国内航线众多，国内线由 Alitalia 航空、Aerotrasporti Italiani 航空和 Alialia 航空 3 家公司负责。Alitalia 航空主要飞行于米兰、热那亚、威尼斯、罗马等地，而 A.T.L 航空则飞行于撒丁岛、那不勒斯等南意各大城市。

四、特色交通

威尼斯公共汽艇（Venice Public Motorboat）：在这座水城，除了步行，公共汽艇无疑是最佳的交通方式，船上的各种服务每隔几分钟就提供一次，它更像是水上的公交车。

贡多拉

贡多拉（Gondola）：是独具特色的威尼斯尖舟，这种轻盈纤细、造形别致的小舟已有 1000 多年的历史了，一直是威尼斯人代步的工具。

核心词汇

序号	中文	英文对照
1	航线	Air Line
2	欧洲巴士联盟	Eurolines
3	入境检查	Immigration Control
4	护照	Passport

（续表）

序号	中文	英文对照
5	签证	Visa
6	入境卡	Arrival Cards
7	提取行李	Luggage Claim
8	海关检查	Customs
9	正价票	Base
10	优惠票	Economy
11	比Economy优惠力度更大的票	Super Economy
12	威尼斯公共汽艇	Venice Public Motorboat
13	贡多拉	Gondola
14	VESPA小摩托	Vespa Small Motorcycle

实用表达

1. How long are you going to stay in Italy？
您在意大利待多久?
2. Where are you planning to visit in Italy？
您打算去意大利的哪些地方玩?
3. Are you travelling in Italy alone or with friends？
您是自己来意大利旅游还是和朋友一起?

任务三　住宿安排

任务情境

意大利有 4 万多家旅馆，从最高级的古色古香旅馆，到经济型日间旅店、青年旅舍、B & B 旅店以及各类民宿，应有尽有。由于文化差异，在饭店费用制定、酒店预订、保证金规定等方面的规定与国内有些差异。因此，如何给游客安排优良的住宿环境，是领队应具备的技能。

任务目标

1. 了解具有意大利特色的住宿场所，并能够根据游客需要进行推荐；
2. 熟悉意大利旅游住宿方面的注意事项，并能够清晰地向游客说明。

任务分解

一、特色住宿

五渔村（Cinque Terre）民宿：五渔村位于意大利利古里亚大区拉斯佩齐亚省海沿岸地区，是蒙特罗索、韦尔纳扎、科尔尼利亚、马纳罗拉及里奥马焦雷这五个悬崖边上的村镇的统称。最好选择入住家庭式住宿，体验地道的风土人情，例如蒙特罗索村，这里依山而建、海湾秀丽，却没有嘈杂，有一分难得的宁静。

卢纳巴廖尼酒店（Baglioni Hotel Luna）：在圣马可广场边，毗邻水上巴士站点，楼下酒店有私家码头，乘坐贡多拉和水上 Taxi 非常方便。酒店拥有悠久的历史，整体环境高雅，装修古典豪华，推开窗即是威尼斯的水城风光。

二、住宿提醒

饭店费用制定（Hotel Expense Formulation）：意大利酒店费用由省级旅游业理事会统一制定，采用一揽子费用制，包括：税款、服务、取暖或空调。

保证金规定（Provisions on Security Deposit）：根据意大利民法、国际酒店及旅行社联合会规定，预定饭店时只有交付了保证金才认为预订有效。

洗漱用品（Toiletries）：出于环保考虑，一般不提供一次性洗漱用品（Disposable Toiletries），如牙膏（Toothpaste）、牙刷（Brush）、拖鞋（Slippers）等。有的酒店提供沐浴露（Shower Gel / Body Wash）和洗发水（Shampoo）。

核心词汇

序号	中文	英文对照
1	日间旅店	Day Inn
2	青年旅舍	Hostel
3	学生旅店	Student hostel
4	民宿	Home stay

（续表）

序号	中文	英文对照
5	五渔村	Cinque Terre
6	B & B	Bed and Breakfast
7	饭店费用制定	Hotel Expense Formulation
8	饭店预定	Hotel Reservation
9	保证金规定	Provisions on Security Deposit
10	洗漱用品	Toiletries
11	一次性洗漱用品	Disposable Toiletries
12	牙膏	Toothpaste
13	牙刷	Brush
14	拖鞋	Slippers
15	沐浴露	Shower Gel / Body Wash
16	洗发水	Shampoo

实用表达

1. Do student hotels in Italy only provide accommodation services for those studying in Italy ?

意大利的学生旅店只为在意大利上学的学生提供住宿服务吗?

As long as there are rooms available, they are also open to students who come to Italy for vacation.

只要有空位，意大利的学生旅店也向到意大利来度假旅游的学生开放。

2. Do Italian hotels provide disposable toiletries ?

意大利酒店提供一次性洗漱用品吗?

In consideration of environmental protection, hotels in Italian generally do not provide disposable toiletries.

出于环保考虑，意大利的酒店一般不提供一次性洗漱用品。

任务四　旅游导览

任务情境

意大利拥有美丽的自然风光和众多人类文化遗产，被称为美丽的国度。无论是历史和文化深厚的罗马，温柔浪漫的威尼斯水乡，还是充满巴洛克风情的那不勒斯等，都吸引着络绎不绝的游客。作为领队，应当熟悉意大利的主要旅游城市与著名旅游景点，以便于在旅行中，适时进行旅游导览与讲解。

任务目标

1. 熟悉意大利旅游的特色资源与主要旅游城市；

2. 熟悉罗马、威尼斯、佛罗伦萨等地的旅游资源，并能够对知名景点进行简要讲解。

任务分解

一、罗马（Rome）导览

罗马是意大利的首都，自古至今都是国家的政治、经济和文化中心。作为世界著名的历史文化古城、古罗马帝国的发祥地，罗马因其悠久的历史而享有“永恒之城”的美誉。

罗马斗兽场（Colosseum）：罗马最具地标性的建筑，曾是角斗士性命相搏、死囚与饿狮苦斗的地方。罗马斗兽场可容纳超过五万名观众，高达 50 米，共有四层，目前仅一层的部分和第二层向游客开放。在二层可看到斗兽场的内部结构，竞技场下方是如迷宫般复杂的通道和囚笼系统。

罗马斗兽场

古罗马遗址（Roman Forum）：由罗马寺庙、广场和政府大楼组成的庞大考古挖掘区，其中一些建筑已有 2000 年的历史。

特莱维喷泉（Trevi Fountain）：全球最大的巴洛克式喷泉，华丽的雕塑和瀑布般的水幕交融在一起，令人迷醉。传说，背对喷泉从肩以上抛一枚硬币到水池里，就有机会再次访问罗马；情侣一起向池中投入硬币，爱情就会永恒。

特莱维喷泉

纳沃纳广场（Piazza Navona）：罗马最美丽的广场，无论白天还是晚上，都能让人们悠闲地观赏过往人群。广场的轮廓是一个宽阔的椭圆形，上建有三座著名喷泉——摩尔人喷泉（Fontana del Moro）、四河喷泉（Fontana dei Quattro Fiumi）以及海神喷泉（Fontana del Nettuno）。

圣天使堡

圣天使堡（Saint Angel Castle）：这里曾是阻止西哥特人和东哥特人入侵的要塞，后改建成华丽的罗马教皇宫殿，现为国家博物馆。圣天使堡内收藏了大量雕刻作品、壁画和罗马教皇的住宅家具，还有珍贵的古代武器。圣天使堡最著名的就是城堡前面的圣天使桥，被誉为“台伯河上最美丽的桥梁”。电影《罗马假日》《天使与魔鬼》都曾在这里取景。

二、威尼斯（Venice）导览

威尼斯是著名的水上之城，水上艺术品，这里建筑物的美感都离不开水。圣马可广场、布拉诺岛和大运河等是这座城市的代表，也是游客打卡率最高的地方。

圣马可广场

圣马可广场（St. Mark's Square）：为纪念耶稣十二圣徒和收藏战利品而建，四周围绕的是文艺复兴时期的精美建筑，是威尼斯的公共活动中心。广场上有公爵府、圣马可大教堂、圣马可钟楼、新旧行政官邸大楼等。广场四周有许多商店和咖啡厅，是在威尼斯闲逛休息的最佳场所。

布拉诺岛

布拉诺岛（Burano）：岛上家家户户的窗户上都装饰着鲜花和样式不同的精美蕾丝，五彩的房屋倒映在河道中，仿佛童话，又被称作“彩色岛”。岛上花边装饰艺术博物馆曾是玛格丽特王妃蕾丝学校，制作工艺在此得以传授流传。

大运河（Big Canal）：意大利威尼斯市主要水道，呈倒 S 形，沿岸两旁 100 多座古老建筑是

12—18 世纪威尼斯贵族和富商的府邸，乘坐游船或者水上巴士可以游览大运河以及两岸的建筑。

三、佛罗伦萨（Florence）导览

佛罗伦萨是世界十大最美城市之一，就像是一座满载荣耀的博物馆，各个景点都有其历史意义和艺术内涵。阿诺河（Arno）将城市一分为二，游客可以看到石头塔楼，绿荫遍地的花园，挂满壁画的教堂、修道院，佛罗伦萨城仿佛一幅文艺复兴时期的油画，古朴并散发着历史气息。

圣母百花大教堂（Basilica di Santa Maria del Fiore）：是世界五大教堂之一，是文艺复兴初期的代表性建筑，曾被评为世界最美教堂。红、绿、白外观装饰精美。建筑群由主教堂、钟楼和洗礼堂构成。登上这座市内最高的建筑，可俯瞰佛罗伦萨的全景。

圣母百花大教堂

米开朗基罗广场（Piazzale Michelangelo）：建于 1869 年，用以纪念文艺复兴时期的伟大艺术家米开朗基罗。位于佛罗伦萨市区南端高地上，大卫青铜像在此地，也是俯瞰和拍摄佛罗伦萨全城美景的绝佳位置。

乌菲兹美术馆（The Uffizi Gallery）：曾是美第奇家族的政务厅。收藏品达 2500 件之多，以欧洲文艺复兴时期和其他各画派代表作品及古希腊、古罗马的雕塑而驰名。二层是列奥纳尔德、米开朗基罗等人的素描及版画的展室。

核心词汇

序号	中文	英文对照
1	罗马	Rome
2	罗马斗兽场	Colosseum
3	古罗马遗址	Roman Forum
4	特莱维喷泉	Trevi Fountain
5	纳沃纳广场	Piazza Navona
6	摩尔人喷泉	Fontana del Moro
7	四河喷泉	Fontana dei Quattro Fiumi
8	海神喷泉	Fontana del Nettuno
9	圣天使堡	Saint Angel Castle
10	威尼斯	Venice

（续表）

序号	中文	英文对照
11	圣马可广场	St. Mark's Square
12	布拉诺岛	Burano
13	大运河	Big Canal
14	佛罗伦萨	Florence
15	阿诺河	Arno
16	圣母百花大教堂	Basilica di Santa Maria del Fiore
17	米开朗基罗广场	Piazzale Michelangelo
18	乌菲兹美术馆	The Uffizi Gallery

实用表达

1. Trevi fountain is the largest Baroque fountain in the world and the most famous fountain in Rome.

特莱维喷泉是全球最大的巴洛克式喷泉，也是罗马知名度最高的喷泉。

2. Basilica di Santa Maria del Fiore is one of the five major churches in the world. It is a representative building in the early Renaissance and has been rated as the most beautiful church in the world.

圣母百花大教堂是世界五大教堂之一，是整个文艺复兴初期的代表性建筑，曾被评为世界最美教堂。

任务五 美食推荐

任务情境

罗马帝国时期全民烹饪推崇热潮奠定了意大利餐“欧洲大陆烹饪之始祖”的地位。领队有必要了解意大利的特色美食与饮食习俗，并在旅游活动过程中恰当地进行安排，有针对性地予以推荐。

意大利系列微课——特色美食

任务目标

1. 了解意大利美食，能够简单地讲解意大利美食的特色；
2. 熟悉意大利著名的美食街区与场所；
3. 了解意大利的饮食习俗与其中的礼仪禁忌。

任务分解

一、特色美食

意大利人喜欢吃通心粉、馄饨、葱卷等面食，菜肴味浓、香、烂，以原味原汁闻名，烹调以炒、煎、炸、红烩、红焖等著称，爱吃牛、羊、猪肉和鸡、鸭、鱼虾等。意大利人每餐通常有两道菜，饮酒略多，最重视的是晚餐，用餐时比较长。

意大利面（Pasta）：也被称为意粉，是西餐正餐中最接近中国人饮食习惯的面点。意大利面种类繁多、形状各异、长短不一，有番茄肉酱、海鲜、墨鱼汁等多种口味。

比萨饼（Pizza）：意大利料理中的元老，传统又经典的味道有芝士、意式香肠、番茄酱、罗勒和橄榄。游客在意大利遍布大街小巷的 2 万家比萨店里可以寻找到钟爱的口味。

意式烩饭（Risotto）：海鲜、牛肉、鸡肉都是烩饭的重要一部分，汤汁的味道融入米饭之中，再佐以蔬菜。米饭有“夹生”的嫌疑，但夹生的水平也是当地厨师的追求之一，游客大可入乡随俗地品尝。

二、美食地标

L'Antica Pizzeria da Michele：位于那不勒斯的一家创建于 1870 年的百年比萨老店，都说全球最好的比萨在意大利，意大利最好的比萨在那不勒斯，茱莉亚・罗伯茨在《美食、祈祷、恋爱》电影中光顾的比萨店，这家店的特色是玛格丽特比萨。

II Latini 餐厅：佛罗伦萨知名餐厅，餐厅的官网这样写道：“托斯卡纳菜系也同样是一种文化。这种传统的鲜活存在于餐厅之中。伴着不同语言的讨论、热切的交流和传统口味的菜肴，II Latini 的餐桌上升腾起我们的友谊。II Latini 本身就是一项传统，一个与托斯卡纳人和文化相结识的契机。”

三、饮食习俗

慢餐文化（Slow Food）是意大利饮食文化中的一大特色。意大利有专门的慢餐馆，餐馆的墙上画了一只蜗牛，蜗牛的两个触角变成了一刀一叉，告诉人们吃饭要慢下来，慢慢品味。

意大利人非常重视晚餐很多意大利人把晚餐作为交际和联络感情的方式。他们习惯边喝酒边聊天，往往一顿饭就会吃两个多小时。意大利人喜欢在晚餐前享受一杯休闲饮料和一些小点心，以便与朋友和家人进行交谈。在传统的餐前小食中，你可以品尝葡萄酒、起泡酒等清淡饮品，以及各种坚果、奶酪和橄榄。

核心词汇

序号	中文	英文对照
1	意大利面	Pasta
2	比萨饼	Pizza
3	意式烩饭	Risotto
4	慢餐文化	Slow Food

实用表达

1. Spaghetti is a kind of pasta, which is similar to Chinese eating habits in western dinner. There are many kinds of spaghetti with different shapes and lengths, with tomato meat sauce, seafood, cuttlefish juice taste and so on.

意大利面是一种意粉，是西餐正餐中最接近中国人饮食习惯的面点。意大利面种类繁多、形状各异、长短不一，有番茄肉酱、海鲜、墨鱼汁等多种口味。

2. Among the three meals, dinner is the most favored by Italians which takes a long time. The staple food is usually seafood noodles, tomato noodles and macaroni. After dinner, there will be seafood, dessert and so on.

晚餐是三餐中意大利人最为看中的，用时比较长。主食一般会有海鲜面、西红柿面、通心粉，饭后会有海鲜、甜点等。

任务六　商品导购

任务情境

意大利历史悠久，拥有一大批百年品牌，是名品大国、购物天堂、时尚之都。从昂贵的奢侈品到经济实惠的大众化商品，从巧克力、火腿、葡萄酒、玻璃制品到提线木偶和皮革制品，都可以在意大利找到。作为领队，应当熟悉意大利特色旅游商品与知名商业街区，以便引导游客购买合适的商品。

任务目标

1. 熟悉我国旅游者喜爱购买的意大利旅游商品与旅游纪念品，并能够进行简要的讲解；
2. 熟悉意大利知名购物商店和商业街区，能够引导旅游者购物；
3. 了解意大利在支付、小费与退税方面的相关规定，能够有效服务于游客。

任务分解

一、特色商品与纪念品

巧克力（Chocolates）：意大利人擅长制作巧克力，以佩鲁贾和都灵两地的最为出名。最出名的是卖进全球超市的费列罗巧克力，它选取的巧克力酱和榛子都是意大利本土的名产。Kinder Bueng、Amedei、Baci 等也是意大利响当当的巧克力品牌，在超市或专卖店都能买到。

火腿（Ham）：意大利火腿享誉全球，有各种口味，不妨选一些作为礼物或带回去继续满足自己的口腹之欲。

皮革制品（Leather Goods）：作为意大利最大的皮革加工中心和 Gucci、Salvatore Ferragamo、Roberto Cavalli 等奢侈品牌总部所在地，佛罗伦萨的皮具品质蜚声海外，各种手袋、钱包、背包等琳琅满目，还可现场观看制作过程。

二、特色购物街区

文艺复兴百货（La Rinascente）：是意大利最大的连锁百货公司之一，许多设计品牌和高档奢侈品牌都入驻了这家公司。一楼是香水、化妆品、手袋和各种饰品，楼上有很多特色的家具用品。

埃马努埃莱二世长廊

埃马努埃莱二世长廊（Galleria Vittorio Emanuele II）：世界最古老、最有名的米兰商场。长廊中心彩色玻璃拼接成圆顶，正下方的大理石地面上有公牛马赛克图案，周围有精致壁画，分别代表米兰东、西、南、北四个方向的亚洲、美洲、北欧及非洲。十字形结构的长廊四个出口分别通向斯卡拉大剧院、米兰大教堂、Cordusio 方向和文艺复兴百货。

三、消费提醒

小费（Tip）：在欧盟，意大利人没有收取小费习惯。意大利消费者协会的指导性意见为：倘若客人对服务感到满意，在不增加客人经济负担的同时，给服务人员一些额外的小费是人之常情，说明客人具有良好的修养和绅士风度。

购物退税（Tax Refund）：通常奢侈品店都会有退税，持有护照，在门口标有“Tax Free”的商铺里，持旅游签证或商务签证的旅客在商铺花费 154.94 欧以上（约束同一天在同一商铺采购），且在 3 个月内离开欧盟的，可跟售货员讨取退税单（Tax Free），享受退税优惠。退税物品包含：服装、奢侈品、化妆品、手表、皮具及电器，退税金为总金额的 11%~13% 不等。

核心词汇

序号	中文	英文对照
1	巧克力	Chocolates
2	火腿	Ham
3	皮革制品	Leather Goods
4	文艺复兴百货	La Rinascente
5	埃马努埃莱二世长廊	Galleria Vittorio Emanuele II
6	小费	Tip
7	购物退税	Tax Refund
8	办理登机手续	Check In
9	退税单	Tax Free

实用表达

1. The history of Sicilian puppetry dates back to the 13th century and has been listed as an intangible cultural heritage by UNESCO.

西西里木偶戏的历史可追溯至 13 世纪，已被联合国教科文组织列为非物质文化遗产。

2. Emmanuelle II corridor is the oldest shopping mall in the world and the most famous shopping place in Italy.

埃马努埃莱二世长廊是世界最古老的商场，也是意大利最有名的购物场所。

任务七 文化体验

任务情境

意大利的休闲娱乐与节庆活动种类繁多、热闹非凡，能给旅游者留下深刻的印象。因此，领队有必要了解意大利特色的文体休闲项目及节庆活动，帮助旅游者增强文化体验，在节庆与娱乐活动中得到休闲放松。

任务目标

1. 了解具有意大利传统特色的休闲文体活动，能够进行简单的讲解；
2. 了解意大利的节庆文化以及相关的旅游活动，并能够引导游客参与。

任务分解

一、休闲活动

西西里木偶剧（Sicilian Puppet Show）：形成于19世纪初期，艺人根据诗歌、浪漫传奇或流行的歌剧以及一些来源于生活的基本故事情节，用精雕细刻的偶人和道具进行即席创作，对白也都是即席编创。2001年，西西里木偶剧被列入世界非物质文化遗产名录。

橘子大战（Battle of the Oranges）：每年2月的第三周，伊夫雷雅（Ivrea）举办，吸引来自世界各地数以千计的游客，参赛者被分成9个队伍向对方投掷橘子。据说这项特别的传统（Tradition）来自于一段有关暴君的历史故事，因此最后会从参赛者中选出一名女性投掷橘子，象征暴君（Tyrant）被砍头推翻。

二、节庆活动

国庆节（Festa Nazionale）：6月2日是国庆节。当天，意大利总统，驻外使、领馆会举行招待会（Reception），首都罗马举行隆重的阅兵仪式以示庆祝。

八月节（Ferragosto）：2000多年前的古罗马，为让人们尽情地欢乐、享受生活，皇帝奥古斯都将8月1日定为节日。17世纪末开始，举办盛大的8月节舞会，许多广场都举办不同类型的专业舞蹈表演，现场演奏音乐。

狂欢节（Carnevale）：也称谢肉节，在大斋前一天举行。意大利以狂欢节著称的城市是位于海滨的维亚雷焦（Viareggio）。威尼斯、罗马、米兰、佛罗伦萨（Florence）的狂欢节也各具特色。

文化遗产开放周（Cultural Heritage Open Week）：政府每年举办“文化遗产开放周”，文化遗产部举办音乐会、研讨会等与文化历史相关联的活动，加深人们对意大利文化的了解，帮助年轻人增加历史知识，培养艺术修养。

核心词汇

序号	中文	英文对照
1	西西里木偶剧	Sicilian Puppet Show
2	橘子大战	Battle of the Oranges
3	传统	Tradition
4	国庆节	Festa Nazionale
5	招待会	Reception
6	八月节	Ferragosto
7	古罗马	Ancient Rome
8	狂欢节	Carnevale
9	佛罗伦萨	Florence
10	文化遗产开放周	Cultural Heritage Open Week

实用表达

1. The orange contest can attract thousands of people from all over the world.

橘子大赛，能够吸引来自世界各地数以千计的人潮蜂拥而至。

2. June 2nd is the national day of the Republic of Italy. On this day, the Italian president, embassies and consulates abroad will hold receptions and the capital Rome will hold a grand military parade to celebrate.

6 月 2 日是意大利共和国的国庆节。这一天，意大利总统，驻外使、领馆都会举行招待会，首都罗马还会举行隆重的阅兵仪式以示庆祝。

任务八　思政教育

任务情境

《马可·波罗游记》被称为“世界一大奇书”，主要内容是关于其居住在中国十几年的旅游纪实，向整个欧洲打开了神秘的东方之门。意大利是马可·波罗的故乡，领队带领团队前往意大利旅游时，应当充分挖掘其中的思政教育元素，增进旅游者对中华文化海外传播的认知。

任务目标

1. 了解《马可·波罗游记》中的思政元素；
2. 增进旅游者对中华文化海外传播的认知。

任务分解

《马可·波罗游记》

（*The Travels of Marco Polo*）

意大利系列微课——《马可·波罗游记》

案例简介：1254 年，马可·波罗出生于威尼斯的商业世家，1271 年，17 岁的可马·波罗随父叔沿着“丝绸之路”，历经 3 年多到达元世祖忽必烈的上都，随后仕元 17 年，游历几乎遍及中国。《马可·波罗游记》是由马可·波罗口述，鲁思梯谦笔录完成的纪行作品，自 1298 年问世以来，便成为西方世界发行最广、影响最大的书籍之一，游记以热情洋溢的口吻描述了元朝的驿站、汗八里的宫殿和街道、上都的美丽、忽必烈大汗举行寿辰庆祝的情景和行猎生活等，讲述了许多珍禽异兽、奇风异俗、独特信仰方面的内容，还讲述了西安、开封、南京、镇江、扬州、苏州、杭州、福州等名城的繁华，从大都南行至杭州、福州、泉州及东地沿岸及诸海诸洲一路的行程和见闻等，几乎成为当时“欧洲人了解中国的唯一渠道”。

《马可·波罗游记》

思政教育：《马可·波罗游记》中有关中国的天文、地理、驿站、货币、制丝、制盐、造纸、建筑桥梁和宫殿的艺术、城市规划、市政管理、社会救济等方面成就的描述，第一次较全面地向欧洲人介绍了发达的中国物质文明（Material civilization）和精神文明（Spiritual civilization），将地大物博的中国形象展示在世人面前，激起了西方人对东方和中国的无限向往和巨大热情。马可·波罗的著作，在中古时代的地理学史、亚洲历史、东西交通史和中意关系史诸方面，都有着重要的历史价值。今天我们以中世纪的伟大旅行家、中西交通史和中意关系史上的友好使者来称誉马可·波罗，他是当之无愧的。

核心词汇

序号	中文	英文对照
1	《马可·波罗游记》	*The Travels of Marco Polo*
2	著作	Work
3	口述	Oral Account
4	沿途见闻	See and Hear Along the Way
5	物质文明	Material civilization
6	精神文明	Spiritual civilization

实用表达

1. *The Travels of Marco Polo*, known as "one of the wonders of the world", is the first work of Westerners to perceive the East in human history. It opens the mysterious door of the Oriental to the whole Europe.

《马可·波罗游记》被称为"世界一大奇书"，是人类史上西方人感知东方的第一部著作，它向整个欧洲打开了神秘的东方之门。

2. *The Travels of Marco Polo* introduced the developed material and spiritual civilization of China to Europeans for the first time, and displayed the image of China with vast territory and abundant resources to the world.

《马可·波罗游记》第一次较全面地向欧洲人介绍了发达的中国物质文明和精神文明，将地大物博的中国形象展示在世人面前。

任务九　能力测试

情景模拟

任务情境：当你作为出境领队带旅游团落地菲乌米奇诺机场，第一次遇到地接导游 Mary，你要怎么打破尴尬，和她说话时又要注意一些什么呢？

任务提示：意大利人豪爽、性格开朗、能说会道、待人热情、讲究礼貌、喜欢浪漫、重视传统风俗。他们不喜欢在交谈时别人盯视他们，认为这种目光是不礼貌的。

跨文化交际

任务情境：一位团队游客为了感谢意大利地接 Mary 多天来的细心照顾，计划送她一条中国苏州生产的精美丝绸手帕。作为领队的你知情后，会如何将意大利馈赠礼仪中有关手帕的禁忌解释给这位游客呢？你又会给她何种建议呢？

项目十三　俄罗斯（Russia）旅行项目

任务一　国情介绍

任务情境

当领队带领团队前往俄罗斯旅游之前，需要全面了解俄罗斯的自然地理、历史发展与社会经济等国情。在出境旅游初期，应对旅游者进行俄罗斯基本国情的介绍，帮助旅游者对旅游目的地建立初步的印象。

任务目标

1. 了解俄罗斯的自然地理特征，熟悉俄罗斯的气候特点；
2. 了解俄罗斯的简要历史和人口民族情况；
3. 了解俄罗斯的政治经济特点，熟悉俄罗斯的国家标志；
4. 掌握俄罗斯的礼仪习惯，熟悉文化交流中的礼仪禁忌。

任务分解

一、地理纵览

1. 地理概况

俄罗斯国土面积 1709.82 万平方公里，横跨欧亚大陆，位于欧洲东部和亚洲大陆的北部，东西最长 9000 公里，南北最宽 4000 公里。海岸线长 33807 公里，以平原和高原为主，地势南高北低、西低东高。西部几乎全属东欧平原，向东为乌拉尔山脉、西西伯利亚平原、中西伯利亚高原、北西伯利亚低地和东西伯利亚山地、太平洋沿岸山地等。西南耸立着大高加索山脉。俄罗斯最高峰厄尔布鲁士山海拔为 5642 米，拥有欧洲第一长河伏尔加河和世界最深的湖泊贝加尔湖。

2. 气候特征

俄罗斯以温带大陆性气候为主，但北极圈以北属于寒带气候。温差普遍较大，1 月平均温度为 -18~-10℃，7 月平均温度为 11~27℃。年降水量平均为 150~1000 毫米。西伯利亚地区纬度较高，冬季严寒而漫长，但夏季日照时间长，气温和湿度适宜，利于针叶林生长。从西到东大陆性气候逐渐加强；北冰洋沿岸属苔原气候（寒带气候），太平洋沿岸属温带季风气候。

二、历史回眸

1. 简史

俄罗斯起源于东欧草原上的东斯拉夫人，1283 年莫斯科公国正式建立。15 世纪末至 16 世纪初，以莫斯科大公国为中心，逐渐形成多民族的封建国家。1547 年，伊凡四世改大公称号为沙皇。1721 年，彼得大帝改国号为俄罗斯帝国。1917 年 2 月，资产阶级革命推翻了专制制度。1917 年 11 月 7 日十月社会主义革命，建立世界上第一个社会主义国家政权。1922 年 12 月 30 日，俄罗斯联邦、外高加索联邦、乌克兰、白俄罗斯成立苏维埃社会主义共和国联盟。1991 年 12 月 26 日，苏联最高苏维埃共和国院举行最后一次会议，至此苏联解体，俄罗斯联邦成为完全独立的国家，并成为苏联的唯一继承国。

2. 人口宗教

俄罗斯共有 194 个民族，其中俄罗斯族占总人口的 77.7%，主要少数民族有鞑靼、乌克兰、巴什基尔、楚瓦什、车臣、哈萨克、阿塞拜疆、白俄罗斯等族。俄语是俄罗斯联邦全境的官方语言，各共和国有权规定自己的国语，并在该共和国境内与俄语一起使用。主要宗教为东正教，其次为伊斯兰教。

三、社会概述

1. 政治体制

俄罗斯联邦实行的是联邦民主制。以俄罗斯联邦宪法和法律为基础，根据资产阶级立法、司法、行政三权分立的原则行使职能。总统是国家元首，任期 6 年，由人民直选产生。总统有权任命包括总理在内的高级官员。总统也是武装部队的最高统帅及国家安全会议主席。俄罗斯联邦会议是俄罗斯联邦的代表与立法机关。联邦会议采用两院制，上议院称联邦委员会（Federal Council），下议院称国家杜马（State Duma）。俄罗斯联邦政府是国家权力最高执行机关，由联邦政府总理、副总理和联邦部长组成。

2. 国家标志

国旗：旗面由三个平行且相等的横长方形组成，由上到下依次是白、蓝、红三色。白色代表寒带一年四季的白雪茫茫；蓝色代表亚寒带，象征俄罗斯丰富的地下矿藏和森林、水力等自然资源；红色是温带的标志，象征俄罗斯历史的悠久和对人类文明的贡献。三色排列显示俄罗斯幅员辽阔。

国徽：俄罗斯国徽为盾徽。红色盾面上有一只金色的双头鹰，鹰头上是彼得大帝的三顶皇冠，鹰爪抓着象征皇权的权杖和金球。鹰胸前是一个小盾形，上面是一名骑士和一匹白马。双头鹰原是罗马帝国皇帝君士坦丁一世的徽记，该徽记通过联姻的方式被带到俄罗斯。20 世纪末，国家杜马从法律上确定了双头鹰是俄罗斯的国家象征。

3. 经济产业

俄罗斯工业、科技基础雄厚。主要工业部门有机械、冶金、石油、天然气、煤炭及化工等；轻纺、食品、木材加工业较落后；航空航天、核工业具有世界先进水平。俄罗斯自然资源丰富，种类多，储量大。森林覆盖面积1126万平方公里，木材蓄积量居世界第一位。天然气已探明蕴藏量占世界的25%，居世界第一位，石油探明储量占世界的9%。煤蕴藏量居世界第五位。

四、礼仪风俗

1. 国民性格

俄罗斯人具有英勇、刚强、直率、热情、幽默和宽容的性格特点。俄罗斯人不回避说出自己的意见，他们对许多问题都有自己的观点。

2. 礼仪风俗

俄罗斯是注重礼节的民族，在外面经常把“您好”“早安”“晚安”“谢谢”等礼貌语言挂在嘴上。亲友久别重逢或互相告别时，有拥抱接吻的习惯。男人之间一般只拥抱，同时还挨一下或两下脸颊。妇女之间显得更亲热，互相亲吻。长辈吻晚辈一般吻脸颊。非亲属的男女之间接吻比较慎重，如果关系一般，男子顶多只轻吻女子脸颊。

俄罗斯人到别人家拜访，一般都预先通知主人；邀请别人到自己家来作客，一般要预先提出邀请，否则被认为不大礼貌。俄罗斯人喜欢送花，作客时常常送给女主人一束鲜花，送的花须是单数（双数祭祀亡者），不能是黄色的（黄色表示不忠诚）。

在俄罗斯，面包和盐是最高礼节。当重要和尊贵的客人到达时，俄罗斯人会把面包放在刺绣毛巾上，用器皿装盐，身着民族盛装的姑娘会双手捧着献给客人。客人撕下一块面包，蘸着盐吃。

核心词汇

序号	中文	英文对照
1	俄罗斯联邦	Russian Federation
2	东欧平原	Eastern European Plain
3	乌拉尔山脉	Ural Mountains
4	西西伯利亚平原	West Siberian Plain
5	中西伯利亚高原	Central Siberian Plateau
6	大高加索山脉	Greater Caucasus
7	厄尔布鲁士山	Mount Elbrus
8	伏尔加河	Volga River

（续表）

序号	中文	英文对照
9	贝加尔湖	Lake Baikal
10	温带大陆性气候	Temperate Continental Climate
11	针叶林	Coniferous Forest
12	沙皇	Czar
13	彼得大帝	Peter the Great
14	苏联	the Soviet Union
15	俄罗斯族	Russians
16	东正教	the Orthodox Eastern Church
17	联邦委员会	Federal Council
18	国家杜马	State Duma

实用表达

1. What are the common characters of the Russians？

俄罗斯人有什么性格特点呢?

They are brave，strong，forthright and hospitable.

俄罗斯人英勇、刚强、直率、热情好客。

2. Why is Siberia uninhabited？

为什么西伯利亚地区荒无人烟?

Because of the bad climate here，it is not suitable for human habitation.

因为这里气候恶劣，不适应人类居住。

任务二　交通指引

任务情境

俄罗斯和世界各国主要城市间有着丰富的航线，在其欧洲部分及远东地区的主要城市间也有着便利的公共交通服务网。领队应了解俄罗斯外部交通与区域交通情况，能够在出入境、城际交通等项目上进行准确的交通指引。同时，也需要了解俄罗斯的特色交通项目，便于进行旅游推介。

任务目标

1. 了解到达俄罗斯的方式，能够引导旅游者通过机场海关，顺利入境；
2. 了解俄罗斯城际交通的基本情况；
3. 了解具有地域特色的旅游交通方式。

任务分解

一、到达俄罗斯

航空交通：北京有抵达莫斯科、圣彼得堡、新西伯利亚、伊尔库茨克的航班，上海、香港、哈尔滨、乌鲁木齐有抵达莫斯科的航班。莫斯科是全国最大的航空枢纽，有 4 个民航机场，伏努科沃、多莫杰多沃、谢列梅捷沃和贝科沃。圣彼得堡是第二大国内和国际航空港，同 200 个国内城市和独联体国家城市及近 20 个国家通航。此外，还有叶卡捷琳堡、新西伯利亚、克拉斯诺亚尔斯克、伊尔库茨克、哈巴洛夫斯克（伯力）等大型航空枢纽。

国际列车：虽然乘火车去俄罗斯耗费时间很长，但沿途风景迷人，可以看到西伯利亚、贝加尔湖、白桦林及农庄。中国游客可以在北京乘坐“北京—俄罗斯”国际列车，也可从内蒙古和黑龙江乘车到达。

二、入境流程

签证须知：赴俄签证分为商务签证、工作签证、留学签证、旅游签证、因私签证和过境签证。多次签证自第一次入境起，每 180 天内在俄累计停留时间不可超过 90 天，签证申请表应填写完整，俄驻华使领馆可因需要求申请人提供补充文件或面谈。

入境手续：将有效护照、签证及出入境卡交边防查验。“出入境卡”分别由 A 表和 B 表组成，A 表为入境卡，B 表为出境卡。出入境卡的出入境部分（A 表和 B 表）由入境人员亲自填写，填写内容相同。B 表上需填写：姓名、出生日期、性别、护照号码、国籍、访问目的、出境起止时间、在俄罗斯的单位名称或居住地址。查验后，边检人员将 A 表收走，B 表由填写人携带入境，入境后应妥善保管，出境时要将 B 表交予边检人员。

知识链接

俄罗斯入境携带物品规定

携带大额现金和物品入境须申报。入境时携带的现金和（或）现金类凭证（旅行支票、期票、银行支票等）折合价值不得超过 10000 美元；超过上述限额须经红色通道向海关书面申报，否则将按超出数额规模处以行政或刑事处罚。

携带濒危野生动植物及其制成品、无线转播器材、贵重金属和宝石、贵重乐器、文物等入境须申报。

禁止携带禁止或限制级物品入俄境。包括：武器、弹药、爆炸品、麻醉品、精神类药物、文物、有毒物质和烈性药品、放射性物质。

禁止超量携带物品入俄境。外国旅客随身携带的自用物品总重量不得超过50公斤；年满18周岁的外国旅客可携带3公升以内的酒精饮料及200支香烟或50支雪茄或250克烟草免税入境。

三、城际交通

俄罗斯有一条闻名天下的铁路——中东铁路，从莫斯科至符拉迪沃斯托克（海参崴），全长9000多公里，是世界上最长的铁路。俄罗斯没有高铁，大多数列车速度不到100公里/小时，远距离旅行时间漫长。

俄罗斯有地铁、公交车、有轨电车、无轨电车及私家路线车。除西伯利亚等人烟稀少的区域外，位于欧洲地区的城市普遍公共交通系统发达，莫斯科、圣彼得堡、新西伯利亚、下诺夫哥罗德等有地铁。

四、特色交通

内河游轮（Inland Cruising）：伏尔加河是俄罗斯的母亲河。每到夏季，伏尔加河上会开行游轮，游客可以领略沿岸的风光。由于俄罗斯欧洲部分土地多平原，河流平缓；苏联时期，在相邻的河流流域之间开凿了运河，使得不同水系互连互通。游客自伏尔加河下游的伏尔加格勒乘坐游轮，逆流而上，可抵达乌里扬诺夫斯克、喀山、莫斯科，甚至圣彼得堡。

核心词汇

序号	中文	英文对照
1	谢列梅捷沃亚历山大·普希金国际机场	Sheremetyevo Alexander Pushkin International Airport
2	符拉迪沃斯托克（海参崴）	Vladivostok
3	中东铁路	Middle East Railway/China–Eastern Railway
4	伏尔加格勒	Volgograd
5	乌里扬诺夫斯克	Ulyanovsk
6	喀山	Kazan
7	叶卡捷琳堡	Yekaterinburg

实用表达

1. The Middle East Railway, from Moscow to Vladivostok, has a total length of more than 9000 kilometers.

中东铁路，从莫斯科至符拉迪沃斯托克，全长 9000 多公里。

2. Cruise ships can be seen on the Volga River in the summer time.

每到夏季，伏尔加河上会开行游轮。

任务三　住宿安排

任务情境

俄罗斯酒店业发达但各地发展程度不平均，且由于文化和地域差异等原因，入住酒店时可能会遇到一些问题。因此，如何给游客安排优良的住宿环境，是领队应具备的技能。

任务目标

1. 了解具有俄罗斯特色的住宿场所，并能够根据游客需要进行推荐；
2. 熟悉俄罗斯旅游住宿方面的注意事项，并能够清晰地向游客说明。

任务分解

一、特色住宿

莫斯科大都会酒店（Hotel Metropol Moscow）：1903 年由实业家马蒙托夫创建，是莫斯科代表性建筑。由英国设计师沃尔科特设计建造，精美绝伦，特别是正面由布尔贝利创作的马赛克画《睡美人》，具有极高的欣赏价值。十月革命时期，这里曾是召开革命议会的场所。酒店位于剧院大街上，地理位置极佳，步行几分钟就可到达红场和莫斯科大剧院。

埃尔米塔什酒店（冬宫酒店）（Ermitage Hotel）：是一家独特的五星级酒店，坐落在圣彼得堡市中心一幢 19 世纪 30 年代豪宅内，酒店前身是沙俄时期贵族宅邸。酒店于 2013 年 10 月 25 日正式开业，是冬宫唯一授权的官方酒店。之所以称之为冬宫酒店，有两个原因：一是设计师与冬宫的设计师同为一人；二是改建后收藏了很多来自冬宫的藏品。

二、住宿提醒

1. 俄罗斯政府规定，旅客入境前，需提前预订好酒店才能获得签证，因此游客需在出行前就要做好相关准备。

2. 俄罗斯亚洲区域的服务业不太发达，酒店数量少。

3. 俄罗斯酒店提供的电源插座是双向圆孔，国内产品电器需配转换头。

4. 俄罗斯提供背包客住宿的选择不多，价格较高。

5. 到俄罗斯居民家中租住是常见的形式，但要注意看好随身物品。

核心词汇

序号	中文	英文对照
1	莫斯科四季酒店	Four Seasons Hotel Moscow
2	埃尔米塔什酒店（冬宫酒店）	Ermitage Hotel

实用表达

1. You have to book a hotel before you go to Russia, or you can't get the visa.
你去俄罗斯前就必须预订好酒店，否则无法获取签证。

2. Four Seasons Hotel Moscow is just beside the Red Square.
莫斯科四季酒店就位于红场边上。

任务四　旅游导览

任务情境

俄罗斯地貌景观多种多样，特殊的北国风光加上大量的历史文化古迹、人文城市景观，吸引了众多游客前往。作为领队，应当熟悉俄罗斯的主要旅游城市与著名旅游景点，以便于在旅行中，适时进行旅游导览与讲解。

任务目标

1. 熟悉俄罗斯旅游的特色资源与主要旅游城市；
2. 熟悉莫斯科、圣彼得堡等地的旅游资源，并能对知名景点进行简要讲解。

任务分解

一、莫斯科（Moscow）导览

莫斯科是俄罗斯首都，政治、经济、文化、金融、交通中心，是俄罗斯最大的综合性、国际化大都市。1147 年沿河而建，担任国家首都已有 800 余年的历史，拥有众多名胜古迹，城市规划优美，掩映在一片绿海之中，故有“森林中的首都”之美誉。

俄罗斯系列微课——圣彼得堡导览

红场（Red Square）：“红场”意为“美丽的广场”，位于莫斯科市中心，占地 9.1 万平方米。西面是克里姆林宫及三座高塔，南面是圣瓦西里升天大教堂，北面是历史博物馆。每年胜利日在此举行阅兵活动，是莫斯科的象征。

克里姆林宫

克里姆林宫（The Moscow Kremlin）：位于莫斯科心脏地带，是俄罗斯国家的象征。“克里姆林”在俄语中意为“内城”“城堡”。这座古城堡不仅是俄罗斯政府所在地，也是历代艺术珍品的储藏地。建筑群呈不规则三角形，南面莫斯科河、东临红场、西接亚历山大花园，四周由红色宫墙围绕着，像是一座“城中之城”。

圣瓦西里升天教堂

圣瓦西里升天教堂（The Cathedral of Vasily the Blessed）：是俄罗斯最富盛名的教堂，建于 16 世纪末，以纪念伊凡雷帝平定喀山汗国。以九个形态和颜色各异的教堂顶闻名于世，堪称克里姆林宫和红场一带的地标。内有很多东欧民族 16 世纪前后的壁画，呈现了精美绝伦的东正教教堂建筑艺术。

国家历史博物馆（State Historical Museum of Russia）：位于红场北侧，是一座红墙白顶的古典主义风格建筑，修建于 1872 年。馆内展品和档案材料丰富多样，涵盖了俄罗斯的千年历史，展示了从旧石器时代至今东北欧亚的文明演进。馆内共有 40 个展览厅，收藏了约 450 万件文物和 6800 万页文献资料，是俄罗斯文化与艺术的宝库。

二、圣彼得堡（Saint Petersburg）导览

圣彼得堡位于俄罗斯西北部，波罗的海沿岸，涅瓦河口，是俄罗斯中央直辖市，

列宁格勒州首府，俄罗斯第二大城市。始建于1703年，1712年彼得一世迁都到彼得堡，一直到1918年200多年的时间里都是俄罗斯文化、政治、经济的中心。圣彼得堡经常被称为俄罗斯最西方化的城市，是俄罗斯通往欧洲的窗口。

埃尔米塔什博物馆与冬宫（Hermitage Museum & Winter Palace）：世界四大博物馆之一，曾是叶卡捷琳娜二世女皇私人宫邸。冬宫是埃尔米塔什博物馆“六宫殿建筑群”之一，坐落在圣彼得堡宫殿广场上，原为俄罗斯帝国沙皇皇宫，收藏有世界各国艺术品，油画、雕像、地毯、家具、工艺品等一应俱全，其中古希腊瓶绘艺术、古罗马雕刻艺术和西欧艺术藏品在世界收藏界享誉盛名。

埃尔米塔什博物馆

夏宫（Peter the Great's Summer Palace）：位于圣彼得堡西南约30公里处，由美丽的喷泉、公园、宫殿组成，是圣彼得堡著名旅游景点。夏宫有“喷泉王国”的美称，它有百余座雕像，150座喷泉，2000多个喷柱及两座梯形瀑布。夏宫内外装饰极其华丽，两翼均有镀金穹顶，宫内有庆典厅堂。

夏宫

彼得大帝青铜骑士像（The Bronze Horseman）：矗立在圣彼得堡十二月党人广场中央，也叫彼得大帝纪念碑。雕像高达5米，重20吨。彼得大帝骑在腾越的骏马上，斗志昂扬、神情坚定，马后蹄踩着一条毒蛇，象征打败了敌人。

三、贝加尔湖（Lake Baikal）导览

贝加尔湖由地层断裂陷落而成，湖面海拔455米，平均水深730米，是全世界最深、蓄水量最大的淡水湖，有“西伯利亚明珠”之称。湖内物种丰富，是一座集丰富自然资源于一身的宝库，共有1085种植物及1550种动物以之为栖息地。贝加尔湖地区2/3以上的名胜古迹位于伊尔库次克地区，其中99%属文化历史范畴，只有1%属自然遗产。主要景点包括奥利洪岛、塔利茨博物馆、哈伯伊角、喀山圣母大教堂等。塔利茨博物馆位于贝加尔湖的东岸，展出的是居民木屋的演化过程。馆内有东方游牧民族的生活设施，埃文基人的兽皮、桦皮帐篷等。喀山大教堂是伊尔库茨克最精美的教堂。喀山大教堂呈红色，色彩鲜艳而华丽，圆顶和窗框都用蓝色做点缀。

核心词汇

序号	中文	英文对照
1	莫斯科	Moscow
2	红场	Red Square
3	克里姆林宫	The Moscow Kremlin

（续表）

序号	中文	英文对照
4	圣瓦西里升天教堂	The Cathedral of Vasily the Blessed
5	国家历史博物馆	State Historical Museum of Russia
6	圣彼得堡	Saint Petersburg
7	波罗的海	the Baltic
8	涅瓦河	Neva River
9	埃尔米塔什博物馆	Hermitage Museum
10	冬宫	Winter Palace
11	夏宫	Peter the Great's Summer Palace
12	彼得大帝青铜骑士像	The Bronze Horseman

实用表达

1. The residents of Leningrad voted to restore the city's original name of St Petersburg.

列宁格勒市的居民投票决定恢复该市原来的名字——圣彼得堡。

2. Standing at the western tip of Vasilievsky Island, to your right is the elegant Winter Palace, former home of the czars.

站在维丝利瓦斯基岛的西端，右边是优雅的冬宫，是沙皇从前的住处。

任务五　美食推荐

任务情境

俄罗斯人讲究饮食，菜肴品种丰富，“俄式大餐”在世界上很有名气。因此，领队有必要了解俄罗斯的特色美食与饮食习俗，并在旅游活动过程中恰当地进行安排，有针对性地予以推荐。

任务目标

1. 了解俄罗斯美食，能够简单地讲解俄罗斯美食的特色；

2. 熟悉俄罗斯著名的美食街区与场所；

3. 了解俄罗斯的饮食习俗与其中的礼仪禁忌。

任务分解

一、特色美食

虽然俄罗斯在亚洲的领土非常辽阔，但由于其大部分居民在欧洲部分，因而其饮食文化更多地受到欧洲的影响，呈现出欧洲大陆饮食文化的基本特征。

鱼子酱（Caviar）：鱼子酱品级越高，其内所含的鱼脂含量越高，含盐量则递减；因而口感更黏稠，风味更精致。越是高级的鱼子酱，颗粒越是肥硕饱满，色泽越发透明清亮，甚至微微闪烁着金黄辉光。

黑面包（Black Bread）：极富营养，又易于消化，所用酵母含多种维生素和生物酶。"波罗金诺黑面包"是其中的极品，因其在面粉中加入了天然香草籽。

格瓦斯（Kbac）：用黑面包发酵制成的黑黄色气泡饮料，酒精浓度低，通常不超过 1.5%，夏天冰凉饮用非常消暑。后变成瓶装饮料，无酒精，面包糠酿制。

伏特加（Vodka）：俄罗斯传统酒精饮料，以谷物或马铃薯为原料，经过蒸馏制成高达 95 度的酒精，再用蒸馏水淡化至 40~60 度，并经过活性炭过滤，使酒质更加晶莹澄澈，无色且清淡爽口，使人感到烈焰般的刺激。

二、美食地标

图兰朵餐厅（Turandot）：仿照 18 世纪欧洲宫廷概念设计的图兰朵餐厅处处贵气逼人，内设全部是精美的纯手工制品，金箔装饰、珍宝古玩、奢华的水晶吊灯和细腻的手工挂毯，都是从各个国家淘来的艺术精品。现如今，Turandot 不仅仅是餐厅，更是莫斯科的重要景点之一。

文学咖啡馆（Literaturnoye Kafe）：在圣彼得堡，宽阔的涅瓦大街一角，莫伊卡运河旁，坐落着著名的"文学咖啡馆"。普希金、莱蒙托夫、陀斯妥耶夫斯基、舍夫琴科等人曾经都是这里的常客，咖啡馆至今仍保留着 19 世纪的原貌，建筑一楼有普希金的蜡像，氛围浪漫而又优雅。

圣彼得堡文学咖啡馆

三、饮食习俗

俄式正餐通常是三道菜，第一道菜是汤，汤一般较浓，有土豆丁、各种蔬菜、肉片或鱼片。第二道菜是鱼或肉，他们一般会把鱼或肉与配菜一同食用。配菜一般为土豆泥、泡菜、面条和通心粉等，前两道菜都离不开面包。第三道菜通常为茶、咖啡、果汁及一些蛋糕和点心。

俄式菜特点表现为：一是重油，由于俄罗斯气候寒冷，人们需要补充较多的热量，多数汤菜上都有浮油；二是口味浓厚，俄式菜酸、甜、辣、咸俱全，多含大蒜、葱头，例如鱼子酱、酸黄瓜、红菜汤都是其中的代表。

核心词汇

序号	中文	英文对照
1	鱼子酱	Caviar
2	黑面包	Black Bread
3	格瓦斯	Kbac
4	伏特加	Vodka
5	图兰朵餐厅	Turandot
6	文学咖啡馆	Literaturnoye Kafe

实用表达

1. "Oh, I don't think you can live in Russia without vodka." Says Natasha.
娜塔莎认为在俄罗斯没有伏特加就无法生活。

2. Russians love sandwiches for breakfast.
俄罗斯人喜爱在早餐食用三明治。

任务六　商品导购

任务情境

从昂贵的奢侈品到经济实惠的大众化商品，从茶饮酒水到手工艺品，都可以在俄罗斯找到。作为领队，应当熟悉俄罗斯特色旅游商品与知名商业街区，以便引导游客购买合适的商品。

任务目标

1. 熟悉我国旅游者喜爱购买的俄罗斯旅游商品与旅游纪念品，并能够进行简要的讲解；

2. 熟悉俄罗斯知名购物商店和商业街区，能够引导旅游者购物；

3. 了解俄罗斯在支付、小费与退税方面的相关规定，能够有效服务于游客。

任务分解

一、特色商品与纪念品

俄罗斯特色商品从手工艺品到食品，种类丰富，且都具备一定的特色。除了前文已提到的伏特加、鱼子酱，还有众多富有特色的商品与纪念品。

巧克力（Chocolate）：俄罗斯巧克力味道浓郁，最主要的品牌包括“胜利”“金奖章”“阿尔金”等。

锡器（Tinware）：俄罗斯锡器工艺品已有 300 多年历史，锡是排列在白金、黄金及银后的第四种贵金属。它富有光泽、无毒、不易氧化变色，具有很好的杀菌、净化、保温、保鲜效用。

俄罗斯套娃（Matryoshka Doll）：又称为玛特廖什卡，是俄罗斯著名的木制玩具，由多个一样图案的空心娃娃一个套一个组成，通常为圆柱形，底部平坦可以直立。最常见的图案是穿着俄罗斯民族服装的姑娘，起源于 14 世纪古镇扎郭尔斯科，因其世代工匠精湛的雕刻和绘画技巧受到了各国人民的喜爱。

二、特色购物街区

古姆国立百货商店（GUM）：位于莫斯科红场东侧，克里姆林宫后，建筑共三层，极具欧洲古典风格，玻璃天顶，三条长廊衔接，一层中央为一座小型喷泉，宛如宫殿一般。“古姆”是“国立百货商店”之意，入驻了国际名牌专卖店和纪念品商店，吸引游客购物。逢节庆，商场里会挂满装饰物，尤为漂亮。

阿尔巴特大街（Arbat Street）：是一条具有 500 多年历史的老街，1985 年成为莫斯科的第一条步行街。路面全部用砖石铺设，整洁干净，街两旁 14—16 世纪古色古香的古典建筑简洁而稳重。现在的阿尔巴特街主要是文化商业街，商品种类极其繁多。

涅瓦大街（Nevsky Prospekt）：是圣彼得堡最热闹、最繁华的街道，聚集了该市最大的书店、食品店、百货商店和最昂贵的购物中心，还有各种教堂、名人故居及历史遗迹。

三、消费提醒

小费（Tip）：在俄罗斯，该不该给小费、该给多少小费并没有固定的标准。服务质量、消费场所档次、消费者的体验都影响着小费的数量。在餐厅等消费场所，一般俄罗斯人都会给服务生小费，金额一般以消费的 5%~15% 作参考。

购物退税（Tax Refund）：外国公民在俄罗斯境内购买商品时可以轻松享受退税政策。外国公民购买商品总金额不低于 1 万卢布（折合人民币约 1000 元）时，可退还原商品 10%~20% 的增值税。办理退税时需持发票、护照及商品；退税手续可在机场退税柜台办理，可以以现金直接退还税款，也可退还至银行卡或账户。

支付方式（Terms of Payment）：俄罗斯官方货币是卢布。QIWI、webmoney、yandexmoney 是俄罗斯人常用的电子支付方式，其中最常用的是 QIWI。此外，信用卡也是很好的支付选择。

核心词汇

序号	中文	英文对照
1	巧克力	Chocolate
2	锡器	Tinware
3	俄罗斯套娃	Matryoshka Doll
4	古姆国立百货商店	GUM
5	阿尔巴特大街	Arbat Street
6	涅瓦大街	Nevsky Prospekt

实用表达

1. There are thousands of different styles of matryoshka Dolls.

俄罗斯套娃有数以千计的不同风格。

2. The price of goods in Izmaylovo, which offers telescopes, matryoshka dolls, scarves and other Russian souvenirs, is cheaper than that in the stores.

在蚂蚁市场里商品非常丰富，有各种望远镜、套娃、围巾等俄罗斯特色纪念品，价格也比商店便宜。

任务七　文化体验

任务情境

俄罗斯休闲娱乐与节庆活动种类繁多，热闹非凡，为旅游者所喜闻乐见。因此，领队有必要了解俄罗斯特色的文体休闲项目及节庆活动，从而帮助旅游者增强文化体验，在节庆与娱乐活动中得到休闲放松。

任务目标

1. 了解具有俄罗斯传统特色的休闲文体活动，能够进行简单的讲解；
2. 了解俄罗斯的节庆文化以及相关的旅游活动，并能够引导游客参与。

任务分解

一、休闲活动

芭蕾舞剧（Ballet）：世界公认的古典芭蕾经典剧目很大一部分都是在俄罗斯创排和首演的，留下了《睡佳丽》《胡桃夹子》和《天鹅湖》等众多经典剧目，国家模范大剧院和马林斯基剧院是俄罗斯最著名的芭蕾舞剧院，两个剧院的芭蕾舞团经常在世界各地巡演，成为俄罗斯闪亮的文化名片。

马林斯基剧院上演的芭蕾舞剧《天鹅湖》

俄罗斯大马戏（Russian Circus）：马戏在俄罗斯的表演历史源远流长，从 18 世纪起，沙皇都有自己专属的皇家马戏表演者。20 世纪 50 年代，政府组建了当时世界规模最大、表演水平最高的马戏表演团体——俄罗斯国家大马戏，其最擅长驯演大型猛兽，如狮、虎、熊、象等，驯养难度大、演出精彩。

二、节庆活动

谢肉节（Maslenitsa）：又称送冬节、烤薄饼周。是一个流传已有几百年的传统俄罗斯节日。谢肉节为每年东正教复活节前的第 8 周开始，持续一周。按照传统习俗，为期 7 天的"谢肉节"每天都有不同的庆祝方式，分别为迎春日、始欢日、宴请日、狂欢日、家庭聚会日及宽恕日。

卫国战争胜利日（the Great Patriotic War Victory Day）：以 1945 年 5 月 9 日德国法

西斯投降日作为纪念日。人们通过多种形式悼念在卫国战争中牺牲的同胞。在卫国战争纪念碑敬献鲜花的人群络绎不绝，大批军人、卫国战争的老战士和人民群众也在城市广场和公园举行集会，纪念这一伟大的日子。

核心词汇

序号	中文	英文对照
1	芭蕾舞剧	Ballet
2	天鹅湖	Swan Lake
3	胡桃夹子	The Nutcracker
4	国家模范大剧院	Bolshoi Theatre of Russia
5	马林斯基剧院	Mariinsky Theater
6	俄罗斯大马戏	Russian Circus
7	谢肉节	Maslenitsa
8	祖国保卫者日	Defender of the Fatherland Day
9	卫国战争胜利日	the Great Patriotic War Victory Day

实用表达

1. You may watch a famous Russian ballet show at the Mariinsky Theater, or stroll down the Nevsky Prospekt to feel like a 19th century aristocrat.

您可以在马林斯基剧院观看著名的俄罗斯芭蕾舞，或沿着涅瓦大街散步去寻找19世纪贵族的感觉。

2. The last time when I joined Russian Revels was a Maslenitsa feast back in February.

我上一次参加俄罗斯的狂欢节还是在2月份的谢肉节宴会中。

任务八　思政教育

任务情境

十月革命的胜利开创了人类历史的新纪元，为世界各国无产阶级革命、殖民地和半殖民地的民族解放运动开辟了胜利前进的道路。领队带领团队前往俄罗斯旅游之时，应当充分挖掘旅行中的思政教育元素，增进旅游者对共产主义的思想感悟。

任务目标

1. 了解适合开展思政教育的俄罗斯旅游景点；
2. 掌握这些旅游景点背后的思政教育意义；
3. 掌握增进旅游者对共产主义思想感悟的引导方法。

教育案例

传奇战舰“阿芙乐尔号”（Aphrora Cruiser）

案例简介：1917 年 11 月 6 日，停泊在圣彼得堡涅瓦河畔的阿芙乐尔号巡洋舰，接受革命军事委员会的指示，奉命开炮，发出进攻冬宫的信号。从此“阿芙乐尔号巡洋舰的炮声”成为十月革命的象征。1941 年，德国入侵苏联，停泊在圣彼得堡港口的阿芙乐尔号巡洋舰只剩一门主炮作战，无力抵挡德军进攻。危急时刻，它选择了自沉于港湾之中，使得这艘纪念舰的荣耀底色中多了一份宁死不屈的悲壮。卫国战争胜利后，苏联军民将其打捞了起来，作为“十月革命”的纪念舰永久性停泊在涅瓦河畔，并成为海军博物馆供游客参观。历经百年的传奇军舰现已成为俄罗斯的国宝之一，后人对它的纪念还原更是乐此不疲，比如动画片《阿芙乐尔》、电影《静静的顿河》、歌曲《“阿芙乐尔”号巡洋舰》等都是纪念它的作品。

俄罗斯系列微课——传奇战舰“阿芙乐尔号”

阿芙乐尔号

思政教育：2019 年 6 月 6 日，国家主席习近平和普京共同登上曾打响十月革命第一炮的阿芙乐尔号巡洋舰，听取有关历史介绍。习近平主席说道：阿芙乐尔号巡洋舰对中国人民而言意义非凡。当年十月革命一声炮响，给中国送来了马克思主义，为中国共产党的诞生发挥了重要作用。

核心词汇

序号	中文	英文对照
1	阿芙乐尔号	Aphrora Cruiser
2	巡洋舰	Cruiser
3	苏联共产党	Communist Party of the Soviet Union
4	布尔什维克党	Bolshevik
5	十月革命	the October Revolution

实用表达

1. The Chinese revolution is a continuation of the great October Revolution.
中国革命是伟大的十月革命的继续。

2. The gunfire of Aphrora Cruiser is the signal of the October Revolution in Russia.
阿芙乐尔号巡洋舰打响了俄国十月革命的第一炮。

任务九　能力测试

产品设计

任务情境：你所在的旅行社接待了一个小包团客人，他们表示十分喜欢俄罗斯特色的建筑，想到俄罗斯找一些特色建筑，拍出好看的照片。

任务要求：请你为他们定制一条个性化的路线。参考资料请扫二维码获得。

项目十三—任务九—产品设计

跨文化交际

任务情境：你带了一个旅游团前往莫斯科红场，在地接首次见到游客时，为游客手舞足蹈地介绍周边环境，同时与附近的陌生人招手致意，相互问候。细心的你发现游客似乎没有表现出同样热情的反馈，对陌生人的问候致意显得很拘谨。请你用专业知识向双方介绍各自的文化和风俗，化解尴尬。

模块四　美洲旅游区

项目十四　美国（The United States of America）旅行项目

任务一　国情介绍

任务情境

当你作为领队带领团队前往美国旅游之前，需要全面了解美国的自然地理、历史发展与社会经济等国情。在出境旅游初期，应对旅游者进行美国基本国情的介绍，帮助旅游者对旅游目的地建立初步的印象。

学习目标

1. 了解美国的自然地理特征，熟悉美国的气候特点；
2. 了解美国的简要历史和人口民族情况；
3. 了解美国的政治经济特点，熟悉美国的国家标志；
4. 掌握美国的礼仪习惯，熟悉文化交流中的礼仪禁忌。

任务分解

一、地理纵览

1. 地理概况

美利坚合众国（The United States of America，United States），简称“美国”，由华

盛顿哥伦比亚特区（Washington，D.C）、50 个州和众多海外领土组成，主体部分位于北美洲中部。美国地形变化多端，地势西高东低，东海岸沿海地区有海岸平原，平原后方是地形起伏的山麓地带。麦金利山（McKinley Hill）是美国最高山峰，也是北美第一高峰。美国陆地面积 915.8960 万平方公里，内陆水域面积约 20 万平方公里。

2. 气候特征

美国属大陆性气候（Continental Climate），南部属亚热带气候。中北部平原温差大，芝加哥 1 月平均气温 –3℃，7 月 24℃；墨西哥湾沿岸 1 月平均气温 11℃，7 月 28℃。

二、历史回眸

1. 简史

美国原为印第安人的聚居地，15 世纪末，西班牙、荷兰、法国、英国等相继移民至此。18 世纪前，英国在美国大西洋沿岸建立了 13 个英属北美殖民地。1775 年，独立战争爆发。1776 年，乔治・华盛顿发表《独立宣言》，宣布美利坚合众国正式成立。1783 年，英国承认 13 个殖民地独立。1787 年通过美国宪法，成立联邦制国家（Federal State）。1861—1865 年，美国爆发南北战争，结束了“半奴隶半自由的状态”，全面实行自由资本主义。1803—1959 年，通过购买和战争的手段，领土不断扩张。1991 年苏联解体，美国成为世界唯一的超级大国。

2. 人口宗教

美国人口约 3.33 亿（2021 年），包括非拉美裔白人、拉美裔、非洲裔、亚裔、混血、印第安人、阿拉斯加原住民及夏威夷原住民或其他太平洋岛民。通用语言为英语。人们主要信仰基督教，其次是天主教。

三、社会概述

1. 政治体制

美国实行总统制（Presidential System）。总统（President）是国家元首、政府首脑兼武装部队总司令，通过选举产生，任期四年。内阁（Government Cabinet）由总统、副总统、各部长和总统指定的其他成员组成。内阁起总统助手和顾问团的作用，没有决策权力。国会（Congress）是最高立法机构，由参议院（Senate）和众议院（House of Representatives）组成，议员由各州选民选举产生。

2. 国家标志

国旗：星条旗（Stars and Stripes），呈横长方形，长与宽之比为 19:10。主体由 13 道红、白相间的宽条组成，7 道红条，6 道白条；旗面左上角为蓝色长方形，其中分 9 排横列着 50 颗白色五角星。红色象征强大和勇气，白色代表纯洁和清白，蓝色象征警惕、坚韧不拔和正义。13 道宽条代表最早发动独立战争并取得胜利的 13 个州，50 颗五角星代表美利坚合众国的州数。

国徽：主体为一只胸前带有盾形图案的白头海雕。白头海雕是美国国鸟，象征力量、勇气、自由和不朽。盾面上半部为蓝色横长方形，下半部为红、白相间的竖条，其寓意同国旗。雕上的顶冠内有13颗白色五角星，代表美国最初的13个州。雕的两爪分别抓着橄榄枝和箭，象征和平和武力。雕嘴叼着的黄色绶带上用拉丁文写着“合众为一”，意为美利坚合众国是由很多州组成的完整国家。

3. 经济产业

美国的现代市场经济高度发达，国内生产总值居世界首位。2020年，国内生产总值20.93万亿美元。美国自然资源丰富，矿产资源总探明储量居世界首位。煤、石油、天然气、铁矿石、钾盐、磷酸盐、硫黄等矿物储量均居世界前列。制造业在工业中占有主导地位，是美国经济重要支柱。随着信息、生物等高科技产业的迅速发展，利用高科技改造传统产业也取得新进展。美国汽车、航空设备、计算机、电子和通信设备、钢铁、石油产品、化肥、塑料及新闻纸、机械均有很强的竞争力。

四、礼仪风俗

1. 国民性格

美国人（American）非常看重别人对自己的印象，独立进取、讲求实际、崇尚平等、竞争意识强、格外看重成功的价值。

2. 礼仪风俗

美国人崇尚自然，偏爱宽松，讲究着装体现个性。穿睡衣、拖鞋会客，或以这身外出，会被美国人视为失礼。美国人认为在公共场合化浓妆或当众补妆，显得缺乏教养。美国人重视个人隐私，不会询问私人问题，和美国人讲话也不要离得太近。美国人喜欢养宠物，特别喜欢猫和狗，未经主人同意，不要随意逗别人家宠物。

美国人不做不速之客，去别人家之前一定打电话预约，即使去父母或成年子女家也不例外。美国人认为在家里宴请客人是亲切友好的表示。拜访美国人时，进门要脱下帽子和外套，摘下墨镜。美国人喜欢充满情谊的礼物，注重礼物包装。接受礼物时要当面打开，表示感谢并赞美礼品。

核心词汇

序号	中文	英文对照
1	美利坚合众国	The United States of America，United States
2	华盛顿哥伦比亚特区	Washington，D.C
3	麦金利山	McKinley Hill
4	大陆性气候	Continental Climate
5	独立战争	War of Independence
6	联邦制国家	Federal State

（续表）

序号	中文	英文对照
7	原住民	Aborigines
8	总统制	Presidential System
9	总统	President
10	政府内阁	Government Cabinet
11	国会	Congress
12	参议院	Senate
13	众议院	House of Representatives
14	特区	Special Zone
15	星条旗	Stars and Stripes
16	美国人	American

实用表达

1. What are the common characters of American ?

美国人有什么性格特点?

Americans are independent and enterprising, practical, advocate. They have a strong sense of competition and pay special attention to the value of success.

美国人独立进取、讲求实际，竞争意识强，格外看重成功的价值。

2. Why do Americans tip after receiving catering services ?

为什么美国人接受餐饮服务后会付小费?

Because Americans are very pragmatic in terms of money and think that they should be paid for their labor.

因为美国人在金钱上非常务实，认为付出劳动就要取得报酬。

任务二　交通指引

任务情境

美国和世界各国主要城市间有着丰富的航线（Air Line），还有众多港口，城际航线和公路交通路线丰富。面对丰富的旅游交通系统，领队应了解美国外部交通与区域交通情况，能够在出入境、城际交通等项目上进行准确的交通指引。同时，也需要了解美国的特色交通项目，便于进行旅游推介。

任务目标

1. 了解到达美国的方式，能够引导旅游者通过机场海关，顺利入境；
2. 了解美国城际交通的基本情况；
3. 了解具有地域特色的旅游交通方式。

任务分解

一、到达美国

航空交通：美国机场数量排名世界第一，有近两万个。纽约就有三大机场，肯尼迪国际机场、拉瓜迪亚机场及纽瓦克自由国际机场。世界上几乎所有国家都有飞往美国的航班。2009 年以来，随着全球经济危机逐渐远去，中美航空市场也持续升温。2013—2018 年，中美航空市场共新开了 33 条航线，中方航司包办了其中的 27 条，投入热情空前，每周往返于两国之间的直飞航班达到了 320 多班。然而，随后由于中美贸易摩擦与新冠疫情的影响，中美航线的发展受到了一定的影响。

水运交通：美国主要港口有 48 个，有纽约港（Port of New York）、洛杉矶港（Port of Los Angeles）、芝加哥港（Port of Chicago）、西雅图港（Port of Seattle）等。最繁忙的是洛杉矶港、长堤港及纽约港。乘船至美国，可以欣赏沿途的风景，但耗时比较长。中国到美国要中转，耗费 15 天至 2 个月不等的时间。

知识链接

肯尼迪国际机场

肯尼迪国际机场位于美国纽约市皇后区爱德怀德，为 4F 级国际机场、美国门户级国际航空枢纽。肯尼迪国际机场场内设轻轨列车往返于各航站楼。其中，航站楼、停车场、汽车租赁中心之间摆渡不收取费用。机场距离纽约市区 30 公里，可选择大巴、地铁、出租车等交通方式，全程需要 35~45 分钟。

二、入境流程

入境手续：旅客到达入境大厅后需按照签证的不同，排队办理入境手续。持非移民签证者应排在非移民（Non-residents）队伍，持移民签证或绿卡者在居民（Citizens/Residents）行列。边检官员会检查有效护照和签证及相关文件，如认为有必要，会进行询问。

入境文件：护照、I-20 或 IAP-66、I-94、入境卡（Arrival Cards）、海关申报单、行程单等。

询问问题：办理入境手续时，移民局官员的问题主要包括旅美期间住所地、来美目的及携带货币金额等。

海关检查：提取行李（Luggage Claim）后，须通过海关检查（Customs）。海关通道分为红色、绿色。需申报物品者，应走红色通道；无须申报物品者，走绿色通道。检查行李时要递上证件，如海关要求开箱检查，立刻打开受检。如验关人员示意通过，立刻提着行李离开。按照美国法律，海关人员无权私自打开行李，但如要求游客打开遭拒绝，他们则有权打开。如在行李中发现禁带物品，当场没收。携带入境的金额超过一万美元，应主动填表向海关申报。

知识链接

美国入境携带物品规定

1. 可免税携带入境的物品：一条香烟（200 支），或 50 支雪茄烟，或 2 公升烟草，或按比例的上述各类物品；年满 21 岁非美国居民可免税携带入境 1 公升啤酒、葡萄酒、白酒等酒精饮料，仅限个人使用；非居民可免税带进价值不超过 100 美元的礼品。

2. 可入境且需申报的食品：糖果、布丁、巧克力等，大部分奶酪、250 克以下的鱼子酱、供婴幼儿数日使用或少量的液体牛奶和牛奶制品，大米、面粉、蘑菇、坚果、香料、方便面和拉面，果脯、茶叶、咖啡、蜂蜜，不含肉的制成品酱、新鲜的、冷冻的、风干的、熏制的、罐装的或熟制的海鲜产品，供个人使用的罐装食品或不含肉、禽类产品且真空包装的大口瓶罐装食品，罐装的果汁。

3. 禁止及限制携带入境物品：肉类、鸡蛋、鱼、野生动物、水果、蔬菜、植物、植物种子及土壤、违法药物、违反知识产权和注册商标的物品、违禁药物器具、宠物、生物制品、文化遗产和文物古董、枪支、猎物武器、管制药品、淫秽物品，以及危害健康或环境的物品。

三、城际交通

飞机是美国主要的城际交通工具，很多重要城市间每半小时就有航班连接。纽约、华盛顿、芝加哥、洛杉矶及旧金山周边都有两到三个国际机场，各主要城市都有机场连接，很多机场是重要的国际旅行中转站。

美国公路交通非常发达，高速公路遍布。搭乘巴士是主要交通方式，各城市之间均有巴士连接。美国很多州的交通法规允许持外国驾照在本州驾驶车辆，但需要驾照上用英语注明有效期及可驾驶的车辆类型。

由于飞行和汽车出行过于方便，美国城市间的铁路客运并不多。主要铁路线路仅集中在东部纽约、华盛顿、波士顿，中部芝加哥和西部洛杉矶、旧金山周边。列车的速度慢，票价高昂，直达列车较少。

四、特色交通

海岸星光列车（Coast Starlight Train）：著名的美西海岸观景列车，从西雅图到洛杉矶，全程沿海行驶，可欣赏浩瀚的海岸风光。

加州清风号列车（California Zephyr Train）：穿越美国两大山脉，从芝加哥到旧金山，是欣赏山脉峡谷的优选线路。

帝国缔造者号列车（Empire Builder Train）：横贯美国北部，从芝加哥到西雅图，可领略冰川雪山及原始自然风貌。

西南酋长号列车（Southwest Chief Train）：美国境内最长的铁路之一，从芝加哥到洛杉矶，线路与 66 号公路重合，可以感受美国绝佳的内陆风光。

核心词汇

序号	中文	英文对照
1	航线	Air Line
2	肯尼迪国际机场	John F. Kennedy International Airport
3	纽约港	Port of New York
4	洛杉矶港	Port of Los Angeles
5	芝加哥港	Port of Chicago
6	西雅图港	Port of Seattle
7	非移民	Non-residents
8	居民	Citizens/Residents
9	入境卡	Arrival Cards
10	提取行李	Luggage Claim
11	海关检查	Customs
12	海岸星光列车	Coast Starlight Train
13	加州清风号列车	California Zephyr Train
14	帝国缔造者号列车	Empire Builder Train
15	西南酋长号列车	Southwest Chief Train

实用表达

1. How long are you going to stay in U.S.A ?

您在美国待多久?

2. Where will you be staying during your stay in U.S.A ?

在美国住在哪里?

3. Where are you planning to visit in U.S.A ?

您打算去美国的哪些地方玩?

4. How much currency are you carrying to travel in U.S.A ?

您带了多少钱来美国旅游?

任务三 住宿安排

任务情境

美国酒店种类繁多，有旅店、民宿、汽车旅馆、房车露营地等，由于文化差异，在住宿用品、网络和电视、禁烟规定、充电电源等方面的规定与国内有差异。因此，如何给游客安排优良的住宿环境，是领队应具备的技能。

美国系列微课——住宿安排

任务目标

1. 了解具有美国特色的住宿场所，并能够根据游客需要进行推荐；
2. 熟悉美国旅游住宿方面的注意事项，并能够清晰地向游客说明。

任务分解

一、特色住宿

旅店（Inn）：在美国，Holiday Inn 和 Quality Inn 是比较知名的连锁旅店，价格适中，性价比高，但所处地段偏远。

汽车旅馆（Motel）：一种诞生在美国加州的酒店形式，由“汽车（Motor）”和

“旅馆（Hotel）”两词拼合而成。在美国，最符合自驾旅游者对住宿安全、干净、便宜要求的就是汽车旅馆。有 24 小时入住 / 退房（Check In/Out）和客房打扫服务（House Keeping）；有全天的闭路电视监控。比较出名的美国连锁汽车旅馆有：Travelodge、Motel、Howard Johnson、Ramad 等。

汽车旅馆

野外露营（Field Camping）：露营是美国人的传统活动，越来越多的美国家庭出游时选择露营，不仅省钱，还可以享受探索野外的乐趣。

房车露营地（RV Campground）：针对房车使用者而建，提供车辆补给和人们休息的场地。美国房车露营地有多种类型，装备设施也各有不同。美国房车露营地多驻扎森林公园，还会推出丰富多彩的节目与活动。

房车营地

二、住宿提醒

住宿用品（Accommodation Supplies）：为了环保，美国酒店内一般不提供牙膏（Toothpaste）、牙刷（Brush）、梳子（Comb）、拖鞋（Slippers）、剃须刀（Razor）等个人物品，需要自备；部分酒店前台可以有偿提供。吹风机、沐浴露和洗发水每个酒店基本都是有的。

禁烟规定（Smoking Ban）：美国禁烟政策很严格。酒店是全面禁烟的。如吸烟将会被收取 200~800 美元的罚金。

充电电源（Charging Power Supply）：美国的电压为 110 伏特 60 赫兹交流电，三眼插座也与中国不同，需使用转换插座；建议在出行前自行准备。

核心词汇

序号	中文	英文对照
1	旅店	Inn
2	汽车旅馆	Motel
3	汽车	Motor
4	旅馆	Hotel
5	入住/退房	Check In/Out
6	客房管理	House Keeping
7	野外露营	Field Camping
8	房车露营地	RV Campground

（续表）

序号	中文	英文对照
9	住宿用品	Accommodation Supplies
10	牙膏	Toothpaste
11	牙刷	Brush
12	梳子	Comb
13	拖鞋	Slippers
14	剃须刀	Razor
15	网络和电视	Internet and Television
16	禁烟规定	Smoking Ban
17	充电电源	Charging Power Supply

实用表达

1. What is a Motel？

汽车旅馆是什么？

Motel is a combination of moto and hotel. The parking space provided by the motel is connected to the room. The first floor is used as a garage and the second is a room.

汽车旅馆，是汽车和旅馆的合成词。汽车旅馆提供的停车位与房间相连，一楼当作车库，二楼为房间。

2. Smoking is strictly prohibited in America.

美国禁烟政策很严格。

任务四　旅游导览

任务情境

美国旅游资源丰富，景点众多。沿东海岸线，从全美受教育程度最高的城市波士顿到世界第一大经济中心纽约再到美国最干净的城市迈阿密；沿着西海岸线，从天使之城洛杉矶到最受美国人欢迎的城市旧金山再到翡翠之城西雅图，都能使得旅客流连忘返。作为领队，应当熟悉美国的主要旅游城市与著名旅游景点，以便在旅行中，适时进行旅游导览与讲解。

任务目标

1. 熟悉美国旅游的特色资源与主要旅游城市；
2. 熟悉著名城市的旅游资源，并能够对知名景点进行简要讲解。

任务分解

一、纽约（New York）导览

纽约位于美国东北部海岸哈德逊河口，又名“苹果城”或“不夜城”，是美国最繁华的城市，金融、贸易和文化中心，也是联合国总部所在地。自由女神像、大都会博物馆、帝国大厦、时代广场、中央公园、布鲁克林大桥、百老汇等都是纽约著名的旅游景点。

自由女神像（Statue of Liberty）：全名为自由照耀世界之神，是美国国家级纪念碑和国家的象征。她是 1876 年法国赠送给美国独立 100 周年的礼物，1984 年被列入《世界遗产名录》。她矗立在哈德逊河口自由岛上，头戴光芒四射的冠冕，高举自由火炬，手捧《独立宣言》。神像内部中空，可搭电梯直达神像头部；底座是美国移民史博物馆，记录着数百万移民漂洋过海来到美国的历史。

自由女神像

大都会艺术博物馆（The Metropolitan Museum of Art）：其与大英博物馆、卢浮宫、埃尔米塔什博物馆并称世界四大博物馆。博物馆共分为四层，馆藏多达 330 万件，涵盖埃及、希腊、罗马等地的各类珍贵文物和艺术品。

帝国大厦（Empire State Building）：作为美国纽约的地标建筑之一，既是多功能的写字楼，也是旅游景点，大量游客每天在该处登顶观景。享有全球十大摄影景点、最浪漫及最多名人参观的建筑等多个美誉。

中央公园（Central Park）：纽约最大的都市公园，有浅绿色的草地、树木郁郁的小森林、庭院、溜冰场、旋转木马、露天剧场、小动物园、网球场、运动场、美术馆和可泛舟的湖等，是纽约市民的休闲地，更是旅游者喜爱的胜地。

中央公园

百老汇（Broadway）：百老汇大道为纽约市重要的南北向道路，南起巴特里公园（Battery Park），纵贯曼哈顿岛。路两旁分布着众多的剧院，是美国戏剧和音乐剧的重要发扬地，“百老汇”也因此成为了音乐剧的代名词。

二、洛杉矶（Los Angeles）导览

洛杉矶是美国第二大城市，又名“天使之城”，是美国西部最大的城市，气候温和，有山有水，有海有河，有丛林有小溪，还有金色的沙漠，是旅游胜地、休假天堂、购物胜地，也是经典好莱坞电影、美剧的诞生之地，是美国文娱中心。

好莱坞环球影城（Universal Studios Hollywood）：原本是好莱坞电影拍摄片场，如今已成为一座主题乐园。好莱坞电影与先进的特效相结合，打造出极具尖端科技的世界顶级游乐设施。乐园内每天会上演各种表演，可与好莱坞人物合影。

迪士尼乐园（Disneyland Park）：由迪士尼之父在加尼福尼亚州亲手打造，是全球首家迪士尼乐园，汇集了世界各地迪士尼乐园的精华，是世界最受欢迎的主题乐园之一。由迪士尼乐园与迪士尼加州冒险乐园两部分组成。夜幕降临后，主城堡前会燃放烟花，非常绚丽。

三、旧金山（San Francisco）导览

旧金山是美国密西西比河以西最大的城市，是美国加州太平洋沿岸的港口城市，是美国人口密度第二高的城市，也是早期华人集居的地方。美丽的街道，迷人的景点，让旧金山成了理想的度假胜地。游客可以游览恶魔岛、渔人码头、九曲花街等著名景点，可以驱车经过金门大桥，乘坐有轨电车探索这座城市。

金门大桥（Golden Gate Bridge）：耗用10万多吨钢材建成的金门大桥，是旧金山的象征。淘金热时期，因如同通往金矿的一扇大门，因此得名。橘红色的大桥跨越了旧金山湾和金门海峡，壮观雄伟。桥两侧专门设有步行道，伴随海风步行在大桥之上，或骑自行车往返都是不错的体验。

金门大桥

渔人码头（Fisherman’s Wharf）：从吉拉德里广场延伸到35号码头，有各色商店、餐厅、街头表演，可远眺恶魔岛、金门大桥、海湾桥。

九曲花街（Lombard Street）：是世界上最弯曲的街道，很短的街区内有八个急转弯，还有40°的斜坡。车道两边的花坛里种满了玫瑰，花开时节，远远望去，有如一幅斜挂着的绒绣，美不胜收。

四、黄石国家公园（Yellowstone National Park）导览

黄石国家公园占地面积约为898317公顷，分五个区：西北的猛犸象温泉区以石灰石台阶为主，故也称热台阶区；东北为罗斯福区，仍保留着老西部景观；中间为峡谷区，可观赏黄石大峡谷和瀑布；东南为黄石湖区，主要是湖光山色；西及西南为间

歇喷泉区，遍布间歇泉、温泉、蒸汽池、热水潭、泥地和喷气孔。该公园是世界上最大的火山口之一，它拥有世界上面积最大的森林之一。有超过 10000 个温泉和 300 多个间歇泉。拥有 290 多个瀑布。园内有黄石湖、黄石河、峡谷、瀑布及温泉等景观，是一个负有盛名的游览胜地。1978 年，黄石国家公园被列入《世界遗产名录》的世界自然遗产。这是世界上第一个国家公园。

核心词汇

序号	中文	英文对照
1	纽约	New York
2	自由女神像	Statue of Liberty
3	大都会艺术博物馆	The Metropolitan Museum of Art
4	帝国大厦	Empire State Building
5	中央公园	Central Park
6	百老汇	Broadway
7	洛杉矶	Los Angeles
8	好莱坞环球影城	Universal Studios Hollywood
9	迪士尼乐园	Disneyland Park
10	旧金山	San Francisco
11	金门大桥	Golden Gate Bridge
12	渔人码头	Fisherman's Wharf
13	九曲花街	Lombard Street
14	黄石国家公园	Yellowstone National Park

实用表达

1. The Metropolitan Museum of Art is among the four largest museum in the world, along with the British Museum, the Louvre and Hermitage Museum.

大都会艺术博物馆与大英博物馆、卢浮宫、埃尔米塔什博物馆并称世界四大博物馆。

2. The Statue of Liberty was a French gift to the United States on the 100th anniversary of its independence in 1876 and was listed as a world heritage site in 1984.

自由女神像是 1876 年法国赠送给美国独立 100 周年的礼物，1984 年被列入《世界遗产名录》。

任务五　美食推荐

任务情境

美国狭长的海岸线有丰富的海产品，还有著名好吃的甜品。美国式饮食不讲究精细，追求快捷方便，一日三餐都较随便。因此，领队有必要了解美国的特色美食与饮食习俗，在旅游活动过程中恰当地安排，有针对性地予以推荐。

任务目标

1. 了解美国美食，能够简单地讲解美国美食的特色；
2. 熟悉美国著名美食售卖的场所；
3. 了解美国的饮食习俗。

任务分解

一、特色美食

美国人口味较清淡，喜欢吃生、冷食品。火鸡、阿拉斯加鳕鱼柳、玉米热狗、各式各样的派等都是美国人的最爱。美国人爱喝冰水、矿泉水、可口可乐、啤酒、威士忌（Whisky）、白兰地（Brandy）等饮料，喜欢在饮料中加冰块。

火鸡（Turkey）：在美国，火鸡不光在感恩节被作为庆祝节日的美味，还会经常出现在日常餐饮中。很多餐厅都会提供火鸡的沙拉、三明治和汉堡等，最经典的还是现烤现切的火鸡肉，带皮部分蘸酱料才最美味。

火鸡

派（Pie）：苹果派、蓝莓派、草莓派等是美国的“甜品之王”，其中最经典的是苹果派，层层酥脆的派皮加上甜美的馅心，让游客感受无限的味蕾惊喜。

美式玉米热狗（American Corn Hotdog）：美国“快餐文化”中必不可少的部分，饱满的热狗肠外裹上玉米粉与面粉炸至金黄，再挤上各式酱料，便成为了美国民众补充体力的“利器”。

阿拉斯加鳕鱼柳（Alaska Cod Fillet）：健康营养且美味，将块状鳕鱼撒上调味料，放入油锅中炸至金黄色，脆香鲜嫩的鱼肉让人赞不绝口。

二、美食地标

Minetta Tavern：1937 年开业的 Minetta Tavern 是曼哈顿非常有名的一间历史悠久的复古风格餐厅。这家餐馆最具人气的招牌当然是“黑色标签汉堡”（Black Label Burger），精选牛肉搭配甜焦糖洋葱和脆皮薯条，很多人就为了吃它慕名而来，到了纽约一定不能错过。

三、饮食习俗

美国式饮食文化是不讲究精细，追求快捷方便，也不奢华，比较大众化，一日三餐都比较随便。事实上，如今为世人所熟悉的快餐，大多是以美国快餐为主流的。通常大家会认为，所谓美国快餐就是汉堡、薯条加奶昔（或者可乐），其实，作为一个多元文化的集合体，美国的快餐店也相当自由包容，除了美式快餐，还有中式快餐、墨西哥快餐等。

核心词汇

序号	中文	英文对照
1	威士忌	Whisky
2	白兰地	Brandy
3	火鸡	Turkey
4	派	Pie
5	美式玉米热狗	American Corn Hotdog
6	阿拉斯加鳕鱼柳	Alaska Cod Fillet
7	早餐	Breakfast
8	果汁	Juice
9	麦片	Cereal
10	午餐	Lunch
11	快餐	Fast Food
12	三明治	Sandwich
13	汉堡包	Hamburger
14	热狗	Hotdog

实用表达

1. Apple pie, blueberry pie, strawberry pie and other pies are the "king of dessert" in the United States.

苹果派、蓝莓派、草莓派等各式各样的派是美国的“甜品之王”。

2. Fast food is typical American food culture, which is very popular.

快餐是典型的美国饮食文化，十分普及。

任务六　商品导购

任务情境

美国除了有优美的风景、可口的美食，还有很多特色商品和纪念品。从昂贵的奢侈品到经济实惠的大众商品，从蔓越莓、咖啡到电子数码产品、保健品等，都可在美国找到。作为领队，应当熟悉美国特色旅游商品与知名商业街区，以便引导游客购买合适的商品。

任务目标

1. 熟悉我国旅游者喜爱购买的美国旅游商品与旅游纪念品，并能够进行简要的讲解；
2. 熟悉美国知名购物商店和商业街区，能够引导旅游者购物；
3. 了解美国在支付、小费与退税方面的规定，能够有效服务于游客。

任务分解

一、特色商品与纪念品

蔓越莓（Cranberry）：表皮鲜红，生长在矮藤上的小圆果，生长在寒冷的北美湿地，经过3~5年栽培，才能长成鲜红的果实。全球产区不到4万英亩。

科纳咖啡（Kona Coffee）：产于夏威夷（Hawaii）科纳海岸的狭长地带，是只能栽种在火山斜坡上的稀罕品种，是世界上最好的咖啡之一。味道香浓、甘醇，且带有一种葡萄酒香、水果香和香料香，风味特殊。

电子数码产品（Electronic Digital Products）：硅谷聚集了全美国甚至全世界最顶尖的电子设备人才，也有全世界最多、最新、最著名的电子产品品牌。

保健品（Health Products）：美国保健品监管完善、安全可靠，处于世界领先水平。鱼油、高效维生素C和钙补充剂、骨与关节强化剂等应有尽有。

二、特色购物街区

阿拉莫纳购物中心（Alamona Shopping Center）：位于夏威夷州檀香山，世界上最大的零售和餐饮购物目的地之一、世界上最大的户外购物中心，被称为“美国最大的户外购物商场”。中心内有 290 家商店，商品种类繁多，各具特色。

Shipshewana 跳蚤市场（Flea Market）：美国中西部最大规模的跳蚤市场，位于印第安纳北部的迷你小镇 Shipshewana。每年 5—10 月的每个周二和周三，900 多个摊位摆满各种古董、老物件、手工艺品，吸引了无数慕名前来的淘货狂人。

三、消费提醒

小费（Tip）：美国有付小费的习惯，费率通常在 15%~20%，越高级的地方越高，越偏远的地方越低，节假日则可能达到 25%。接受餐饮、理发、外卖、停车、搬运行李等服务后付小费也是美国人的习惯。

购物退税（Tax Refund）：在美国只有得克萨斯州和路易斯安那州可以退税，其他州没有退消费税的规定。凭离境机票、护照、所购物品、票据办理相关手续。同时，购物商店必须是能办理退税的商店，所购物品票据上的日期必须是在离境前 29 天及以内，所退税款要达到 10 美元，购物须用本人信用卡或现金付款，所购物品须是通过飞机带走。

支付方式（Terms of Payment）：美国人一般使用现金（Cash）和信用卡（Credit Card）交易。Apple Pay、Samsung Pay、支付宝等移动支付软件也可以进行交易。

核心词汇

序号	中文	英文对照
1	蔓越莓	Cranberry
2	科纳咖啡	Kona Coffee
3	夏威夷	Hawaii
4	电子数码产品	Electronic Digital Products
5	保健品	Health Products
6	阿拉莫纳购物中心	Alamona Shopping Center
7	跳蚤市场	Flea Market
8	小费	Tip
9	购物退税	Tax Refund
10	支付方式	Terms of Payment
11	现金	Cash
12	信用卡	Credit Card

实用表达

1. Kona coffee is produced in the narrow strip of Kona Coast in Hawaii. It is a rare variety that can only be planted on volcanic slopes. It is one of the best coffees in the world.

科纳咖啡产于夏威夷科纳海岸的狭长地带，是只能栽种在火山斜坡上的稀罕品种，是世界上最好的咖啡之一。

2. Alamona shopping center is one of the largest retail and catering shopping destinations and the largest outdoor shopping center in the world. It is known as "the largest outdoor shopping mall in the United States".

阿拉莫纳购物中心是世界上最大的零售和餐饮购物目的地之一、世界上最大的户外购物中心，被称为“美国最大的户外购物商场”。

任务七　文化体验

任务情境

节日是文化的缩影，美国是一个文化大国，短暂而独特丰富的历史把它造就为一个民族的熔炉和世界文化的汇聚地。各种休闲娱乐与节庆活动能让游客感受到美国人的宗教信仰、民族渊源、历史积淀和思想观念。因此，领队有必要了解美国特色的文体休闲项目及节庆活动，从而帮助旅游者增强文化体验，在节庆与娱乐活动中得到休闲放松。

任务目标

1. 了解具有美国传统特色的休闲文体活动，能够进行简单的讲解；
2. 了解美国的节庆文化以及相关的旅游活动，并能够引导游客参与。

任务分解

一、休闲活动

钓鱼（Go Fishing）：钓鱼是美国人最喜欢的休闲活动之一，也是美国父母和小孩沟通的重要方式。销售钓鱼用具的店各地都有，但在钓鱼前请别忘了申请一个捕鱼许可证（Fishing License），否则会遭受罚款。每个州对可以钓多大的鱼及其种类有规定。

滑雪（Skiing）：美国滑雪资源丰富，除部分南部没有降雪的州外，其他均有滑雪场，较有名的滑雪胜地有犹他、明尼苏达、科罗拉多、西雅图等。

骑马（Riding）：在美国骑马的机会比较多。有些美国人会买一匹马养在专门的农场（Farm）里，到周末或闲时牵出来溜达或在马背上像马术师一样过过瘾。还有一些美国人会到附近农场付费骑马，或到马场（Horse Park）去骑马。

二、节庆活动

独立日（Independence Day）：独立日（7 月 4 日）是美国国庆日，也是一年中最重要的节日。当天以"蓝红白"为基调的星条旗飘扬在城市的大街小巷，大城市还有盛大的游行表演。夜幕降临后，美国各地的烟火表演（Fireworks Show）把国庆日的气氛推向高潮。

感恩节（Thanksgiving）：每年 11 月的第四个星期四是感恩节，是美国人民独创的一个古老节日，也是美国人合家欢聚的节日。按照习俗，美国人会前往教堂做感恩祈祷，而著名的火鸡是感恩节的主打菜。城乡市镇到处都有化装游行（Costume Parade）、戏剧表演或体育比赛等。

芝加哥蓝调音乐节（Chicago Blue Festival）：芝加哥拥有强大的蓝调音乐文化底蕴，每年 6 月举办的大型蓝调音乐节是全球最盛大的免费蓝调音乐派对（Party），引近百万的音乐迷前来。

核心词汇

序号	中文	英文对照
1	钓鱼	Go Fishing
2	捕鱼许可证	Fishing License
3	滑雪	Skiing
4	团体票	Group Ticket
5	高尔夫球	Golf
6	贵族	Noble
7	骑马	Riding
8	农场	Farm
9	马场	Horse Park

（续表）

序号	中文	英文对照
10	独立日	Independence Day
11	烟火表演	Fireworks Show
12	感恩节	Thanksgiving
13	化装游行	Costume Parade
14	芝加哥蓝调音乐节	Chicago Blue Festival
15	派对	Party

实用表达

1. Fishing is one of America's favorite leisure activities and an important way for American parents to communicate with their children.

钓鱼是美国人最喜欢的休闲活动之一，也是美国父母和小孩沟通的重要方式。

2. Thanksgiving Day is an ancient holiday created by the American people. It is also a holiday for Americans to get together. Americans always feel cordial when they mention Thanksgiving Day.

感恩节是美国人民独创的一个古老节日，也是美国人合家欢聚的节日，美国人提起感恩节总是倍感亲切。

任务八　思政教育

任务情境

1941 年，美国飞行教官克莱尔·李·陈纳德将军创建美国志愿援华航空队，又称飞虎队，与中国军民共同抗击日本侵略者，为中国抗日战争胜利做出了卓越贡献。2000 年，陈纳德的女儿在美国门罗的塞尔曼航空学校旧址创建了陈纳德航空军事博物馆。领队带领团队前往美国旅游时，应当充分挖掘旅行中的思政教育元素，增进旅游者对陈纳德航空军事博物馆以及飞虎队的认知。

任务目标

1. 了解适合开展思政教育的美国旅游景点；
2. 掌握这些旅游景点背后的思政教育意义；
3. 增进旅游者对陈纳德航空军事博物馆以及飞虎队的认知。

任务分解

陈纳德航空军事博物馆（Chennault Aviation & Military Museum）

美国系列微课——陈纳德航空军事博物馆

案例简介：陈纳德航空军事博物馆位于美国路易斯安那州门罗市的塞尔曼航空学校旧址。博物馆于1942年建立，是全美唯一以美国志愿援华航空队（American Volunteer Group）历史为主题的博物馆。博物馆门口处矗立着陈纳德将军的高大雕像，雕像背后的红色砖墙上以中、英两种文字记述着将军与中国的不解之缘。展厅内通过实物、图片、视频等形式重点介绍了陈纳德1941年组建飞虎队，投身中国战场的历史，陈列有大量珍贵的藏品和史料，包括陈纳德儿时的照片和私人用品、作战时身着的军服，前往中国使用的职业栏标为“农夫”的护照和与战友在日本刺探军情时所使用的照相机，以及中国百姓向陈纳德赠送的写有“英勇无敌”的锦旗等。博物馆每年接待众多世界各地的参观者。2018年，在陈纳德航空军事博物馆又竖起了一座永久性的中美友谊墙，向美国社会展示“飞虎队”精神及中美两国人民跨越80年历史时空的友谊。

思政教育：陈纳德将军在1949年发表的自传《战士之路》中曾表示：“我最美好的希望是飞虎队的旗帜一直能够高高飘扬，并且作为太平洋两岸这两个伟大的民族为共同的战争（Warfare）与和平（Peace）的目标而努力的象征而永垂青史。”飞虎队员也表示：“能帮助中国是我们一生的荣幸，非常感谢中国士兵及当地村民对美国飞虎队队员所提供的救援与帮助。我们不能忘记中美两国士兵与人民为了共同的事业所表现出的勇敢（Brave）与做出的牺牲（Sacrifice）。”美国飞虎队和中国军民并肩作战的历史，铭记着两国人民像兄弟一样一起战斗，在浴血抗战中结下了深厚友谊（Friendship）。飞虎队是一种象征，被中美两国人民铭记。追忆历史，缅怀飞虎队精神，要更好地弘扬中美两国人民之间的友谊，将友谊与合作的精神一代又一代地传下去。

核心词汇

序号	中文	英文对照
1	陈纳德航空军事博物馆	Chennault Aviation & Military Museum
2	中国空军美国志愿援华航空队	American Volunteer Group
3	飞虎队	Flying Tiger
4	战争	Warfare
5	和平	Peace
6	勇敢	Brave
7	牺牲	Sacrifice
8	友谊	Friendship

实用表达

1. The museum is the only museum in the United States with the theme of the history of the general and the American Volunteer Group (also known as the Flying Tigers).

这座博物馆是全美唯一以将军和中国空军美国志愿援华航空队（又称飞虎队）历史为主题的博物馆。

2. The history of Chinese and American soldiers and civilians fighting side by side, represented by the American Flying Tigers, bears in mind that the two peoples fought together like brothers and forged profound friendship in the bloody war of resistance against Japan.

美国飞虎队和中国军民并肩作战的历史，铭记着两国人民像兄弟一样一起战斗，在浴血抗战中结下了深厚友谊。

任务九 能力测试

情景模拟

任务情境：当你作为领队带旅游团落地美国肯尼迪国际机场，第一次遇到地接导游 Johnson，你知道跟他聊天时有什么禁忌和需要注意的吗？

任务提示：美国人特别重视个人隐私，不会问新结识的朋友任何有关个人收入、年龄、婚姻状况以及宗教、政治等方面的问题。他们还讲究个人空间，和美国人讲话，不要离得太近。

跨文化交际

任务情境：美国地接 Johnson 很热情，团员都非常喜欢他。临近离别，他们纷纷拿出为 Johnson 准备的礼物。可令他们大吃一惊的是，Johnson 当场一个个拆开礼物，并赞赏有佳。作为领队的你会怎样向中国的团员解释这一现象？

项目十五　加拿大（Canada）旅行项目

任务一　国情介绍

任务情境

从活力城市到令人惊叹的自然风光，加拿大应有尽有。当你领队带领团队前往加拿大旅游之前，需要全面了解加拿大的自然地理、历史发展与社会经济等国情。在出境旅游初期，对旅游者进行加拿大基本国情的介绍，帮助旅游者对旅游目的地建立初步的印象。

任务目标

1. 了解加拿大的自然地理特征，熟悉加拿大的气候特点；
2. 了解加拿大的简要历史和人口民族情况；
3. 了解加拿大的政治经济特点，熟悉加拿大的国家标志；
4. 掌握加拿大的礼仪习惯，熟悉文化交流中的礼仪禁忌。

任务分解

一、地理纵览

1. 地理概况

加拿大（Canada），位于北美洲北部，海陆兼备，东临大西洋，西濒太平洋，西北邻美国阿拉斯加州，南接美国本土，北靠北冰洋。国土面积居世界第二位，海岸线世界最长，约24万多公里；国境边界长达8892公里，为全世界最长不设防疆界线。加拿大东部多低矮高原，西部为落基山脉（The Rocky Mountains），中部为大平原和劳伦琴低高原，北极群岛地区，多系丘陵低山。

2. 气候特征

加拿大属大陆性温带针叶林气候（Temperate Marine Climate），东部气温稍低，南部适中，西部温和湿润，北部为寒带苔原气候；中西部最高气温达40℃以上，北部最低气温低至 –60℃。北极群岛终年严寒。

二、历史回眸

1. 简史

加拿大原为印第安人与因纽特人居住地。17 世纪初沦为法国殖民地，后被割让给英国。1867 年，英国将加拿大省、新不伦瑞克省和诺瓦斯科舍省合为联邦，成为英国最早的自治领（Dominion）。此后，其他省也陆续加入联邦。1926 年，加拿大获得外交独立。1931 年，加拿大成为英联邦成员国。1982 年，英国女王签署《加拿大宪法法案》，加拿大议会获得立宪、修宪的全部权力，因此将 7 月 1 日自治领日改名为加拿大日。联邦成立时将国家定名为加拿大。

2. 人口宗教

加拿大地广人稀，人口 3813 万（2021 年），主要为英、法等欧洲后裔（Off-spring），还有少部分土著居民和亚洲、拉美、非洲裔等。官方语言为英语和法语。人们主要信奉天主教和基督教。

三、社会概述

1. 政治体制

加拿大政体为议会制的君主立宪制（Parliamentary Constitutional Monarchy）。英国国王为加拿大国家元首，总督为英国国王在加拿大代表，总理为政府首脑。议会（Parliament）是最高司法和立法机构，由参议院和众议院组成，其通过的法案由总督签署后成为法律。总督有权召集和解散议会。

2. 国家标志

国旗：为长方形，长宽之比为 2:1。旗面由红白两色组成，两边红色代表大西洋和太平洋，白色正方形象征加拿大广阔的国土。中央绘有一片 11 个角的红色枫树叶（Maple Leaves），代表着 7 个省和 4 个自治州。枫树是加拿大国树，也是加拿大民族的象征。

国徽：加拿大国徽为盾徽。中间为盾形，下部为一枝三片枫叶；上部四组图案分别为：三头金色狮子，一头直立红狮，一把竖琴和三朵百合花，象征加拿大在历史上与英格兰、苏格兰、爱尔兰和法国之间的联系。盾徽上狮子举着一片红枫叶，既是加拿大的象征，也表示对“一战”期间牺牲者的悼念。狮子上为一顶金色的王冠，象征女王为国家元首。盾形左侧的狮子举着一面联合王国国旗，右侧独角兽举着一面原法国的百合花旗。底端绶带上用拉丁文写着“从海到海”，表示加拿大的地理位置。

3. 经济产业

加拿大是西方七大工业国家之一。制造业、高科技产业、服务业发达，资源工业、初级制造业和农业是国民经济主要支柱。服务业占国内生产总值的 60% 以上，制造业近 10% 左右。加拿大地域辽阔，森林和矿产资源丰富。矿产有 60 余种，原油储量仅次于委内瑞拉和沙特，居世界第三。森林面积 4 亿多公顷，居世界第三。

四、礼仪风俗

1. 国民性格

加拿大人（Canadian）开朗务实、随和友善、自由观念强，讲礼貌而不拘繁礼，给人温柔、阳光、容易亲近的感觉，在日常生活中愿意向别人伸出援助之手。

2. 礼仪风俗

在加拿大，不同的场合有不同的装束。正式场合，如上班、赴教堂、观看表演、赴宴等，男士着西装，女士则着庄重的衣裙。非正式场合，则穿着较为随意，一般为圆领衫、便装裤等。

加拿大绝大多数公共场所禁止吸烟，时间观念强，赴约必须准时。加拿大人忌讳 13 和星期五，因此接待时不要安排单数的席次，尤其要避免安排 13 个席次。

加拿大人大部分招待会在饭店或俱乐部举行。如应邀去加拿大人家里做客，可送一束鲜花给女主人，但勿送白色百合花，因在加拿大白色百合只用于葬礼。吃东西时不要发出声音，不宜说话，不要当众用牙签剔牙，切忌把自己的餐具摆到他人的位置上。

核心词汇

序号	中文	英文对照
1	加拿大	Canada
2	大陆性温带针叶林气候	Temperate Marine Climate
3	落基山脉	The Rocky Mountains
4	自治领	Dominion
5	后裔	Offspring
6	议会制的君主立宪制	Parliamentary Constitutional Monarchy
7	议会	Parliament
8	地区	Territory
9	枫树叶	Maple Leaves
10	加拿大人	Canadian

实用表达

1. What are the common characters of Canadians？

加拿大人有什么性格特点？

They are usually cheerful and pragmatic，easy-going and friendly，have a strong sense of freedom and are polite and informal.

加拿大人开朗务实、随和友善、自由观念强，讲礼貌而不拘繁礼。

2. Why don't you send white lilies as a guest in a Canadian House？

为什么去加拿大人家里做客，不要送白色的百合花？

Because white lilies are only used at funerals.

因为白色的百合花只有在葬礼上才用到。

任务二　交通指引

任务情境

加拿大和世界各国主要城市间有着丰富的航线（Air Line），城市间亦有着便利的公路网、铁路网和航线网。在加拿大带领团队时，需要熟悉加拿大的交通情况，能够在出入境、城际交通等项目上进行准确的交通指引。同时，也需要了解加拿大的特色交通项目，便于进行旅游推介。

任务目标

1. 了解到达加拿大的方式，能够引导旅游者通过机场海关，顺利入境；
2. 了解加拿大城际交通的基本情况；
3. 了解具有地域特色的旅游交通方式。

任务分解

一、到达加拿大

航空交通：加拿大有 10 座主要的国际机场、300 座小型机场，较为著名的有多伦多皮尔逊国际机场、温哥华国际机场、蒙特利尔–皮埃尔·埃利奥特·特鲁多国际机场、维多利亚国际机场。世界上很多国家都有飞往加拿大的航班，中国北京、上海等地都有飞往温哥华的直航班机，飞行时间约 10 小时。

铁路交通：加拿大铁路网向南与美国东西海岸的铁路干线相连，构成了四通八达的北美铁路系统。

知识链接

温哥华国际机场

温哥华国际机场位于加拿大不列颠哥伦比亚省列治文市海岛，是加拿大面积第二大、第二繁忙的国际机场，仅次于多伦多皮尔逊国际机场。该机场是加拿大航空（Air Canada）及加拿大越洋航空（Air Transit）的枢纽机场。机场拥有前往亚洲、欧洲、大洋洲、美国和加拿大其他主要机场的直飞航班。机场距市区约15公里，机场大巴、公交汽车、出租车均可达到。

二、入境流程

入境手续：边境官员会检查申报单、身份证和其他旅行证件，还会简单询问。查验完毕后，边检官员会在您的护照上盖章。

入境文件：护照、签证、海关申报单、返程机票、酒店预订单、旅行计划、资金证明。

海关检查：提取行李（Luggage Claim）后，须通过海关检查（Customs）。边检官员可能会详细询问您一些问题；一般来说，问题都与入境目的有关。如是入境旅游，可能会涉及以下问题：旅行目的是什么？在加拿大待多久？在加拿大住在哪里？有东西需要申报吗？如携带物品超过加方有关限额，就须申报。

知识链接

加拿大入境携带物品规定

1. 可免税携带入境的物品：200支香烟、50支雪茄、200克制造烟草；1.5升葡萄酒，1.14升酒精或24听355毫升或8.5升的啤酒。

2. 需要报关的物品：食品、植物、动物。

3. 禁止携带入境物品：军火、弹药、烟火、肉制品、奶制品，动物、植物及植物制品，新鲜的水果、蔬菜等，以及一些食品及药品。

三、城际交通

加拿大各大城市间有班机往来，还有支线沟通小城镇。加拿大幅员辽阔，西边海岸与东海岸有4.5小时时差，如搭飞机往来至少要6小时。

加拿大公路网四通八达，高速公路和普通公路总长达84万公里，几乎遍及全国每个有居民的角落。横贯加拿大的高速公路（7725公里）于1971年全线通车。加拿大灰狗巴士路线网遍及全国，是最经济和最普及的大众交通工具。

加拿大拥有两条横贯东西海岸的铁路大动脉，加上其支线基本上覆盖了北极以南的加拿大领土。VIA铁路经营横跨加拿大的客运服务。往来加拿大国内，长程火车班次较少。

在加拿大的海岸线周围，乘船出行很常见。很多船还可以提供汽车运输。

四、特色交通

“离子快线”（Ion Rapid Transit）有轨电车：2019 年，北美洲最新有轨电车系统“离子快线”开始运营，它连接了滑铁卢北端和基奇纳南端，线路两侧设置十余处艺术雕塑，将有轨电车与城市完美融合。运营时间为 5 时至次日 1 时，高峰时段发车间隔为 8 分钟，其余时段为 10—15 分钟。

轮渡（Ferry）：不列颠哥伦比亚省（British Columbia）温哥华与维多利亚间往来得坐渡轮。温哥华有措瓦森和马蹄湾码头，温哥华岛有斯沃茨湾和出发湾码头，行程大约 90 分钟。船上有餐厅、儿童乐园、自动贩卖机、大型游戏室和公用电话，最下层是停车场，可容纳 400 辆车停驻。

核心词汇

序号	中文	英文对照
1	航线	Air Line
2	多伦多皮尔逊国际机场	Toronto Pearson International Airport
3	温哥华国际机场	Vancouver International Airport
4	加拿大航空	Air Canada
5	加拿大越洋航空	Air Transit
6	提取行李	Luggage Claim
7	海关检查	Customs
8	离子快线	Ion Rapid Transit
9	轮渡	Ferry
10	不列颠哥伦比亚省	British Columbia

实用表达

1. What is the purpose of your trip to Canada？

您来加拿大旅游的目的是什么？

2. Where will you be staying during your stay in Canada？

在加拿大住在哪里？

3. Where are you planning to visit in Canada？

您打算去加拿大的哪些地方玩？

4. Are you travelling in Canada alone or with friends？
您是自己来加拿大旅游还是和朋友一起？

任务三　住宿安排

任务情境

加拿大酒店种类繁多，有旅馆、民宿、汽车旅馆、青年旅舍等，由于文化差异，酒店在洗漱用品、充电电源、禁烟及电视等方面的规定与国内有些差异。因此，如何给游客安排优良的住宿环境，是领队应具备的技能。

任务目标

1. 了解具有加拿大特色的住宿场所，并能够根据游客需要进行推荐；
2. 熟悉加拿大旅游住宿方面的注意事项，并能够清晰地向游客说明。

任务分解

一、特色住宿

格拉斯酒店（Hotel de Glace）：坐落在加拿大东部的魁北克省，于 2001 年首次开业。每年冬天，酒店都会重新设计，每个房间都是不同的主题，房间的内饰布满了精美的冰雕和雪雕，冰制的沙发和床上覆盖着温暖的毯子和床品，清透的灯光照亮了房间的每一个角落。

二、住宿提醒

洗漱用品（Toiletries）：一般不提供一次性洗漱用品（Disposable Toiletries），包括牙膏（Toothpaste）、牙刷（Brush）、拖鞋（Slippers）等，部分酒店前台可以有偿提供。

充电电源（Charging Power Supply）：加拿大使用的是 110 伏特 60 赫兹交流电，插座与中国不同，需自备转换插座。

禁烟规定（Smoking Ban）：加拿大酒店分为吸烟房间和非吸烟房间。如在非吸烟房内吸烟，会受到处罚。

电视（Internet and Television）：加拿大部分酒店提供收费电视。

核心词汇

序号	中文	英文对照
1	洗漱用品	Toiletries
2	一次性洗漱用品	Disposable Toiletries
3	牙膏	Toothpaste
4	牙刷	Brush
5	拖鞋	Slippers
6	充电电源	Charging Power Supply
7	禁烟规定	Smoking Ban
8	电视	Internet and Television

实用表达

1. Can I smoke in a hotel room in Canada？

我能在加拿大酒店的房间里吸烟吗？

Canadian hotels are divided into smoking rooms and non-smoking rooms. If you smoke in a non-smoking room，you will be punished.

加拿大酒店分为吸烟房间和不吸烟房间。如果在不许吸烟的房间内吸烟，将会受到处罚。

2. The hotel is redesigned every winter. Each room is adorned with exquisite ice and snow carvings with a unique theme.

每年冬天，酒店都会重新设计。每个房间都是不同的主题，房间的内饰布满了精美的冰雕和雪雕。

任务四　旅游导览

任务情境

加拿大名胜景点不胜枚举，从郁金香之都渥太华到最大城市多伦多，从浪漫名城蒙特利尔到气候宜人温哥华，再到古老典雅魁北克及世界奇观尼亚加拉瀑布、雄伟壮观的落基山脉、郁郁葱葱的大森林、浩瀚无边的五大湖、绵延千里的大草原和层林尽染的火红枫叶，都能让游客看到加拿大的多姿多彩、气象万千。作为领队，应熟悉加拿大的主要旅游城市与著名旅游景点，以便在旅行中，适时进行旅游导览与讲解。

任务目标

1. 熟悉加拿大旅游的特色资源与主要旅游城市；

2. 熟悉渥太华、温哥华、多伦多、班夫国家公园等地的旅游资源，并能够对知名景点进行简要讲解。

任务分解

一、渥太华（Ottawa）导览

渥太华是加拿大首都，是联邦政府的所在地，加拿大第四大城市。国会大厦成百上千的绿铜屋顶、皇家骑警和著名的郁金香花园，被视为其国家的象征。各种博物馆、美术馆、艺术中心展现了渥太华的历史与现代、文化与艺术的融合。

国会大厦（Houses of Parliament）：国会大厦是渥太华乃至整个加拿大的象征。大厦由三栋哥特式建筑组成，代表坚毅的精神；可登上展望台，欣赏渥太华的全景。

国会大厦

联邦广场（Confederation Square）：广场上耸立着1939年建成的国家战争纪念碑，为“一战”时为国捐躯的加拿大战士而立。纪念碑顶立有和平与自由神雕像，碑下有22个象征骑兵、炮兵、工兵和空军、海军的铜像。

国家艺术中心（National Arts Centre）：落成于1969年，是一座六角形结构的建筑，主体采用复古质感石面，具有艺术感。国家艺术中心是世界首屈一指的综合性艺术中心，是加拿大文化艺术的“催化剂”。

里多运河（Lido Canal）：被誉为“世界上最长的溜冰场”，联合国教科文组织称之为“美洲大陆北部争夺控制权的见证”。春、夏、秋可乘船观光；冬天，冰上运动员可尽情展示自己的身姿，著名的冬季狂欢节也在这里举行。

里多运河

二、温哥华（Vancouver）导览

繁华都市、自然美景、多元文化是温哥华这座城市的氛围。卡皮拉诺吊桥及公园、伊丽莎白女王公园、史丹利公园、蒸汽钟、罗布森大街等，展现出温哥华优美的

自然风光和大都会的繁华和气派。

加拿大系列微课——温哥华导览

卡皮拉诺吊桥公园（Capilano Suspension Bridge Park）：是温哥华最古老的观光景点，被誉为世界上最伟大的吊桥，全长 450 英尺。当风掠过山谷时，吊桥会摇摆发声，颇似人的笑声，因此也被称为“笑桥”。

史丹利公园（Stanley Park）：开园于 1888 年，以加拿大总督斯坦利爵士命名，是温哥华最著名的公园。长 8.8 公里的路径环绕整个公园，供游人缓步、骑脚踏车或溜冰；这里还有三个大沙滩、动物园、水族馆、小小高尔夫球场、玫瑰花园、小型火车以及数之不尽巨型圆腾柱。

卡皮拉诺吊桥及公园

温哥华蒸汽钟

蒸汽钟（Steam Clock）：在温哥华盖士镇中有着全世界第一座蒸汽钟，利用地底的蒸汽来带动时钟发条。每 15 分钟蒸汽会从地底冒出，喷出蒸汽的钟盖会发出呼呼的汽笛响声。

三、多伦多（Toronto）导览

多伦多是全球最多元化的都市之一，是加拿大第一大城市，安大略省省会。加拿大国家电视塔、新市政厅、多伦多动物园、卡萨罗玛城堡等景点各具特色，凸显了多伦多是加拿大政治、经济、文化和交通的中心，也是世界知名大都市。

加拿大国家电视塔（CN Tower）：多伦多的标志，由基座、观景台、“天空之盖”和天线塔 4 部分组成。最有名的是距离地面 351 米的旋转餐厅观景台，旋转一周需 72 分钟。观景台上的玻璃地面是最独特之处，高 342 米，站在上面一望到底十分刺激。

多伦多动物园（Toronto Zoo）：是加拿大最大的动物园，拥有 460 多个物种和 5000 多只动物。分为室内和室外多个园区，包括企鹅园、温室雨林馆、非洲园区和美洲野外园等。美洲黑熊、南极小企鹅、非洲长颈鹿及随处可见的加拿大鹅都是人气明星。

卡萨罗玛城堡（Casa Loma）：是加拿大建造最早的古堡，城堡中有装饰华丽的 98 个房间，还有一条幽深的隧道，全长 270 米。

四、班夫国家公园（Banff National Park）

加拿大第一个国家公园，建于 1885 年，位于落基山脉北段加拿大阿尔伯塔省，主要景点有露易斯湖、梦莲湖的国家公园。公园建有现代化旅馆、汽车旅馆和林中野营地。高山还架设有悬空索道。峰顶建有楼阁和观望台，游人可凭栏远眺周围景色。

班夫国家公园

核心词汇

序号	中文	英文对照
1	渥太华	Ottawa
2	国会大厦	Houses of Parliament
3	联邦广场	Confederation Square
4	国家艺术中心	National Arts Centre
5	里多运河	Lido Canal
6	温哥华	Vancouver
7	卡皮拉诺吊桥公园	Capilano Suspension Bridge Park
8	史丹利公园	Stanley Park
9	蒸汽钟	Steam Clock
10	多伦多	Toronto
11	加拿大国家电视塔	CN Tower
12	多伦多动物园	Toronto Zoo
13	卡萨罗玛城堡	Casa Loma
14	班夫国家公园	Banff National Park

实用表达

1. The Lido canal is known as “the longest skating rink in the world”, and UNESCO believes it witnesses the struggle for control of the north American continent.

里多运河被誉为“世界上最长的溜冰场”，联合国教科文组织称之为“美洲大陆北部争夺控制权的见证”。

2. Stanley Park, named after Sir Stanley, governor of Canada, is the most famous park in Vancouver, the largest urban park in North America and one of the most famous parks in the world.

史丹利公园以加拿大总督斯坦利爵士之名命名，是温哥华最著名的公园、北美最大的城市公园，也是世界最闻名的公园之一。

任务五　美食推荐

任务情境

加拿大是移民大国，各地移民带来了丰富多彩的文化气息，因此饮食文化也是多元化的，其习惯与英、法、美相仿。因此，领队有必要了解加拿大的特色美食与饮食习俗，并在旅游活动过程中恰当地进行安排，有针对性地予以推荐。

任务目标

1. 了解加拿大美食，能够简单地讲解加拿大美食的特色；
2. 熟悉加拿大著名的美食街区与场所；
3. 了解加拿大的饮食习俗。

任务分解

一、特色美食

加拿大人口味较清淡，偏甜酸，不喜太咸。他们喜爱用菜做汤，也特别热衷烤制食品。除早餐、午餐和晚餐之外，加拿大人在早上和下午还会享用点心。

肉汁奶酪薯条（Poutine）：加拿大传统中对薯条的一种特殊吃法。在法式薯条中撒满乳酪凝乳，再浇上浓郁的肉汁。有时还会加入火腿（Ham）、香肠（Sausage）或者鲑鱼（Salmon），通常当作小吃或配餐。

蒙特利尔熏肉（Montreal Smoked Meat）：起源于19世纪末，来自东欧并在魁北克定居的犹太人。蒙特利尔熏肉用牛胸肉熏制而成，讲究薄厚均匀。3毫米手工切片，且牛肉片不散，通常夹于三明治（Sandwich）中。

枫糖浆（Maple syrup）：加拿大闻名世界的食品之一就是枫糖，通常用来搭配薄饼和松饼等。世界有75%~80%的枫糖产于魁北克，也是许多人到加拿大指名要买的伴手礼。

二、美食地标

Schwartz's：旅游网站CNNGo评选出的全球50种最美味食物中，开业于1925年的蒙特利尔Schwartz's的熏肉店就名列榜单。店内的招牌菜是以黑面包、烟熏肉和黄芥末酱制成的烟熏肉三明治。

三、饮食习俗

加拿大人的日常饮食主要是肉类和蔬菜，意大利面和米饭作为补充。加拿大当地人普遍都爱吃沙丁鱼和野味。西红柿、芹菜、菜花、洋葱、土豆、黄瓜等蔬菜更习惯生吃，总体来说加拿大人口味清淡，偏甜酸，不喜欢太咸。快餐行业发展迅速，种类繁多，如热狗、意大利馅饼、汉堡、美国炸鸡、墨西哥玉米卷等。

核心词汇

序号	中文	英文对照
1	肉汁奶酪薯条	Poutine
2	火腿	Ham
3	香肠	Sausage
4	鲑鱼	Salmon
5	蒙特利尔熏肉	Montreal Smoked Meat
6	三明治	Sandwich
7	枫叶糖浆	Maple Syrup

实用表达

1. Canadians taste light, sweet and sour, and don't like too salty. They like to make soup with vegetables and especially like to eat baked food.

加拿大人口味比较清淡，偏甜酸，不喜欢太咸。他们喜爱用菜做汤，也特别爱吃烤制食品。

2. In addition to breakfast, lunch and dinner, Canadians also enjoy desserts at 10 in the morning and 3 in the afternoon, which are usually apple pie, peach pie, etc.

除了早餐、午餐和晚餐之外，加拿大人在早上 10 时和下午 3 时还会享用点心。一般吃苹果馅饼、香桃馅饼等。

任务六　商品导购

任务情境

去加拿大旅游，不仅可以欣赏美丽的风景、悠久的文化，还可以尽情地购物。国际一线品牌在这里都能找到，价格实惠。此外还有数不清的大众化商品，从冰酒、鲑鱼制品、龙虾油、枫叶产品到皮革制品。作为领队，应当熟悉加拿大特色旅游商品与知名商业街区，以便引导游客购买合适的商品。

任务目标

1. 熟悉我国旅游者喜爱购买的加拿大旅游商品与旅游纪念品，并能够进行简要的讲解；

2. 熟悉加拿大知名购物商店和商业街区，能够引导旅游者购物；

3. 了解加拿大在支付、小费与退税方面的相关规定，能够有效服务于游客。

任务分解

一、特色商品与纪念品

冰酒（Icewine）：是一种甜葡萄酒。它是在气温较低时，利用自然冰冻的葡萄酿造而成的。加拿大自然环境和气候条件造就了冰酒的最佳产地。冰酒不仅美味且养分价值也非常高，是葡萄酒中的极品。

冰酒

鲑鱼制品（Salmon Products）：生长在太平洋的鲑鱼是加拿大的象征，也是加拿大闻名全球的水产。加拿大人喜欢生吃烟熏或腌制的鲑鱼，鲑鱼原有的水分在烟熏进程中渐渐风干、凝聚在鱼肉中，香味浓郁，可以长期保存。

花旗参（Panacis Quinquefolii Radix）：加拿大是花旗参的主要产地。花旗参具有很高的药用和营养价值，可以调节中枢神经系统，还可以抗衰老、降脂、增强免疫、保护心血管等。

枫糖产品（Maple Leaf Products）：世界上 70% 以上的枫叶糖浆来自加拿大。它是将枫叶汁煮沸、蒸发水分并浓缩的产物，富含钙、镁、有机酸等。枫糖茶包、枫糖巧克力、枫糖饼干、枫糖奶糖以及各类枫叶手工艺品，都可以在超市、药店或纪念品商店买到。

二、特色购物街区

西埃德蒙顿购物中心（West Edmonton Mall）：位于加拿大阿尔伯塔省埃德蒙顿，是北美洲最大和全世界第五大的购物中心。1981 年开业，拥有 800 多家商店。购物中心内包括大统华 T & T 超市、哈德逊湾百货商店（Hudson Bay）、广播电视集团、时装零售商 Simons、家具公司 Bed、Bath & Beyond 零售店以及跨国企业都市服饰。

皮克灵跳蚤市场（Pickering Market）：加拿大最大的室内跳蚤市场，坐落于多伦多东北小镇 Pickering，有 30 多年的历史，共有 540 个摊位，包含古董市场（Antique Market）、跳蚤市场（Flea Market）以及农夫市场（Farmer's Market）。

三、消费提醒

小费（Tip）：在加拿大，任何关乎到人的服务，都需要给小费，因为小费是服务业从业人员工资的主要来源。在餐馆里，一般需付税前账单金额 15%~20% 的小费；在酒店，客房、停车、送餐、行李服务等均需给付小费。

购物退税（Tax Refund）：非本地居民游客可申请减退联邦税。需要保留购物发票，并填写游客退税单（Tax Refund Application for Visitors）。在海关、多数旅游信息中心、免税店、商场和住宿代订处都备有退税单。每单张收据购买金额（税前）应超过加币 50 元，所有申请收据总金额（税前）应超过加币 200 元。

支付方式（Terms of Payment）：加拿大只有大约 10% 的消费使用现金支付，且比例还在下降。信用卡是最常用的支付方式；PayPal、Google Pay、Hellochat 等支付软件在加拿大也很常见。加拿大银行取款机一天内限取款 4 次。

核心词汇

序号	中文	英文对照
1	冰酒	Icewine
2	鲑鱼制品	Salmon Products
3	花旗参	Panacis Quinquefolii Radix
4	枫糖浆	Maple Syrup
5	西埃德蒙顿购物中心	West Edmonton Mall
6	皮克灵跳蚤市场	Pickering Market
7	加拿大鹅	Canada Goose
8	蒂芙尼	Tiffany & Co

（续表）

序号	中文	英文对照
9	古董市场	Antique Market
10	跳蚤市场	Flea Market
11	农夫市场	Farmer's Market
12	小费	Tip
13	购物退税	Tax Refund
14	游客退税单	Tax Refund Application for Visitors
15	支付方式	Terms of Payment

实用表达

1. More than 70% of maple syrup in the world comes from Canada.

世界上 70% 以上的枫叶糖浆来自加拿大。

2. West Edmonton shopping center is the largest closed shopping center in North America and the fifth largest shopping center in the world.

西埃德蒙顿购物中心是北美最大的封闭式购物中心，也是世界第五大购物中心。

任务七　文化体验

任务情境

加拿大的休闲活动和节庆活动非常多，且各个省略有不同，游客可以体验原汁原味的加拿大文化。领队需要了解加拿大特色的文体休闲项目及节庆活动，从而帮助旅游者增强文化体验，在节庆与娱乐活动中得到休闲放松。

任务目标

1. 了解具有加拿大传统特色的休闲文体活动，能够进行简单的讲解；
2. 了解加拿大的节庆文化以及相关的旅游活动，并能够引导游客参与。

任务分解

一、休闲活动

滑雪（Skiing）：加拿大得天独厚的地理环境被爱好滑雪者视为天堂。最好的滑雪场几乎都集中在加拿大落基山脉（Rocky Mountains）。各场地设备齐全，既有适合初学者的场地，也有专家用场地，路线极富变化。

健行（Hiking）：健行在加拿大是一项非常普遍且适合全家的休闲活动。从国家公园到地方公园均规划了健行区，为徒步旅行提供空间。想进山的徒步者需向公园管理中心申请入山许可（Mountain Entry Permit）。

狩猎（Hunting）：加拿大是各种动物、野鸟的天堂，狩猎是加拿大人的休闲活动。狩猎须有许可证，狙杀大型动物时需带向导。狩猎季节依猎物和地域不同而异。使用猎枪亦需取得许可执照。

二、节庆活动

加拿大国庆日（Canada Day）：7 月 1 日是加拿大国庆日，也是公众假日（Public Holidays）。这天会举行隆重的庆祝活动，加拿大人穿着枫叶服装，用游行来抒发爱国之情。

枫糖节（Maple Syrup Festival）：三月底至四月初的枫糖节期间，生产枫糖的农场被装扮一新，吸引来自世界各地的游客。一些农场还专门保留着旧时印第安人（Indian）采集枫树液和制作枫糖的器具，在节日里沿用古老的制作方法，为观光客表演制枫糖的工艺过程。

维多利亚日（Victoria Day）：5 月 24 日前的最后一个星期一，为了庆祝英国维多利亚女王的生日。这一天，不同社团和组织均会进行游行活动。当天 12 点，渥太华和各省首府会举行 21 响鸣礼炮仪式（Ceremony），组织烟火表演。这一天也意味着加拿大春天的开始。

核心词汇

序号	中文	英文对照
1	滑雪	Skiing
2	落基山脉	Rocky Mountains
3	健行	Hiking
4	入山许可	Mountain Entry Permit
5	狩猎	Hunting

（续表）

序号	中文	英文对照
6	自然保护区	Natural Reserve
7	加拿大国庆日	Canada Day
8	公众假日	Public Holidays
9	枫糖节	Maple Syrup Festival
10	印第安人	Indian
11	维多利亚日	Victoria Day
12	仪式	Ceremony

实用表达

1. Hiking is a very common leisure activity in Canada, which is suitable for the whole family.

健行在加拿大是一项非常普遍，适合全家大小的休闲活动。

2. Maple Syrup Festival is the sweetest festival in spring of Canadian.

枫糖节是加拿大人春天里最甜蜜的节日。

任务八　思政教育

任务情境

加拿大是白求恩的出生地。白求恩秉持国际主义精神、共产主义精神为中国抗日革命呕心沥血，为中国人民的付出将永远被铭记。中国人赴加拿大旅游，会前去瞻仰白求恩的纪念景点。领队带领团队前往加拿大旅游之时，应当充分挖掘旅行中的思政教育元素，增进旅游者对白求恩精神的感悟。

任务目标

1. 了解适合开展思政教育的加拿大旅游景点；

2. 掌握这些旅游景点背后的思政教育意义；

3. 掌握增进旅游者对白求恩精神感悟的引导方法。

教育案例

加拿大蒙特利尔白求恩广场（Bethune Square， Montreal， Canada）

加拿大系列微课——白求恩广场

案例简介：蒙特利尔是加拿大共产党员、国际共产主义战士、中国人民的挚友诺尔曼·白求恩成长的地方。加拿大人民为表彰他的丰功伟绩，在蒙特利尔市中心 Guy 街和 Maisonneuve 街交界处设置了一个白求恩广场，在广场上屹立着中国人民对外友好协会赠送的白求恩的巨大汉白玉雕像。塑像真人尺寸，方形脸，略微谢顶，蓄须，身着八路军棉军服，脚穿草鞋，仰头蹙眉注视着远方。此外，蒙特利尔市与白求恩相关的场所很多，市区有一座建于 1893 年的皇家维多利亚医院，这里迄今保留有白求恩当年工作过的手术室。在历史悠久的麦吉尔大学的奥斯勒医疗图书馆里，珍藏着白求恩当年发明的许多医疗器械，并保存着白求恩当年借阅图书的亲笔签名手迹。

蒙特利尔白求恩广场

思政教育：1939 年 12 月 21 日，毛泽东在《学习白求恩》中指出：“一个外国人，毫无利己的动机，把中国人民的解放事业当作他自己的事业，这是什么精神？这是国际主义（Internationalism）的精神，这是共产主义（Communism）的精神，每一个中国共产党员都要学习这种精神。”毛主席评价白求恩是一个高尚（Noble）的人，一个纯粹的人，一个有道德的人，一个脱离了低级趣味的人，一个有益于人民的人。

1970 年 10 月中国和加拿大建交后，随着两国和两国人民的交往不断增多，白求恩这个名字逐渐成为中加友谊的象征和纽带。在中加两国政府的共同努力下，白求恩也成为中加友好最响亮的主题。白求恩无私利人的奉献精神，极端热忱、极端负责的服务精神，精益求精的科学精神，在中加两国得到传承和发扬。

核心词汇

序号	中文	英文对照
1	加拿大蒙特利尔白求恩广场	Bethune Square， Montreal， Canada
2	亨利·诺尔曼·白求恩	Henry Norman Bethune
3	国际主义	Internationalism
4	共产主义	Communism

（续表）

序号	中文	英文对照
5	高尚	Noble
6	有益于人民	Benefit the People

实用表达

1. The statue of Bethune is life size, with a square face, slightly balding, bearded, looking up and frowning at the huge glass curtain wall across the street.

白求恩塑像真人尺寸，方形脸，略微谢顶，蓄须，仰头蹙眉注视着街口对面巨大的玻璃幕墙。

2. Chairman Mao commented that Bethune was a noble man, a pure man, a moral man, a man who broke away from low taste and a man who was beneficial to the people.

毛主席评价白求恩是一个高尚的人，一个纯粹的人，一个有道德的人，一个脱离了低级趣味的人，一个有益于人民的人。

任务九　能力测试

产品设计

任务情境：你所在的旅行社接待了一个夕阳红团，他们十分喜欢加拿大的枫叶系列产品，想亲自去看看加拿大的枫叶并购买一些心仪的枫叶产品，同时体验加拿大文化。

任务要求：请你为他们定制一条个性化的路线。

项目十五—任务九—产品设计

跨文化交际

任务情境：你带了一个商务团前往加拿大生产枫糖的农场考察，团长是某公司的董事长。团长咨询你约见农场主人有什么着装要求，你会如何向他说明？

任务要求：向团长详细说明在加拿大，不同场合不同装束的要求，并给予其着装建议。

项目十六　巴西（Brazil）旅行项目

任务一　国情介绍

任务情境

热力的桑巴舞曲（Samba）、激情的狂欢节（Carnival）、美味的巴西烤肉（Brazil Churrasco）、富饶的热带雨林（Tropical Rainforests），这就是迷人的巴西。当你带领团队前往巴西旅游之前，需要全面了解巴西的自然地理、历史发展与社会经济等国情。在出境旅游初期，应对旅游者进行巴西基本国情的介绍，帮助旅游者对旅游目的地建立初步印象。

任务目标

1. 了解巴西的自然地理特征、简要历史、人口民族情况、政治经济特点，熟悉巴西的国家标志；

2. 能够简明扼要地向旅游者介绍巴西的国家概况；

3. 熟悉巴西礼仪风俗情况，并在文化交流过程中对旅游者进行提醒。

任务分解

一、地理纵览

1. 地理概况

巴西是南美洲（South America）面积最大的国家，领土面积851.49万平方公里。巴西地形主要分为两部分，一部分是海拔500米以上的巴西高原（Brazilian Highlands），分布在巴西中部和南部；另一部分是海拔200米以下的平原，主要分布在亚马孙河（the Amazon）流域。境内亚马孙平原（Amazon Basin）约占全国面积的1/3，巴西高原约占全国面积60%，分别为世界面积最大的平原与高原。亚马孙河，长约6400公里，为世界第二长河，也是世界上流量及流域最大、支流最多的河流。

2. 气候特征

巴西地处南半球（the Southern Hemisphere），季节与北半球相反。国土大多位于热带，最南端属亚热带气候。北部亚马孙平原属热带雨林气候，年平均气温

27~29℃。中部高原属热带草原气候，分旱、雨两季，年平均气温 18~28℃。南部地区年平均气温 16~19℃。

二、历史回眸

1. 简史

巴西自 8000 年前即有人类繁衍生息。1500 年，葡萄牙航海家佩德罗·卡布拉尔抵达巴西，随后葡萄牙在巴西建立殖民地。1808 年，拿破仑入侵葡萄牙，葡王室迁往巴西。1821 年葡王室迁回里斯本，王子佩德罗留巴任摄政王。1822 年 9 月 7 日，宣布独立，建立巴西帝国。1889 年，丰塞卡将军发动政变，推翻帝制，成立巴西合众国。1964 年，军人政变上台，实行独裁统治，1967 年改国名为巴西联邦共和国。1985 年，反对党在总统选举中获胜，结束军人执政，国家正努力朝向自由、民主的目标迈进。

2. 人口民族

巴西人口 2.1 亿（2020 年）。白种人占 53.74%，黑白混血种人占 38.45%。官方语言为葡萄牙语（Portuguese）。64.6% 的居民信奉天主教，22.2% 的居民信奉基督教福音教派。巴西各种族文化差异显著。南部居民多有欧洲血统，可溯源到 19 世纪初来自意大利、西班牙等国的移民，而北部和东北部一大部分是印第安土著居民。

三、社会概述

1. 政治体制

巴西实行代议制民主政治体制。总统由直接选举产生，是国家元首和政府首脑兼武装部队总司令。国民议会由联邦参议院（the Federal Senate）和众议院（Chamber of Deputies）组成，为国家最高权力机关和立法机构。内阁为政府行政机构，内阁成员由总统任命。

2. 国家标志

国旗：呈绿色长方形，长宽比为 10:7，中央为黄色菱形，菱形中央是深蓝色圆形天球仪。圆形白色绶带上，书以葡萄牙文“秩序与进步”。圆形上有白色五角星，象征国家的 26 个行政区，而且星星位置是 1889 年 11 月 15 日 8 点 50 分，新政府成立当天，里约热内卢星星排列的位置。绿色和黄色是巴西的国色，绿色象征森林，黄色象征矿藏和资源。

国徽：国徽中大五角星象征国家独立和团结。大五角星内的蓝色圆面上有五个小五角星，代表南十字星座；圆环中有 27 个小五角星，代表巴西各州和联邦区。大五角星周围环绕着用咖啡叶和烟草叶编织的花环，背后竖立一剑，剑柄在五角星下端。绶带上用葡萄牙文写着“巴西联邦共和国”“1889 年 11 月 15 日”。

3. 经济产业

巴西经济实力居拉美（Latin America）首位，但受新冠疫情影响，巴西经济在

2020年下降4.1%，2020年国内生产总值（GDP）为1.345万亿美元，从2019年的全球第9位降至第12位。农牧业发达，是多种农产品主要生产国和出口国。工业基础雄厚，门类齐全，石化、钢铁、汽车工业等较发达，民用支线飞机制造业和生物燃料产业居于世界领先水平。服务业产值占国内生产总值近六成，金融业较发达。

四、礼仪风俗

1. 国民性格

巴西人性格开朗豪放，待人热情而有礼貌，好交朋友，讲义气，重感情，不在乎在众人面前表露情感，是一个充满自信与乐观的民族。善于充分享受生活乐趣，爱好桑巴舞与体育活动。巴西人做事情不愿意依赖别人，喜欢自己独立完成，越是具有挑战精神、富有刺激的事越是喜爱。

2. 交往礼仪

巴西人不以表露感情为羞，爱讲笑话，在马路上也会相互拥抱，见面和分手时以握手为礼。妇女相遇时，亲吻的方式是脸颊相贴。像大多数拉丁美洲人一样，巴西人对时间与工作相对随便。事实上，通常比约定时间迟到10—20分钟。与巴西人见面不要一开始就讨论商业事务，除非对方先开始谈。巴西人爱夸耀孩子，对他们的孩子表示关注会使他们高兴。

巴西人最忌讳紫色、黄色、棕黄色、深咖啡色，因紫色表示死亡及悲伤，黄色表示绝望，深咖啡色会招来不幸。另外，巴西人认为手帕与眼泪是联系在一起的，容易令人悲伤。这些在送礼物时要加以避免。别谈带有种族意识的笑话，也不要谈论阿根廷，还应回避谈论政治与宗教话题。"OK"的手势，在巴西人看来非常下流，表示同意应竖大拇指。

核心词汇

序号	中文	英文对照
1	桑巴舞曲	Samba
2	狂欢节	Carnival
3	巴西烤肉	Brazil Churrasco
4	热带雨林	Tropical Rainforests
5	巴西	Brazil
6	南美洲	South America
7	大西洋	the Atlantic
8	巴西高原	Brazilian Highlands
9	亚马逊河	the Amazon

（续表）

序号	中文	英文对照
10	亚马孙平原	Amazon Basin
11	南半球	the Southern Hemisphere
12	葡萄牙	Portugal
13	航海家	Navigator
14	里斯本	Lisbon
15	葡萄牙语	Portuguese
16	参议院	the Federal Senate
17	众议院	Chamber of Deputies
18	拉美	Latin America

实用表达

1. Brazil has long been a melting pot for a wide range of cultures. From colonial times Portuguese Brazilians have favored assimilation and tolerance for other peoples, and intermarriage was more acceptable in Brazil than in most other European colonies.

巴西一直以来是各种文化的大熔炉。从殖民时代起，葡萄牙巴西人就喜欢同化和接受其他民族，异族通婚在巴西比在大多数其他欧洲殖民地更容易被接受。

2. The cultures of the indigenous Indians, Africans, and Portuguese have together formed the modern Brazilian way of life. The Portuguese culture is by far the dominant of these influences; from it Brazilians acquired their language, their main religion, and most of their customs.

印第安人、非洲人和葡萄牙人的文化共同影响了现代巴西的生活方式。如今，葡萄牙文化是主流文化，形成了现在巴西的语言、主要宗教和大部分习俗。

任务二　交通指引

任务情境

巴西目前尚未直接与中国通航。赴巴西考察可选择经欧、亚或美国等航线转飞。

巴西各大城市间均由航线相连，各城镇交通工具主要是公共汽车和出租车。圣保罗（Sao Paulo）、里约热内卢和巴西利亚等城市都有地铁。领队应了解巴西外部交通与区域交通情况，能够在出入境，城际交通、市内交通等项目上进行准确的交通指引。

任务目标

1. 了解到达巴西的方式，能够引导旅游者通过机场海关，顺利入境；
2. 了解巴西城际交通、市内交通的基本情况。

任务分解

一、到达巴西

中国到巴西距离遥远，没有直达航班，通常需要在欧洲或中东（the Middle East）国家中转，飞行时长为25—30小时，常见的有经欧洲前往，可选法航（Air France）、汉莎（Lufthansa）、荷兰航空（KLM）等；经约翰内斯堡（Johannesburg）前往，可选南非航空（South African Airways）；经美国前往，可选美联航（United Airlines）（但需申请美国签证），其中经欧洲转机（Transfer）时间较长，机场花费较高。里约热内卢主要有两个机场，加里奥国际机场主要服务于国际航班，而桑托斯·杜蒙特机场是国内线路专用。巴西利亚国际机场则是巴西最现代的机场之一，主要为来自南美洲的各主要航空公司的定期航线服务。

知识链接

里约热内卢加里奥国际机场

里约热内卢加里奥国际机场距离市中心和主要酒店20公里，机场内设有观光导游处"里约之旅 Riotur"，在机场总站对面，可用英文接待游人，并根据游客预算免费介绍旅馆以及市内的观光游览项目。机场大巴没有特定的停靠站点，上车前最好把目的地或旅馆地址告知司机，巴士会在距离最近的地方停车。出租车开往市区需要30—40分钟。

二、入境流程

1. 中国公民进入巴西均须申请签证。

2. 飞机上要填写两张单子，一张是出入境登记单，两联同时填写（第二联是复写的）；第一联用于入境（Immigration）（黑色的），第二联用于出境（Emigration）（绿色的），内容基本是护照内容和访问巴西的目的。另一张是报关单（Customs Declaration）。有申报物品的要填写。所有单子是英文和葡文的。通常移民官不会提任何问题，盖章入境。

3. 外国游客如在抵达巴西之前去过其他拉美或非洲国家，巴西机场当局可能会要求其出示黄热病国际预防接种证书。

知识链接

巴西海关携带物品规定

一、入境可携带的物品：可免税携带个人物品、报刊杂志和总额不超过 500 美元的其他物品，超过部分需缴纳 50% 的进口税。携带现金或旅行支票不得超过 1 万巴币（约 3000 美元）。

二、应缴税物品：1. 商业用途或工业用途的物品；2. 汽车、摩托车等机动车辆；3. 飞行器；4. 水面航行器等。

三、禁止入境的物品：1. 巴西生产的专门用于国外销售的烟酒；2. 麻醉品或毒品；3. 逃避检查的隐藏物品。

四、须申报的物品：1. 超过免税额须缴纳进口税的物品；2. 折合超过 1 万巴币的现金或旅行支票；3. 动植物、种子、食品、药品等须在征得许可后方可带入；4. 折合超过 3000 巴币的物品；5. 欲在巴境内使用的手提电脑。

三、城际交通

巴西铁路运输主要以货运为主，公路则是主要的客运方式，主要为大型豪华巴士汽车，既便宜又舒适，但并不是十分安全。外国旅行者在巴西城市间的交通常采用航空旅行方式。既可缩短路途时间，又安全可靠。相近城市和城市内的旅游参观则都采用旅游公司安排的豪华巴士汽车作为交通工具，并有一定的标准和服务规范性。

四、市内交通

里约热内卢与圣保罗都有四通八达的地铁交通，车厢明净并有空调。外国观光客搭地铁旅游不必担心迷路，各车站以及车厢内都备有行车路线图，便于游客认知与使用。部分城市巴士站点比较难找，部分停留点没有明显标志。如果看到路边有行人比较集中的地方，而且行人朝着与行进方向相反的方向张望的话，就应该是巴士站。

核心词汇

序号	中文	英文对照
1	圣保罗	Sao Paulo
2	中东	the Middle East
3	法航	Air France

（续表）

序号	中文	英文对照
4	汉莎	Lufthansa
5	荷兰航空	KLM
6	约翰内斯堡	Johannesburg
7	南非航空	South African Airways
8	美联航	United Airlines
9	转机	Transfer
10	入境	Immigration
11	出境	Emigration
12	报关单	Customs Declaration

实用表达

1. Throughout much of Brazil's history, the country's coastal regions were connected via shipping and a few short roads, whereas the interior remained an isolated frontier.

巴西历史上仅有沿海地区通过航运和几条短路相连，而内陆地区仍然是一个孤立的边境。

2. Railroads were built in the 19th century to link Brazil's mineral-producing regions to ocean ports; however, the rail network could not be integrated quickly because different rail companies used incompatible gauges.

铁路建于19世纪，将巴西的矿产地与海港连接起来。然而由于不同的铁路公司使用不兼容的轨距，铁路网无法迅速整合。

任务三　住宿安排

任务情境

巴西不乏设备一流的旅馆，特别是大都市与名胜区，都有符合国际水准的高级旅馆，也有具有生态特色的个性化酒店。因此，如何给游客安排可以放松身心的住宿环境，或是感受不同体验的特色酒店，是领队应具备的技能。

任务目标

1. 了解具有巴西特色的住宿场所，并能够根据游客需要进行推荐；
2. 熟悉巴西旅游住宿方面的注意事项，并能够清晰地向游客说明。

任务分解

一、特色住宿

达斯瀑布酒店

达斯瀑布酒店（Hotel Das Cataratas）：位于伊瓜苏国家公园（Iguaçu National Park），步行可达伊瓜苏大瀑布（Iguazu Falls），得天独厚的地理位置，使酒店成为自然的天堂。游客可以乘坐直升机（Helicopter）俯瞰瀑布的恢宏、乘橡皮艇（Dinghy）穿梭急流、登上四驱车穿越森林历险，或者到周边热带雨林徒步旅行。酒店给予游客回归自然的居住体验，客房均饰以当地动植物画作和传统葡萄牙彩绘瓷砖，充满浓重的葡式特色。

亚马孙阿里亚乌度假酒店

亚马孙阿里亚乌度假酒店（Ariau Amazon Towers Hotel）：坐落在亚马孙河河畔，隐藏在丛林之中，是唯一完全建立在丛林树顶的度假酒店。酒店是最早的树屋酒店之一，自 20 世纪起就开始营业，客房由 10 公里长的木质栈桥连接，蜿蜒穿过 20 米高的茂密的亚马孙森林树冠，游客可以在环形的餐厅用餐。

二、住宿提醒

预定提醒：北半球的游客，常在冬天南下避寒，而巴西人也常利用 2 月、7 月学校放暑假的时候举家旅游。每逢观光季 7 月、12 月到 2 月间或周末，饭店容易客满，必须提早预约，特别是在嘉年华等盛大节日时，每家旅馆都会住满旅客。

物品准备：入住酒店后，要检查物品是否完整齐全，防止在结账的时候招惹麻烦。要提前准备好个人用品，通常酒店中不准备洗漱用品。巴西酒店以美元及当地货币付费，一般收费包括早餐，大多数酒店均有 110 和 220 伏电源。

酒店服务：巴西酒店服务热情、周到，最高为五星级，卫生条件较好，均包早餐，含 10%服务费。酒店另收费项目包括：长途电话（Long Distance Call）、洗衣费（Laundry Charge）、客房内的饮料、小吃（Snacks）等。酒店一般不提供开水（Boiled Water）。下榻或离开饭店时，如需服务员协助搬运行李，应付小费，每件行李约 1 个雷亚尔（Real）。

安全提示：入住巴西经济旅馆（Economy Hotels），需要注意安全，曾发生过武装抢劫事件。而一般连锁酒店（Chain Hotel），尤其是旅游区均有严密的保安系统，发生劫案的概率要低许多。当然，如果预算有限，入住旅馆时，一定要妥善保管好证件并将复印件分开存放。此外建议携带信用卡（Credit Card）和借记卡（Debit Card），以备不时之需。青年旅馆入住时最好自备锁，那里房间或者大厅有储物柜（Lockers）可以存放私人物品（Personal Belongings）。

核心词汇

序号	中文	英文对照
1	伊瓜苏国家公园	Iguaçu National Park
2	伊瓜苏大瀑布	Iguazu Falls
3	直升机	Helicopter
4	橡皮艇	Dinghy
5	天梯教堂	Rio de Janeiro Cathdral
6	塞勒隆台阶	Escadaria Selaron
7	古典主义	Classicism
8	现代主义	Modernism
9	北半球	the Northern Hemisphere
10	巴西利亚	Brasilia
11	长途电话	Long Distance Call
12	洗衣费	Laundry Charge
13	小吃	Snacks
14	开水	Boiled Water
15	雷亚尔	Real
16	经济旅馆	Economy Hotels
17	连锁酒店	Chain Hotel
18	信用卡	Credit Card
19	借记卡	Debit Card
20	储物柜	Lockers
21	私人物品	Personal Belongings

实用表达

Amazon Jungle Palace is for those who look for a total immersion in the Amazon forest. The Amazon Jungle is located 50 km from Manaus, on an embankment in the left side of River Negro. Everything in the Amazon Jungle was designed to keep an harmony with the surrounding environment.

如果是希望完全沉浸在亚马孙森林中，那亚马孙丛林宫殿是您最佳的选择。亚马孙丛林位于内格罗河左岸，距离马瑙斯 50 公里。亚马孙丛林酒店的设计均以与周围环境保持和谐为前提。

任务四　旅游导览

任务情境

巴西是南美洲最受欢迎的旅游胜地之一，在海边，热带岛屿，歌舞升平的现代都市和迷人的殖民小镇点缀着漫长的海岸线。在内陆，宏伟的瀑布，红色的岩石峡谷，清澈的河流，自然美景数不胜数。作为领队，应当熟悉巴西的主要旅游城市与著名旅游景点，以便在旅行过程中，适时进行旅游导览与讲解。

任务目标

1. 熟悉巴西旅游的特色资源与主要旅游城市；

2. 熟悉里约热内卢、巴西利亚、伊瓜苏大瀑布、马瑙斯等地的旅游资源，并能够对知名景点进行简要讲解。

任务分解

一、里约热内卢（Rio de Janeiro）导览

里约热内卢是巴西的重要门户，也是南美洲经济最发达的地区之一，里约以其美轮美奂的山水风光和多姿多彩的文化生活而扬名世界，被评为“世界上 50 个最值得一游”的旅游胜地之一。

耶稣山（Corcovado Mountain）：位于科帕卡巴纳海滩附近，树木繁茂、生机盎然。耶稣山以巨型耶稣像得名，是为纪念巴西独立 100 周年而建。雕像总高 38 米，头部长近 4 米，两手伸展宽度达 28 米，雕像重量在 1000 吨以上，成为里约热内卢最著名的标志。

耶稣山

甜面包山（Sugarloaf Mountain）：位于瓜纳巴拉湾（Guanabara Bay）南口，雄踞海湾与大西洋之间，山体陡峭，四壁光滑，高近 400 米，远远望去，孤立于苍茫的天地间，被巴西人戏称为“甜面包”。乘电缆车登上海拔 395 米的山顶，举目远眺，里约风光尽收眼底。

天梯教堂（The Cathedral of Rio de Janeiro）：也称里约热内卢大教堂，1976 年落成使用。教堂呈圆锥形，高 75 米，底径 106 米，整体结构由规则的方框构成，好似天梯，因而称作天梯教堂，气势恢宏，可容纳 2 万人。教堂正门前，是教皇保罗二世的铜质塑像，左侧是和教堂高度相当的钟楼，钟楼上方是十字架。教堂奇特的造型，在现代化的楼群之中显得鹤立鸡群。

科帕卡巴纳海滨（Copacabana Beach）：世界上著名的海滨度假胜地，沿海的大西洋大道对面酒店、高层公寓林立。很多建筑底层都开设餐厅，在人行道边摆设着露天餐桌。海岸线以优美的弧度延伸，海滨总是云集着大量游客，享受日光浴和海上浴，仿佛到处都流淌着桑巴的旋律。

科帕卡巴纳海滨

二、巴西利亚（Brasilia）导览

巴西利亚，巴西联邦共和国首都，是巴西第四大城市。该城地处高原，气候温和宜人，风光秀丽，树木常年葱绿，鲜花久开不败，是一座最年轻的现代化“世界文化遗产（World Cultural Heritage）”城市。

三权广场（Square of the Three Powers）：三权广场周围是代表行政权力的总统府、代表立法权力的国会，还有代表司法权力的联邦法院。建筑设计构思大胆、线条优美、轻盈飘逸，还包含寓意。总统府前的一尊两人持矛并肩而立的首都开拓者铜像，象征着巴西人民团结一心捍卫祖国。

巴西利亚大教堂（Brasilia Cathedral）：天主教巴西利亚总教区座堂，整体呈现双曲线形，16 根抛物线状的支柱支撑起教堂洋葱形的玻璃穹顶。教堂大厅位于地面以下，内部最大直径 70 米。这座现代化的教堂见证了巴西利亚这座年轻城市的辉煌。

巴西利亚大教堂

巴西利亚电视塔（Brasilia TV Tower）：建于1967年，高度224米，是巴西利亚的最高建筑，世界第四高铁塔，瞭望台位于75米处，可容纳150人，游客可乘电梯免费观光，电视塔是观赏整个巴西利亚的最好视点。

三、伊瓜苏大瀑布（Iguassu Falls）导览

伊瓜苏瀑布是南美洲最大的瀑布，也是世界上最宽的瀑布，为马蹄形瀑布，高82米，宽4千米，平均落差75米。在茂密丛林的背景下，一个由众多瀑布和急流组成的瀑布群系统及其激起的水雾形成令人印象深刻的场景。这里还是许多稀有濒危动植物物种（Endangered Species of Flora and Fauna）的栖息地（Habitat），瀑布产生的雾气滋润着各种植物，使其能够茂密地生长。

伊瓜苏大瀑布

四、马瑙斯（Manaus）与亚马孙雨林（Amazon Rainforest）导览

马瑙斯以自然风光以及自由贸易吸引着游客，是巴西著名的旅游名城，拥有世界上最大的浮动码头，是享受蓝天、白云和海景的首选。主要景点包括海关大楼、马瑙斯大剧院、印第安人博物馆等，游客还可观赏内格罗河（Rio Negro）黑色的河水和亚马孙河白色河水交汇的奇观。在马瑙斯可领略亚马孙流域的热带雨林风情，距市区80公里就是野生热带雨林区，拥有着数量众多的神奇热带生物，居民依然保留着原始的生活方式，是生态旅游与猎奇探险的最佳去处。

核心词汇

序号	中文	英文对照
1	里约热内卢	Rio de Janeiro
2	巴西利亚	Brasilia
3	伊瓜苏大瀑布	Iguassu Falls
4	科帕卡巴纳海滩	Copacabana Beach
5	十字架	The Cross
6	瓜纳巴拉湾	Guanabara Bay
7	里约热内卢大教堂	The Cathedral of Rio de Janeiro
8	世界文化遗产	World Cultural Heritage
9	三权广场	Square of the Three Powers
10	巴西利亚大教堂	Brasilia Cathedral
11	巴西利亚电视塔	Brasilia TV Tower

（续表）

序号	中文	英文对照
12	伊瓜苏河	Iguacu River
13	巴拉那河	Parana River
14	马蹄形	Horseshoe-shape
15	濒危动植物物种	Endangered Species of Flora and Fauna
16	栖息地	Habitat
17	马瑙斯	Manaus
18	内格罗河	Rio Negro

实用表达

1. The Brazilian Highlands make up more than half of the country's landmass and are the main source of the nation's abundant mineral wealth. The rugged highlands include steep cliffs, flat-topped plateaus, ravines, rolling hills, and rock outcrops; however, the region's maximum elevations are below 3000 meters.

巴西高地占国土面积的一半以上，是该国丰富矿产资源的主要来源。崎岖的高地包括陡峭的悬崖、平顶高原、峡谷、起伏的丘陵和裸露的岩石；然而，该地最高海拔低于 3000 米。

2. The Amazon lowlands are widest along the eastern base of the Andes. They narrow toward the east until downstream of Manaus, only a narrow ribbon of annually flooded plains separates the Guiana Highlands to the north from the Brazilian Highlands to the south.

亚马孙河低地在沿安第斯山脉东部达到最宽。向东不断变得狭窄直到马瑙斯下游变成一条狭长的、每年泛滥的平原带，将北部的圭亚那高地与南部的巴西高地隔开。

任务五　美食推荐

任务情境

巴西美食数不胜数，既有街边小吃，又有餐厅的高级菜肴，只有游客亲身去体验才能领略。在这个热情四射的南美洲国家，美食是了解巴西风情的开始。因此，领队有必要了解巴西的特色美食，并在旅游活动过程中恰当地进行安排，有针对性地予以推荐。

任务目标

1. 了解巴西美食，能够简单地讲解巴西美食的特色；
2. 了解巴西著名的美食街区与场所；
3. 了解巴西的饮食习俗与其中的礼仪禁忌。

任务分解

一、特色美食

巴西是移民集聚之地，饮食上融合了各国饮食习惯，又带有浓浓的巴西风味。巴西南部有众多牧场（Pasture），因此烤肉是该国最常见的特色菜。此外，巴西还特产各种水果、农产品等，简直就是吃货的天堂。

巴西系列微课——特色美食

黑豆饭（Feijoada）：将黑豆与烟熏干肉（Smoked Dried Meat），以小火炖煮而成。起初做这道菜时，用的尽是厨房切下不要的材料，因为那是给奴隶吃的。时至今日，吃黑豆饭已成为传统，这种食物需要用长条的猪肉、肉排和香肠慢火炖制，菜品中还包括甘蓝、奶油树薯粉、米饭以及橙片。

黑豆饭

巴伊亚菜（Bahia Cuisine）：巴西菜里口味最特别的，首推以麻辣口味出名的巴伊亚菜，许多菜里都采用花生（Peanut）、腰果（Cashew）、虾米为配料。巴伊亚菜中的 Moqueca 是将鱼类海鲜配以洋葱（Onion）、大蒜（Garlic）、辣椒、椰奶（Coconut Milk）等调料在棕榈油（Palm Oil）中煨烧而成；而 Vatapa 则是用鲜虾、虾米、鲜鱼、花生、椰奶、佐料和面包熬成的浓汤。

巴西烤肉（Brazil Churrasco）：巴西人吃烤肉喜欢原味，肉串在钎子上，在火上烤，撒上粗盐，让盐融化渗透，肉表层熟了之时，拍去盐粒，再用利刃切割表层食用。巴西烤肉一般是先上烤香肠、烤鸡心、烤小排骨等作为开胃菜，色泽焦黄、香气扑鼻的软肋、前臀尖、后臀尖、里脊则最受欢迎。

二、美食地标

Porcao 烤肉店：里约热内卢（Rio）有上千家烤肉店，其中 Porcao（大猪头）最为著名，拥有 50 多年的历史，在里约的 Flamengo、Ipanema 和 Barra 区都有分店。位于 Flamengo 海滩的 Porcao Rio’s 风景最好，对面就是面包山（Sugarloaf Mountain），为了配合观赏风景，整个餐厅采用玻璃幕墙设计。餐厅的五花肉、里脊口味独到。烤肉酱也是餐厅特色，甜辣口味，不会很油腻。

三、饮食习俗

巴西人的主要食物有玉米、大米、牛肉、猪肉、家禽等，用餐习惯以欧式西餐为主，也乐于品尝中国菜肴，因为畜牧业发达，肉类食物所占的比重较大。巴西人饮食上忌吃奇形怪状的水产品和用两栖动物肉制作的菜品，也不爱吃用牛油制作的点心。巴西人社交活动离不开酒，咖啡也受到喜爱。巴西午餐时间一般在下午 1 点左右，持续到下午 2、3 点去吃也很正常。晚餐时间早则 8、9 点开始，晚则于午夜 12 点开始。

核心词汇

序号	中文	英文对照
1	移民	Migrant
2	牧场	Pasture
3	烟熏干肉	Smoked Dried Meat
4	甘蓝	Sprouts
5	巴伊亚菜	Bahia Cuisine
6	花生	Peanut
7	腰果	Cashew
8	洋葱	Onion
9	大蒜	Garlic
10	椰奶	Coconut Milk
11	棕榈油	Palm Oil
12	里约热内卢	Rio
13	面包山	Sugarloaf Mountain
14	畜牧业	Animal Husbandry

实用表达

1. Acarajé is made with black-eyed peas that are rolled into balls and then deep fried in Palm Oil. It is then typically stuffed with shrimp, peanuts and some other ingredients depending on the region. It is typically found in the north of Brazil, especially in the city of Salvador.

阿卡拉杰是将黑眼豌豆卷成球状在棕榈油中油炸而成。不同地区在阿卡拉杰里塞的馅儿也不同，一般是虾、花生和其他一些配料。这种食物通常出现在巴西北部，尤其是萨尔瓦多市。

2. Churrasco in Brazil simply refers to a barbeque, which is almost comprised of large chunks of meat cooked on skewers. When in Brazil you may want to visit a churrasqueira, a restaurant that has all-you-can-eat barbequed meat, sometimes served impaled on swords.

巴西烤肉是将大块的肉串在烤肉串上烹制而成的。在巴西您可以去专门的烤肉店，那里有各种肉类被烤来吃，有时甚至是穿在剑上的。

任务六　商品导购

任务情境

巴西地大物博，物种丰富，从种植园（Plantation）农业的自然馈赠到无法抗拒的宝石诱惑，巴西旅游商品丰富多彩。同时，巴西特产物美价廉，游客可以在巴西掀起一番购物狂潮。作为领队，应当熟悉巴西的特色旅游商品与特色购物街区，以便于在旅行过程中，引导游客购买合适的商品。

任务目标

1. 熟悉我国旅游者喜爱购买的巴西旅游商品，并能够进行简要的讲解；
2. 熟悉巴西主要城市的知名商业街区，能够引导旅游者购物。

任务分解

一、特色商品与纪念品

宝石（Gemstone）：巴西宝石闻名于世，全球65%的彩色宝石出产于此，高档的有祖母绿（Emerald）、天然水晶（Natural Crystal）等，低档的有红宝石（Ruby）、紫晶洞（Amethyst Geode）、紫晶石（Amethyst）等，由于这些宝石从开采到切割、镶工、设计全都在巴西进行，因此价格低廉，颇具吸引力。

咖啡（Coffee）：巴西是世界最大的咖啡生产国。巴西咖啡口感中带有较低的酸味，入口极为滑顺，而且又带有青草芳香，余味令人舒活畅快。超市和面包店都有出售烘焙和研磨后的咖啡，真空包装可长久保鲜，也可在机场购买纸袋咖啡。

蜂胶（Propolis）：巴西有着特殊的生态环境，其蜂胶含有更多的萜烯类物质、芬多精以及黄酮类化合物，且具有独特香味，成为蜂胶中的珍宝。蜂胶一般有滴剂、喷剂和胶囊三种。一般的巴西药店里都可以买到蜂胶，不过以喷剂居多；滴剂和胶囊当地旅行社都有代购。

二、特色购物街区

圣保罗综合市场（Mercado Municipal）：巴西著名的蔬果市场，是南美最好的市区市场之一，位于一栋可追溯至1928年的新古典主义风格建筑内，建筑的窗子是来自俄罗斯的彩色玻璃画。这能买到巴西特有的新鲜水果、食材、调料、海鲜，是美食家的梦想之地；在市场里闲逛，也是了解圣保罗人生活的好办法。

里约热内卢周末市场（Feira）：帕萨诺萨塞尼奥拉广场（Praza Nossa Senhora da Paz）每逢周末就成了热闹的集市。从绘画、工艺美术品到皮革制品，各种民间手工艺品、土特产等小商品都可以在这里买到。还有出售日用品的露天店铺、快餐厨房等。科帕卡巴纳地区面朝海滨大街的瑞德广场（Praza do Lido）也会定期开办周日市场，经营的商品大多是土特产品。

核心词汇

序号	中文	英文对照
1	种植园	Plantation
2	宝石	Gemstone
3	祖母绿	Emerald
4	天然水晶	Natural Crystal
5	红宝石	Ruby
6	开采	Ore Mining
7	镶工	Mounting
8	咖啡	Coffee
9	咖啡碱	Caffeine
10	蜂胶	Propolis
11	新古典主义	Neoclassicism
12	帕萨诺萨塞尼奥拉广场	Praza Nossa Senhora da Paz
13	瑞德广场	Praza do Lido

实用表达

1. Brazil is the world's leading producer of coffee; it was the country's most important single export in the early and mid-20th century. Minas Gerais and Espírito Santo are the principal coffee-producing states, followed by São Paulo and Paraná.

巴西是世界主要的咖啡生产国；在 20 世纪初、中期，咖啡是巴西最重要的唯一出口产品。米纳斯吉拉斯和圣埃斯皮里图是巴西主要的咖啡生产州，其次是圣保罗和巴拉那。

2. Brazil is a major gold and diamond producer. Most gold and diamonds are mined in Minas Gerais, and smaller amounts are produced in Pará. Minas Gerais, Bahia, and Espírito Santo are the major sources of Brazil's enormous range of gems—topazes, amethysts, opals, aquamarines, tourmalines, emeralds, and others—that make Brazil a world leader in precious and semiprecious stones.

巴西是全世界主要的黄金和钻石生产国。大多数黄金和钻石都是在米纳斯吉拉斯州开采的，还有少量则是在帕拉。巴西宝石主要产自米纳斯吉拉斯、巴伊亚和圣埃斯皮里图州，包括黄宝石、紫水晶、蛋白石、海蓝宝石、电气石、祖母绿等，它们成就了巴西作为世界宝石领导者的地位。

任务七 文化体验

任务情境

巴西拥有丰富多彩的特色文化，一年一度的巴西狂欢节与嘉年华，结合葡萄牙及非洲祭典音乐，穿着劲爆火辣，动感十足的桑巴舞，融入巴西市民生活的足球运动，都是游客所心驰神往的。因此，领队有必要了解巴西特色文化娱乐项目及节庆活动，从而帮助旅游者增强文化体验，在节庆与娱乐活动中得到休闲放松。

任务目标

1. 了解巴西以音乐舞蹈为主要特色的娱乐休闲活动，能够进行简单的讲解；
2. 了解巴西的节庆文化以及相关的民俗活动，并能够引导游客参与。

任务分解

一、休闲活动

足球（Soccer）：巴西是足球的国度，你可以在巴西的每个角落找到足球的痕迹。在海滩上，足球永远都是主角，在火辣辣的太阳下，热腾腾的沙砾上奔跑、追逐本身就是一种挑战与乐趣。你还可以去观看当地足球赛，著名的马拉卡纳体育场（Maracanã Stadium）可以容纳几万名观众，观赛气氛使你很难想象。

桑巴（Samba）：源于巴西巴伊亚的一种舞蹈和音乐类型。它最早根源于非洲土著的宗教舞蹈，通过黑人奴隶带到巴西，再与当地文化混合，渐渐演变成今日的桑巴。桑巴被公认为是巴西狂欢节的象征，是最大众化的巴西文化表达形式。其中，巴伊亚的圆圈桑巴舞在2005年被列入人类非物质文化遗产代表作名录（UNESCO Intangible Cultural Heritage Lists）。

卡波耶拉（Capoeira）：16世纪时由巴西的非裔移民所发展出的，介于艺术与武术之间的独特舞蹈。舞蹈动作中结合了大量侧空翻、回旋踢、倒立等武术动作，被认为有极浓厚的战斗用途。是巴西最重要的本土文化象征与国技之一。

朔罗（Choro）：著名的巴西民间音乐，起源于19世纪70年代，最初在里约热内卢街头以小乐队形式演奏，十分流行。朔罗充满了切分节奏（Syncopation）和美妙的和声（Harmony），特点是节奏快，欢乐感强，像许多巴西传统音乐一样，它受到多种非洲节奏的影响，创造出独特的声音。

二、节庆活动

巴西狂欢节（The Brazilian Carnival）：有“地球上最伟大的表演”之称。每年2月中下旬举行三天。狂欢节源自葡萄牙，本来是在街道上相互泼水、投撒面粉的娱乐活动，17世纪作为恶作剧和游戏被带入巴西，并举行了马队和花车游行。19世纪末，开始出现有组织、有计划的狂欢活动，人们列队行进、跳舞和演奏乐曲，使狂欢节更加生动活泼。

巴西狂欢节

海神节（Neptune Festival）：这是个辞旧迎新、供敬海神、祈祷保佑家人来年平安的节日。最隆重的庆祝活动属东部的萨尔瓦多市。每年12月31日子夜前夕，人们聚集在海边，怀抱自制的小船，头顶装满鲜花的陶皿，围绕在女神像前载歌载舞。当新年钟声敲响，人们将小船、鲜花与装满献给女神供奉的篮子放入水中，凝视着它们顺水漂去。然后，人们会在水中洗个痛快，将过去

海神节

一年的污浊洗刷干净，迎接新年的到来。

核心词汇

序号	中文	英文对照
1	马拉卡纳体育场	Maracanã Stadium
2	人类非物质文化遗产代表作名录	UNESCO Intangible Cultural Heritage Lists
3	卡波耶拉	Capoeira
4	武术	Martial Arts
5	原住民	Indigenous People
6	切分节奏	Syncopation
7	和声	Harmony
8	萨尔瓦多	El Salvador

实用表达

1. The four-day pre-Lenten Carnival is the most famous and exuberant Brazilian holiday. Carnival in Brazil is the traditional combination of a Roman Catholic festival with the lively celebrations of people of African ancestry. Millions of Brazilians from the working and middle classes find a social outlet in Carnival preparations.

为期四天的四旬斋前狂欢节是巴西最著名、最热闹的节日。巴西的狂欢节是罗马天主教节日与非裔人民庆祝活动的传统结合。数百万工薪阶层和中产阶级的巴西人在狂欢节中共聚一堂。

2. Football is the nation's most popular sport, and Brazilians are highly enthusiastic fans. It is played virtually everywhere by young and old and amateur and professional, and international matches in the major cities draw huge crowds, notably to Maracanã stadium in Rio de Janeiro, which has a capacity of 155，000.

足球是巴西最受欢迎的体育运动，巴西人是狂热的球迷。在巴西，所见之处都有人在踢足球，有年轻人、老年人、业余人士和专业人士，吸引大量观众，尤其是里约热内卢的马拉坎体育场，可容纳 15.5 万人同时观赛。

任务八 思政教育

任务情境

中国和巴西远隔重洋，但浩瀚的太平洋没能阻止两国人民友好交往的进程，中巴建交以来，始终相互尊重、平等相待、互利共赢，成为发展中大国团结合作、共同发展的典范。领队带领团队前往巴西旅游之时，应当以中国茶叶与巴西的渊源为切入点，充分挖掘思政教育元素，增进旅游者对中巴友谊的感悟。

任务目标

1. 了解适合开展思政教育的巴西旅游景点；
2. 了解中国茶叶与巴西的渊源背后的思政教育意义；
3. 掌握增进旅游者对中巴友谊思想感悟的引导方法。

教育案例

蒂茹卡国家公园中国亭与里约热内卢植物园纪念碑（China Pavilion in Tijuca National Park and Monument in Botanical Garden of Rio de Janeiro）

案例简介：19 世纪初，中国茶农带着茶树种和树苗来到巴西，将种茶与制茶技艺传授给了巴西人民，使巴西成为当时除中国和日本之外的第三种茶国。在中国茶农的指导下，巴西种茶业蓬勃发展。巴西生产的茶叶不但满足了国内需求，而且打入欧洲市场。在 1873 年维也纳博览会（Vienna World Fair）上，巴西茶荣获第二名，仅位列中国之后，可见中巴两国茶文化同宗同源、一脉相承。中国茶农对巴西种茶业的发展起了积极的推动作用，功不可没。

巴西系列微课——蒂茹卡国家公园中国亭与里约热内卢植物园纪念碑

中国茶叶与巴西的渊源印刻在了巴西的众多旅游景点之中。在巴西里约热内卢市内的蒂茹卡国家公园（Tijuca National Park）里，有一座风光独一无二的观景台，名为“中国亭”，是为纪念中国茶农而修建，已成为当地的知名景观。2018 年 8 月 15 日，有 200 年历史的里约热内卢植物园（Botanical

首批中国茶农抵达巴西纪念牌

Garden of Rio de Janeiro）一棵古老茶树下，迎来一块来自中国福建的华安石纪念牌。牌上写着："1812 年，首批抵达巴西的中国人在此栽下茶树，此为中国、巴西友谊的见证。"

思政教育：200 年前，首批中国茶农就跨越千山万水来到巴西种茶授艺。中巴人民在漫长岁月中结下的真挚情谊，恰似中国茶农的辛勤劳作一样，种下的是希望，收获的是喜悦，品味的是友情。纪念亭与纪念牌让更多巴西人了解中国先民对巴西社会发展所做的贡献，了解两国悠久的交往历史，也鼓励年青一代在今后多做有利于两国友好合作、造福两国人民的事情。

核心词汇

序号	中文	英文对照
1	维也纳博览会	Vienna World Fair
2	蒂茄卡国家公园	Tijuca National Park
3	里约热内卢植物园	Botanical Garden of Rio de Janeiro

常见句型

From the Chinese Vista lookout, which was built between 1902 and 1906 in honor of the Chinese who brought the tea growing to Brazil in the early 19th century, you can see a stunning landscape, even the entire southern part of the city and Rodrigo Lagoon de Freitas.

"中国亭"建于 1902—1906 年，是为了纪念 19 世纪初将茶叶种植带到巴西的中国人。从这里可以看到整个城市南部和罗德里戈湖，风景令人惊叹。

任务九　能力测试

产品设计

任务情境：你所在的旅行社接待了一个小包团客人，他们表示十分喜欢咖啡，想在国庆黄金周的时候再请几天年假凑个 12 天的假期，亲自去看看巴西的咖啡园，同时体验热情的巴西文化。

任务要求：请你为他们定制一条个性化的路线。参考资料请扫二维码获得。

项目十六—任务九—产品设计

跨文化交际

任务情境：你带了一个商务团前往巴西咖啡庄园考察，团长是某公司的董事长，在地接为团长与庄园主人介绍了对方后，团长向主人馈赠了礼物——紫色的云锦手帕。但是细心的你发现主人脸上有一丝不快，请你用专业知识向双方介绍各自的文化和风俗，化解尴尬。

任务要求：请借由“紫色的云锦手帕”向双方介绍中国和巴西不同的文化背景和风俗习惯。

模块五　大洋洲旅游区

项目十七　澳大利亚（Australia）旅行项目

任务一　国情介绍

任务情境

独特的风景和优越的自然环境使得澳大利亚成为了世界上最吸引人的旅游胜地，当你带领团队前往澳大利亚旅游之前，需要全面了解澳大利亚的自然地理、历史发展与社会经济等国情。在出境旅游初期，应对旅游者进行澳大利亚基本国情的介绍，帮助旅游者对旅游目的地建立初步印象。

任务目标

1. 了解澳大利亚的自然地理特征、简要历史、人口民族情况、政治经济特点，熟悉澳大利亚主要的国家标志；
2. 能够简明扼要地向旅游者介绍澳大利亚的国家概况；
3. 熟悉澳大利亚人文风俗情况，并在文化交流过程中对旅游者进行提醒。

任务分解

一、地理纵览

1. 地理概况

澳大利亚是世界第六大国家，面积为 769.2 万平方公里。位于南太平洋（South

Pacific）和印度洋（Indian Ocean）之间，是世界上唯一覆盖整个大陆的国家。澳大利亚东部为山地，中部为平原，西部是高原。是世界上最平坦、最干燥的大陆，约70% 国土属干旱或半干旱地带；全国有 11 个大沙漠，约占整个大陆面积的 20%，中部大部分地区不适合人类居住。全国能作畜牧及耕种的土地只有 26 万平方公里，分布在东南沿海地带。

2. 气候特征

澳大利亚跨两个气候带，北部属热带（Tropical），1—2 月是台风期；南部属温带（Temperate Zone）；中西部是荒无人烟的沙漠，干旱少雨，气温高，温差大；沿海地带雨量充沛，气候湿润。由于地处南半球，澳大利亚与中国季节完全相反，12 月至次年 2 月为夏季，3—5 月为秋季，6—8 月为冬季，9—11 月为春季。

二、历史回眸

1. 简史

早在 4 万多年前，土著居民便生息繁衍于此。1770 年英国航海家詹姆斯·库克抵澳东海岸，宣布英国占有这片土地。1788 年 1 月 26 日英国流放到澳的第一批犯人抵悉尼湾，英开始在澳建立殖民地（Colony），后来这一天被定为澳国庆日。1900 年7 月，英议会通过“澳大利亚联邦宪法（Federal Constitution）”和“不列颠自治领条例”。1901 年 1 月 1 日，澳各殖民区改为州，成立澳大利亚联邦。1931 年成为英联邦内独立国家。1986 年，英议会通过“与澳大利亚关系法”，澳获完全立法权和司法终审权。

2. 人口民族

澳大利亚是典型的移民国家，被社会学家喻为“民族的拼盘”。自英国移民到来起，已先后有来自世界 120 个国家、140 个民族的移民到此谋生和发展，多民族多元文化是澳大利亚社会的显著特征。其人口主要集中在东南沿海的大城市，悉尼、墨尔本和布里斯班三座城市就占据了全国人口的一半。

目前澳大利亚人口 74% 为英国及爱尔兰裔，亚裔占 5%，土著人占 2.7%，其他民族占 18.3%。官方语言为英语，汉语为除英语外第二大使用语言。约 63.9% 的居民信仰基督教，5.9% 的居民信仰佛教、伊斯兰教、印度教等其他宗教。

三、社会概述

1. 政治体制

澳大利亚实行联邦议会制政体、三级政府管理体制，即联邦、州（地区）和地方政府。根据宪法，联邦议会与州议会分享立法（The Legislative Branch）权。联邦议会制定全国性法律，统管国防和外交；州议会则制定本州法律，两者发生冲突时以联邦法律为准。澳大利亚政府由众议院多数党或党派联盟组成，每届任期三年。内阁（Cabinet）是政府最高决策机关。国家最高的行政领导人是总理。

2. 国家标志

国旗：呈长方形，长与宽之比为2∶1。旗底为深蓝色，左上方是红、白“米”字，下面为一颗较大的白色七角星。旗底右边为五颗白色的星，其中一颗小星为五角，其余均为七角。国旗左上角为英国国旗图案，表明澳大利亚与英国的关系。最大的七角星象征着组成澳大利亚联邦的六个州和联邦区。五颗小星代表南十字星座，表明该国处于南半球。

国徽：国徽左边是一只袋鼠，右边是一只鸸鹋，这两种动物均为澳大利亚所特有，是国家的标志。中间是一个盾，盾面上有六组图案，分别象征六个州。红色的圣乔治十字形象征新南威尔士州；王冠下的南十字形星座代表维多利亚州；蓝色的马耳他十字形代表昆士兰州；伯劳鸟代表南澳大利亚州；黑天鹅象征西澳大利亚州；红色狮子象征塔斯马尼亚州。上方为一枚象征英联邦国家的七角星，周围饰以澳国花金合欢，底部的绶带上用英文写着“澳大利亚”。

3. 经济产业

澳大利亚是高度发达的资本主义国家。农牧业发达，自然资源丰富，长期靠出口农产品和矿产资源赚取大量收入，盛产羊、牛、小麦和蔗糖，也是世界重要的矿产资源生产国和出口国，因此澳大利亚有“骑在羊背上的国家”和“坐在矿车上的国家”之称。农牧业、采矿业为澳传统产业，制造业和高科技产业发展迅速，服务业已成为国民经济主导产业。

四、礼仪风俗

1. 国民性格

澳大利亚人以不拘小节和态度友善闻名，待人接物很随和，相见时喜欢热情握手，办事认真爽快，喜欢直截了当。乐于结交朋友，即使是陌生人，也一见如故。他们重视公共道德，组织纪律强，时间观念强，赴约准时并珍惜时间。

2. 交往礼仪

澳大利亚是一个多民族国家，风俗习惯多元化，但在日常生活仍以西式为主。澳大利亚人讲礼貌，在公共场合不大声喧哗；有“女士优先”的习惯，进出门口请女士先行，女士入席男士起立以示礼貌。澳大利亚人时间观念很强，约会须事先联系并准时赴约。去拜访友人，最合适是带上一束鲜花或一瓶葡萄酒，忌送菊花、杜鹃花、石竹花或黄色的花。他们注重仪表，男子大多数不留胡须，出席正式场合时西装革履，女性则着西服上衣西服裙。消费者十分关注对自然和野生动物的保护，不喜欢用受保护动物皮制作的产品。

澳大利亚人讨厌“13”，认为这个数字会带来不幸和灾难，因此举办重要活动时要避开。商品包装上如出现袋鼠、琴鸟、金合欢花的图案，受澳大利亚人的欢迎，兔子则可能是厄运的预兆。他们认为袋鼠是澳大利亚大陆最早的主人，金合欢花

（Acacia Flower）为澳大利亚国花。澳大利亚官方虽没有选定国鸟，但民间公认琴鸟（Lyrebird）和鸸鹋（Emu）为国鸟，均为澳大利亚特产鸟。

核心词汇

序号	中文	英文对照
1	澳大利亚联邦	Commonwealth of Australia
2	南太平洋	South Pacific
3	印度洋	Indian Ocean
4	殖民地	Colony
5	联邦宪法	Federal Constitution
6	君主立宪制	Constitutional Monarchy
7	立法	The Legislative Branch
8	堪培拉	Canberra
9	原住民语言	Aboriginal Language
10	内阁	Cabinet
11	金合欢花	Acacia Flower
12	琴鸟	Lyrebird
13	鸸鹋	Emu

实用表达

1. Most Australians live near the coast, so they love going to the beach, swimming and surfing.

大多数澳大利亚人住在海边，所以他们喜欢去海滩、游泳和冲浪。

2. Britain has always been the principal source—ninety percent of Australians are British descents, and Britain has provided one million migrants since the Second World War.

英国一直是澳大利亚移民的主要来源国——90% 的澳大利亚人是英国后裔，自第二次世界大战以来，英国已经提供了 100 万移民。

任务二　交通指引

任务情境

澳大利亚是全球第 8 大航空市场，航空运输业发达，在澳大利亚自由行或带领自由行团队的话，需要熟悉澳大利亚的交通情况。为此，领队应了解澳大利亚外部交通与区域交通情况，能够在出入境、城际交通等项目上进行准确的交通指引。同时，也需要了解澳大利亚的特色交通项目，便于进行旅游推介。

任务目标

1. 了解到达澳大利亚的方式，能够引导旅游者通过机场海关，顺利入境；
2. 了解澳大利亚城际交通的基本情况；
3. 了解具有地域特色的旅游交通方式。

任务分解

一、到达澳大利亚

澳大利亚及其境外属地共有 480 个机场，其中设跑道的机场 349 个，12 个国际机场。悉尼机场是澳大利亚最大的国际机场，占接待来往澳大利亚国际旅客的 50%，业务由澳航（Qantas）和维珍澳大利亚（Virgin Australia）航空公司主导。中国北京、广州、上海、海口、杭州、深圳、成都等城市均有航班飞往澳大利亚。

知识链接

悉尼机场

悉尼机场是澳大利亚的门户机场，每年接待 4300 万人次，连接悉尼和将近 102 个国际、国内和地区目的地。悉尼机场致力于为中国旅客提供优秀的服务，其中包括中文标识、网站、手机应用程序和社交媒体账户。悉尼机场距市中心仅有 8 公里，从机场到悉尼中央商务区只需 20 分钟。机场环线（Airport Link）连接机场和悉尼各区，乘坐火车从悉尼机场到市区仅需 15 分钟。澳大利亚租车服务十分便利，只需提供中国驾照的官方英文翻译件即可在澳大利亚境内租车出行。

二、入境流程

1. 中国公民进入澳大利亚均须申请签证（Visa）。

2. 填写入境卡（Incoming Passenger Card）。可以在飞机上填，也可在海关处填。可根据实际情况，选择中文或英文中的一种来填写，但填写内容均要用英文。

3. 检疫（Quarantine）。如果是直接从中国来澳的游客，可直接通过，不必检疫。从非洲、加勒比海地区、中美洲和南美洲前往澳大利亚的旅客，或六天之内到达过上述地区的旅客则需在入境卡第 11 条进行申报。边检人员可能会要求出示黄热病疫苗证明。

4. 入境检查（Immigration）。把护照和入境卡交给海关审核官，录指纹和拍照。外国人和澳大利亚人分窗口办理，要按引导按序排队进行。或可使用自助通关系统入境，更为快捷。

5. 领取行李（Baggage Claim）。指示牌会显示航班号对应的行李转盘（Luggage Carousel）号码；取完行李后会有工作人员随机核对行李票。

6. 海关验关（Custom）。取行李后进入海关，只需出示黄色入境卡即可，海关会对物品进行仔细检查，以避免限制物品入境。

知识链接

澳大利亚入境禁止携带物品规定

（1）有婴儿跟随的情况下，澳大利亚允许携带婴儿配方奶粉和新西兰乳制品，以外所有乳制品和蛋类及其制品禁止携带入境。

（2）所有非罐装类的肉类产品、活的动植物、新鲜水果及蔬菜禁止携带入境。

（3）各类武器弹药，包括双截棍、匕首、手持电击装置等禁止携带入境。

（4）部分需申报的携带物品，如厨房刀、单片刀、强度小于 1 毫瓦的激光笔等。

（5）儿童色情犯罪在澳大利亚非常严重，携带任何涉及儿童色情图片、视频及出版物都将受到严厉的处罚。

（6）其他常见禁止携带物品：盗版 DVD、烟花、假冒伪劣商品及飞机上的食物。

三、城际交通

澳大利亚国土面积辽阔、地广人稀，热门旅游城市间距离较远，所以飞机是最方便快捷的交通方式。因为运营澳大利亚国内航线的航空公司很多，竞争激烈，所以经常可买到很便宜的机票。目前，经营澳大利亚国内航线的航空公司包括澳洲航空、捷星航空、维珍澳大利亚、老虎航空、SkyWest 和 REX。

航空公司	经营线路	价格
澳洲航空（Qantas）	澳大利亚全国+国际航线	价格高
维珍澳大利亚（Virgin Australia）	澳大利亚全国+少量国际	价格较高
捷星航空（Jetstar）	澳大利亚主要城市+东南亚	廉价航空
老虎航空（Tigerair）	澳洲旅游城市+东南亚	廉价航空
SkyWest	澳大利亚西部城市	廉价航空
雷克斯航空（REX）	澳大利亚东岸	廉价航空

如想体验澳大利亚不同区域的景观变化，自驾与火车也是不错的选项。因为票价贵、旅程长，所以火车并非澳大利亚旅游主流交通方式。但对于火车旅行的爱好者或时间充足的游客，在澳大利亚乘坐火车旅行也是一种享受。澳大利亚拥有三条著名的火车线路，分别是：大陆纵贯线甘号、印度太平洋号和穿越大陆号。

四、特色交通

纵贯线甘号列车：甘号列车全程三天，从阿德莱德出发，经过澳大利亚内陆著名旅游门户爱丽斯泉、凯瑟琳，抵达北领地首府达尔文。一路上，红色的澳大利亚内陆和钴蓝色的天空，窗外景观每分钟都在变，乘客每天醒来，都会发现一个全新的澳大利亚。甘号列车在行程设计上，尽量将有美丽风景的路段安排在白天，在每个站点都会停留四小时左右，让游客可以深入探索当地。

渡轮：塔斯马尼亚之魂渡轮公司（The Spirit of Tasmania）运营每晚往返于墨尔本（Melbourne）和塔斯马尼亚（Tasmania）之间的渡轮，搭载乘客和机动车。Sealink 公司的渡轮连接南澳州（South Australia）和袋鼠岛（Kangaroo Island）。另有渡轮往返于各首府城市和郊区——穿过悉尼港（Sydney Harbor），珀斯的天鹅湖（Swan River）和布里斯班（Brisbane）的布里斯班河（Brisbane River）。

核心词汇

序号	中文	英文对照
1	澳航	Qantas
2	维珍澳大利亚	Virgin Australia
3	签证	Visa
4	入境卡	Incoming Passenger Card
5	检疫	Quarantine

（续表）

序号	中文	英文对照
6	入境检查	Immigration
7	行李转盘	Luggage Carousel
8	海关验关	Custom
9	天鹅湖	Swan River
10	布里斯班河	Brisbane River

实用表达

1. Australia's great land and the distances between its main cities make it depend on air transport more than most counterparts.

澳大利亚广袤的国土以及主要城市间的距离使得它比大多数可与之相比的国家更依赖航空运输。

2. Despite modest declines in arrivals to Australia over recent months, Australia continues to out-perform many competing destinations.

在最近几个月尽管入境游客略微有所下降，但澳大利亚旅游业仍比许多竞争目的地表现要好，而市场占有率也有所增加。

任务三　住宿安排

任务情境

澳大利亚酒店种类繁多，既有奢华的国际知名酒店，也有地方特色酒店。由于文化差异，酒店在洗漱用品、Wi-Fi、小费等方面的规定与国内有些差异，因此，如何给游客安排优良的住宿环境，是领队应具备的技能。

任务目标

1. 了解具有澳大利亚特色的住宿场所，并能够根据游客需要进行推荐；
2. 熟悉澳大利亚旅游住宿方面的注意事项，并能够清晰地向游客说明。

任务分解

一、特色住宿

阿卡巴庄园（Arkaba）：被认为是澳大利亚最有吸引力的庄园之一，拥有极其壮观的田园风光。庄园建造在六万英亩的大牧场上，只有五间房。每间房内有 19 世纪特有的厚石墙、浴盆和波形板屋面。没有电视、手机和网络，只有一个夜间接雨的玻璃水瓶、一本关于澳大利亚鸟类的书和用于观看动物的望远镜，完美平衡了澳大利亚荒原的野生与舒适精致的奢华。

蓝山树屋（Treehouse Blue Mountains）：隐藏在悉尼近郊蓝山（Blue Mountains）郁郁葱葱的树林里。树屋的原木地板以及独特的落地窗，让客人能够 270° 把整片蓝山美景尽收眼底。

蓝山树屋

萨尔萨利斯宁哥路珊瑚礁酒店（Sal Salis Ningaloo Reef）：隐藏在澳大利亚开普山脉（Cape Range）国家公园的白色沙丘中，拥有 9 个宽敞的旷野帐篷，距离世界上最大的沿海珊瑚礁岸仅有几米远。酒店每天安排各种活动，包括海上皮划艇、浮潜海中与鲸鱼共舞、峡谷散步、出海钓鱼等。

二、住宿提醒

1. 澳大利亚酒店入住时间一般为下午 14: 00，退房时间为中午 12: 00 以前，超时要加收费用。

2. 酒店提供免费和收费电视，观看收费电视前请先查阅费用说明再做决定。

3. 多数酒店 Wi–Fi 收费，预订时要看清楚说明，尤其是商务出行的游客。

4. 酒店客房内的电话拨打外线均需收费，费用较昂贵。

5. 请注意保护酒店内的设备设施，酒店对设备设施损坏赔偿较昂贵。

6. 酒店房间内不可吸烟，如有需求请在入住前要求吸烟房。非法吸烟造成的损失由吸烟人全部承担。

7. 酒店冷水管的水可直接饮用，但热水管的水不可。如需热水泡茶，可用酒店房间内提供的热水壶。

8. 澳大利亚使用的是 220~240 伏特、50 赫兹的交流电。使用三脚扁形插座，与其他国家不同，需提前准备转换器和万能插座。

核心词汇

序号	中文	英文对照
1	阿卡巴庄园	Arkaba

（续表）

序号	中文	英文对照
2	蓝山树屋	Treehouse Blue Mountains
3	萨尔萨利斯宁哥路珊瑚礁酒店	Sal Salis Ningaloo Reef
4	开普山脉	Cape Range
5	洗漱用品	Disposable Toiletries
6	牙膏	Toothpaste
7	牙刷	Brush
8	拖鞋	Slippers
9	沐浴露	Shower Gel / Body Wash
10	洗发水	Shampoo

实用表达

1. Nestled in the heart of Australia's political capital, the Jamala Wildlife Lodge at the National Zoo and Aquarium in Canberra offers a taste of Africa from the comfort of luxury accommodation.

加马拉野生动物旅馆位于澳大利亚政治首都堪培拉的中心地带，就坐落在国家动物园和水族馆之中，客人在这里尽享豪华舒适的住宿的同时，还可以感受非洲风情。

2. It is the oldest fully residential hotel school in Australia and enjoys a worldwide reputation for the quality of education and training in its specialist field.

它是澳大利亚历史最悠久的全住宿制酒店管理学院，以其在专业领域的高质量教育与培训而享誉全球。

任务四　旅游导览

任务情境

辽阔的疆域让澳大利亚旅游资源丰富，作为世界上经济最发达的国家之一，宜居、现代、优美是澳大利亚的标签。阳光沙滩、慢节奏生活、干净的街道与花园般的城市吸引了络绎不绝的游客。作为领队，应当熟悉澳大利亚的主要旅游城市与著名旅游景点，以便于在旅行过程中，适时进行旅游导览与讲解。

任务目标

1. 熟悉澳大利亚旅游的特色资源与主要旅游城市；

2. 熟悉悉尼、墨尔本、布里斯班等地的旅游资源，并能够对知名景点进行简要讲解。

任务分解

一、悉尼导览

悉尼（Sydney）位于澳大利亚东南沿岸，是新南威尔士州首府，也是澳大利亚面积最大、人口最多的城市。在这座魅力十足且亲切随和的城市，不仅在市区能找到乐子，还可乘坐短途车前往邦迪海滩（Bondi Beach）、曼利海滩（Manly Beach）等金色沙滩。

澳大利亚系列微课——悉尼导览

悉尼歌剧院（Sydney Opera House）：是大型综合性文艺演出中心，以建筑形象独特而著称于世。外观为三组巨大的壳片，耸立在一南北长 186 米、东西最宽处 97 米的基座上，东、西、北三面临水，南面对着皇家植物园。

悉尼歌剧院

悉尼港湾大桥（Sydney Harbor Bridge）：是单孔拱桥，像一道横贯海湾的长虹，巍峨俊秀、气势磅礴，与悉尼歌剧院隔海相望。大桥从 1857 年设计到 1932 年竣工，是连接港口两岸的重要桥梁。

悉尼港湾大桥

达令港（Darling Harbor）：位于悉尼 CBD 西部，聚集各种休闲娱乐场所，是市中心的一颗璀璨明珠。每周六晚上会有音乐焰火表演，附近有众多高档西餐厅、酒吧和甜品店，是一个非常棒的休闲娱乐去处。

邦迪海滩（Bondi Beach）：位于悉尼东郊海岸，距市中心约 10 公里，名字来自于原住民语 Bondi，意为海水拍岸的声浪。海滩全长 1.5 公里，呈弧形，有柔软的金沙、蔚蓝的海水，是新南威尔士州两大冲浪度假胜地之一。

二、墨尔本导览

墨尔本（Melbourne）澳大利亚南部滨海城市，澳大利亚第二大城市，维多利亚州首府，面积 8831 平方公里；是澳大利亚的文化、艺术与工业中心，南半球最负胜名的文化名城，有“澳大利亚文化之都”的美誉，城市环境优雅，曾荣获联合国人居奖，并连续多年被经济学人智库评为“全球最宜居城市”。

墨尔本皇家植物园（Royal Botanic Gardens Melbourne）：位于墨尔本市南雅拉乌林大道（Birdwood Avenue）。花园以19世纪园林艺术布置，内有大量罕有的植物和本土特有植物，植物园占地40公顷，是全世界设计最好的植物园之一。

库克船长小屋（Cook's Cottage）：位于墨尔本东郊惠灵顿大道的菲兹洛伊花园（Fitzroy Gardens）内。这座建于1755年的石屋是卓越的航海家库克船长的故居，简单、朴实，斜顶铺瓦、石砌墙面，暗黑褐色透出古老沧桑。

大洋路（Great Ocean Road）：位于墨尔本西南，是一条全长近300公里的海滨公路。在悬崖峭壁中开辟出来的大洋路原为澳大利亚政府为第一次世界大战中牺牲的战士而建，1932年竣工。大洋路终点是耸立在海上的巨型高大岩柱，形态各异，被称为“十二门徒石”。

大洋路

企鹅岛（Penguin Island）：菲利浦岛位于墨尔本东南124公里的海上，为天然动物保护区，珍禽异兽和怪石相映成趣，是小企鹅的栖息地，在此可观看到难得一见的企鹅登陆。

三、布里斯班导览

布里斯班（Brisbane）是澳大利亚昆士兰州首府，澳大利亚的第三大城市。布里斯班被称为阳光之城，拥有美丽的自然风景和四季如春的气候，这里是冲浪者的天堂，为全世界潜水爱好者所向往。

黄金海岸（Gold Coast）：距布里斯班市区96公里，因长达32公里的金色海滩而得名。黄金海岸终年阳光普照，空气湿润，一年四季都适宜旅游，最好的时间在每年十二月到次年二月，正值澳大利亚夏季，适合潜水。

大堡礁（The Great Barrier Reef）：世界上最大的珊瑚礁区（Coral Reef Area），是昆士兰州最大的观光招牌、澳大利亚人最引以为荣的天然景观，也是世界七大自然景观之一。

大堡礁

核心词汇

序号	中文	英文对照
1	悉尼歌剧院	Sydney Opera House
2	邦迪海滩	Bondi Beach

（续表）

序号	中文	英文对照
3	曼利海滩	Manly Beach
4	港湾大桥	Harbor Bridge
5	达令港	Darling Harbor
6	皇家植物园	Royal Botanic Gardens
7	南雅拉	South Yarra
8	鸟林大道	Birdwood Avenue
9	库克船长小屋	Cook's Cottage
10	菲兹洛伊花园	Fitzroy Gardens
11	大洋路	Great Ocean Road
12	企鹅岛	Penguin Island
13	布里斯班	Brisbane
14	黄金海岸	Gold Coast
15	大堡礁	The Great Barrier Reef

实用表达

1. The Sydney Opera, a landmark of Australia, is one of the most famous performing arts venues in the world.

悉尼歌剧院是澳大利亚的标志性建筑，同时也是世界最出名的歌剧院。

2. Travel agencies said they will launch more lines to disappearing resorts, including the Maldives and the Great Barrier Reef off Cairns in Australia.

旅行社方面表示，将针对或将消失的旅游热点，逐步推出以马尔代夫、澳大利亚凯恩斯大堡礁等景点为代表的“世界绝景游”系列线路。

任务五　美食推荐

任务情境

由于澳大利亚独特的地理位置，澳大利亚人的食物是世界上最丰富多样的，肉、蛋、禽、海鲜、蔬菜和四季时令水果应有尽有，自产自销，很少依赖进口，而且品质优良，其中牛肉、海鲜、水果远销世界各地。因此，领队有必要了解澳大利亚的特色美食，并在旅游活动过程中恰当地进行安排，有针对性地予以推荐。

任务目标

1. 了解澳大利亚美食，能够简单地讲解澳大利亚美食的特色；
2. 熟悉澳大利亚著名的美食街区与场所；
3. 了解澳大利亚的饮食习俗与其中的礼仪禁忌。

任务分解

一、特色美食

作为四面环海的大洋洲国家，得天独厚的地理与环境优势造就了澳大利亚独特的海鲜（Seafood）美食帝国，海产品新鲜肥美、种类繁多，龙虾（Lobster）、皇帝蟹（King Crab）、白牡蛎（Oyster）是澳大利亚三宝。澳大利亚纯净、无污染的海水培育出的海鲜产品品质高，大部分贝类、虾类都可直接生食。

澳洲皇帝蟹（King Crab）：可长到8~10公斤，属于蟹族中的巨无霸。皇帝蟹红白相间，多膏多肉，蟹肉结实，爽口无比、是海鲜上品，蟹中之皇。蟹的吃法多种多样：XO蟹块、葱姜焗蟹、椒盐蟹腿、蟹黄面和蟹黄酸辣汤。

澳洲皇帝蟹

澳洲龙虾（Lobster）：体大肥美，成虾在750克以上。澳大利亚所有海鲜中，南澳龙虾非常有名气，其营养丰富，肉质细嫩、滑脆，味道鲜美香甜，风味别具一格。

袋鼠肉（Kangaroo Meat）：是澳大利亚最具特色的肉类食物，澳大利亚人食用袋鼠的历史相当悠久，可追溯到万年之前。因为袋鼠缺乏天敌，繁殖能力强，所以澳大利亚政府极力推广袋鼠肉的食用，在澳大利亚的超市和便利店都买得到。

牡蛎（Oyster）：澳大利亚的牡蛎又大又干净，价格便宜。可生吃，也可蒸着吃。生蚝有细腻肌肤、美容养颜、降血压和滋阴养血、健身壮体等多种功效，因而被视为最美味的海珍和健美强身之物。

二、美食地标

The Grounds of Alexandria：位于悉尼南郊的悉尼地标餐厅，也是名副其实的网红餐厅。改造自一家废弃工厂和仓库，是一家多功能餐厅，拥有农场、花园、温室餐厅与儿童乐园。大量的绿植、斑驳的砖墙、复古的玻璃、花砖、红砖以及木头等作为餐厅装设，是 The Grounds 讨人欢心的原因。

Easey's：位于墨尔本出名的文艺街区 Collingwood，是墨尔本唯一一家天台火车餐厅。火车用餐区位于 5 层楼高的天台上，由 3 节废弃的火车厢组成。火车厢内现在还保留着当时的驾驶室，你可以在车头处欣赏整个 Collingwood 街区的景色，这里可以享受在澳洲一定要吃的食物——汉堡。

三、饮食习俗

澳大利亚为移民国家，民族饮食文化也很多元。澳大利亚人虽被称“享乐第一”，但其饮食习惯相对简单。主食以西餐为主，肉类是澳大利亚人最主要的食物。澳大利亚人喜欢喝啤酒，闲暇时光许多人喜欢到酒吧饮酒谈天、欣赏音乐或到公园烧烤（Barbecue）游乐。

早午餐文化：澳大利亚是世界上最宜居的国家，生活节奏很慢，居民非常懂得享受生活。每逢周末，澳大利亚人会与好友吃早午餐（Brunch），不像一日三餐般固定，是一种随性而为。来到澳大利亚旅行，找一家街角的餐厅，体验这正宗的早午餐是融入当地生活的最好方式。

饮食禁忌：在澳大利亚各种地方都能看到解决午餐的人，购物中心的长椅上、公园的草坪上、路边工地上等。但在某些公共场所是不允许随意吃东西的。医院，除了餐厅区以外的地方，不能吃东西；公交车上不能吃面包、饭之类的食物，但允许喝水。在火车上吃气味浓烈的食物是不恰当的。

核心词汇

序号	中文	英文对照
1	海鲜	Seafood
2	澳洲岩龙虾	Australian Spiny Lobster
3	皇帝蟹	King Crab
4	牡蛎	Oyster
5	烧烤	Barbecue
6	早午餐	Brunch

实用表达

1. An Australian cafe was claiming a world record of the biggest hamburger weighing 81 kg. It took 12 hours to cook and four men to flip.

澳大利亚一家餐厅日前做出了世界上最大的汉堡，这个汉堡的肉饼重达 81 公斤，制作耗时 12 个小时，光是肉饼翻面就需要四个人一起完成。

2. In Australia, people visit each other and have dinners. In addition to flowers, cards, jewelry and chocolates, it is customary for Australians to exchange perfume and tea on Mother's day.

在澳大利亚，过母亲节时人们会相互拜访吃晚餐，除了赠送母亲鲜花、贺卡、项链和巧克力外，人们还会交换香水和茶叶。

3. Australian lobsters go well with green vegetable, crabmeat, caviar and bell pepper coulis.

澳大利亚龙虾配蔬菜、蟹肉、鱼子酱及甜椒汁。

任务六　商品导购

任务情境

澳大利亚有得天独厚的自然环境，丰富的物产资源。除了是度假天堂，值得购买的商品极具地方特色。作为世界上畜牧业最发达的国家之一，澳大利亚出产的羊毛制品在全世界都有较好的口碑。奶制品、保健品和化妆品也是澳大利亚很受游客欢迎的特产。作为领队，应当熟悉澳大利亚的特色旅游商品与知名商业街区，以便于在旅行过程中，引导游客购买合适的商品。

任务目标

1. 熟悉我国旅游者喜爱购买的澳大利亚旅游商品与旅游纪念品，并能够进行简要的讲解；

2. 熟悉澳大利亚主要城市的知名商业街区，能够引导旅游者购物。

任务分解

一、特色商品与纪念品

羊毛制品（Wool Products）：澳大利亚养羊历史悠久，羊毛工业较发达。羊毛靴、羊毛被、羊毛围巾、绵羊油、羊毛雪地靴都是比较受欢迎的产品。

保健品（Health Products）：很多游客喜欢澳大利亚保健品，品牌众多。

奶粉（Milk Powder）：澳大利亚有广阔无边的肥沃牧场，孕育着优质的奶源。自然环境保护政策及气候地理的优越性，是国际公认最好的优质奶源地之一。

二、特色购物街区

皮特街购物中心（Pitt Street Mall）：不但是悉尼最知名的高档购物区，还与纽约第五大道、巴黎香榭丽舍大道、中国香港铜锣湾及伦敦牛津街共称为全球五大顶尖名牌“朝圣地”。这里云集了名流贵族出席大小社交场合穿着的顶尖名牌，也集中了澳大利亚一线名牌及 130 多家精品专卖店。

皇家拱廊（Royal Arcade）：是墨尔本古老的商业街，也是漂亮的购物中心，俨然一座艺术品一样，不大却精致，里面有很多特色小店。

三、消费提醒

退税：在澳大利亚境内同一家店消费累计达到 300 澳元就可办理游客退税 TRS（Tourist Refund Scheme）。在购物时，和商家说明要退税，请他们按照要求开具退税发票。退税有两点非常重要，一是离境前 60 天以前的发票不能办理退税；二是发票面额超过 1000 澳元，需向商家提供购买者的姓名和家庭住址。

支付方式（Terms of Payment）：在澳大利亚，付费方式主要有现金、信用卡、支票、转账和汇款。由于跨境电商和旅游的发展，越来越多的国际支付公司进入澳大利亚市场，比如 Apple Pay、Android Pay，还有中国的支付宝（Alipay）和微信支付（WeChat Pay）。

核心词汇

序号	中文	英文对照
1	羊毛制品	Wool Products
2	保健品	Health Products
3	化妆品	Cosmetic
4	奶粉	Milk Powder
5	皮特街购物中心	Pitt Street Mall
6	皇家拱廊	Royal Arcade
7	游客退税	Tourist Refund Scheme
8	支付方式	Terms Of Payment
9	支付宝	Alipay
10	微信支付	WeChat Pay

实用表达

1. Australia is called “A country that is riding on the sheep's back” .

澳大利亚素有“骑在羊背上的国家”之称。

2. Melbourne has some of Australia’s best shopping centers and night life establishments, leading Australia's fashion.

墨尔本拥有一些澳大利亚最好的购物中心和夜间生活场所，因此也成为澳大利亚的时尚领导者。

3.The qualities of different wools vary greatly. The merino sheep of Australia, South America and South Africa produce very great and soft wool.

不同品种的羊毛在质量上存在较大的差异。澳大利亚、南美和南非的美利奴羊的毛纤维非常细，而且非常柔软。

任务七　文化体验

任务情境

在文化与旅游融合发展的时代背景下，旅游者日益重视旅游活动的文化内涵与旅游过程中的休闲活动。因此，领队有必要了解澳大利亚特色的文化娱乐项目及节庆活动，从而帮助旅游者增强文化体验，在节庆与娱乐活动中得到休闲放松。

任务目标

1. 了解澳大利亚文化娱乐休闲活动，能够进行简单的讲解；
2. 了解澳大利亚的节庆文化以及相关的旅游活动，并能够引导游客参与。

任务分解

一、休闲活动

潜水（Diving）：作为被海水环绕的国家，潜水是澳大利亚最受欢迎的活动之一。众多的岛屿和珊瑚礁为澳大利亚提供了优质的潜水地点，而清澈的海水、多种多样的海底生物又让潜水变得更加奇幻。

热气球（Balloon）：乘坐热气球是澳大利亚一项特色活动，如想俯瞰大堡礁，可以选择在凯恩斯乘坐热气球；如想在都市上空盘旋，墨尔本的热气球是最好的选择；如想领略澳大利亚的田园风光，猎人谷上空的热气球一定不会让人失望。

观光飞机（Sightseeing plane）：乘坐观光飞机是澳大利亚旅行又一项极具吸引力的活动。其中大堡礁上空的观光飞机最为出名，可以俯瞰圣灵岛、希尔湾、白色天堂海滩、心形礁、汉密尔顿岛等。此外，很多著名景点均有乘坐观光飞机的活动，比如大洋路、黄金海岸、乌鲁鲁岩石和摇篮山。

冲浪（Surfing）：澳大利亚四面环海，气候温暖，多日照而少阴雨，有利于水上运动的发展，故而澳大利亚人特别喜爱冲浪运动。悉尼海滩东接南太平洋，海水清澈，常年风大浪急，成了远近闻名的冲浪胜地。

二、节庆活动

澳大利亚国庆节（1 月 26 日）：在这天，澳大利亚主要城市都有大型庆祝活动和烟火表演。在墨尔本，数万人走上街头参加国庆日游行；在悉尼达令港，节日配色的游轮进行别开生面地进行轮渡比赛。

悉尼灯光节（每年 5 月中旬至 6 月上旬）：每年的 5 月中旬到 6 月上旬的 18 天是悉尼活力灯光节（Vivid Sydney），来自世界各地的艺术家用灯光把悉尼装点得格外梦幻。高科技设备将灯光与悉尼的景点融合，制造出一个童话世界。

墨尔本杯赛马日（每年 11 月初）：墨尔本杯赛马节（Horse Racing Festival）是一场全民节庆。赛马节期间，澳大利亚人会穿着盛装会聚于赛马场周边，把赛马节变成了一场巨型的露天派对和时装秀。

墨尔本杯赛马日

核心词汇

序号	中文	英文对照
1	潜水	Diving
2	热气球	Balloon
3	观光飞机	Sightseeing plane
4	冲浪	Surfing
5	悉尼灯光节	Vivid Sydney
6	赛马节	Horse Racing Festival

实用表达

1. In fact, beach culture is an important part of Australian lifestyle. Surfing classes have been integrated into high school curricula in some cities.

其实海岸文化已经成了澳大利亚人生活方式中的一个很重要的组成部分，一些城市的高中还专门设置了冲浪课。

2. Organizers of an Australian night surfing competition used an electronic shield for the first time to protect surfers from sharks.

在澳大利亚黄金海岸 11 月 20 日晚举行的 2005 年全球青少年夜间冲浪比赛中，主办方首次在比赛海域内铺设了电防护网，以保护参赛者免遭鲨鱼的袭击。

任务八　思政教育

任务情境

2022 年是中国同澳大利亚建交五十周年，中澳同为亚太地区重要国家，两国长期交往，关系健康稳定发展，各界保持着密切交流。领队带领团队前往澳大利亚旅游之时，应充分挖掘旅行中的思政教育元素，增进旅游者对中澳友谊的感悟。

任务目标

1. 了解适合开展思政教育的澳大利亚旅游景点；
2. 掌握这些旅游景点背后的思政教育意义；
3. 掌握增进旅游者对中澳友谊思想感悟的引导方法。

教育案例

悉尼中国友谊花园（Chinese Garden of Friendship）

案例简介：亭台楼阁，雕龙飞凤，这里不是苏州也不是中国某地，而是悉尼的一座开放式花园。谊园（Chinese Garden of Friendship）坐落于悉尼市中心繁华的达令港（Darling Harbor）畔，与唐人街（China-town）毗邻，是悉尼市引人入胜的一景。谊园的英文名 Chinese Garden

澳大利亚系列微课——悉尼中国友谊花园

悉尼谊园

of Friendship，直译就是中国友谊花园，1988 年澳大利亚建国 200 周年前夕，悉尼华人社团倡议兴建一座中国花园，作为中澳两国人民友谊的象征。当时广州市和悉尼市已结成了姐妹城市，于是由广州园林局负责设计、指导营造，与新南威尔士州港务局合作，历时 1 年多，占地 1 万平方米的“谊园”落成开放。花园融合了中国南方设计元素和澳大利亚的建筑风格及植物材料，在悉尼市中心形成了一个有独特历史风味的景观。在对外界开放 30 年后，它被列入澳大利亚国家遗产名录（Heritage List）。

思政教育：新南威尔士州遗产部长加布里埃尔·厄普顿表示，这座花园由悉尼的华人社区和广东的园林专家共同修建而成，其重要意义在于凸显了广东和新南威尔士州的亲密关系，它也是该州第一个广东风格的花园。中国友谊花园如今既是国际友好的象征，也是人们逃离城市喧嚣的好去处。谊园迄今已经接待游客逾 400 万人次，近年来多次举办中秋、春节等主题文化活动，当地居民和世界各地的游客在参观谊园的同时，也能够领略澳中友谊之情。

核心词汇

序号	中文	英文对照
1	谊园	Chinese Garden of Friendship
2	遗产名录	Heritage List
3	达令港	Darling Harbor
4	唐人街	Chinatown

实用表达

Among the few public traditional Chinese gardens outside China, it offers a rare insight into Chinese heritage and culture. One of the interesting features of the Chinese garden of friendship is that you cannot see the whole garden from any point in it.

作为中国以外为数不多的公共传统中国园林之一，它提供了对中国遗产和文化的罕见洞察。中国友谊花园的一个有趣的特点是，你不能从花园里的任何一点看到整个花园。

任务九 能力测试

产品设计

任务情境：你所在的旅行社接待了一个小包团队，成员均为20~30岁的年轻人，他们在10月份有10天的假期，想前往澳大利亚欣赏风光，体验澳大利亚休闲运动。

任务要求：请你为他们定制一条个性化的路线。参考答案请扫二维码获得。

项目十七—任务九—产品设计

跨文化交际

任务情境：在团队用餐时，地接导游带大家前往一家本地特色餐厅，看到菜单上有袋鼠肉，有团友质疑袋鼠不是澳大利亚的象征吗？跟我们的大熊猫一样，怎么能吃袋鼠肉呢？作为领队，你该如何处理？

任务提示：澳大利亚袋鼠正以难以想象的速度疯狂繁殖着。曾经袋鼠的天敌是塔斯马尼亚虎，但因过度捕杀已濒临灭绝。更可怕的是，袋鼠吃掉了所有草类植物，大自然再生速度已远远无法满足袋鼠数量，野生生态环境遭到严重破坏，水土流失，土地荒漠化……成为澳大利亚面临的十分棘手的问题。为了保护濒危的野生生态，为了保障人的正常生活，澳大利亚人计划吃掉100万只袋鼠。

项目十八　新西兰（New Zealand）旅行项目

任务一　国情介绍

任务情境

新西兰这个不缺蓝天与绿草的国度，会带给你无比的热情和生命力。当你作为领队带领团队前往新西兰旅游之前，需要全面了解新西兰的自然地理、历史发展与社会经济等国情。在出境旅游初期，应对旅游者进行新西兰基本国情的介绍，帮助旅游者对旅游目的地建立初步的印象。

任务目标

1. 了解新西兰的自然地理特征，熟悉新西兰的气候特点；
2. 了解新西兰的简要历史和人口民族情况；
3. 了解新西兰的政治经济特点，熟悉新西兰的国家标志；
4. 掌握新西兰的礼仪习惯，熟悉文化交流中的礼仪禁忌。

任务分解

一、地理纵览

1. 地理概况

新西兰（New Zealand），位于太平洋（The Pacific Ocean）西南部，西隔塔斯曼海与澳大利亚相望，相距 1600 公里。由南岛、北岛及一些小岛组成，隔库克海峡（Strait）相望。全境多山，山地和丘陵占总面积 75% 以上，平原狭小。河流短而湍急，航运不便，但水利资源丰富。北岛多火山和温泉，南岛多冰河与湖泊。库克峰海拔 3754 米，为全国最高峰。海岸线长 1.5 万公里。

2. 气候特征

新西兰属温带海洋性气候（Temperate Oceanic Climate），季节与北半球相反。四季温差不大，植物生长茂盛，森林覆盖率达 29%，天然牧场或农场占总面积一半。新西兰的 12 月至次年 2 月为夏天，6—8 月为冬天。夏季平均气温 20℃左右，冬季平均气温 10℃左右。全国各地年平均降水量为 600~1500 毫米。

二、历史回眸

1. 简史

大约 1000 年前，来自库克群岛和塔希提岛的航海者乘独木舟到达新西兰，在此定居，形成了与众不同的毛利文化（Maori Culture）。1350 年起，毛利人在新西兰定居。1769—1777 年，库克船长先后五次来到新西兰。此后，英国向新西兰大批移民（Migrant），占领了这里。1840 年 2 月 6 日，英国迫使毛利人族长签订《威坦哲条约》（Treaty of Waitangi，又译《怀唐伊条约》），新西兰成为英国殖民地（Colony）。1907 年独立，成为英国自治领，受英国控制。1947 年成为主权国家，同时为英联邦成员。

2. 人口宗教

新西兰主要民族为欧洲后裔（Descendants）和毛利人。其中，欧洲移民后裔占 70%，毛利人占 17%，亚裔占 15%，太平洋岛国裔占 8%。官方语言为英语、毛利语。近一半居民信奉基督教（Christianity）。

三、社会概述

1. 政治体制

新西兰是英联邦中的独立国家，英国女王是其名义上的国家元首。新西兰总督在国家礼仪活动中作为英女王代表行使职权。总督由女王任命，由新西兰人担任，任期 5 年。新西兰是议会制国家，实行多党内阁制。总督任命在国会选举中获胜的政党领袖组建内阁。总理、内阁和立法机构掌握国家权力。

2. 国家标志

国旗：为长方形，长宽比为 2:1。旗底为深蓝色，左上方为英国国旗，右边有四颗镶白边的红色五角星。“米”字图案表明其同英国的传统关系，四颗星表示南十字星座，表明地处南半球，同时还象征独立和希望。

国徽：中心图案为盾徽。盾面上有五组图案；四颗五角星代表南十字星座，象征新西兰；麦捆代表农业；羊代表发达的畜牧业；交叉的斧头象征工业和矿业；三只扬帆的船表示海上贸易的重要性。盾徽右侧为手持武器的毛利人，左侧是持有国旗的欧洲移民妇女；上方有一顶英国伊丽莎白女王二世的王冠，象征英国女王是国家元首；下方为蕨类植物，绶带上用英文写着“新西兰”。

3. 经济产业

新西兰是发达国家，经济市场化、法制化程度较高，政府管理透明、高效，政治稳定、社会较为安全。以农牧业为主，农牧产品出口约占出口总量的 50%。羊肉和奶制品出口量居世界第一位，羊毛出口量居世界第三位。

四、礼仪风俗

1. 国民性格

新西兰民风淳朴，富于探险精神，热爱自然和田野生活，有较强的环境保护意识。毛利人仍保留着浓郁的传统习俗，他们大都信奉原始的多神教，相信“灵魂不灭”，尊奉祖先的神灵。

2. 礼仪风俗

新西兰人时间观念较强，约会须事先商定，准时赴约。客人可提前几分钟到达，以示对主人的尊敬。交谈以气候、体育运动、旅游等为话题，避免谈及个人私事、宗教、种族等问题。应邀到新西兰人家里做客，可送给男主人一盒巧克力或一瓶威士忌，送给女主人一束鲜花。

新西兰人见面和告别均行握手礼，男士应等妇女先伸手。初次见面，身份相同则互称姓氏，并加上“先生”“小姐”等，熟识后可直呼其名。毛利人迎接尊贵的客人时有行碰鼻礼的习俗。碰鼻子的时间越长，就说明礼遇越高，越受欢迎。

核心词汇

序号	中文	英文对照
1	新西兰	New Zealand
2	太平洋	The Pacific
3	海峡	Strait
4	温带海洋性气候	Temperate Oceanic Climate
5	毛利文化	Maori Culture
6	移民	Migrant
7	《威坦哲条约》	Treaty of Waitangi
8	殖民地	Colony
9	后裔	Descendants
10	基督教	Christianity
11	惠灵顿	Wellington

实用表达

1. If you find yourself facing a group of native Maoris in New Zealand, you'll want to steel yourself for a traditional nose greeting, which involves touching snouts to one another's foreheads.

当你遇见一群新西兰的毛利人时，你需要遵循他们传统的磨鼻子问候方式，其中包括你需要用鼻子碰触对方的额头。

2. You can imagine that when Maori first arrived in the new country, in New Zealand, it

may have taken some time to find suitable materials for their kites.

你可以想象，当毛利人第一次来到新西兰这个新国家的时候，他们可能花了一些时间才找到适合制作轻帆的材料。

任务二 交通指引

任务情境

新西兰是独立于各个大陆的岛屿国家，交通运输发达，与世界各国的交通主要是空运和海运。领队应了解新西兰外部与内部交通情况，能够在出入境、城际交通等项目上进行准确的交通指引。同时，也需要了解新西兰的特色交通项目，便于进行旅游推介。

任务目标

1. 了解到达新西兰的方式，能够引导旅游者通过机场海关，顺利入境；
2. 了解新西兰城际交通的基本情况；
3. 了解具有地域特色的旅游交通方式。

任务分解

一、到达新西兰

从中国前往新西兰的唯一交通方式是飞机。目前新西兰有三个主要的国际机场，分别位于奥克兰（Auckland）、惠灵顿和基督城。2011 年中国南方航空公司（China Southern Airlines）首航飞抵奥克兰，随后中国国际航空公司、中国东方航空公司、海南航空公司和四川航空公司都开通了飞往新西兰的航线。新西兰航空则是当地最大航空公司。

二、入境流程

1. 填写入境卡（Entrance Card）。空服人员在抵达前发放入境卡，如实填写即可。飞机上未食用完的食品如带下飞机也需申报（Declare）。

2. 入境检查（Entry Inspection）。下飞机后，乘坐摆渡车或者直接进入机场，按照指引排队过关，面对海关人员的询问，如实回答问题。

3. 行李提取。过海关后，注意看指示牌，按照指示提行李（Luggage claim）。提取行李时，会有检疫部门人员牵缉查犬检查，如携带检疫品入境而未申报，将被当场处以 400 纽币以上的罚款。

4. 自行丢弃违禁物品。提取行李后前往行李检查的路上，如有违禁物品，请务必及时丢弃。

5. 行李提取后，按照指引排队接受 MPI 官员询问。应对原则同样也是如实回答，官员询问完后告知开箱检查通道号码。

知识链接

新西兰入境携带物品规定

新西兰入境检疫非常严格，许多物品都被禁止携带入境，如有需要请一定要报备，走报备通道，否则会面临至少 400 纽币的罚款甚至遣返。

1. 需要申报检查的检疫品有

（1）任何食品：任何食品，不论多少都要申报。

（2）动物或动物制品：包括肉类食品、皮毛和骨制品（大部分禁止）。

（3）植物或植物制品：包括素食品、新鲜或加工过的水果等。

（4）其他类：主要包括药品、已使用过的户外活动物品等。

（5）烟酒：17 岁以上的游客可携带免税商品：200 支香烟或 250 克烟草或 50 支雪茄，或者 3 样混合重量不超过 250 克；4.5 公升的葡萄酒或啤酒、一瓶 1.125 公升的烈酒。最多允许香烟 50 根，白酒 3 瓶。

2. 常见的禁止入境的产品有

（1）绝大部分的肉类制品，包括自制的肉类食品和超市的真空包装肉类。

（2）蜂产品，比如蜂蜜、蜂王浆、蜂胶等。

（3）种子和植物。

（4）新鲜水果或水果干等。

三、城际交通

新西兰境内有不少国内机场，比较大的机场有奥克兰、惠灵顿、基督城、但尼丁、罗托鲁阿、皇后镇机场。国内航班几乎可以抵达新西兰主要旅游城市。

城际交通还有火车，它既兼顾了快捷与便利，还为游客提供其他交通工具无法欣赏到的壮丽山川景象的机会。较著名的火车观光线路包括从基督城到格雷茅斯（Greymouth）的“高山观景火车之旅”（Tranz Alpine）；“陆地之行号”火车（The Overlander），从奥克兰至惠灵顿耗时 12 小时，沿途可见原始森林、高山峡谷等景观；

“太平洋海岸号”火车（The Coastal Pacific）从皮克顿（Picton）至基督城。

四、特色交通

渡轮：最有名的渡轮线路是从北岛（North Island）的惠灵顿（Wellington）到南岛（South Island）的皮克顿（Picton）。搭乘载人载车的渡轮可以欣赏到马尔堡峡湾（Marlborough Sounds）美丽无比的风光，还可以邂逅海豚、鲸鱼和海豹等可爱生物。深入探访库克海峡（Cook Strait），蓝桥渡轮（Bluebridge）或岛际渡轮（Interislander）是不错的选择。前往奥克兰（Auckland）、旺格努伊（Wanganui）或皇后镇（Queen-stown）时，不要错过有趣的明轮船巡游之旅。

核心词汇

序号	中文	英文对照
1	奥克兰	Auckland
2	汉密尔顿	Hamilton
3	皇后镇	Queen's Town
4	入境卡	Entrance Card
5	申报	Declare
6	入境检查	Entry Inspection
7	提取行李	Luggage Claim
8	凯塔亚机场	Kaitaia Airport
9	瑞安小溪机场	Ryan's Creek Aerodrome Airport
10	格雷茅斯	Greymouth
11	太平洋海岸号	The Coastal Pacific
12	皮克顿	Picton
13	北岛	North Island
14	南岛	South Island
15	马尔堡峡湾	Marlborough Sounds
16	蓝桥渡轮	Bluebridge
17	岛际渡轮	Interislander

实用表达

1. It is easy to travel between Auckland and the rest of New Zealand.
奥克兰和新西兰其他地区之间的交通很便捷。

2. I have attached evidence of sufficient funds in New Zealand to purchase a ticket to a country which I have the right of entry.

我已提交材料证明我在新西兰拥有足够的资金，用以购买机票前往我拥有入境权的国家。

任务三　住宿安排

任务情境

在新西兰旅游，从五星级豪华度假屋到回归自然的露营场地，住宿选择丰富多样。游客可根据自身的需求，将多种住宿类型混合在一条线路中，既可以增强旅游体验，还可以平衡住宿成本。因此，如何给游客安排优良的住宿环境，是领队应具备的技能。

任务目标

1. 了解具有新西兰特色的住宿场所，并能够根据游客需要进行推荐；
2. 熟悉新西兰旅游住宿方面的注意事项，并能够清晰地向游客说明。

任务分解

一、特色住宿

假日公园（Holiday Park）：假日公园为帐篷、拖挂式房车、露营车和房车提供带电和不带电的服务，价格公道却拥有无敌美景，多设有简易小木屋、自助式汽车（Self-service Car）旅馆套房和背包客旅舍（Backpackers Hostel）。

环保部露营地（Opens in New Window）：遍布全国，在偏远的乡野也能找到。露营地设施各不相同，但都拥有令人惊叹的地理位置。

汽车旅馆（Motel）：全国各地分布着数百家汽车旅馆，数量多、选择广，往往不必提前预订。如想优质地住宿，请查找 Qualmark 星级标志的旅馆。

二、住宿提醒

预定提醒（Schedule Reminder）：新西兰地处南半球，每年的 12 月至次年的 2 月是旅游旺季，床位异常紧张，价格全线上涨。如是旺季出游，请提前订妥酒店，并与酒店保持联系，了解办理入住的时间。

住宿提醒：新西兰酒店规定入住时间为下午 14：00，退房时间为中午 12：00 以前；超时需要加收费用。酒店多数不提供牙刷（Brush）、牙膏（Toothpaste）、拖鞋（Slippers）等相关洗漱用具。澳大利亚电压为 240/250 伏特 50 赫兹交流电（Alternating Current），酒店插座为三相扁状插口，需使用转换插座。酒店提供免费和收费电视，观看前请先查阅费用说明再做决定。酒店客房内的电话拨打外线均需收费，费用昂贵。请注意保护酒店内的设备设施，酒店对设备设施损坏赔偿比较昂贵。酒店房间内不可以吸烟，如有需求请在入住前要求吸烟房。

核心词汇

序号	中文	英文对照
1	假日公园	Holiday Park
2	自助式汽车	Self-service Car
3	背包客旅舍	Backpackers Hostel
4	环保部露营地	Opens in New Window
5	汽车旅馆	Motel
6	牙膏	Toothpaste
7	牙刷	Brush
8	拖鞋	Slippers
9	预定提醒	Schedule Reminder

实用表达

1. If you are looking for economy accommodation on the road, do not forget New Zealand's holiday parks, which are mostly located in some spectacular settings.

如果您在道路上寻找廉价的住宿，不要忘了风景绮丽的新西兰假日公园。

2. The airline paid for the man's hotel room and meals in New Zealand and for his flight back to California.

该航空公司为该名男子支付了在新西兰的酒店住宿费、餐费以及返回加州的机票费用。

任务四　旅游导览

任务情境

新西兰旖旎的风光包括雄伟高大的山脉、蒸汽升腾的火山、绵延不绝的海岸线、深嵌入内的海湾以及郁郁葱葱的雨林。“蓝天、白云、绿草”是这个国家最吸引人的地方，满眼的绿色，触手可及的朵朵白云，仿佛置身在童话的国度。作为领队，应当熟悉新西兰的主要旅游城市与著名旅游景点，以便在旅行过程中，适时进行旅游导览与讲解。

任务目标

1. 熟悉新西兰旅游的特色资源与主要旅游城市；
2. 熟悉北岛、南岛等地的旅游资源，并能够对知名景点进行简要讲解。

任务分解

一、北岛导览

新西兰北岛是新西兰政治（惠灵顿）、经济（奥克兰）中心所在地；还有陶朗阿（Tauranga）、罗托鲁瓦（Rotorua）及分散在海边的港湾小镇，是游客进出新西兰必经之处。相对南岛来说，北岛建设比较成熟，人口占了全国四分之三。

奥克兰（Auckland）：新西兰最大的城市，三面朝海，一面靠山。整座城市沿火山堆建而成，因此有火山之城的美称。由于海水近在咫尺，平均每三户人家就有一艘游艇（Yacht），码头一共停靠着约 138000 艘游艇，远近闻名的“千帆之都”（The Capital of a Thousand Sails）美誉因此而来。

天空塔（Sky Tower）：塔高 328 米，是南半球最高的建筑，有多层观景台，可环视奥克兰全景。塔内电梯只用 40 秒就可登顶；还有旋转餐厅、酒店、商店和赌场，集餐饮、住宿、娱乐、购物为一体。如喜欢刺激，不要错过塔顶的 Sky Walk 和 Sky Jump。

天空塔

惠灵顿（Wellington）：是新西兰的首都，这座城市以其艺术、文化、咖啡和优美的海港风光闻名。惠灵顿因地势较高，依山傍海紧靠库克海峡，故常有海风侵袭，因而又有“风都”之称。

惠灵顿动物园（Wellington Zoo）：建于1906年，是新西兰历史最悠久的动物园；它是世界上最棒的稀有动物动物园。园内饲养着新西兰国鸟几维鸟（Apteryx）及其他濒临灭绝动物。每晚会有土著音乐表演和毛利大餐可供享用。

罗托鲁瓦（Rotorua）：南半球最有名的泥火山和温泉区。“罗托鲁瓦”是毛利语“火山口湖”的意思。这里热泉及泥浆池多不胜数，到处蒸汽弥漫。游客置身于地热区内，仿佛腾云驾雾。华卡雷瓦喷泉（Whakarewa Fountain）定时喷发，擎天水柱如喷泉倾泻而出，成为罗托鲁瓦的最佳地标。罗托鲁瓦是毛利族历史文化荟萃之地，展现出最完整的毛利文化。

怀托摩萤火虫洞（Waitmo Cave）：北岛西部山区的怀托摩萤火虫洞是一处难得的活性岩石洞穴，洞穴上下均有通口，吸引许多昆虫入内繁殖，其中以捕食昆虫的萤火虫居多。萤火虫星罗棋布攀附在岩洞深处的上方，像极了满天星斗。

怀托摩萤火虫洞

怀奥塔普地热世界（Wai–O–Tapu Thermal Wonderland）：拥有新西兰最丰富多彩的地热景象，可感受不同的光影颜色变化，有知名的香槟池（Champagne Pool）、天然彩色温泉、气泡翻滚的泥浆池、蒸汽腾腾的地面、广阔的全景风光、巨大的火山口及矿物沉淀的五彩台地。

二、南岛导览

南岛被誉为新西兰最后的秘境，比北岛大，人口却是北岛的三分之一，地广人稀。旅游资源丰富，有花园之城、峡湾、冰川和古迹。其中皇后镇、基督城、但尼丁（Dunedin）是南岛主要城市，遍地都是别致的维多利亚（Victoria）风格小洋房。这里是不少电影的取景地，其中《指环王》中土世界场景多取自于此。

基督城（Christchurch）：新西兰第三大城市，南岛的最大城市。始建于150年前，城市中到处都是规划整齐的花园。由于早期移民多为英国人，市区历史性的建筑均具有英国维多利亚时代特色。英国人将其称为“英国之外，最像英国的城市”。

国际南极中心（International Antarctica Centre）：位于基督城国际机场附近的国际南极中心按南极气候及冰雪设计，有南极海洋鱼类馆（Ocean Fish Museum），可看到企鹅和南极生物；南极风暴舱（Antarctic Storm Chamber）中可亲身体验 –18℃的寒风。

皇后镇（Queentown）：是世界著名探险之都，在世界一流滑雪场感受俯冲而下的畅快，体验一次蹦极与喷射快艇的惊险刺激；再到优雅动人的瓦卡蒂普湖（Lake Wakatipu）边走走，有着浪漫温馨的另一面。

瓦卡蒂普湖（Lake Wakatipu）：新西兰户外活动的集中地。上山滑雪、下水冲浪、拖行降伞、喷气飞船（Jet Ship），激流划艇等全都有，风靡世界的“蹦极”从这里最先兴起。

瓦卡蒂普湖

核心词汇

序号	中文	英文对照
1	陶朗阿	Tauranga
2	罗托鲁瓦	Rotorua
3	游艇	Yacht
4	千帆之都	The Capital of a Thousand Sails
5	天空塔	Sky Tower
6	怀托摩萤火虫洞	Waitmo Cave
7	香槟池	Champagne Pool
8	几维鸟	Apteryx
9	维多利亚	Victoria
10	基督城	Christchurch
11	文化遗产	Cultural heritage
12	瓦卡蒂普湖	Lake Wakatipu
13	国际南极中心	International Antarctica Centre
14	海洋鱼类馆	Ocean Fish Museum
15	南极风暴舱	Antarctic Storm chamber
16	厄恩斯劳蒸汽船	TSS Earnslaw

实用表达

1. FANS combing internet sites are not the only people eagerly anticipating a pair of epic fantasy movies based on *The Hobbit*, by J.R.R. Tolkien, that it is planned will start filming this year.

预计今年开拍，改编自 J.R.R. 托尔金《哈比人历险记》的姊妹篇魔幻史诗电影让许多粉丝和互联网网站期待万分。

2. The magnificent landscapes, lush forests, wild animals and strange pleasant climate make New Zealand an ideal outdoor venue and tourist site.

雄伟的地貌景观、茂密的森林、奇特的野生动物和宜人的气候使新西兰成为理想的户外活动场所和旅游胜地。

任务五　美食推荐

任务情境

新西兰作为美食佳酿爱好者的天堂，拥有大片的葡萄园、手艺精湛的大厨，烹制着颇具地方风味的特色菜肴，在本土音乐的伴奏下为游客呈上味觉盛宴。因此，领队有必要了解新西兰的特色美食与饮食习俗，并在旅游活动过程中恰当的进行安排，有针对性地予以推荐。

任务目标

1. 了解新西兰美食，能够简单地讲解新西兰美食的特色；
2. 熟悉新西兰著名的美食街区与场所；
3. 了解新西兰的饮食习俗与其中的礼仪禁忌。

任务分解

一、特色美食

新西兰是一个被海洋包围的国家，同时也是“羊背上的国家”。海鲜和羊肉自然就成为了新西兰主要菜系。新西兰人饮食主要以牛奶、奶酪、面包和牛羊肉为主；料理油少味淡，注重色香，喜吃牛羊肉、鸡蛋。

布拉夫生蚝（Bluff Oysters）：是世界上首屈一指的贝类，被誉为“太平洋的鱼子酱”。布拉夫牡蛎硕大肥美、鲜嫩多汁，味道极其鲜甜，比其他国家的生蚝更加饱满、细腻、软滑。

三文鱼（Salmon）：就地取材，非常新鲜，是当地市民桌上常见的菜式；多脂香嫩，最常见的做法是经过简易的熏制，放入烤箱，配上几滴柠檬汁。此外，新鲜熏制的三文鱼可做成沙律，配上芫荽、罗勒及少许辣椒和豆瓣菜。

毛利窑烤（Maori Kiln Roast）：是一种利用当地特殊的地热，创造出的独特“毛利传统石头火锅”，具有2000多年的历史。烤制的传统美食有鸡肉、海鲜和各种蔬菜，餐后配一块可口的土窑蒸布丁（Pudding），回味无穷。

毛利窑烤

马尔堡绿唇贻贝（Marlborough Green Lipped Mussels）：名字来源于贝壳边缘醒目的绿色印记，是新西兰特产，享誉海内外。这种贻贝只能在新西兰马尔堡海峡（Marlborough Sounds）极其干净的水域生存，鲜嫩可口。

马尔堡绿唇贻贝

新西兰烤羊肉（Roast Lamb）：新西兰盛产绵羊，鲜嫩多汁的烤羊肉是新西兰人的最爱；名冠全球，是新西兰出口的主要肉类之一。羊肉肉质柔软，味道清淡，佐以迷迭香和各色时令蔬菜，风味独特，是新西兰的经典菜色之一。

二、美食地标

天空缆车餐厅（Skyline Gondola）：新西兰旅游胜地皇后镇的天空缆车餐厅被美国广播公司评为世界上最佳景观餐厅。游客可在短短10分钟内被天空缆车送到海拔落差800米高的餐厅，享用新西兰传统口味的海鲜自助大餐，错落有致的座位可以保证每位游客欣赏到皇后镇及周边壮观的景色。

三、饮食习俗

新西兰菜的特点是油少而清淡，注意色、香、味。大多喜欢吃牛肉、羊肉、鸡、鸭、蛋。新西兰人爱喝浓汤，吃新鲜蔬菜，冷天喜吃瘦肉。由于新西兰大部分是英国人的后裔，因此，他们的饮食习惯基本和欧洲大陆人类似。毛利人以食甘薯为主，其次有厥根和芋类。他们以“烧石烧饭”为招待客人最高礼仪。

新西兰水果众多，本地盛产奇异果（Kiwi）、草莓、樱桃（Cherry）、苹果、橘子、提子、蓝莓（Blueberry）、无花果（Fig）等。奇异果众多，果肉芳香，且价格便宜。

核心词汇

序号	中文	英文对照
1	布拉夫生蚝	Bluff Oysters
2	三文鱼	Salmon

（续表）

序号	中文	英文对照
3	毛利窑烤	Maori Kiln Roast
4	马尔堡绿唇贻贝	Marlborough Green Lipped Mussels
5	马尔堡海峡	Marlborough Sounds
6	扇贝	Scallop
7	笛鲷	Snapper
8	果酱	Jam
9	鳕鱼	Cod
10	奇异果（猕猴桃）	Kiwi
11	樱桃	Cherry
12	蓝莓	Blueberry
13	无花果	Fig
14	葡萄酒	Wine

实用表达

1. In New Zealand and Australia, cows are fed on the fields, so the milk they produce depending on which kind of grass that grows by season.

在新西兰和澳大利亚，奶牛是露天放养的，所以它们产的牛奶的品质就会取决于季节生长的草的种类。

2. Grilled New Zealand Lamb Chops are cooked with Sweet Potato Cake (Kumara), Green Asparagus and Beetroot Lamb Jus, infused with Mint Oil.

新西兰香煎羊排，配红薯饼和芦笋，薄荷风味红菜头羊肉汁。

任务六 商品导购

任务情境

去新西兰旅游时，除了欣赏怡人的自然风光外，购物也是必须要做的事情。从华贵的普纳姆（绿玉）装饰与珠宝、手工制玻璃与当地木制工艺品，到漂亮的美利奴羊毛或负鼠针织品与羊皮服饰，都能轻松在这里找到。作为领队，应当熟悉新西兰的特色旅游商品与知名商业街区，以便在旅行过程中，引导游客购买合适的商品。

任务目标

1. 熟悉我国旅游者喜爱购买的新西兰旅游商品与旅游纪念品，并能够进行简要的讲解；
2. 熟悉新西兰知名购物商店和商业街区，能够引导旅游者购物；
3. 了解新西兰在支付、小费与退税方面的相关规定，能够有效服务于游客。

任务分解

一、特色商品与纪念品

羊毛制品（Wool Products）：新西兰羊毛业发达，可买到各种羊毛制品，比如羊毛毯、羊毛衫、羊毛手套等制作精良的商品。BONZ 使用新西兰质量最好的美利奴羊毛制作，设计和生产的羊毛运动衫和夹克享誉全世界。

蜂产品（Bee Products）：在新西兰山坡、沿海地区、森林边缘，生长有叫麦卢卡（Manuka）的红茶树。由于 Manuka 蜂蜜中具有独特的抗菌性，被毛利人用于消炎止痛，护理消化系统，其蜂蜜质量得到人们的认可。

绵羊油（Lanolin）：从天然羊毛中精炼出来的油脂。功效是保湿、抗寒、防燥、柔肤，使皮肤看起来更水嫩白皙。绵羊油具有非常好的渗透、吸收、消炎和排毒、保湿、滋润功效，它能给皮肤提供一层特殊保护膜，有效阻隔外界因素对皮肤的伤害。

二、特色购物街区

皇后大街（Queen Street）：建于 1840 年，以维多利亚女王命名，是新西兰最繁华的商业街道之一。北起奥克兰滨水区，南至卡朗加黑皮路，共长 3 公里；目光所及各大奢侈品店、礼品商店和羊毛制品店。

奥克兰周末集市（Auckland Weekend Market）：每周日在奥克兰 Netball 球场举办，是奥克兰最接地气的地方。早上 7 点开门，营业到下午 1 点。集市汇集了各国小吃和地道的农产品，还可以便宜的价格淘到二手货和古董（Antique）。

三、消费提醒

小费（Tip）与服务费（Service Charge）：新西兰服务一般不收小费，即便在餐厅或酒吧也不用。如游客享受了额外的服务或为表示谢意，可自行决定是否要付小费。

货物与服务税（Service Tax）：商品与服务标价中均含 15% 的货物与服务税（GST）。一般不退税，但如商家将高额货品邮寄到购买者所在国，则可免税（GST）。

支付方式：新西兰普遍刷卡消费，即使不到 1 新西兰元也可刷卡，现金使用较少。EFTPOS 就表示刷卡消费，但乘公交车要准备零钱。凡贴有“银联”标识的商户均可以受理银联卡。

核心词汇

序号	中文	英文对照
1	艺术与工艺品	Arts and Crafts
2	羊毛制品	Wool Products
3	蜂产品	Bee Products
4	绵羊油	Lanolin
5	皇后大街	Queen Street
6	周末集市	Weekend Market
7	古董	Antique
8	小费	Tip
9	服务费	Service Charge
10	货物与服务税	Service Tax
11	账单	Bill
12	旅行支票	Travelers' Cheque
13	购物退税	Tax Refund

实用表达

1. We hope that you enjoy your NZ Shopping experience and welcome any comments or suggestions you may have.

我们希望您享受您的新西兰购物体验，并欢迎您提任何可能的意见或建议。

2. Comvita Lip Cream contains UMF18+ Active Manuka Honey, Propolis and Llysine to help maintain healthy lips.

康维他唇部护理霜含有 UMF18 活性马努卡蜂蜜、蜂胶和赖氨酸等成分，可有效地维持护理您健康的唇部。

任务七 文化体验

任务情境

新西兰的休闲娱乐与节庆活动不仅种类繁多，且热闹非凡，为旅游者所喜闻乐见。因此，领队有必要了解新西兰特色文体休闲项目及节庆活动，从而帮助旅游者增强文化体验，在节庆与娱乐活动中得到休闲放松。

任务目标

1. 了解新西兰文体休闲娱乐活动，能够进行简单的讲解；
2. 了解新西兰的节庆文化以及相关的旅游活动，并能够引导游客参与。

任务分解

一、休闲活动

新西兰系列微课——休闲活动

极限运动（Extreme Sport）：新西兰人民热爱蹦极（Bungee jumping）、跳伞（Parachute）、滑翔伞（Paraglider）、天空漫步（Sky walk）、喷射艇（Jet boat）等刺激活动。从奥克兰海港大桥（Auckland Harbor Bridge）上纵身跃下，美丽迷人的怀特玛塔港（Waitemata Harbor）将见证这一幕。北岛（North Island）中部的莫凯重力谷（Mokai Gravity Canyon）拥有一个巨大的荡桥秋千（Swing Bridge），可体验到 50 米自由落体的淋漓快感。

潜水（Diving）：新西兰是潜水天堂。交通便利的海滩、广阔的海洋保护区，加之数百座近海小岛，构成了这里深邃而多样的水下世界。清澈见底海水中，可以探寻沉船遗迹，或着陆在海床观察亚热带的斑斓珊瑚礁（Coral Reef）。

滑雪（Skiing）：新西兰上百个滑雪场，满足了各种滑雪爱好者的需求。基督城周边的雪山拥有新西兰最长的滑雪季（6—10 月），这里一到冬季就成了当地人的度假胜地。

二、节庆活动

怀唐伊节（Waitangi Festival）：该节日是为了庆祝《怀唐伊条约》的签署，每年 2 月 6 日，新西兰会举办各种阅兵式和文化表演，在条约签署地怀唐伊举办热闹盛大的瓦卡盛会。

圣诞节（Christmas）：南半球的圣诞节在夏天度过，各地都会有五彩缤纷的灯光秀（Light Show），冰天雪地的背景变成了阳光沙滩、蓝天白云。圣诞节前夕，新西兰圣诞老人沿着皇后街开始欢庆游行，最后在奥迪亚广场举行盛会。

惠灵顿美食节：在惠灵顿美食节期间，会举办100多场活动，覆盖城市的每个角落，其中包括烹饪课、宴会和美食小径。节日在每年八月举办，持续两周，整个地区都会变成派对的世界。

核心词汇

序号	中文	英文对照
1	极限运动	Extreme Sport
2	蹦极	Bungee Jumping
3	跳伞	Parachute
4	滑翔伞	Paraglider
5	天空漫步	Sky Walk
6	喷射艇	Jet Boat
7	海港大桥	Auckland Harbor Bridge
8	怀特玛塔港	Waitemata Harbor
9	莫凯重力谷	Mokai Gravity Canyon
10	荡桥秋千	Swing Bridge
11	潜水	Diving
12	群岛海洋保护区	Poor Knights Islands Marine Reserve
13	珊瑚礁	Coral Reef
14	怀唐伊节	Waitangi Festival
15	圣诞节	Christmas

实用表达

1. The anniversary of the signing, February 6, is celebrated as New Zealand National Day, Waitangi day, which is a national holiday.

2月6日是条约签定纪念日，也是新西兰的国庆日，是全国性的节日。

2. The country's first commercial zone was established in 1990 in Queenstown and all kinds of activities have grown quickly ever since, partly thanks to New Zealand's reputation for extreme sports.

这个国家的第一个商业区在1990年建立于皇后镇，各类活动从此风起云涌，这多半归功于新西兰极限运动的名声。

任务八　思政教育

任务情境

2017 年 3 月中国国务院总理李克强在奥克兰与新西兰总理英格利希共同参观路易·艾黎诞辰 120 周年纪念活动展览。此举让路易·艾黎这位已经离开我们 40 年的国际友人重新进入两国年青一代的视野。领队带领团队前往新西兰旅游之时，应当充分挖掘旅行中的思政教育（Ideological and Political Education）元素，增进旅游者对中新友谊的感悟。

任务目标

1. 了解适合开展思政教育的新西兰旅游景点；
2. 掌握这些旅游景点背后的思政教育意义；
3. 掌握增进旅游者对中新友谊思想感悟的引导方法。

任务分解

路易·艾黎纪念园

案例简介：从新西兰基督城驱车 50 公里，到达路易·艾黎的故乡——斯普林菲尔德镇。为纪念艾黎先生诞辰 100 周年，在他出生地斯普林菲尔德修建了“路易·艾黎纪念公园”。公园不大，掩映在浓密的树木之间的是一座简洁庄重的纪念亭，亭子里的宣传栏结合图片和中英文字简要介绍了艾黎先生从出生到成长，以及在中国生活的简要经历和贡献。在纪念亭旁边的枫树林里，矗立着一块巨大的石碑，石碑上的浮雕作品是《路易·艾黎和他的中国学生们》。在秋阳照耀下，浮雕上的艾黎先生脚穿草鞋、手拿有工合标志的书籍，目光慈祥地凝视着远方，两名身着中国特色服装的男孩和女孩手拿工具簇拥在他的身边，一只小羊羔温柔地依偎在他们脚旁。在石碑的下方，刻着这样一段中文：路易·艾黎——中国人民真诚的朋友，中国人民和新西兰人民永远不会忘记他。

新西兰系列微课——路易·艾黎纪念园

浮雕作品《路易·艾黎和他的中国学生们》

路易·艾黎，1897 年 12 月 2 日出生于新西兰南岛斯普林菲尔德镇，1927 年 4 月 21 日来到上海，从投身生产救亡，到培养技术人才，再到发展对外友好，他把一生献给了需要他的“第二祖国”。抗日战争时期，他积极参加并发起组织工业合作社运动，成为失业工人和难民生产自救、支援抗战的一支独特力量。20 世纪 40 年代，艾黎同英国记者乔治·何克在陕西省凤县双石铺创办了西北第一所培黎工艺学校。命名为培黎，意即“为中国的黎明培养人才”。1982 年，他被授予“北京市荣誉市民”称号，同年被新西兰政府授予“英国女王社会服务勋章（Medal）”，1987 年 12 月 27 日，路易·艾黎在北京逝世，享年 90 岁。被称为“中国的十大国际友人”。

思政教育：今天，路易·艾黎的故事还在两国人民之间流传。路易·艾黎在中国 60 年的岁月里，以坚定的共产主义信仰（Communism Belief），投身到中国民族独立、人民解放、社会进步的伟大革命实践中。他赈济救助灾民，支持红色革命（Red Revolution），发起工合运动，支援抗日战争，创办培黎学校（Perry School），著述介绍中国，架起友谊桥梁（Friendship Bridge），有生之年不遗余力地推动两国人民的友好交往，是中新友谊的象征，推动世界和平，为中国革命和建设事业做出了不可磨灭的贡献。邓小平为他题词：“伟大的国际主义战士永垂不朽！”

核心词汇

序号	中文	英文对照
1	思政教育	Ideological and Political Education
2	消费品	Consumer Goods
3	文物陈列馆	Cultural Relics Exhibition Hall
4	勋章	Medal
5	共产主义信仰	Communist Belief
6	红色革命	Red Revolution
7	培黎学校	Perry School
8	友谊桥梁	Friendship Bridge

实用表达

1. Zealander Rewi Alley was a bosom friend of Hogg and was buried after death in Shandan together with Hogg.

新西兰友人路易·艾黎是何克挚友，去世后与何克合葬在山丹。

2. Many of her trenchant articles together with those of Rewi Alley can be found today in

the yellowed volumes of the magazine .

她和路易·艾黎的那些词锋犀利的文章，今天还可以从那份杂志发了黄的卷页上找到。

任务九　能力测试

产品设计

任务情境：你所在的旅行社接待了一个青年小包团客人，他们表示十分喜欢极限运动，春节期间他们想利用 10 天的假期到新西兰南岛旅游，同时体验新西兰的休闲文化。

任务要求：请你为他们定制一条个性化的路线。

项目十八—任务九—产品设计

跨文化交际

任务情境：你接待了一个老年旅行团，团员对新西兰的毛利文化特别感兴趣，他们听说新西兰毛利人是食人族，有很多非常可怕的习俗，作为领队你该如何解答团员的疑惑呢？

模块六　非洲旅游区

项目十九　埃及（Egypt）旅行项目

任务一　国情介绍

任务情境

埃及这片神秘的国土是人类最早文明（Civilization）的发源地之一。古埃及人给我们留下了数不胜数的伟大遗迹（Remains），宏伟的金字塔（Pyramid）、神秘的狮身人面像和象征神圣王权的古代神庙（Ancient Temple）等。当你带领团队前往埃及旅游之前，需要全面了解埃及的自然地理、历史发展与社会经济等国情。在出境旅游初期，应对旅游者进行埃及基本国情的介绍，帮助旅游者对旅游目的地建立初步印象。

任务目标

1. 了解埃及的自然地理特征、简要历史、人口民族情况、政治经济特点，熟悉埃及主要的国家标志；
2. 能够简明扼要地向旅游者介绍埃及的国家概况；
3. 熟悉埃及礼仪风俗情况，并在文化交流过程中对旅游者进行提醒。

任务分解

一、地理纵览

1. 地理概况

埃及地跨亚、非两洲，隔地中海（Mediterranean Sea）与欧洲相望。大部分位于非洲（Africa）东北部，只有苏伊士运河（the Suez Canal）以东的西奈半岛（Sinai Peninsula）位于亚洲西南部。国土面积100.145万平方公里，排名世界第三十位，94%国土为沙漠。东临红海（the Red Sea），与巴勒斯坦、以色列接壤，西与利比亚为邻，南与苏丹交界，北临地中海。海岸线长约2900公里。尼罗河（the Nile）纵贯南北，全长6700公里，在埃及境内长1530公里。

2. 气候特征

埃及全境干燥少雨，尼罗河三角洲和北部沿海地区属亚热带地中海气候（Sub-tropical Mediterranean Climate），其余属热带沙漠气候（Tropical Desert Climate）。开罗地区年降水量约18毫米；地中海沿岸年均降水量约200毫米。

二、历史回眸

1. 简史

埃及是世界四大文明古国之一。公元前3200年，美尼斯统一埃及建立了第一个奴隶制（Slavery）国家，经历了早王国、古王国、中王国、新王国和后王朝时期，共30个王朝。古王国开始大规模建金字塔。中王国经济发展、文艺复兴。新王国生产力显著提高，开始对外扩张，成为军事帝国（Military Empire）。后王朝时期，内乱频繁，外患不断，国力日衰。随后，埃及相继被波斯帝国、希腊、罗马征服。641年阿拉伯人入侵，埃及逐渐阿拉伯化。1517年被土耳其人征服，成为奥斯曼帝国的行省。1882年英军占领后成为英“保护国”。1922年2月28日，英国宣布埃及为独立国家，但保留对其国防、外交、少数民族等问题的处置权。1952年，以纳赛尔为首的自由军官组织推翻法鲁克王朝，掌握国家政权，并宣布成立埃及共和国。1958年2月，同叙利亚合并成立阿拉伯联合共和国。1961年，叙利亚退出“阿联”。1971年9月1日，改名为阿拉伯埃及共和国。

2. 人口民族

截至2020年5月，埃及人口超过1亿。伊斯兰教为国教，信徒主要是逊尼派（Sunni），占总人口的84%。科普特基督徒（Coptic Christians）和其他信徒约占16%。另有约600万海外侨民。埃及主要民族为东方哈姆族（Oriental Ham），占总人口的99%。

三、社会概述

1. 政治体制

埃及是以劳动人民力量联盟为基础的民主和社会主义制度（Socialist System）的

国家。总统（President）是国家元首、武装部队最高统帅；总统由人民议会（People's Assembly）提名，公民投票选出。人民议会是埃及最高立法机关，主要职能是立法（Legislation）和修宪（Amend the Constitution），审议和批准协议与条约、施政纲领和财政预算，讨论国家大政方针，批准宣布战争和紧急状态，监督政府日常工作等。

2. 国家标志

国旗：呈长方形，长宽比例为3:2。旗面自上而下由红、白、黑3个相等的长方形组成，白色旗底中间的国徽图案为一只展开双翼的萨拉丁（Saladin）雄鹰，头朝向左方，胸前为盾形的红、白、黑三色国旗图案。红色象征革命，白色象征纯洁和光明前途，黑色象征过去的黑暗岁月。

国徽：制定于1972年，核心是一只昂然挺立注视西方的金黄色雄鹰，胸部镶嵌着一枚红、白、黑三色竖纹盾形徽章。雄鹰与盾牌标志着与穆罕默德相关的库里希部落。鹰爪下的黄色饰匾用阿拉伯文书写着国名“阿拉伯埃及共和国”。

3. 经济产业

埃及属开放型市场经济，拥有完整的工业、农业和服务业体系。服务业占国内生产总值50%。农业占国内生产总值14%。工业以纺织、食品加工等轻工业为主。石油天然气、旅游、侨汇和苏伊士运河（Suez Canal）是四大外汇收入来源。

四、礼仪风俗

1. 国民性格

埃及人有较强的民族观念和民族凝聚力。在阿拉伯国家，阿拉伯语和伊斯兰教是民族的重要凝聚力。埃及人对真主无限信仰与虔诚。伊斯兰教教规中的特殊活动，如礼拜、斋戒、朝圣等，在埃及人眼中至高无上、神圣不可侵犯。埃及人正直、豪爽、宽容、好客。

埃及系列微课——礼仪风俗

2. 交往礼仪

埃及人的交往礼仪既有民族传统的习俗，又通行西方人的做法，上层人士更倾向欧美礼仪。一般情况下，互致问候语，老朋友则拥抱行贴面礼。女性间出于礼貌或表示亲热，更多采用贴面礼，一般是先右边后左边各贴一次。异性间通常是握手，只有亲戚间行贴面礼。

每星期五是“主麻日聚礼”，当清真寺（Mosque）内传出悠扬的唤礼声，伊斯兰教徒便纷纷涌向附近的清真寺，做集体礼拜。为数众多的教徒虔诚地信守每日5次礼拜的教规：即晨礼、晌礼、晡礼、昏礼、宵礼。

埃及人认为“右比左好”，右是吉祥的，做事要从右手和右脚开始，握手、用餐、递送东西必须用右手，穿衣先穿右袖，穿鞋先穿右脚，进入家门和清真寺先迈右脚。因此，用左手与他人握手或递东西是极不礼貌的。

按伊斯兰教义，妇女的“迷人之处”是不能让丈夫以外的人窥见的，因此，短、薄、透、露的服装是禁止的。埃及人对外国人比较宽容，但严禁穿背心、短裤和超短裙到清真寺。进入清真寺须脱鞋，女士还须围戴头巾。

核心词汇

序号	中文	英文对照
1	文明	Civilization
2	遗迹	Remains
3	金字塔	Pyramid
4	古代神庙	Ancient Temple
5	阿拉伯埃及共和国	The Arab Republic of Egypt
6	地中海	Mediterranean Sea
7	欧洲	Europe
8	非洲	Africa
9	苏伊士运河	the Suez Canal
10	西奈半岛	Sinai Peninsula
11	亚热带地中海气候	Subtropical Mediterranean Climate
12	热带沙漠气候	Tropical Desert Climate
13	奴隶制	Slavery
14	军事帝国	Military Empire
15	清真寺	Mosque

实用表达

1. The Egyptians probably measured their day in twenty-four hours of unequal length.

埃及人很可能用不同长度的 24 小时来计量他们的一天。

2.Adam glorified the pyramids of Egypt, but he discovers that they were built on the misery of slaves.

亚当为埃及的金字塔而荣耀，但是他发现金字塔是建立在奴隶的不幸之上的。

任务二　交通指引

任务情境

埃及地处亚、欧、非三大洲交界处，扼守“21 世纪海上丝绸之路”（Maritime Silk Road）战略要冲，苏伊士运河是连接南海、印度洋至红海、地中海（Mediterranean）的枢纽，因此埃及对接“一带一路”倡议有着天然的地理优势。埃及交通运输便利，近几年海、陆、空运输能力增长较快。领队应了解埃及外部交通与区域交通情况，能够在出入境、城际交通、市内交通等项目上进行准确的交通指引。

任务目标

1. 了解到达埃及的方式，能够引导旅游者通过机场海关，顺利入境；
2. 了解埃及城际交通、市内交通的基本情况。

任务分解

一、到达埃及

目前，中国大陆地区北京和广州均有直飞开罗的航班。从北京出发可乘坐埃及航空直飞开罗。北、上、广有很多航空公司有转机一次的航班，如阿联酋航空（Emirates）在迪拜中转一次，尽管飞行时间加长，但在迪拜中转，可逛大型免税店（Duty free shop），满足游客购物的需要，也是一种选择。

二、入境流程

1. 签证入境：持中国外交护照、公务护照者可免签入境埃及停留 30 天。公务普通护照及普通护照持有者需提前在埃及使领馆（Embassy and Consulate）办妥签证（Visa），也可申办落地签证入境停留 30 天，但需准备往返机票、酒店订单、现金 2000 美元，落地签证费 25 美元。

2. 填写入境卡（Entrance Card）。可在飞机上填写，也可下飞机后在柜台填写。

3. 到签证窗口办理签证。持护照和 25 美元到窗口办理签证。开罗机场（Cairo Airport）的签证窗口是阿拉伯文字，没有英文和中文标识。

4. 海关检查。因安全原因，埃及海关对入境游客携带物品管理较严格，建议游客入境时慎重携带超出个人所需的物品。开罗国际机场入、出境通道分红色（须海关申报）和绿色（无须海关申报）两种。

知识链接

埃及海关携带物品规定

一、根据埃及法律的要求，入境时携带的香烟数量不得超过200支（或25支雪茄或200克烟草）、酒精不得超过2升。

二、严禁携带药物、武器及棉花入境。

三、严禁携带光盘、印刷品材料、色情书籍刊物等物品入境。

四、在当地购买且用于个人使用的少量金银产品允许携带出境。

五、埃及法律严令禁止携带历史超过100年的古董及艺术品出入境。

六、对于出入埃及国境时携带的货币数量，法律没有任何限制。游客随身携带的货币超过500埃及镑或等额的国外货币时，必须申报。

三、城际交通

火车：埃及铁路车费有各种折扣。4岁以下免费，4~10岁半价；当日往返车票打7.5折，1个月内往返打9折；学生证打7折。此外，根据乘车区间和季节不同，还有其他折扣。车票可在火车站提前购买或上车后补。卧铺（Sleeper）分为豪华、一等（有空调）、二等和最便宜的三等。

游轮（Cruise Ship）：埃及有7条国际海运航线（Shipping Route），沿地中海和红海分布着亚历山大（Alexander）、塞得港（Port Said）、苏伊士等7个港口。开罗（Cairo）至阿斯旺（Aswan）有尼罗河观光游轮航行；一些国际宾馆在尼罗河上有游船，船上设有游泳池、酒吧、时装店、发廊，人称“流动宾馆”，在船上航行，既能观光，又能节省路费和住宿费。

四、市内交通

埃及有多种市内交通工具，如公交车、客车、出租车、三桅小帆船（Felucca）、皮卡车等。公交车分为两种：城际公共汽车在每个城市、乡镇和村庄都有车，其票价与火车二等座相当；市内公共汽车和小型公共汽车（Minibus）只有开罗和亚历山大才有。

三桅小帆船（Felucca）：南北贯通的尼罗河是埃及的母亲河，在阿斯旺和卢克索之间的河道是众多旅游者选择来往这两个城市的主要方式。乘坐三桅小帆船可住宿，虽然条件较简陋，但可以近距离接触尼罗河，在船上看日出日落。

三桅小帆船

皮卡车（Pickup Trucks）：往返于小乡镇道路上的小型卡车有时也在镇上当出租车用。特别是在一些绿洲小镇、卢克西岸和尼罗河沿岸的小地方更是如此。一般情况是在卡车后面带顶棚的车厢内坐12人。

核心词汇

序号	中文	英文对照
1	海上丝绸之路	Maritime Silk Road
2	阿联酋航空	Emirates
3	免税店	Duty Free Shop
4	使领馆	Embassy and Consulate
5	入境卡	Entrance Card
6	开罗机场	Cairo Airport
7	卧铺	Sleeper
8	游轮	Cruise Ship
9	海运航线	Shipping Route
10	三桅小帆船	Felucca
11	亚历山大	Alexander
12	皮卡车	Pickup Trucks

实用表达

1. Anecdotal evidence suggests that Egypt's high rate of traffic accidents may be largely due to ignorance of basic rules.

埃及的交通事故高发率可能主要源于无视基本交通法规。

2. Egypt has been building an iron barrier, sunk deep into the sandy soil, to thwart this subterranean traffic.

埃及正在建造深入沙土的钢铁屏障，以阻止秘密的地下交通。

任务三　住宿安排

任务情境

埃及住宿相当方便，可选择范围广，除星级饭店外，还有度假村、旅馆、船宅、民宅、青年招待所等。埃及住宿价格较低，即使在开罗的豪华饭店也是如此。近年来，随着埃及旅游业的发展，宾馆数量迅速增加，发展最快的是红海海岸地区。因此，如何给游客安排可以放松身心的住宿环境，或是感受不同体验的特色酒店，是领队应具备的技能。

任务目标

1. 了解具有埃及特色的住宿场所，并能够根据游客需要进行推荐；
2. 熟悉埃及旅游住宿方面的注意事项，并能够清晰地向游客说明。

任务分解

一、特色住宿

阿德雷尔·阿梅拉酒店（Adrère Amellal）：位于撒哈拉沙漠（Sahara Desert）的锡瓦绿洲。酒店由一座座沙堡（Sandcastle）组成，与沙漠连为一体，背靠悬崖，面朝湖水，是一家环保酒店。40 个传统锡瓦风格的房间用当地的砂岩建造，房顶覆盖棕榈枝，厚重的墙体、狭小的窗户使建筑可抵御外面高达 60℃的高温，即便没有空调，也觉得凉爽舒适。

阿德雷尔 · 阿梅拉酒店

阿斯旺·索菲特老瀑布酒店（Sofitel Legend Old Cataract）：占据阿斯旺最好的地理位置，位于各景点连线中心点，坐拥尼罗河最美河景。老瀑布酒店不仅给予了阿加莎写作灵感，还是电影《尼罗河上的惨案》的取景地。阿斯旺似乎与电影一同定格在了那个年代，连服务生也保持着影片里的装束与笑容。

红海·凯夫斯海滩度假村酒店（Caves Beach Resort Hurghada）：位于埃及的潜水胜地——赫尔格达，洞穴式酒店外形如同一只金龟子。一出大堂眼前便豁然开朗，海滩就在酒店百米之处；房间古朴原始如洞窟，酒店有三个户外游泳池，中间的那座如同曲曲折折的溪流，水温恒定温暖。

二、住宿提醒

预定提醒（Schedule Reminder）：埃及旅游旺季是在每年的 10 月至次年 2 月，酒店客房会相对紧张，这时前往埃及旅游需提前预定。

入住准备：埃及酒店内有小酒吧，设一般和付款电视节目，电话插头可接手提笔记本电脑，电源为双圆插头 220V；热水为房间服务项目，需另加费用。饭店客房中心均有供停电时使用的蜡烛（Candle），部分小旅店夏季水压低，会停水；要热水淋浴需提前问清楚。埃及水价格昂贵，自来水不能直接饮用。

酒店服务：埃及酒店除去房费外，服务费和税款（Tax）约占总数的 15%，早餐通常免费。开罗饭店的价格要高于其他地区，且全年价格不变。小费为每天每个房间 1 个美元即可。

安全提示（Safety Warning）：离开酒店外出游玩时，不要携带贵重物品，护照（Passport）、支票（Cheque）、大额信用卡（High-line Credit Card）、机票等，最好请宾馆代为保管。埃及的宾馆和银行都可兑换埃及镑，但需出示护照，请保留外汇免税单（Tax Free Form）。

核心词汇

序号	中文	英文对照
1	阿德雷尔・阿梅拉酒店	Adrère Amellal
2	沙堡	Sandcastle
3	阿斯旺・索菲特老瀑布酒店	Sofitel Legend Old Cataract
4	红海・凯夫斯海滩度假村酒店	Aves Beach Resort Hurghada
5	预定提醒	Schedule Reminder
6	安全提示	Safety Warning
7	护照	Passport
8	支票	Cheque
9	大额信用卡	High-line Credit Card
10	免税单	Tax Free Form

实用表达

1. Towel swans are made of striped towels a hotel in Egypt. The thick, black and white stripes help enhance the chic atmosphere instead of cheesy.

埃及酒店使用条纹毛巾折叠成的毛巾天鹅，这些厚厚的黑白条纹毛巾有助于提升酒店房间的别致氛围，不至于显得太过俗气。

2. Harmony Makadi Bay Hotel & Resort is newly built, with over 46 two floor Villas and 552 available rooms, covering an area of 85000 sqm of landscaped gardens next to the Red Sea shores.

埃及马卡蒂和谐港湾酒店及度假村是当地新建的，超过 46 栋别墅，总共 552 套客房，拥有红海边马卡蒂海湾区域占地面积 85000 平方米的广袤花园。

任务四　旅游导览

任务情境

埃及是世界上历史最悠久的文明古国之一。金字塔、法老和无尽的沙漠，无论历史书还是好莱坞电影，将它的神秘渲染得不能再多，从踏上它土地的那一刻，眼前所见可能会超越你的想象。作为领队，应当熟悉埃及的主要旅游城市与著名旅游景点，以便在旅行过程中，适时进行旅游导览与讲解。

任务目标

1. 熟悉埃及旅游的特色资源与主要旅游城市；

2. 熟悉开罗、卢克索、阿斯旺、亚历山大等地的旅游资源，并能够对知名景点进行简要讲解。

任务分解

一、开罗导览

埃及首都开罗（Cairo）是非洲最大的城市，也是世界上最古老的城市之一，更是一座极富吸引力的文明古都，现代文明与古老传统并存，城西有大量建于20世纪初的欧洲风格建筑，城东则以古老的阿拉伯建筑为主。

吉萨金字塔群（The Pyramids of Giza）：位于开罗西南郊，是埃及最著名的金字塔区域，也是现存世界七大奇迹之一。耸立着三座大金字塔，分别属于第四王朝的爷孙三代胡夫、哈夫拉、曼考拉3位法老，还有狮身人面像、太阳船、河谷神庙等世界著名遗迹。

吉萨金字塔群

胡夫金字塔（Pyramid of Khufu）：建于公元前2580年，是世界上最大、最知名的金字塔，也是世界上质量最大的单一古代建筑，用了高达200余万块石灰岩建造，代表着埃及古文明（Ancient Civilization）。现高138.74米，非凡的外形及完美无缺的几何角度，让这座宏伟的建筑充满了神秘色彩。

狮身人面像（Great Sphinx）：又叫“斯芬克斯”，阿拉伯语是“恐怖之父”的意思。身长73米，高21米，脸足有5米宽，雄伟壮观。其是按照哈夫拉法老的样子雕刻的，它表情肃穆，凝视远方；坐西向东，蹲伏在哈夫拉的陵墓旁。

狮身人面像

埃及国家博物馆（Egyptian Museum）：是世界上最著名的博物馆之一，也是世界上最大的古代埃及珍宝馆藏地之一。创建于1858年，在开罗解放广场附近，是一座古朴的双层砖红色建筑。馆藏具有几千年历史的25万件文物，其中最著名的是图坦卡蒙陵墓出土的珍贵文物、胡夫、哈夫拉、门卡拉国王雕像；十二王朝公主们的纯金花瓣式的头冠；拉美西斯二世木乃伊（Mummy）等。

二、卢克索导览

卢克索（Luxor）古称底比斯，距开罗670千米，是世界上最伟大的露天博物馆，遍布令人敬畏的古文明遗迹。两岸风光旖旎的尼罗河把卢克索分成了东、西两半：东岸是生者的天堂，有出色的酒店和高尔夫球场，还有人群熙攘的市场；西岸则以壮观的法老墓（Pharaoh Tomb）和祭庙（Temple）闻名，存有珍贵的古埃及艺术，古老而厚重。

卢克索神庙（Luxor Temple）：是古埃及第十八王朝第九位法老阿蒙霍特普三世为祭奉太阳神阿蒙神（Amon）及阿蒙神的妻子穆特（Mut）、儿子月亮神修建的。神庙长262米，宽56米，由塔门、庭院、多柱厅和神殿构成。从大门进入神庙，有一条穿越水面的堤道通往卡尔纳克神庙，是卢克索的一大亮点。

卢克索神庙

卡尔纳克神庙（Temple of Karnak）：世界上最大的古代宗教遗址。神庙群由三座神庙组合而成，其中最大、保存得最完整的是阿蒙神庙（The Amun Temple of Karnak）；另外两个在发掘之中的神庙是穆特神庙和蒙图神庙。

哈特谢普苏特女王神庙（Mortuary Temple of Hatshepsut）：哈特谢普苏特是古埃及历史上第一个名垂千古的女性法老。神庙有3500多年的历史，分为三层，是目前世界上公认的古代建筑中和自然景观充分结合的典范。

三、亚历山大导览

亚历山大（Alexandria）位于尼罗河口以西，距首都开罗210公里，是埃及第二大城市。亚历山大濒临浩瀚的地中海，风景优美，气候宜人，有“地中海的新娘”的美誉，是埃及著名的避暑胜地。如今的亚历山大是一座古老与现代相结合、传统的伊斯兰文化与西方文明相互交织的城市。

庞贝石柱（Pompey’s Pillar）：位于亚历山大市西南部的萨瓦里柱街，又称“骑士之柱”，是埃及亚历山大城的城徽，是一根高达 27 米的粉红色亚斯文花岗岩石柱，建于公元一世纪左右的罗马皇帝戴克里先时期，原是萨拉皮雍神庙的一部分。

凯特贝城堡（Citadel of Qaitbay）：与开罗古城堡并称为埃及两大中世纪古城堡。1480 年，为防止土耳其入侵，埃及国王凯特贝命令用亚历山大灯塔遗址的石料在原址修筑城堡。城堡是一座长方形阿拉伯式建筑，占地 2 万平方米，造型优美，气势巍峨，三面为高大的城墙，顶部有海神雕像。现城堡内的房屋已成为清真寺和博物馆。

凯特贝城堡

蒙塔扎宫（Montaza Palace）：埃及末代国王法鲁克的行宫。位于亚力山大港东端的风景区中。宫殿俯瞰着幽静的海滩，周围被枣椰树林和花园环绕，融合了佛罗伦萨与土耳其风格，现为埃及国宾馆。1952 年前一直是皇室消夏避暑地。

核心词汇

序号	中文	英文对照
1	中东政治	Middle East Politics
2	吉萨金字塔群	The Pyramids of Giza
3	胡夫金字塔	Pyramid of Khufu
4	古文明	Ancient Civilization
5	狮身人面像	Great Sphinx
6	国家博物馆	Egyptian Museum
7	木乃伊	Mummy
8	法老墓	Pharaoh Tomb
9	祭庙	Temple
10	卢克索神庙	Luxor Temple
11	卡尔纳克神庙	Temple of Karnak
12	哈特谢普苏特女王神庙	Mortuary Temple of Hatshepsut
13	浮雕壁画	Relief Frescoes
14	凯特贝城堡	Citadel of Qaitbay
15	蒙塔扎宫	Montaza Palace

实用表达

1. They labored for 8 years, working around the clock, building the largest concrete structure in the world since the ancient pyramids of Egypt, which was such a monumental task.

他们工作了 8 年，没日没夜地修建这座自古埃及金字塔以来世上最大的混凝土建筑，极具纪念意义。

2. Although it dates back to several hundred years after the construction of the pyramids, its sophistication suggests that the Egyptians might have been developing ideas of flight for a long time.

尽管它的历史可以追溯到金字塔建造后的几百年，但它的复杂程度表明，埃及人可能很长一段时间都在发展飞行理念。

任务五　美食推荐

任务情境

埃及食物多样，在富贵家庭流行法国烹饪和意大利烹饪，在贫困家庭则以阿拉伯烹饪为主。埃及大众喜食辣菜肴，多种菜肴成分中都会加葱、蒜和辣椒。因此，领队有必要了解埃及的特色美食，并在旅游活动过程中恰当地进行安排，有针对性地予以推荐。

任务目标

1. 了解埃及美食，能够简单地讲解埃及美食的特色；
2. 了解埃及著名的美食街区与场所；
3. 了解埃及的饮食习俗与其中的礼仪禁忌。

任务分解

一、特色美食

埃及饮食受希腊、黎巴嫩和法国菜影响，主要有以法国菜为主的西餐，以埃及菜为主的中东餐及以中国菜、希腊菜和仿法老时代菜肴为主的特色菜。

库莎丽（Koshari）：是埃及平民特色美食，主要食材有米饭、通心粉（Macaroni）、洋葱、黑扁豆及番茄酱等。材料分开烹调，吃的时候拌在一起，根据喜好可加入醋、蒜、辣酱、炸圆葱和豌豆等调味。

锦葵汤：用盛产于尼罗河两岸的“锦葵”菜叶做原料，再把叶子粉碎，与羊肉、鸡、黄油、大蒜等煮汤。煮好后的汤，浓绿黏糊，味道鲜美，与大饼或米饭一块吃。

富尔和塔米亚：Fuul 由蚕豆加油、柠檬、盐、肉、蛋及洋葱等做成；Ta'amiyya 则是将磨碎的鸡蛋和香料捏成团，炸熟而成。把富尔和塔米亚放一起，加番茄，再用 Pita 面包夹成三明治（Sandwich）就成了美味小吃。

二、美食地标

费萨维咖啡馆（El Fishawy Coffee Shop）：开罗城最古老的咖啡厅，也是埃及诺贝尔文学奖得主纳吉布·马哈福兹最喜欢去的地方。这间有中世纪的奢华和历史感的老旧咖啡馆里，到处镶嵌了镜子装饰，无时不刻的烟雾缭绕、人声喧哗，络绎不绝的客人从上午一直到昏黄的熄灯时分。当地人这样夸耀它：“比金字塔更能代表开罗的，是费萨维咖啡馆。”

三、饮食习俗

埃及烹饪广泛使用大米、黄豆、羊肉、山羊肉、家禽和鸡蛋；大量食用奶酪及酸制品；也喜用蔬菜作菜肴，如豌豆（pea）、洋葱、南瓜、茄子、胡萝卜、土豆等；在沿海区域流行鱼肴。埃及人喜吃甜食，正式宴会（Banquet）或富有家庭正餐的最后一道菜均为甜食。著名甜食有“库纳法”和“盖塔伊夫”。

埃及人乐于品尝冷盘风味菜、带馅的菜以及奶油烧制的菜肴。在公历 4 月下旬惠风节时，特别喜吃鸡蛋，预兆着吉祥，不吃眼睛就会凸出来。蔬菜中偏爱生菜，认为其象征春天，吃了会强壮身体、促进生育。

由于受宗教影响，埃及人用餐惯用手抓饭取食。埃及穆斯林在饮食上严格遵守伊斯兰教的教规，不吃猪肉，不饮酒。斋月（Ramadan）里白天禁食；吃饭时不与人谈话，喝汤时禁止出声，忌讳用左手触摸食具和食品。

核心词汇

序号	中文	英文对照
1	库莎丽	Koshari
2	通心粉	Macaroni
3	三明治	Sandwich

（续表）

序号	中文	英文对照
4	串烤全羊	Whole Lamb Skewer
5	豌豆	Pea
6	宴会	Banquet
7	斋月	Ramadan

实用表达

1. Petit Verdot is very famous in Egypt, which is sold everywhere. When taking it, one may enjoy with salted or pickled cucumber.

沙威码在埃及很有名，在埃及各地都可以看到卖羊肉沙威码的小贩，吃时加上腌黄瓜或腌萝卜。

2. At the same time, virtually no one in ancient times was sedentary, which may have helped counteract their fatty diets.

与此同时，在古埃及时期是没有人惯于久坐的，这就可以帮助他们抵消惯有的高脂饮食。

任务六　商品导购

任务情境

埃及商店星罗密布，古老的集市更是活化石。香料、饰品、手工艺品、织毯等充满埃及色彩的特产在市面上种类繁多，令人应接不暇。作为领队，应当熟悉埃及的特色旅游商品与特色购物街区，以便在旅行过程中，引导游客购买合适的商品。

任务目标

1. 熟悉我国旅游者喜爱购买的埃及旅游商品，并能够进行简要的讲解；
2. 熟悉埃及主要城市的知名商业街区，能够引导旅游者购物。

任务分解

一、特色商品与纪念品

纸莎草画（Papyrus Painting）：是埃及特色工艺品之一，古埃及人用纸莎草造纸。纸莎草画内容多为神话故事或法老传奇，古朴凝重，充满埃及风情。

埃及地毯（Carpet）：公元3000年前，北非尼罗河流域居民织制亚麻地毯，并饰以色彩鲜艳的布边；公元前1449—前1323年，埃及开始出现多彩提花地毯。埃及地毯最引人瞩目的是其神秘而典雅的图案，包括果蔬花卉、银河星空、田园宫殿等。

刻花铜盘（Engraved Copper Plate）：埃及刻花铜盘非常有名，以其独特、精美的造型和外观受到了人们的青睐，是极具收藏价值的艺术品。上面雕刻的图案丰富多彩，有古埃及国王、埃及艳后和其他历史名人。

阿拉伯风情头巾（Style Headscarf）：在阳光强烈的埃及，一条充满民族风情的围巾可以抵挡阳光的暴晒，还可打扮成“波斯王子”，是照相时的好帮手。当地围巾不仅便宜，且花色繁多，质量上乘。

二、特色购物街区

旧露天市场（Old Souk）：位于卢克索火车站周边，街道两旁的店铺及街道上都摆满了各式货品，众多的穆斯林男子和身着黑袍的女子在叫卖，包括铜盘、细纹大理石花瓶和碗碟、皮革坐垫、珠宝店、色彩鲜艳的棉线围巾、水果和蔬菜，甚至牛头都可买到。

汗·哈利利市场（Khan el–Khalili）：历史可追溯到公元前14世纪，最初是由一名叫哈利利的商人为了商贸活动建造的。那时起，商贩就在此出售珠宝、金、银、铜和高级香料。如今，这里有物美价廉的物品，有精致的铜盘、纸莎草画等工艺品。它已成为开罗古老文化和东方伊斯兰色彩的象征，吸引了世界各地的游客。

三、消费提醒

减价季节（Big Sale）：埃及商业界每年有组织、有计划地举办两次全国性大促销，每次历时一个月，分别是2月的“冬季大减价”和8月的“夏季大减价”。大减价期间，让利幅度从5%起至85%。耐用商品，如电器、地毯等降幅小，但服装，尤其是过时的陈列品（Exhibition），降幅常常超过50%。

还价（Bargain）：在埃及是流行砍价的。不过国营商店和超市明码标价，无讨价余地。一般私营商店均可适当砍价。销售工艺品的商店和摊贩对外国顾客往往漫天要价，砍价幅度甚大。

小费（Tip）：在埃及不仅流行给小费，且由来已久。在餐厅、酒店，即使你的餐费里包括了服务费，也要给服务人员一定数额的小费，约为餐费的5%。

消费水平：埃及与中东阿拉伯国家相比，物价便宜很多，人均消费大约200埃

镑 / 天。红海周边度假村消费较高，南方和北部绿洲小镇物价相对低一些。

核心词汇

序号	中文	英文对照
1	纸莎草画	Papyrus Painting
2	地毯	Carpet
3	香料	Spices
4	咖喱粉	Curry Powder
5	刻花铜盘	Engraved Copper Plate
6	风情头巾	Style Headscarf
7	旧露天市场	Old Souk
8	汗·哈利利市场	Khan el-Khalili
9	陈列品	Exhibition

实用表达

1. In the Middle Ages, Arabs brought cinnamon and other spices from Asia to Egypt on caravan trade routes. They concocted stories to hide the source of the cinnamon to justify its scarcity and cost.

中世纪，阿拉伯商旅将肉桂和其他亚洲香料带至埃及，他们编造一些故事用来隐瞒肉桂的来源，让人们无法辨明它的稀缺状况和实际价值。

2. Egypt produce all kinds of spices. A thousand years ago, Cairo was already the world's largest spice trade center.

埃及出产各种香料，1000 多年以前，开罗就已经是世界上最大的香料贸易中心了。

任务七　文化体验

任务情境

埃及几千年的文明史先后经历了多种文明的灌溉，漫长的历史凝聚出与众不同的埃及文化，古老而神秘的金字塔，尼罗河的馈赠，也都是人类文明的伟大结晶。因此，领队有必要了解埃及特色的文化娱乐项目及节庆活动，从而帮助旅游者增强文化体验，在节庆与娱乐活动中得到休闲放松。

任务目标

1. 了解埃及主要的娱乐休闲活动，能够进行简单的讲解；
2. 了解埃及节庆文化及相关民俗活动，并能够引导游客参与。

任务分解

一、休闲活动

苏菲舞（Sufi Dancing）：伊斯兰苏菲教派相信通过不停的旋转可进入天人合一状态，从而达到亲近神的目的。舞者身着艳丽的多层大裙，伴着音乐起舞，裙摆飞扬；随着舞蹈的深入，旋转速度会越来越快，裙摆也呈现出不同变化。开罗最为正宗的苏菲舞在哈利利市场旁的固力宫。

苏菲舞

卢克索热气球（Hot Air Balloons Luxor）：到卢克索乘坐热气球是极其浪漫有趣的。日出之前就要搭乘热气球准备起飞，伴着东方渐强的光芒徐徐升起，徜徉在蔚蓝纯净的天空中，低头便可观赏清晨日出时的卢克索，还可从高空俯瞰帝王谷。

二、节庆活动

闻风节（Smell the Wind Festival）：是埃及的民间节日，也是埃及最古老的传统节日。人们在闻风节祈祝人间祥和、太平和春光永驻。又称“踏青节”，埃及人会在这天举家外出踏青，品尝彩蛋、咸鱼等各种象征吉祥的食品。

国庆节（Revolution Day）：在漫长的历史长河中，埃及曾多次遭受外来入侵，先后被波斯人、希腊人和罗马人、阿拉伯人、土耳其人征服。1952 年 7 月 23 日，以纳赛尔为首的“自由军官组织”在开罗发动政变，推翻了英国支持的法鲁克王朝，从而开创了埃及历史的新纪元。因此 7 月 23 日为埃及国庆节。

古尔邦节（Eid al-Adha）（伊斯兰历 12 月 10 日）：埃及是一个阿拉伯国家，古尔邦节是天下所有穆斯林的节日。这天，人们宰杀牛羊，和亲朋好友分享节日礼物，互赠牛羊肉，欢欢乐乐地度过这个节日。

核心词汇

序号	中文	英文对照
1	苏菲舞	Sufi Dancing
2	卢克索热气球	Hot Air Balloons Luxor
3	闻风节	Smell The Wind Festival
4	古尔邦节	Eid Al-Adha
5	国庆节	Revolution Day

实用表达

1. The new moon was the occasion of festivals of rejoicing in Egypt.

在埃及，新月是欢庆的节日庆典。

2. There was no work for almost half of the year, since nobody worked on festival days to honor the gods or other special occasions.

一年中大部分的时间都不用工作，因为不会有人在敬神的节日里或其他特殊场合里工作。

任务八 思政教育

任务情境

中埃友谊深厚，两国关系牢固友好。埃及是第一个同新中国建交的阿拉伯国家和非洲国家，中埃关系是中阿、中非团结合作、互利共赢的典范。领队带领团队前往埃及旅游时，应当充分挖掘旅行中的思政教育元素，增进旅游者对中埃友谊的感悟。

任务目标

1. 了解适合开展思政教育的埃及旅游景点；

2. 掌握这些旅游景点背后的思政教育意义；

3. 掌握增进旅游者对中埃友谊思想感悟的引导方法。

教育案例

埃及古迹点亮五星红旗，两大文明战“疫”心手相连

案例简介：为表达埃及政府对中国抗击新冠疫情（COVID–19 Outbreak）的支持，根据埃及总统塞西指示，埃及旅游和文物部、埃及金字塔声光表演及旅游发展公司与开罗中国文化中心合作，于当地时间2020 年 3 月 1 日晚以灯光秀的形式在埃及举世闻名的千年历史地标开罗萨拉丁城堡、卢克索卡尔纳克神庙和阿斯旺菲莱神庙三大世界文化遗产（Cultural Heritage）同时点亮“中国红”，庄严的五星红旗映照在巨大厚重的庙门之上，两个古老文明心手相连。

埃及系列微课——埃及古迹点亮五星红旗 两大文明战“疫”心手相连

同日，埃及卫生与人口部长哈莱表示，萨拉丁城堡、卢克索卡尔纳克神庙、阿斯旺菲莱神庙同时打出中国国旗，意在向正在抗击新冠疫情的中国政府和中国人民表示支持，向世界展示，在这场没有硝烟的战争中，埃及人民与中国人民坚定地站在一起。感谢中国政府，我们从中国防治疫情的举措中广泛受益，这些经验也值得国际社会借鉴。

埃及古迹点亮五星红旗

思政教育：埃及在三个历史地标点亮五星红旗，寓意深刻，代表着一个古老文明对另一个古老文明的深切祝福。近年来中埃政治互信更加巩固，务实合作成果丰硕，团结抗疫（Anti–epidemic）亮点纷呈。当今世界正在经历百年未有之大变局，中埃关系历史悠久，两国理念相通，战略契合，携手应对各种挑战，早日战胜疫情，齐唱人类命运共同体（Community of Destiny）的平安之歌。

核心词汇

序号	中文	英文对照
1	新冠疫情	COVID–19 Outbreak
2	文化遗产	Cultural Heritage
3	抗疫	Anti–epidemic
4	命运共同体	Community of Destiny

实用表达

1. Lime mortar and plaster were used on the Egyptian pyramids, on the Chinese Great Wall and for building the famous Roman roads.

埃及金字塔，中国长城和著名的罗马大道都采用了石灰泥。

2. Four major ancient civilizations generally refer to ancient Babylon, ancient Egypt, ancient China, ancient India, what are the earliest human civilization and the birth of the four areas.

四大文明古国一般指古巴比伦、古埃及、古代中国、古印度四个人类文明最早诞生的地区。

3. In Egypt, we believe that China is going to achieve more and more progress and we expect that one day China will be the superior economic power in the world.

在埃及，我们认为中国将取得越来越大的进步。未来的某一天，中国会成为世界上的一个强势经济体。

任务九　能力测试

产品设计

任务情境：你所在的旅行社接待了一个小包团客人，他们表示对埃及的金字塔很感兴趣，想在国庆黄金周 7 天的假期，亲自去看看埃及的金字塔，同时体验神秘的埃及文化。

任务要求：请你为他们定制一条个性化的路线。参考答案请扫二维码获得。

项目十九—任务九—产品设计

跨文化交际

任务情境：你带了一个青年学生团前往埃及，得知埃及天气非常炎热后，他们制作了一个黄色带可爱猫咪图案的短袖作为团服，到达埃及后的第一天他们一起穿上了团服，地接导游表现得非常不高兴，请你用专业知识向双方介绍各自的文化和风俗，化解尴尬。

任务要求：请借由“黄色猫咪短袖”向双方介绍中国和埃及不同的文化背景和风俗习惯。

任务提示：在埃及，进伊斯兰教清真寺时，务必脱鞋。埃及人爱绿色、红色、橙色，忌蓝色和黄色，认为蓝色是恶魔，黄色是不幸的象征，遇丧事都穿黄衣服。喜欢金字塔形莲花图案。禁穿有星星图案的衣服，除了衣服，有星星图案的包装纸也不受欢迎；禁忌猪、狗、猫、熊。3、5、7、9是人们喜爱的数字，忌讳13，认为它是消极的。

参考文献

[1] 于英 . 出境旅游目的地概况 [M]. 北京：中国人民大学出版社，2018.

[2] 饶华清 . 中国出境旅游目的地概况（双语）[M]. 北京：中国人民大学出版社，2014.

[3] 徐明勋 . 中国人心目中的安重根 [M]. 哈尔滨：黑龙江教育出版社 . 2009.

[4] 伍百军 . 中国主要旅游客源国和目的地国概况 [M]. 北京：电子工业出版社，2013.

[5] 方海川 . 中国公民出境旅游目的地国家（地区）概况 [M]. 北京：北京大学出版社，2007.

[6] 曹景洲 . 海外旅游目的地概况 [M]. 北京：中国旅游出版社，2011.

[7] 赵红 . 柯棣华：加入中国共产党的印度医生 [J]. 延安大学学报：医学科学版，2021，19（3）：2.

[8] 王娟 . 浅论路易·艾黎对中国革命和建设事业的贡献 [J]. 文教资料，2012（2）：3.

相关网站：

中华人民共和国外交部 www.fmprc.gov.cn/web/

马蜂窝旅行 www.mafengwo.cn

澳大利亚旅游官方网站 https://www.australia.cn/zh-cn

新西兰旅游网 https://www.newzealand.com/cn/

泰国国家旅游局中文官方网站 http://www.amazingthailand.org.cn/

日本国家旅游局（JNTO）https://www.japan-travel.cn/

Visit Singapore 官方网站 https://www.visitsingapore.com.cn/

英国旅游局官方网站 https://www.visitbritain.cn/

法国旅游发展署 cn.france.fr/

意大利旅游局中国官网 http://www.visitaly.com.cn/

西班牙国家旅游局 https://www.visitspain.com.cn/

俄罗斯旅游中文网 https://www.russia-online.cn/

加拿大旅游局官方网站 https://canada.keepexploring.cn/

附　件

微课目录

序号	微课名称	所在位置			
1	世界旅游迈向“中国时代”	项目一	任务一	二、世界旅游迈向“中国时代”	P2
2	中国出境旅游未来展望	项目二	任务三	未来展望——出境旅游业发展趋势预测	P16
3	日本系列微课——住宿安排	项目三	任务三	住宿安排	P27
4	日本系列微课——岚山诗碑	项目三	任务八	思政教育：周恩来与岚山诗碑	P43
5	韩国系列微课——济州岛	项目四	任务四	三、济州岛（Jeju）导览	P58
6	韩国系列微课——安重根义士纪念馆	项目四	任务八	思政教育：安重根义士纪念馆	P69
7	泰国系列微课——特色美食	项目五	任务五	美食推荐	P82
8	泰国系列微课——蚁光炎纪念堂	项目五	任务八	思政教育：蚁光炎纪念堂	P89
9	新加坡系列微课——市内交通	项目六	任务二	交通指引	P96
10	新加坡系列微课——林谋盛纪念塔	项目六	任务八	思政教育：林谋盛纪念塔	P110
11	印度系列微课——新德里导览	项目七	任务四	一、新德里（New Delhi）导览	P121
12	印度系列微课——著名医生，国际主义战士柯棣华	项目七	任务八	思政教育：柯棣华纪念馆	P132
13	英国系列微课——剑桥与爱丁堡导览	项目八	任务四	二、剑桥（Cambridge）导览	P146
14	英国系列微课——马克思与大英博物馆	项目八	任务八	思政教育：马克思与大英博物馆	P158
15	法国系列微课——巴黎导览	项目九	任务四	一、巴黎（Paris）导览	P169
16	法国系列微课——载入蒙塔日史册的中国篇章	项目九	任务八	思政教育：载入蒙塔日史册的中国篇章	P181
17	德国系列微课——柏林导览	项目十	任务四	一、柏林（Berlin）导览	P192
18	德国系列微课——特里尔马克思故居纪念馆	项目十	任务八	一、德国特里尔马克思故居纪念馆	P202
19	西班牙系列微课——特色美食	项目十一	任务五	美食推荐	P216

（续表）

序号	微课名称	所在位置			
20	西班牙系列微课——西班牙的“友好中国”组织	项目十一	任务八	思政教育：西班牙的“友好中国”组织	P224
21	意大利系列微课——特色美食	项目十二	任务五	美食推荐	P238
22	意大利系列微课——《马可·波罗游记》	项目十二	任务八	思政教育：《马可·波罗游记》	P245
23	俄罗斯系列微课——圣彼得堡导览	项目十三	任务四	二、圣彼得堡（Saint Petersburg）导览	P256
24	俄罗斯系列微课——传奇战舰“阿芙乐尔号”	项目十三	任务八	思政教育：传奇战舰“阿芙乐尔号”	P265
25	美国系列微课——住宿安排	项目十四	任务三	住宿安排	P275
26	美国系列微课——陈纳德航空军事博物馆	项目十四	任务八	思政教育：陈纳德航空军事博物馆	P288
27	加拿大系列微课——温哥华导览	项目十五	任务四	二、温哥华（Vancouver）导览	P300
28	加拿大系列微课——白求恩广场	项目十五	任务八	思政教育：加拿大蒙特利尔白求恩广场	P309
29	巴西系列微课——特色美食	项目十六	任务五	一、特色美食	P325
30	巴西系列微课——蒂茹卡国家公园中国亭与里约热内卢植物园纪念碑	项目十六	任务八	思政教育：蒂茹卡国家公园中国亭与里约热内卢植物园纪念碑	P332
31	澳大利亚系列微课——悉尼导览	项目十七	任务四	一、悉尼导览	P345
32	澳大利亚系列微课——悉尼中国友谊花园	项目十七	任务八	思政教育：悉尼中国友谊花园	P354
33	新西兰系列微课——休闲活动	项目十八	任务七	一、休闲活动	P373
34	新西兰系列微课——路易·艾黎纪念园	项目十八	任务八	思政教育：路易·艾黎纪念园	P375
35	埃及系列微课——礼仪风俗	项目十九	任务一	四、礼仪风俗	P380
36	埃及系列微课——埃及古迹点亮五星红旗 两大文明战“疫”心手相连	项目十九	任务八	思政教育：埃及古迹点亮五星红旗 两大文明战“疫”心手相连	P397

项目策划：孙妍峰
责任编辑：孙妍峰
责任印制：孙颖慧
封面设计：武爱听

图书在版编目（CIP）数据

出境旅游目的地国家概况：汉英对照 / 顾至欣，朱丽主编；霍艳杰等副主编 . -- 北京：中国旅游出版社，2023.8
校企“双元”合作开发教材 职业院校旅游类专业新形态活页式教材 江苏省高等学校重点教材
ISBN 978-7-5032-7091-8

Ⅰ . ①出… Ⅱ . ①顾… ②朱… ③霍… Ⅲ . ①国际旅游—旅游地—概况—教材—汉、英 Ⅳ . ① K917

中国国家版本馆 CIP 数据核字 (2023) 第 007552 号

书　　名：出境旅游目的地国家概况：汉英对照

主　　编：顾至欣　朱丽
副 主 编：霍艳杰　许　赟　陶潇男　李屹然　唐　晨
出版发行：中国旅游出版社
（北京静安东里 6 号　邮编：100028）
http://www.cttp.net.cn　E-mail:cttp @ mct.gov.cn
营销中心电话：010-57377103，010-57377106
读者服务部电话：010-57377107
排　　版：小武工作室
经　　销：全国各地新华书店
印　　刷：北京墨阁印刷有限公司
版　　次：2023 年 8 月第 1 版　2023 年 8 月第 1 次印刷
开　　本：787 毫米 × 1092 毫米　1/16
印　　张：25.75
字　　数：515 千
定　　价：49.80 元
ISBN　978-7-5032-7091-8